21世纪立体化高职高专规划教材·电子商务系列
全国职业教育高技能型人才培养校企合作精品教材

电子商务

——创新模式案例分析

居上游　主　编

田　晋　姚克勤　副主编
张震新　励效杰

電子工業出版社
Publishing House of Electronics Industry
北京·BEIJING

内 容 简 介

本书采用一系列鲜活的案例，系统阐述了电子商务的最新商业运营模式，重点阐述农村电商、跨境电商、移动电商与O2O模式、社群电商与共享经济，以及微商等几部分内容。本书选取的案例典型、新颖，结构清晰，内容形象化、具体化、生活化，力求让读者快速认识电子商务，了解电子商务行业的运营现状及发展趋势；每章后提供的阅读推荐和分享与思考环节，互动性与趣味性相结合，可供读者课后进一步学习与探索。

本书主要针对高职高专编写，可作为高等院校电子商务专业的电子商务案例分析课程教材，以及电子商务基础等电商课程的辅助教材；此外，也可作为电子商务的社会培训教材，以及各类电子商务从业人员专业能力提升的学习参考用书。

图书在版编目（CIP）数据

电子商务：创新模式案例分析 / 居上游主编. —北京：电子工业出版社，2017.6
ISBN 978-7-121-31431-5

Ⅰ. ①电… Ⅱ. ①居… Ⅲ. ①电子商务—高等职业教育—教材 Ⅳ. ①F713.36

中国版本图书馆CIP数据核字（2017）第092351号

策划编辑：贾瑞敏
责任编辑：贾瑞敏　　　特约编辑：许振伍　孙明珍
印　　刷：三河市鑫金马印装有限公司
装　　订：三河市鑫金马印装有限公司
出版发行：电子工业出版社
　　　　　北京市海淀区万寿路173信箱　邮编　100036
开　　本：787×1 092　1/16　印张：16.5　字数：422.4千字
版　　次：2017年6月第1版
印　　次：2019年5月第7次印刷
定　　价：38.00元

凡所购买电子工业出版社图书有缺损问题，请向购买书店调换。若书店售缺，请与本社发行部联系，联系及邮购电话：（010）88254888，88258888。

质量投诉请发邮件至zlts@phei.com.cn，盗版侵权举报请发邮件至dbqq@phei.com.cn。

本书咨询联系方式：电话010-62017651；邮箱fservice@vip.163.com；QQ群427695338；微信DZFW18310186571。

前言

根据艾瑞咨询数据，2016 年，中国电子商务市场交易规模达 20.2 万亿元，同比增长 23.6%。其中，网络零售市场交易规模达 4.7 万亿元，同比增长 23.9%，占社会消费品零售总额的 14.2%；移动购物市场交易规模达 3.3 万亿元，同比增长 57.9%。电子商务作为战略性新兴产业，在转变经济增长方式下推进产业转型和升级，对促进流通现代化发挥着重要作用，已经成为国家提振内需和扩大消费，促进就业的主要途径之一。电子商务的快速发展同时也为我们提供了大量经营管理与发展的真实案例。电子商务的经营者们坚持不懈地参与电子商务实践所创造的大量电子商务案例，对开展电子商务教育和研究，对企业实施和发展电子商务都很有借鉴意义。

本书主要从电子商务运营模式的角度，选取近 3 年电子商务最新的典型案例进行比较全面和系统的介绍与分析。主要体现以下 3 个特点。

1．全书内容新颖，力求紧扣“互联网+”及“大众创业、万众创新”的新理念，对大学生创新创业能力起到引领作用。

2．基于我国电子商务未来的发展重心将逐步向行业细分领域转移，所涉及的行业领域也会越来越广，全书所选取的案例均来自企业应用第一线；每个案例分析中除了介绍基本情况以外，还包括运营模式、创新与特色、经验分享等内容，体现了创新性、实战性及典型性的特点。

3．本书结构创新，编写体系为首创。全书从电子商务行业发展的角度编排章节及选取案例，打破了内容条块分割式的编写体系，并在每章后提供阅读推荐、分享与思考，互动性与趣味性相结合，以供读者课后进一步学习探索。

本书由宁波城市职业技术学院居上游担任主编，湘西民族职业技术学院田晋、浙江纺织服装职业技术学院姚克勤、浙江交通技师学院张震新、宁波城市职业技术学院励效杰担任副主编，石家庄工程技术学校王茵、山东省城市服务技师学院李岩涛和吉林省公安厅钟成参与编写。居上游统筹、策划并组织全书的编写，姚克勤统稿和修改全书。具体编写分工为：居上游编写第一、三、四、五、六、八等 6 章的主体内容；田晋编写第七章，同时参与全书的修改工作；张震新编写第二章；王茵参与编写第三章、第四章和第六章；李岩涛参与编写第五章；励效杰参与编写第六章，钟成参与编写第八章。

本书在编写过程中得到了电子工业出版社的大力支持，对编辑的辛勤工作表示由衷的感谢。此外，本书在编写过程中借鉴、引用了大量电子商务发展的典型案例和最新数据，在此表示深切的谢意，对某些因工作疏忽而遗漏未列出的内容深表歉意。

由于编者知识水平有限，书中难免存在错误和疏漏之处，恳请读者、专家批评指正。

编　者

目　录

第五章 移动电子商务与 O2O 模式 117

第六章 社群电商与共享经济 165

第七章 微商 197

第八章 “互联网+”及互联网思维 226

参考文献 255

第一章 认识电子商务

本章知识要点

1. 电子商务的概念。
2. 电子商务的商业模式类型。
3. 新零售与 O2O 模式。
4. 电子商务主要模式典型平台的发展案例。

近年来，我国电子商务行业发展迅猛，产业规模迅速扩大，电子商务信息、交易和技术等服务企业不断涌现。根据艾瑞咨询的统计数据，2016 年，中国电子商务市场交易规模达 20.2 万亿元，同比增长 23.6%。其中，网络零售市场交易规模达 4.7 万亿元，同比增长 23.9%，占社会消费品零售总额的 14.2%；移动购物市场交易规模达 3.3 万亿元，同比增长 57.9%，高于网络购物整体增速。

电子商务经济发展呈现出一些突出特点：①相关服务业发展迅猛，功能完善的业态体系初步形成；②电子商务与传统产业协同发展，已成为促进国内新经济发展，带动创业就业的重要引擎——电子商务是“互联网+”行动的先导领域，网络零售进入“提质升级”新阶段；③跨境电商发展迅速，由点到面逐步扩大，但是迄今仍尚未形成有效的发展模式；④农村电商成为热点，地方政府大力扶持，各种模式不断涌现，发展进入快车道；⑤制造业领域电子商务向供应链上下游快速拓展；⑥移动互联网发展迅猛，各企业加大移动端发展，移动端的随时随地、碎片化、高互动等特征助推网购市场向“线上+线下”“社交+消费”等方向发展；⑦电子商务的发展带动“双创”成效凸显。

第一节 如何认识电子商务

认识电子商务及电子商务的发展，可以从电子商务的定义入手。所谓电子商务是指利用计算机技术、网络技术和远程通信技术，实现整个商务（买卖）过程中的电子化、数字化和网络化。人们不再是面对面的、看着实实在在的货物、靠纸介质单据（包括现金）进行买卖交易，而是借助互联网，通过网上琳琅满目的商品信息、完善的物流配送系统和方便安全的资金结算系统进行交易（买卖）。电子商务的概念包含 4 层含义：①电子商务是一种采用先进信息技术的买卖方式；②电子商务造就了一个虚拟的市场交换场所；③电子商务是“现代信息技术”和“商务”的集合；④电子商务是一种理念，而非简单的一种采用电子设备就能完成的商务活动。

电子商务的概念有狭义和广义之分：狭义电子商务（E-Commerce）是指实现整个贸易过程中各阶段贸易活动的电子化；广义电子商务（E-Business）是指利用互联网实现所有商务活动业务流程的电子化。前者主要指基于互联网的电子交易，强调企业利用互联网同外部发生的交易与合作；而后者的涵盖范围则扩大了很多，指企业借助各种电子工具从事的商务活动。平时人们在很多场合讲的电子商务是指狭义的电子商务。

从狭义到广义，电子商务的概念在发展中不断地完善——最初的狭义电子商务概念是由电子商务的先驱 IBM 公司于 1996 年提出 Electronic Commerce（E-Commerce）的概念，到了 1997 年，IBM 公司又提出 Electronic Business（E-Business）这一广义电子商务概念。我国在引用这些概念的时候都统一翻译成了“电子商务”。通俗地讲，类似阿里巴巴旗下的天猫，以及京东等网购平台体现的交易特性，可以理解为狭义电子商务；而腾讯公司旗下的 QQ、微信，以及豆瓣、知乎等平台的业务可以理解成商务活动的业务流程，并没有明显的交易特征在里面，这就是广义电子商务。怎样理解广义电子商务和狭义电子商务的概念其实并不重要，关键是要认识到电子商务是一个不断发展变化的商业新模式。电子商务作为一种新型的商业模式，它包括以下 4 个特征。

① 电子商务通常具备 3 个主体，即厂家、商家和客户。如果厂家实现了渠道扁平化，则可以没有中间渠道的“商家”，但需要增加类似意义的销售人员。

② 电子商务其实是商品信息流、顾客购买信息流，以及整个买卖交易市场的数字化和电子化。

③ 电子商务的整个过程较之传统商务活动，其信息采集量加大、信息交换速度加快、众多环节的成本降低。

④ 电子商务交易的商品相当的多元化。

第二节　电子商务的模式

电子商务模式是指在网络环境中基于一定技术基础的商务运作方式和盈利模式。研究和分析电子商务模式的分类体系，有助于挖掘新的电子商务模式，为电子商务模式创新提供有效途径，也有助于企业制定特定的电子商务策略和实施步骤。电子商务模式可以从多个角度建立不同的分类框架。

一、按照电子商务的交易对象划分

电子商务的模式按电子商务的交易对象可划分为 B2B、B2C、C2C、C2B、F2C 和 O2O 模式等。

从传统电子商务经营模式上看，比较成熟的电商模式有 3 个，即 B2B、B2C 和 C2C，而且各个模式都有其比较著名的平台。在移动互联网技术发展、互联网思维及新的营销理念不断拓展下，其他模式，如 C2B、F2C 等都是从传统三大电子商务模式演变发展而来的，且处于不断发展与创新中，而 O2O 模式则将是今后一段时期最为重要的电子商务发展模式。

1. B2C（Business to Customer）模式

B2C 模式就是通常说的商业零售，直接面向消费者销售产品和服务。企业通过互联网为消费者提供一个新型的购物环境——网上商店，消费者通过网络在网上购物、在网上支付。

B2C 的基本组成是：①为顾客提供在线购物场所的商场网站；②负责为客户所购商品进行配送的配送系统；③负责顾客身份的确认及货款结算的银行及认证系统。代表性网站有天猫（为人服务做平台）、京东（自主经营卖产品）和唯品会（帮人代销）等。

2. B2B（Business to Business）模式

B2B 模式是一种企业对企业之间的营销关系，即使用互联网技术或各种商务网络平台，完成产品、服务及信息的交换等商务交易的过程。它包括发布供求信息，订货及确认订货，支付过程及票据的签发、传送和接收，以及确定配送方案并监控配送过程等。

B2B 平台的三要素是：①买卖，指 B2B 网站平台为商家提供质优价廉的商品，在吸引商家购买的同时促使更多的商家入驻；②合作，指与物流公司建立合作关系，为商家的购买行为提供最终保障，这是 B2B 平台的硬性条件之一；③服务，指为商家提供购买服务，从而实现再一次的交易。B2B 的代表性网站有：阿里巴巴是国内也是全球最大的 B2B 电子商务网站，此外还有中国制造网、中国钢铁、中国水泥等。

3. C2C（Customer to Customer）模式

C2C 模式是个人与个人之间的电子商务，即用户对用户的模式。C2C 商务平台就是通过为买卖双方提供一个在线交易平台，使卖方可以主动提供商品上网拍卖，而买方可以自行选择商品进行竞价。C2C 的代表性网站有：淘宝网、拍拍、易趣。

4. C2B（Consumer to Business）模式

C2B 模式是消费者与企业之间的电子商务。C2B 先有消费者需求而后才有企业生产，消费者根据自身需求定制产品和价格，或者主动参与产品的设计、生产和定价，产品、价格等彰显消费者的个性化需求，生产企业进行定制化生产。C2B 电子商务模式以用户为中心，极大地提升了用户在整个交易流程中的自主权。

C2B 电子商务模式的主要特征如下。

① 引爆社群的参与感。社群是 C2B 电子商务的基本组织形式，企业组建自己的用户社群，用户自主参与产品的体验、测试过程，从自身角度提出对产品的需求和自身所需体验。整个改进、包装以及宣传过程，用户是主角，贯穿整个流程的始终。

② 平等公正的消费者定价。产品由用户统一定价，由于用户参与了产品的整个改进、测试、体验过程，产品价格构成合理，所以定价同大多数用户的期望相一致，公平公正。

③ 透明的渠道和供应链。C2B 电子商务模式是一个全方位开放透明的商业模式，用户参与整个产品制造流程的测试和体验，对产品链的输出渠道和供应链清晰明了，实现了口碑营销效应不断放大，从而间接地增强了品牌的影响力。

5. F2C（Factory to Customer 或 Farm to Customer）模式

F2C 模式是指从工厂到消费者或从农场到消费者的电商模式。它指的是厂商直接面向消费者，产品可以直接从生产线送到消费者，以确保质量和服务。F2C 模式为消费者提供了最具性价比的产品，为消费者带来了价值的最大化。

F2C 电子商务模式的优势在于具备强有力的线下产业支撑、有效的全程品控和快速的市场反应。在网络购物过程中，消费者担心的问题往往就是产品质量不能得到保障。由于进货渠道、产品供应链参差不齐，生产厂家资质良莠不齐，消费者很多被图片上光鲜亮丽的商品迷惑，在收货之后才发现产品质量浮夸过余，甚至是十足的伪劣产品，因此 F2C 模式有望改变这种现状。

6. O2O（Online to Offline）模式

O2O 模式是线上同线下的融合。具体内容见本章第四节。

二、按照交易维度划分

电子商务模式根据交易维度可划分为：综合电子商务和垂直电商。

对于整个电子商务而言，人们通常认为它在商业核心上仍然是对传统商业的传承。例如，它与传统商业具有同样的商业分类，它同样重视产品、重视物流仓储、重视周转效率，不同的主要是在营销渠道和服务方面。因此，可将传统商务的分类作为一个参照来理解综合电子商务和垂直电商。

传统商务体系是非常错综复杂的，有类似于华联、沃尔玛超市这种综合类的商场，这就是综合电子商务的业态；也有类似于新光天地这样的奢侈品专卖店和奥特莱斯的打折专卖店，还有商业街上零散的各种小卖家和专门的鞋城、服装城等，这就是垂直电商的业态。在所有这些垂直电商的商业业态中，几乎所有知道的商业模式都可以找到相应的线上和线下的对标，尤其是细分品类，任何角度都可以切入，如品类、价格、品牌、规模等。它们的发展虽然有好有坏，但都在不断地推陈出新。

第三节　垂直电商

随着电子商务产业的成熟，垂直化的服务开始受到重视。垂直领域的优势在于专注和专业，能够提供更加符合特定人群的消费产品，满足某一领域用户的特定习惯，所以能够更容易取得用户信任，从而加深产品的印象和促进口碑传播，形成品牌和独特的品牌价值，这也是小资本创业的必经之路。

垂直电商（Vertical E-Business）是指在某一个行业或细分市场深化运营的电子商务模式。垂直电商网站旗下的商品都是同一类型的产品。这类网站多从事同种产品的 B2C 或者 B2B 业务，其业务都是针对同类产品的。这是根据产品的类目进行的垂直区分。随着垂直理念的拓展，衍生了不同的垂直区分，如根据产品品牌来垂直区分。拥有独立品牌专业的 B2C 网站或大型 B2C 平台上的品牌旗舰店，其业务都是针对同种品牌的不同产品的，但也归入垂直电商范畴。

随着电子商务的不断发展，新的商业模式层出不穷，垂直电商的理念也不断更新，不再拘泥于某一个品类或品牌的细分。过去我们可以看到乐淘引领的鞋类垂直电商 B2C，酒仙网引领的酒类垂直电商 B2C，当当引领的图书类差异化和京东引领的数码 3C 的垂直电商 B2C 等。现在垂直电商的概念已经得到了大范围的提升，如唯品会、聚美优品的垂直区分是品牌特卖，美丽说、蘑菇街的垂直区分是女性服装，二者做的都是特价商品。

以前垂直电商更多的是从商品的物理属性进行垂直化，属于物质层面，而随着垂直电商理念的不断拓展，更多的是从商品的延伸属性进行垂直化，属于精神层面。前者是基于商品表层的普通定义，后者则包含了用户内心的潜在认定，而这种划分本身就体现了用户的价值取向，所以在运营上会更加符合用户的购买习惯。

在中国电子商务发展的十多年时间里，垂直电商曾是领头羊。例如，凡客、当当、卓越、麦考林等均各领风骚，曾是 PC 时代的代表。但是最近几年来，这些先驱倒闭的倒闭、转型的转型，包括后起之秀聚美优品也在逐步扩展品类转型为综合平台。当前国内电子商务排名前 10 位的大部分是综合的平台电商，而美国的电子商务市场正好相反，因此，中国需要垂直电商的再次崛起。随着移动互联网的发展，垂直电商再次面临难得的发展机遇，如何实现垂直电商模式的升级换代，需要通过以下 4 点进行突破。

1. 发挥供应链和商品管理的优势

综合电子商务提供的服务能够涵盖人们对商品的一般需求，因而垂直电商要做出特色，就要把供应链做得更深、更专业。首先，要站在供应链的高度去设计自己的产品和服务，加强对企业上下游资源的管理和把控，从源头上控制产品和服务的质量；其次，要不断优化供应链上的每一个节点，提升运作的效率，实现成本同效益的最佳配比。垂直电商要通过对供应链的重塑和完善来实现同综合性电商的差异化运营。

2. 商品专业化、服务专业化

垂直电商一定不能同综合电商比拼流量和资源，而应该走专业化和差异化之路，关注用户的转化率、留存率和黏性等。这才是垂直电商运营的核心所在。

电子商务归根结底是一个有着浓厚传统色彩的实体经济，它的供应链很长，涉及采购、销售、仓储、配送及客户服务等诸多环节，而且每一个环节及环节与环节之间都涉及很多细节性东西需要不断优化。因此，要强化精细化运营能力，精益求精，把任何事情都做到最细，才能在相同投入的情况下产生最大的效益，带来最好的用户体验。

3. 运用场景化的电子商务平台，建立商品自身特有的属性

垂直电商必须是运用场景化的电子商务平台，基于商品自身特有的属性，通过智能、无线、移动、大数据等技术手段，构建线上、线下一体化的消费场景化是关键点。不管如何，垂直电商必须考虑如何结合商品的特有属性和使用场景，快速且低成本地找到与打通目标用户的连接点。

4. 放弃对规模的一味追逐，谨慎看待垂直电商的扩张

对于垂直电商来说，不管是针对垂直人群，还是垂直商品，归根结底面向的都是一个细分市场，需要满足用户的细分需求。因此，垂直电商需要将细分领域做得足够专业和独特，要放弃对规模的一味追逐，更加关注增长的质量和效益。垂直电商首先要确保自己所从事的行业具有足够的市场容量和空间，能够支撑企业未来的发展，而对于发展的速度则更讲求适度。当然，也不是说垂直电商一定不能去考虑扩张，只是要非常慎重，比较稳妥的做法是慢慢寻求在关联性强的商品品类或人群上的扩张机会。

第四节 O2O 模式与新零售

一、O2O 电商模式及产生背景

O2O 是近年来兴起的一种新的电子商务商业模式。它将线下商务的机会与互联网结合在一起，让互联网成为线下交易的前台。这样线下服务就可以通过线上资源来招揽顾客，而消费者则可以利用互联网来筛选服务，并且在线成交、结算，从而很快达成交易。

为了清晰地理解国内 O2O 模式的发展经历，可把信息和交易作为横轴的两端，到店和不到店作为纵轴的两端，4 个象限分为 A、B、C、D，如图 1-1 所示。O2O 模式在国内的发展经历了 A/B/C→D 的演变过程，随着马云提出新零售的概念，O2O 的发展模式还将会有更大的发展变化。

A 区：信息到店。它注重信息流的传递，资金流和服务流均在线下实现。携程与大众点评是最早的 O2O 模式。

B 区：到店交易。它指线上实现信息流和资金流，线下实现商流和服务流。最典型的模式就是团购。

C 区：信息不到店。它指线上实现信息流和服务流，线下实现商流和资金流。最典型的是 58 同城和赶集网。

D 区：不到店交易。它以在线支付为核心，开启了各类典型电子商务的线上线下融合的业态。

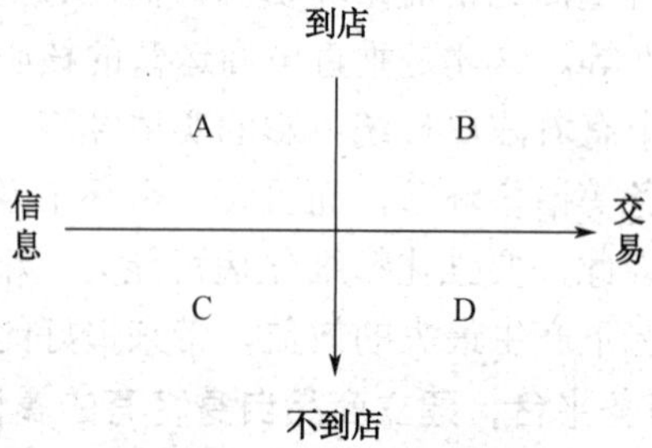

图 1-1 O2O 线上线下融合发展趋势

A 区：携程、点评；B 区：团购；C 区：二手车/汽车后市场、房产、招聘；D 区：送餐/生鲜、休闲食品、日用百货、社区配送等

二、O2O 模式的优势

O2O 电子商务模式的优势主要体现在以下 5 个方面。

① O2O 电商模式充分利用了互联网的跨地域、无边界、海量信息、海量用户等优势，同时充分挖掘线下资源，进而促成线上用户同线下商品与服务的交易。

② O2O 电商模式可以对商家的营销效果进行直观的统计和追踪评估。它将线上订单同线下消费相结合，所有的消费行为均可以准确统计，从而能为消费者提供更多优质的产品和服务。

③ O2O 将线上的价格优势同线下的服务优势集于一身，将线下商务活动同互联网及

移动互联网结合在一起，让电脑和手机成为线下交易的平台和工具。

④ O2O 在服务业中具有明显的优势，它的价格便宜，购买方便，且折扣等信息能及时获知。

⑤ O2O 指明了电子商务的发展方向，它使电商的发展由规模化走向多元化。移动互联网和自媒体时代的到来，为 O2O 发展提供了绝佳的机遇。

三、新零售

（一）新零售概念的提出及其发展

在 2014 年 11 月的首届世界互联网大会上，马云在《DT 时代我的商业思考》演讲开场白上指出：“在乌镇交流电子商务，我觉得这个电子商务（E-Commerce），以后就是没有 E 了，就是 Commerce，即‘商务’这个词。”

2016 年 10 月，马云又在杭州云栖大会上指出：“大家都知道阿里巴巴是电子商务企业，其实阿里巴巴的 20 年业务里，最传统的一块业务被称为电子商务。‘电子商务’这个词可能很快就被淘汰。其实我们从明年开始，阿里巴巴将不再提‘电子商务’这一说法，因为电子商务只是一个摆渡的船，它只是把这条船从河岸的这一头拉到了那一头。未来的五大新，我们认为有 5 个新的发展将会深刻地影响中国、影响世界，甚至影响我们未来的所有人。”

虽然马云的两次演讲时隔 2 年，但他对电子商务的认识与判断，总体上却是一脉相承的。他提及的 5 个“新”指的是新零售、新制造、新金融、新技术和新能源。他在报告中清楚地指出，新零售指的是线上、线下及物流的融合。

互联网时代的传统零售行业受到了电子商务和互联网的巨大冲击。未来的线下与线上零售将深度结合，现代物流、大数据、云计算等创新技术将构成未来新零售的概念。纯电子商务将会成为一个传统的概念，纯电子商务时代即将结束，纯零售的形式也将会被打破，新零售将引领未来全新的商业模式。

新零售的最大趋势是线上与线下相结合，而以往电子商务冲击传统产业的说法也将被否定。电子商务同线下实体商业的相互关系，应该由原先的独立、冲突，走向混合、融合，传统零售和网络新零售正从争抢资源、相互排挤的相克状态，向合作发展的共生状态转变。

新零售使线上和线下的边界越来越模糊。就整个零售业来说，竞争不再区别于线上和线下的模式，而开始回归零售的本质：谁能更高效地服务消费者。其实商业的规律很简单，就零售而言，虽然消费在升级，但其本质和基本法则并没有变，升级的只是各种形式和手段。

新零售使线上线下全渠道的融合成为创造新增长的动力。很多互联网企业开始向线下布局，科技领域如小米，不久前小米科技董事长兼 CEO 雷军表示会先开两三百家线下小米之家零售店，未来再争取开 1 000 家线下零售店；电子商务领域如当当网已开设实体书店，而亚马逊则推出线下便利店 Amazon Go。与此同时，一些线下传统零售企业，也在往线上延伸，如永辉超市联合京东部署 O2O、宜家家居在上海试水电子商务等。

（二）新零售业态

零售巨头的一次次线下试水，预示着新零售时代的到来。几大巨头最近推出的新零售业态有以下几个典型的例子。

1. 阿里的盒马鲜生

盒马鲜生（见图 1-2）的主要特点是：①紧抓 80 后、90 后的消费群体，准确定位他们的消费观念，设计新的消费价值观；②采用“所想即所得”的价值口号，利用强大的物流系统便利消费者，满足消费者不同场景下的需求，并利用线上强大的渠道，解决稀有商品的消费需求难题；③设置大量的主题分享、DIY 制作、交流会等，增加消费者的黏性；④着重通过线下的体验消费来扩大线上消费。

图 1-2　盒马鲜生

2. 京东的京选空间

京选空间（见图 1-3）的主要特点是：①线下体验商品，扫码进入京东商城购买，线下不支持自提；②最大的意义在于展示商品，让客户能直接地感受商品。

图 1-3　京选空间

3. 亚马逊的线下便利店 Amazon Go

Amazon Go（见图 1-4）的主要特点是：①该便利店为全智能化售卖，全程没有收银员；②客户进店前打开 Amazon Go App 扫码进入超市，选购完商品离开超市后 App 上会自动显示要扣款的商品，用 App 支付就可以了；③解决了传统超市要等候付钱的弊端；④具备线下快速提货和线上快速支付的优势。

图 1-4　Amazon Go

（三）新零售的发展趋势

从我国目前的零售环境与业态现状来分析，以下新零售发展进程中的 4 个趋势或许是值得关注的。

① 线上、线下趋于统一化、专业化。其实，消费者最初选择电子商务消费的主要原因是零售店的体验不好，且价格昂贵。随着线上、线下及物流的融合，未来零售店或许将统一价格、质量、体验等方面，提供专业的服务和产品给消费者。

② 零售业或许将面临整合重组。随着社区消费趋势的拓展，社区化将成为零售行业未来发展的重要方向。例如，沃尔玛已经在国外开始作小型实体零售门店服务了，人口密集处的邻里社区型门店是它们瞄准的方向。相信很快，这样精细化运营的门店也会在国内出现，如顺丰到家、京东到家等都是面向社区零售业的尝试。

③ 体验式消费、个性化服务融入消费者的生活。随着用户消费需求差异的日趋明显，一些个性化、创新性的消费模式将会更受欢迎。随着消费体验的优化，消费者购买力将提升，企业也能从中受益。

④ 企业经营更加智能化、科技化。随着线上、线下的结合，需求及生产供给信息的相互融合，从生产到消费可以运用大数据等科学技术来预测，以控制产能，全面消灭企业库存，提高效益。

第五节　电子商务的优势

马云在《DT 时代我的商业思考》演讲中提出“生意越来越难做，越难做越是机会，关键是你的眼光。你的眼光看到一个省，你做一个省的生意；你的眼光看到全中国，你做的是全中国的生意；你的眼光看到全世界，你就有机会做全世界的生意。你的眼光看到今天，你做今天的生意；你的眼光看到十年以后，你做十年以后的生意。”

对这段话的理解除了励志的含义以外，从电子商务专业的角度也印证了最重要的电子商务优势——时空界限的突破，如图 1-5 所示。电子商务相对于实体零售具备如下五大优势。

① 时空优势。传统的商务是以固定不变的销售地点（即商店）和固定不变的销售时间为特征的店铺式销售。电子商务的销售空间随网络体系的延伸而延伸，没有任何地理障碍，它的零售时间是由消费者即网上用户自己决定的。电子商务突破了时空界限，打破了市场

天花板，甚至轻松地实现跨界交易。这也是大部分网店运营时会把重点放在打造爆款上的原因。

② 速度优势。互联网有利于实现销售渠道的扁平化，所以电子商务可以加快生产流通速度，同时也加速资金的流动速度，有极大的速度和效率优势。例如，阿里的聚划算、淘宝的农产品预售等都是典型的范例。

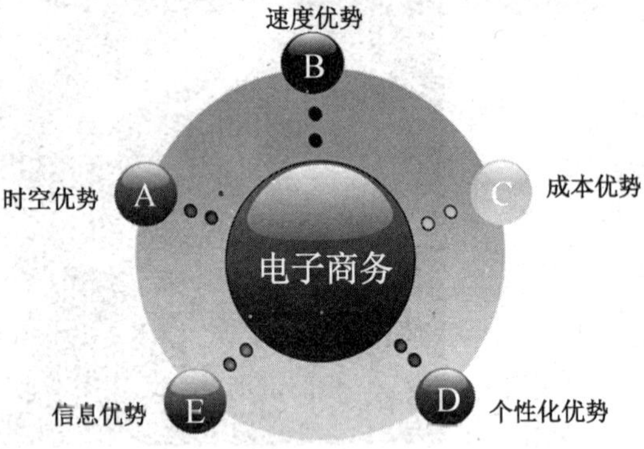

图 1-5　电子商务的优势

③ 成本优势。同传统商务相比，网络销售的渠道扁平化降低了流通费用、交易费用和管理成本。另一方面，网上交易的软硬件成本也低于传统商务的成本。但是，这个问题需要理性去判断，因为随着传统商家越来越多地进入电子商务平台，流量的竞争日趋激烈，引流的成本越来越高，所以不能简单地理解为网上运营店铺就一定比实体店铺成本低，而需要从投资周期、商业的运营模式、产品特征等多角度综合地去认识。

④ 个性化优势。零售商们可以更深入地了解用户的内在需求，以便更好地提供产品和服务，使得为用户提供个性化服务成为可能。例如，“私人定制”电子商务就是常见的形态。

⑤ 信息优势。利用电子商务技术，可以全方位展示产品及服务功能的内部结构，从而有助于消费者完全认识商品和服务。信息优势还体现在通过对企业内部信息的整合和优化，从而改善企业信息的组织结构，加快信息流动，为企业的生产和决策提供更快、更好的数据。

READ 阅读推荐

“新零售”的核心目标

距离 2017 年 2 月 20 日阿里巴巴集团（以下简称阿里巴巴）和上海百联集团（以下简称百联）宣布合作已过去了半个月。所有人都在好奇，全球最大的在线零售平台和中国最大的多元化实体商业集团牵手，要共同打造的新零售，究竟是什么样子。

“今天我们给‘新零售’任何定性的描述都是不完整的，最终要靠实践不断去探索。”阿里巴巴集团 CEO 张勇表示。事实上，关于新零售的实践，阿里巴巴在过去几年中一直在紧锣密鼓地进行，并已开辟出了“试验田”。包括这场最新的线上、线下零售巨头的“联姻”在内，新零售给整个行业带来的震荡才刚刚开始。

一、线上拥抱线下

阿里巴巴与另一零售业巨头银泰商业集团（以下简称银泰）的合作更早之前就已经开始了。

早在 2014 年 3 月，阿里巴巴就对银泰进行了战略投资，二者在会员体系、支付体系和商品体系方面进行打通和对接；次年 6 月，张勇出任银泰董事局主席，双方形成了促进线上、线下融合，以及实体经济和数字经济融合的“陆空一体化”力量；2017 年 1 月 10 日，阿里巴巴又公布了私有化银泰的交易建议，这被认为将进一步促进银泰实现战略转型、释放潜在价值。

除银泰的百货业态外，阿里巴巴还分别于2015年8月、2016年3月、2016年11月战略投资苏宁、盒马鲜生，并购入总部位于浙江的上市公司三江购物等，开启其在数码家电、生鲜、超市等领域中的新零售布局和探索。

2016年10月13日，阿里巴巴董事局主席马云在杭州云栖大会上，首次对线上线下全渠道融合、大数据构建高度个性化购物场景等新的零售特征进行了总结提炼，“新零售”的概念由此产生。

当年“双11”，数千商家的100万家实体店铺打通了全渠道；近10万家门店变身数字化的“智慧门店”；3万多家线下商店开启了“‘寻找狂欢猫’赢红包大奖”的互动游戏；40多个诞生于线上的“淘品牌”落地银泰；VR购物频道Buy+上线尝鲜……这都集合了互联网、物联网、人工智能、大数据、虚拟现实、视频直播等领先技术和创新玩法，让新零售的理念有了具象的落地。

“阿里与百联接下来将要全方位展开合作的六大方面——全业态融合创新、新零售技术研发、高效供应链整合、会员系统互通、支付金融互联、物流体系协同，几乎都能找到可复制的经验。”中国电子商务研究中心主任曹磊对《瞭望东方周刊》分析。

不过，在中国商业地产联盟秘书长王永平看来，目前实体零售企业业绩逐年下滑，电子商务销售额也面临增长瓶颈，践行新零售已成为无可争议的共识。但不可否认的是，尽管以阿里巴巴、银泰、苏宁为代表的线上线下融合趋势在不断加强，但至今业内对于转型新零售仍然处于“有共识无模式”的尴尬境地。

“阿里、百联这次尚不涉及股权的合作，能否打破这样的局面，还需要很长时间的观察。”王永平告诉《瞭望东方周刊》。

二、全渠道无差别购物

“如果一定要选出一个新零售的代表性载体，我认为阿里巴巴与银泰孵化的创新零售业态，‘生活选集’（HOUSE SELECTION）可以算是一个‘窗口’。”银泰商业集团CEO陈晓东告诉《瞭望东方周刊》。

据他介绍，这家主打生活美学概念的买手制集合店于2016年12月24日正式开业，在位于杭州武林银泰总店C座6楼的1 200平方米占地空间内，划分出了顾客体验区、场景展示区和商品精选区三大区域。

与常规专柜不同的是，这里看不到任何价签，但每个商品都有一个专属的二维码。消费者可以通过手机淘宝App进行扫码，获取该商品的价格、产地、顾客评价等详情；可以选择在线购买、现场提货，也可以填写收货地址坐等送货上门。

“与线上购物缺乏体验相比，消费者在这里看到的、触摸到的不仅仅是商品本身，还包括商品搭配组合的效果，这是所谓‘所见即所得’。实体店内SKU有限，但手机淘宝上的商品货架是可以无限扩大的，所以消费者能够享受到的线下逛街、线上购物，是全渠道打通带来的最直接的体验升级。”陈晓东说。

对商家来说，原来分两个团队运营的销售和库存管理在“生活选集”被合并成了一个部门。这不仅降低了人力成本，更大大提高了经营效率。

“负责采购商品的买手同时也是店铺的管理员，他能够利用阿里巴巴打造的一整套线上线下统一的 ERP 系统和会员系统进行进销存的管理，并且可以及时掌握商品的销量情况，通过大数据预测进行选货、备货，最大限度地贴近消费者需求并降低库存压力。”阿里巴巴商家事业部总经理张阔对《瞭望东方周刊》解释。

而在陈晓东看来，“新零售要实现的核心目标之一，是让消费者能够在任何一个渠道、用任何一种支付手段选择任何一种拿货方式获取符合他需求的商品；商品同款同时同价，服务和权益也无差别。这背后则是对所有线上线下企业原有零售模式、理念、技术能力的重塑和提升”。

新零售的基础在于线上线下商品、服务、会员系统的打通，而实现“三通”的前提是商品数字化。这对于每季度都有 4 000 多万个 SKU 的百货业来说，是一项并不轻松的工作。

“如果用传统人工的办法去做数据的搜集和统计是完全不可行的。我们对门店的数字化改造依靠的是一套成熟的技术系统，这里面还包含智慧建筑的概念。不过，这个过程中最难的不是技术，而是要重构各方固有的利益格局。比如一个品牌不同加盟店经销商的利益并不一致，尤其是会员系统的打通会存在很多障碍。”陈晓东坦言。

令人乐观的是，越来越多的品牌商已经认识到，依靠区域垄断或者信息不对称赚取利润的方式已经难以为继。能否缩短供应链、快速适应消费需求变化，才是决定企业能否生存的根本。

三、老牌重获新生

事实上，拥抱新零售改变企业命运的案例并不在少数。

以服装品牌太平鸟为例，其通过特色单品首发、举办音乐节、天猫同步直播等形式，从产品设计和营销手段方面入手进行了一系列的年轻化尝试，在国内传统服装大牌一片唱衰的情况下，在 2016 年“双 11”当天实现了破 6 亿元的销售额。

如今，这家创立超过 20 年的老牌实体店，更是已经摇身一变，成为服装领域的时尚新锐。

“实现这样的转变并非一蹴而就。”太平鸟电子商务总经理翁江宏对《瞭望东方周刊》透露，“和大多数传统品牌开始触网的做法一样，起初我们做电子商务也只是为了清仓销库存，但是随着竞争对手越来越多，新的消费趋势越来越明显，我们发现线上渠道不仅是吸引主要消费人群的入口，更是品牌形象展示的平台。因此，线上业务经过一系列的战略调整，从最开始销售库存到推出线上特供款，再到不断提升线上线下同款的比例，如今正在尝试以消费者为中心的全渠道打通。”

“这个过程中，电子商务部门从‘卖货郎’成长为‘组货专家’，大数据的沉淀和使用功不可没。”翁江宏说。除了太平鸟自己的数据积累，阿里天猫、淘宝平台的海量数据向商家开放，他们可以根据这些数据分析结果、消费者画像，进行选品和营销，满足个性化、体验式的消费需求，反过来又可以促进销售的增长。

再比如，珠宝品牌周大福在中国市场的千家左右门店，进销存统一共享库存系统，通过动态扫描等技术及时回传每一家专柜销售情况，根据动销率的变化情况，可以更有效地匹配以及调配商品供给各区域。

相比之下，在中国市场因循传统层层代理经销模式的丹麦鞋履及皮具品牌 ecco（爱步）的境遇就没有这么顺遂了。

尽管 ecco 每年的设计和款式推陈出新，但由于各级经销商们各自的消费数据分裂，得不到有效数据反馈也无从判断消费趋势变化的总代理，只是保守采购几款畅销品反复卖多年，因此 ecco 给中国消费者的印象是千年不变样。如今人们反而乐意去海淘 ecco 的国外款，不在国内实体店消费了。

“能否获取消费大数据并用于商业战略决策，可能是今天决定品牌不同命运最核心的差别。而这只是新零售展现出来的一个局部横切面。”张阔总结。

Ending

分享与思考

手握一大把线下资源的王健林，看着阿里、腾讯、百度从 2013 年开始频繁地抢夺线下资源，打了几十个回合的“斗地主”O2O，就再也按捺不住了，要杀进这场互联网三缺一的赌局。

王健林说：“万达持有物业 1 800 万平方米，75 家百货，五星级影城 86 家、730 块银幕，57 家酒店，还有长白山国际度假区、武汉中央文化区汉秀剧场和万达电影乐园等旅游文化地产，只要线下结合线上就会如虎添翼。”

马云调侃：“从来没见过长了翅膀的老虎。”

问题：

1. 万达与阿里二者模式最接近，都是做平台的，区别就是一个线下、一个线上。如何理解上述说法？

2. 分析阿里系新零售的具体举措。

案例 1-1　C2C 平台到阿里系生活消费娱乐生态圈——淘宝网

1. 基本概况

淘宝网（见图 1-6）在中国是深受欢迎的网购零售平台、商圈，由阿里巴巴集团在 2003 年 5 月创立。截至 2014 年底，淘宝网拥有注册会员近 5 亿人，日活跃用户超 1.2 亿人，在线商品数量达到 10 亿件，平均每分钟售出 4.8 万件商品。在 C2C 市场，淘宝网占 95.1%的市场份额，目前已经成为世界范围的电子商务交易平台之一。

图 1-6　淘宝网首页

随着淘宝网规模的扩大和用户数量的增加，淘宝也从单一的C2C网络集市变成了包括C2C、团购、分销、拍卖等多种电子商务模式在内的综合性零售商圈。淘宝的未来三大战略方向为：社区化、内容化和本地生活化。

2. 发展历程

2003年5月10日，淘宝网成立，由阿里巴巴集团投资创办。10月推出第三方支付工具“支付宝”，以担保交易模式使消费者对淘宝网上的交易产生信任。2003年全年成交总额3 400万元。

2004年，推出淘宝旺旺，将即时聊天工具和网络购物连接起来。

2005年，淘宝网超越eBay（易趣），并且开始把竞争对手们远远抛在身后。5月，淘宝网超越日本雅虎，成为亚洲最大的网络购物平台。2005年成交额突破80亿元，超越沃尔玛。

2006年，淘宝网成为亚洲最大的购物网站。

2007年，淘宝网不再是一家简单的拍卖网站，而是亚洲最大的网络零售商圈。这一年，淘宝网全年成交额突破400亿元，成为中国第二大综合卖场。

2008年，淘宝B2C新平台淘宝商城（天猫前身）上线。

2009年，淘宝网已成为中国最大的综合卖场，全年交易额达到2 083亿元。

2010年1月1日，淘宝网聚划算上线，然后又推出一淘网。

2011年6月16日，阿里巴巴集团旗下淘宝公司分拆为3个独立的公司，即沿袭原C2C业务的淘宝网（taobao）、平台型B2C电子商务服务商淘宝商城（tmall）和一站式购物搜索引擎一淘网（etao）。

2012年1月11日，淘宝商城正式宣布更名为天猫。2012年11月11日，天猫借光棍节大赚一笔，宣称13小时卖100亿元，自此开启了每年一度的“双11”网购节，深刻地影响着整个网上购物生态体系。

2012年4月20日，《IT时代周刊》出版的第08期封面文章曝光称，中国知名电子商务淘宝内部员工存在集体性腐败行为。就此，阿里巴巴集团副总裁陶然表示，不能因为个体的事件就夸大成为团体腐败，淘宝在两年前就设立了廉政部，将对举报进行调查，核实后会进行处理。

2015年12月24日，阿里巴巴旗下天猫、淘宝、1688等电子商务平台将导入CCC认证信息数据库实现自动校验和标注，从而避免无证及假冒认证产品。

2016年1月27日，成交记录模块被正式隐藏，但原先销量、评价等信息不会消失，仍正常累积。

3. 产品与服务（运营模式）

（1）淘宝网店铺

淘宝店铺是指所有的淘宝卖家在淘宝网上所使用的旺铺或店铺。淘宝旺铺是相对普通店铺诞生的，每个在淘宝网上新开的网店都是系统默认产生的店铺界面，就是常说的普通店铺；淘宝旺铺（个性化店铺）的服务则是由淘宝网提供给淘宝卖家，允许卖家使用淘宝网提供的计算机和网络技术，实现个性化店铺页面展现功能的服务。

（2）阿里旺旺

阿里旺旺是淘宝网官方推出的一款沟通工具。这是一种即时通信软件，供网上注册的用户之间通信使用。淘宝网支持买卖双方以网站聊天室的形式交流沟通，淘宝网交易认可淘宝旺旺交易聊天内容保存为电子证据。

（3）支付平台

为了解决 C2C 网站支付的难题，淘宝打造了支付宝服务技术平台。支付宝（中国）网络技术有限公司是国内领先的第三方支付平台，致力于提供简单、安全、快速的支付解决方案，始终以信任作为产品和服务的核心。

（4）淘宝指数

淘宝指数是一款基于淘宝的免费数据查询平台，可通过输入关键词搜索的方式，查看淘宝市场搜索热点、成交走势，以及定位消费人群在细分市场的趋势变化的工具。

（5）快乐淘宝

2009 年 12 月，淘宝和湖南卫视合作组建快乐淘宝公司，联手拓展电视网购新市场——在湖南卫视推出快乐淘宝节目，还在淘宝网上开辟快乐淘宝子频道专区和外部独立网站，创建电子商务结合电视传媒的全新商业模式。

（6）淘宝基金及余额宝

2013 年 6 月，淘宝基金理财频道上线，泰达瑞利、国泰、鹏华、富国等多种基金成为首批上线的基金淘宝店。余额宝的横空出世，被普遍认为开创了国人互联网理财元年，确立了余额资金的财富化，同时也确立了市场化利率的大致尺度，推动了利率的市场化进程。

（7）淘点点

2013 年 12 月 20 日，淘宝宣布正式推出移动餐饮服务平台——淘点点。用手机下载淘点点体验发现，只需进入外卖频道，就可以方便地搜索到附近的盒饭、水果、饮料、蛋糕等外卖信息。通过淘点点，消费者可以随时随地自助下单、付款，并留下送货地址和电话，十几分钟后，外卖商户就会把新鲜出炉的美食送上门。

4. 特色与创新

（1）突出免费优势

淘宝网从 2003 年 7 月成功推出之后，就以 3 年免费牌迅速打开中国 C2C 市场，并在短短 3 年时间内，替代 eBay（易趣）登上中国 C2C 头名的交椅。2005 年 10 月 19 日，阿里巴巴宣布淘宝网将再继续免费 3 年。2008 年 10 月 8 日，淘宝在新闻发布会上宣布继续免费。

（2）打造信用体系

淘宝网注重诚信安全方面的建设，引入了实名认证制，并区分了个人用户与商家用户认证。两种认证需要提交的资料不一样，个人用户认证只需提供身份证明，商家认证还需提供营业执照。一旦淘宝发现用户注册资料中主要内容是虚假的，淘宝可以随时终止同该用户的服务协议。

淘宝网的信用评价系统的基本原则是：成功交易一笔买卖，双方对对方作一次信用评价，给予商铺“心”“钻石”“皇冠”3 个信用等级。

支付宝的推出，解决了买家对于先付钱而得不到所购买的产品或得到的是同卖家在网上声明不一致的劣质产品的担忧，同时也解决了卖家对于先发货而得不到钱的担忧。

（3）推荐物流战略

阿里集团联合各方共同组建的菜鸟网络科技有限公司，打造了一个开放的社会化物流大平台。其实质上就是淘宝大物流计划，阿里借助第三方物流来实现淘宝网配送服务体系。

淘宝没有像京东那样自建自营物流体系，采取的是推荐物流战略，将价值链相关方企业作为一种经营资源纳入到自身电子商务模式流程内，通过不同企业间的横向联合与协作方式完成整个价值链的实现。

（4）电子商务加油站——淘宝大学

淘宝大学是为网商打造的24小时电子商务加油站，无论是淘宝掌柜、电子商务从业者，还是电子商务企业主，都可以通过在线学习平台学到一线实战卖家分享的各类实用内容。

淘宝大学已逐步形成了覆盖各网商群体的完善培训课程，包括针对中小卖家的“点亮淘宝路”活动，针对电子商务中层的“网商特训营”，针对电子商务基层专业人才的“电子商务精英”“企业内训师”项目，以及针对网商核心高层的“传统企业进驻电子商务总裁班”和“网商 MBA”培训课程，从而切实有效地提升了学员的电子商务综合能力。

（5）个性化及低廉价格

“只有想不到的商品，没有买不到的商品”成为淘宝平台品种齐全的最恰当写照，相较于实体店铺更为复杂和广泛的进货渠道，极大地满足了顾客的个性化需求。同时，价格趋于透明化及价格竞争的白热化成就了“以低廉价格寻找到个性化商品的网络零售网站”的称号。

5. 经验要点

（1）淘宝售假及信用机制问题

这起源于美国服装和鞋履协会（AAFA）呼吁美国贸易代表办公室重新将阿里巴巴及该公司旗下的淘宝等平台列入“恶名市场”名单。其实，不只是阿里，京东、eBay，甚至全球知名的亚马逊也曾曝出过售假丑闻。

淘宝平台上销售假货，这是无法回避的问题，但也无须放大。原因有两个：一是地下作坊式生产的假冒伪劣产品由实体渠道延伸到网络平台；二是国内的全球品牌代工厂利用阿里平台等互联网渠道直接面向消费者销售自主产品。平台完全杜绝假货的可能性几乎为零，电子商务平台对商家的监管确实存在难度。

正如马云说的：“假货不是淘宝造成的。但淘宝注定要背负这种委屈，淘宝只能认下它，解决它！”阿里为打假做出的努力应该得到承认，但是在打假这条路上，它才刚刚开始。

2016年3月15日，“3·15”晚会曝光，淘宝存在刷单现象。淘宝卖家对信用好评率已经视作生命一样重要，确实可以起到一定的监督作用，但同时导致不良商家炒作信用度、炒作销量行为的产生。

淘宝网致力于打击信用炒作、销量炒作，这点是值得肯定的。但更需要把舆论引导到一个正确的方向上：一是淘宝买家应该观察分析评价的内容，而不是好评、差评本身；二是淘宝规则应该把卖家指引到积极提高产品质量和服务的正确道路上；三是社会共同打击刷单现象，曝光刷单这一灰黑产业，以便让更多的人了解和抵制这一毒瘤。

（2）淘宝与天猫的内部资源争夺

阿里旗下淘宝、天猫、聚划算的关键词广告、佣金、营销费用和增值收入都来自于阿里流量变现，流量、资源、政策都向天猫大品牌、大卖家倾斜。

如何加强各平台之间的资源整合和统一规划，阿里集团把旗下的淘宝、天猫、聚划算统一整合为“阿里巴巴中国零售平台”，即通过内部的架构调整与资源整合来避免内部淘宝同天猫之间产生更多裂痕，扫除阿里大战略规划布局的内部障碍。

（3）国民经济的发展上行趋势对淘宝模式构成威胁

宏观经济层面的发展和国民收入的提升，使国民开始更注重对商品品质、品牌的追求，淘宝则逐渐跟不上品质消费的主流大潮，而更多是一个商品价格底线的风向标。淘宝流量的红利时代与风口都已经接近落幕，市场的饱和度已见顶，正逐渐开始被谋求转型的品质卖家所抛弃。

从阿里近年来在农村电商方面的布局看，淘宝上的价格优势、丰富的非标类产品品类及C2C的模式无疑同未来农村市场的需求达成匹配，农村才是淘宝需要承担的重点市场。

（4）新型移动电子商务对淘宝的威胁

随着移动端去中心化模式的崛起，用户消费习惯的变化将导致电子商务模式的革新。另一方面，淘宝C2C平台获取流量的难度与成本大增，形成了卖家的需求开始转变为同消费者的直接沟通——消除中介，进而降低新用户获取成本的新型模式。因此，微商等新型移动电子商务必然成为基于中小卖家在淘宝渠道之外的扩充，意味着淘宝平台上的商家与流量被分流。

对淘宝来说，流量下滑是未来不可逆转的趋势。淘宝面临的威胁，不仅在内部被边缘化，也来自于外部新的电子商务模式的冲击、人口红利的丧失，以及国民经济层面的发展对淘宝生态的多向挤压。淘宝的隐忧不仅仅在于假货这么简单，更大的危机在于时代的发展会甩掉相对落后的平台模式。如果消费者、商家、资本市场甚至阿里内部都在心理认知层面并不认同淘宝会代表未来，这才是淘宝的最大危机。内忧外患下的淘宝何去何从？在杭州召开的2016年度卖家大会，阿里巴巴集团CEO张勇在会上为淘宝的未来明确了三大方向战略：社区化、内容化和本地生活化。

淘宝充分赋予大数据个性化，以及提供粉丝、视频、社区等工具，搭台让卖家唱戏；利用优酷、微博、阿里妈妈、阿里影业等阿里生态圈的内容平台，紧密打造从内容生产到内容传播、内容消费的生态体系；根据用户的需求，继续进行中心化供给和需求之间的匹配，进一步开拓自营内容和消费传播机制——如网红直播的火爆，挖掘移动互联网基于LBS的特点，让用户、商品和服务的供给需求能够获得更好的匹配。

案例1-2 3C垂直电商到B2C网购综合平台——京东商城

1. 基本概况

京东（JD.com）是中国最大的自营式电子商务企业，如图1-7所示。目前，京东集团旗下设有京东商城、京东金融、拍拍网、京东智能、O2O及海外事业部。2014年5月，京东在美国纳斯达克证券交易所正式挂牌上市（股票代码：JD），是中国第1个成功赴美上市的大型综合型电子商务平台，与阿里巴巴、腾讯、百度等中国互联网巨头共同跻身全球前十大互联网公司排行榜。

图 1-7　京东首页

京东商城从最初在线销售计算机、手机及其他数码产品等 3C 类的垂直 B2C 网站，发展为销售 3C 数码产品、家电、汽车配件、服装与鞋类、奢侈品、家居与家庭用品、化妆品与其他个人护理用品、食品与营养品、书籍与其他媒体产品、母婴用品与玩具、体育与健身器材及虚拟商品等，共 13 大类 3 150 万种 SKU 的商品。根据艾瑞咨询的数据，截至 2015 年底，京东商城年度活跃用户数超 1.5 亿人，全年线上自营与第三方平台核心交易总额达 4 465 亿元。

2. 发展历程

1998 年 6 月 18 日，刘强东在中关村创业，成立京东公司。

2001 年 6 月，京东成为光磁产品领域最具影响力的代理商，销售量及影响力在行业内首屈一指。

2004 年 1 月，京东多媒体网正式开通，启用新域名。

2007 年 6 月，成功改版后，京东多媒体网正式更名为京东商城。8 月，京东赢得国际著名风险投资基金——今日资本的青睐，首批融资千万美元。

2008 年 6 月，京东公司成立十周年之际完成了 3C 产品的全线搭建，成为名副其实的 3C 网购平台。

2009 年 1 月，京东获得来自今日资本、雄牛资本，以及亚洲著名投资银行家梁伯韬的私人公司共计 2 100 万美元的联合注资。日订单处理能力突破 20 000 单。

2010 年 11 月，京东商城图书产品上架销售，实现从 3C 网络零售商向综合型网络零售商的转型。12 月，京东商城团购频道正式上线，京东商城注册用户均可直接参与团购。

2011 年 2 月，京东商城 iPhone、Android 客户端相继上线，启动移动互联网战略。

2012 年 2 月，京东商城酒店预订业务、电子书刊业务、迷你挑相继上线。京东完成第六轮融资，融资金额为 3 亿美元。

2013 年 2 月，京东完成新一轮 7 亿美元融资。

2013 年 3 月，京东去商城化，全面改名为京东，更换 LOGO；启用 JD.COM 域名，并将 360buy 的域名更换为 JD。

2013 年 7 月，京东针对 POP 平台上的卖家提供小额信用贷款、流水贷款、联保贷款、票据兑现、应收账款融资、境内外保理业务等金融服务。

2014 年 3 月，腾讯同意约 2.15 亿美元收购京东 3.5 亿多股普通股股份，占上市前在外流通京东普通股的 15%。同时，京东、腾讯还签署了电子商务总体战略合作协议，腾讯将旗下拍拍 C2C、QQ 网购等附属关联公司注册资本、资产、业务转移给京东。

2014 年 4 月，京东集团正式进行拆分，其中包括两个子集团、一个子公司和一个事业部，涉及金融、拍拍及海外业务。

2014 年 5 月 22 日上午 9 点，京东集团在美国纳斯达克挂牌上市（股票代码：JD）。

2014 年 11 月，京东集团宣布大家电“京东帮服务店”在河北省赵县正式开业。此举主要是帮助京东渠道下沉。借此，京东大家电可在四至六线城市进行物流提速。

2015 年 10 月，腾讯集团与京东集团在京联合宣布推出全新战略合作项目——京腾计划，双方以各自资源和产品共同打造名为“品商”的创新模式生意平台。

2015 年 10 月，京东集团发布公告称，停止提供其 C2C 模式（拍拍网）的电子商务平台服务。

2016 年 6 月，京东和沃尔玛宣布达成一系列深度战略合作。

3. 产品与服务（运营模式）

（1）一站式购物平台

京东商城实施“一站式购物平台”战略布局，让消费者足不出户，就能轻松实现打酱油、买啤酒等日常生活购物需求。京东商城首次上线的商品逾 5 000 种，涉及休闲特产、纯净水、粮油、调味品、啤酒饮料等多个产品品类，这些品类都与消费者日常生活息息相关。京东送货到家，加上支持货到付款等服务，真正能帮用户实现购物的“多”“快”“好”“省”。

（2）京东金融

2015 年 4 月 28 日，京东金融宣布网银钱包更名为京东钱包，“网银+”更名为京东支付。京东金融还提出围绕京东支付体系，为用户提供全方位的金融解决方案。

京东金融主要有两大拳头产品，分别为京东众筹和京东白条。

（3）京东云

依托京东商城电子商务优势而开发的京东电子商务云平台，正在基于其产业链优势构建一个庞大的电子商务云生态系统，将应用推进云计算落地的真谛演绎得淋漓尽致。2013 年，京东集团已经形成了以“京东宙斯”“京东云鼎”“京东云擎”“京东云汇”四大解决方案为核心的技术体系，完整的电子商务云服务链条已经形成。

四大解决方案分别向合作 ISV 和个人开发者提供了京东系统开放接口、服务交易市场、电子商务应用云托管平台、应用开发云平台、社区生态环境等电子商务云服务，初步形成了一个完整闭环的电子商务云服务链条。

（4）JIMI机器人

JIMI（JD Instant Messaging Intelligence）是京东自主研发的人工智能系统，通过自然语言处理、深度神经网络、机器学习、用户画像、自然语言处理等技术，能够完成全天候、无限量的用户服务，涵盖售前咨询、售后服务等电子商务的各个环节，堪称京东用户的购物伴侣。

4. 特色与创新

（1）强大的供应链管理体系

供应链体系对于零售行业来说至关重要，不断提高存货和现金的周转率是其核心。京东把产品分3个层次，即自营（标准化的产品）、POP平台（非标准化的品类）、O2O，以优质的购物平台入口，提供优质商品、优质服务，抓住优质客户，通过技术体系和物流体系，搭建3个层次的零售体系；提高库存周转率，确保向产业链上的供货商、终端客户提供更多的价值空间。

2017年推出的Y-SMART SC智慧供应链战略，核心就是围绕数据挖掘、人工智能、流程再造和技术驱动4个原动力，形成覆盖商品、价格、计划、库存、协同五大领域的“四好一智慧”供应链解决方案。其中，“好商品”是通过打造大数据选品平台，解决卖什么的问题；“好价格”是通过打造动态定价平台，解决卖多少钱的问题；“好计划”是通过构建京东零售的商业预测能力，制订匹配市场的零售计划，解决怎么卖商品的问题；“好库存”是通过用计划来指导自动化的库存管理，解决商品放到哪里的问题；“智慧协同”是通过打造供应商协同平台将技术能力开放给合作伙伴，让数据产生更有价值的流动。

（2）高效的物流配送体系

凭借“多快好省”的理念，京东为消费者提供全品类商品和急速物流服务：建设了全国电子商务行业最大的仓储设施，首创了211限时达、京东次日达、京东极速达、京东京准达、京东夜间配、京东自提柜等一系列创新的配送服务。这些创新的服务模式，使国内消费者享受到比欧美发达国家更加舒适的网购体验。

（3）风投融资

京东在电子商务市场开疆扩土的过程中，离不开资本的助推。从今日资本给的第1桶金开始，京东就开始了野蛮式的成长。

从2007年8月的今日资本1 000万美元，到2013年初7亿美元，在IPO上市前京东总计融资22.62亿美元，如表1-1所示。京东融资的投向更多的是不断拓展其新业务，包括物流、信息系统投资、品类扩张、平台建设等，为京东长远发展布局。在2014年成功IPO二年后，京东在2016年又开始了新一轮的股权融资。

表1-1　京东4轮股权融资

融资时间	融资额	投资方
2007.8	1 000万美元	今日资本
2009.1	2 100万美元	今日资本、雄牛资本、梁伯韬私人公司
2011.5	15.31亿美元	俄罗斯DST、老虎基金等6家基金和社会知名人士
2013.2	7亿美元	加拿大安大略老师退休基金、沙特王子控股集团及公司原主要股东跟投

5. 经验要点

（1）超强的融资能力与资金链断裂疑云

电子商务向来以“烧钱”著称，京东自 2007 年以来经过 4 轮股权融资，2014 年上市前融资总额折合人民币 138 亿元。但京东商城一直处于亏损状态，2012 年以来市场屡屡曝出京东资金链即将断裂的传闻。投资一家数次陷入资金链危机而仍未盈利的公司无疑是一场豪赌。京东成功 IPO，大赢家之一是它的投资人。

在纷繁复杂的投资市场中，常常充斥着不同的声音。资本寒冬时，因投资人和创始人之间的矛盾而导致的公司更换管理层，甚至倒闭的案例屡见不鲜。2016 年初，又见京东新一轮融资，京东一直亏损的状态总归是一把悬挂在头顶的达摩克利斯之剑。

（2）如何确保商品质量及良好的购物体验

京东力图将同购物体验相关的环节全部纳入掌中。自营商品的质量、价格及配送都做到可圈可点，成为京东向天猫等其他电商叫板的王牌。但要在规模上赶上并超过阿里，单凭一己之力，京东尚无法实现这个宏伟的目标，必须依赖第三方 POP 平台的贡献——第三方 POP 平台卖家大量涌入，保障用户享受与京东自营同样的购物体验是极大的挑战。京东目前的第三方几万个卖家同淘宝的 800 万个卖家相比，在信誉体系建设和管理经验上还无法相提并论。

（3）自营物流进度与成本的挑战

京东商城想在物流配送服务方面更加出色，必须加大自建物流网点建设，否则物流配送体系越到网点密集的末端，利润越难以支撑网点的运营成本。京东用了 7 年，形成处理 1 000 亿元 GMV（Gross Merchandisc Volume，商品交易总额）的物流体系。如果通过自营物流实现 POP 平台卖家的物流配送，京东即使每年能增加处理 500 亿元 GMV 的物流能力，也必然跟不上自己的扩张步伐，多年来依靠自营物流树立的口碑必将遭到蚕食，京东将会失去自我。

（4）开拓新的领域，实现多元化发展

京东不断地在开拓新的领域，推出许多新业务：从全品类实物产品，到游戏、金融这样的虚拟业务。京东已经打破了 B2C 的单纯模式，形成集 B2C、O2O、移动支付及移动社交的混合模式。

在多元化发展道路上，京东更多的是在跑马圈地，用户运营能力尚待检验。例如，京东最有优势的品类是 3C，但在这个领域并没有形成绝对的优势，在大家电品种上一直未能超越苏宁。另外，同腾讯合作后，移动端为京东吸引了更多的消费者，但成效还需进一步检验。

案例 1-3 小而美的垂直 B2B 到新兴产业电子商务平台——欧浦钢网

1. 基本概况

欧浦钢网是中国首家钢铁现货交易网站，是一个以真实库存为基础，以欧浦公司六大实体，即“大型仓储”“剪切加工”“运输调度”“高效配送”“金融质押”“物业租赁”为配套的一站式钢铁交易服务平台。

公司旗下的欧浦钢铁交易市场，拥有 9 个区域共 81 个仓储存量为 150 万吨的五星级仓库、年加工能力达 250 万吨的大型钢铁加工中心、庞大的专业运输车队、积极开展银行合作、通畅高效的钢铁配送平台及物业租赁等。

欧浦钢网拥有钢材超市现货交易平台、钢铁资讯服务平台两大网络服务。现有注册会员近 10 万家，网站日均点击量高达 20 余万次。凭借强大的行业背景和一流的技术团队，欧浦钢网致力于利用互联网降低客户交易成本，创造更为广阔的钢铁互联网应用前景，推动钢铁产业发展。欧浦钢网的首页如图 1-8 所示。

图 1-8　欧浦钢网首页

2. 发展历程（见图 1-9）

3. 产品与服务（运营模式）

（1）钢材超市现货平台

依托欧浦钢网数千家钢铁供应商网络现货资源及采购商户遍布全国各地的优势，会员制实现了钢铁超市、竞卖竞买、确保履约等服务。

① 钢铁超市。交易的会员可以在网上对货物的名称、产地、质地、重量、价格及图片进行查询验证。

② 竞卖竞买。交易的会员随时参与网上标的物的价格评估，并开出自己的报价。开标后，价高者成交竞买，价低者成交竞卖。交易双方可在规则许可的范围内讨价还价，或者自行设定交易条件。

③ 确保履约。欧浦钢网在全国各地设立交收仓库。交易的会员在欧浦钢网指定仓库，可用仓库保证履约，如果在其他仓库，则用保证金履约。货物交收地点可在国内任何仓库。

（2）钢铁资讯服务平台

欧浦钢网建立了庞大数据库的商机商情中心，为商户提供资讯频道、资源频道、联盟、专栏、分站、企业库等创新、专业的服务；通过同行业权威机构、组织等的深入合作和遍布全国的密集信息采集点，以及网站数千家钢贸会员企业每天发布、更新数万条的钢铁资源、市场信息，使网站商机浩瀚如海，无处不在，让商户把握钢材生意、商机。

① 资讯频道服务。提供行业聚焦、价格行情、钢厂资讯、钢市分析等资讯服务。

② 资源频道服务。提供仓库资源、贸易联盟资源、资源下载、现货资源等资源服务。

③ 联盟服务。提供贸易联盟、仓储联盟、加工联盟、物流联盟 4 种联盟服务。

④ 专栏服务。提供企业聚焦、行情专栏、钢厂专栏、钢市专栏、商会专栏 5 个专

项服务。

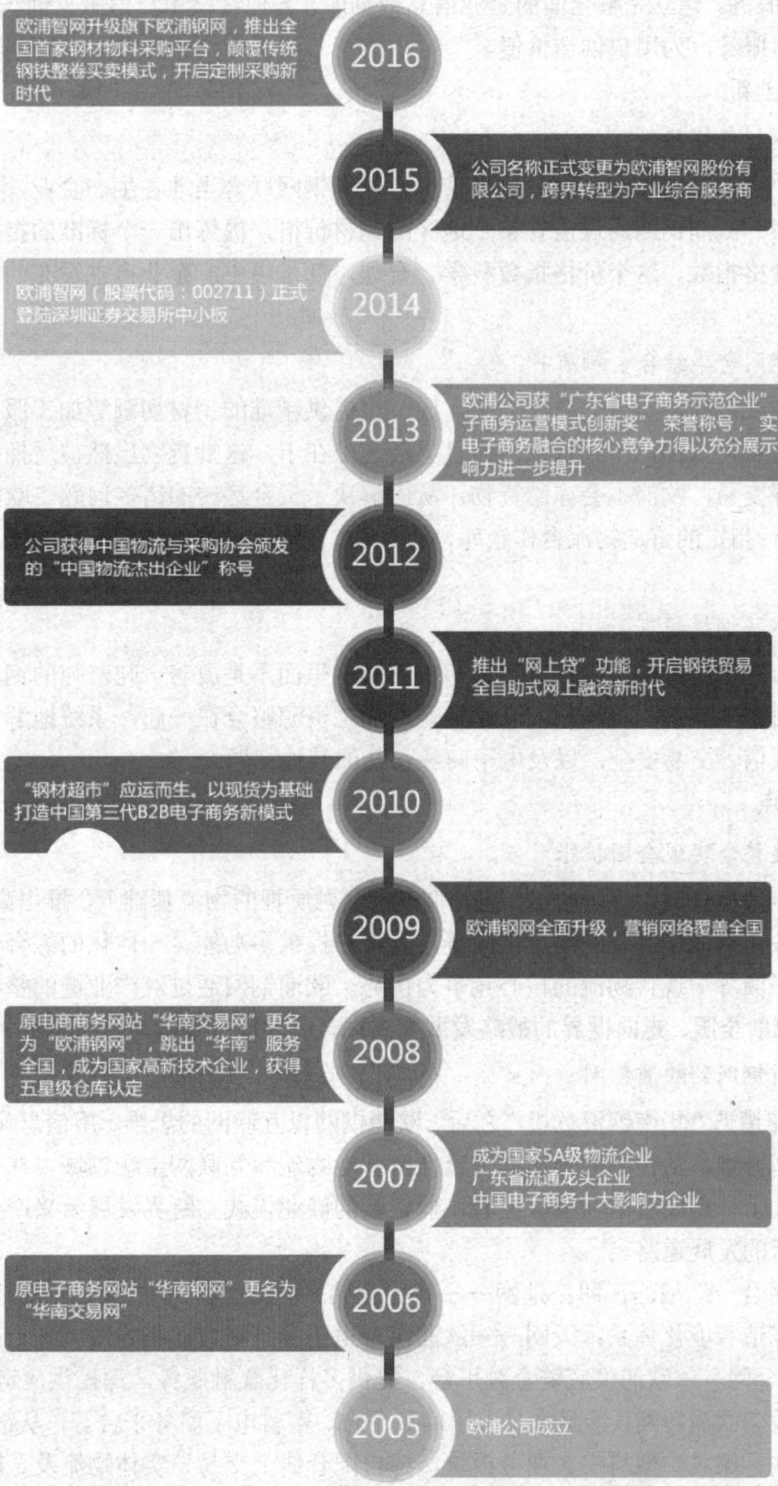

图 1-9　欧浦钢网发展历程

⑤ 分站服务。建立各地分站和材料分站，更专业、更直接地提供服务。

⑥ 企业库服务。建立完整全面的企业信息数据库，方便终端用户信息查询，为钢贸企业提供更多增值服务，为用户创造价值。

4. 特色与创新

（1）欧浦钢材价格指数

为了让客户更清楚地了解到钢铁价格情况，欧浦钢网联合当地各生产企业，成立了钢材价格指数体系。欧浦钢网通过监管整个地区的钢材价格，提炼出一个标准的指导价格，形成欧浦钢材价格指数。这个价格指数科学、合理，都是由生产企业自主发布的，具有很强的权威性。

（2）欧浦钢网仓单结合金融质押

欧浦钢网主要以提供实体的仓库为主，同时也提供精准的钢材切割等加工服务。生产企业可以直接将货物抵押，得到贷款，而且灵活之处在于，这批货物虽然被质押，但是依然可以上网进行交易，欧浦不会冻结货物，从而解决了资金运转的诸多问题。欧浦华南仓已成为12家银行指定的首选物流合作仓库，保障客户在经营过程中持续充足的现金流和多种融资渠道。

（3）欧浦钢网钢材超市

欧浦的超市跟平时逛的沃尔玛等实体超市不同，里面不是放着一吨一吨的钢材，而是在网站上逛超市。欧浦钢网将线下的仓储资源、加工资源整合在一起，系统地解决了用户与客户之间的诚信、交易安全，以及电子商务存在的其他问题。

5. 经验要点

（1）产业链整合实现全国扩张

欧浦钢网在大型仓储、剪切加工、运输调度、金融质押的物流基础上，推出高效配送、物业租赁等业务，形成了完整的物流供应链，为用户提供多功能、一体化的综合性服务，进一步强化电子商务与现代物流的核心竞争力优势。欧浦钢网通过对产业链的整合，形成了依托华南，辐射全国，走向世界的战略发展大布局，成功地打响欧浦这一钢铁物流品牌。

（2）从欧浦钢网到欧浦智网

2014年，在遭遇“华南钢贸危机”之后，欧浦钢网以互联网的思维、用信息化的技术，推进企业的转型升级，从传统的仓储加工延伸至智能物流和互联网金融领域。在夯实钢铁板块业务的基础上，不断总结和吸取经验，探索新的商业模式并跨界发展新兴产业，开启了一条自主创新的发展道路。

实施“三网合一”战略，即：地网——智能仓储+智能运输+智能加工+质押监管，夯实线下基础，打造智能化体系；天网——欧浦综合电子商务平台，搭建线上平台，构建互联网+大数据；金网——欧浦供应链金融平台，提供多样化金融服务，深挖供应链价值。

欧浦钢网改名欧浦智网，涉足家具电子商务平台、塑料电子商务平台等，从钢铁跨界。目前已形成钢铁、家具、塑料三大业务板块，各自配套线上交易、实体物流及金融服务的全方位立体布局，全面提升行业客户的生产、销售、物流与资金周转效益。

欧浦智网产业综合平台的模式如图 1-10 所示。

图 1-10　欧浦智网产业综合平台模式

第二章

电子商务发展趋势

本章知识要点

1. 用数据解读电子商务的发展。
2. 从市场层面看电子商务发展。
3. 从技术和产业链整合角度理解电子商务的发展。

第一节 电子商务年度数据解读

放眼当下，恰逢互联网购物的大好时代。在国家实施信息网络战略、几大移动运营商快速发展、各大电商网络平台百花齐放的大背景下，年轻消费群体的购买力突飞猛进，网上零售市场份额不断攀升，网购渗透率正在逐年增加。根据国家统计局、中商产业研究院数据，至 2016 年，我国网上零售额突破 5 万亿元（见图 2-1），占社会消费品零售总额的 14.9%，网购用户渗透率达 64.0%（见图 2-2）。

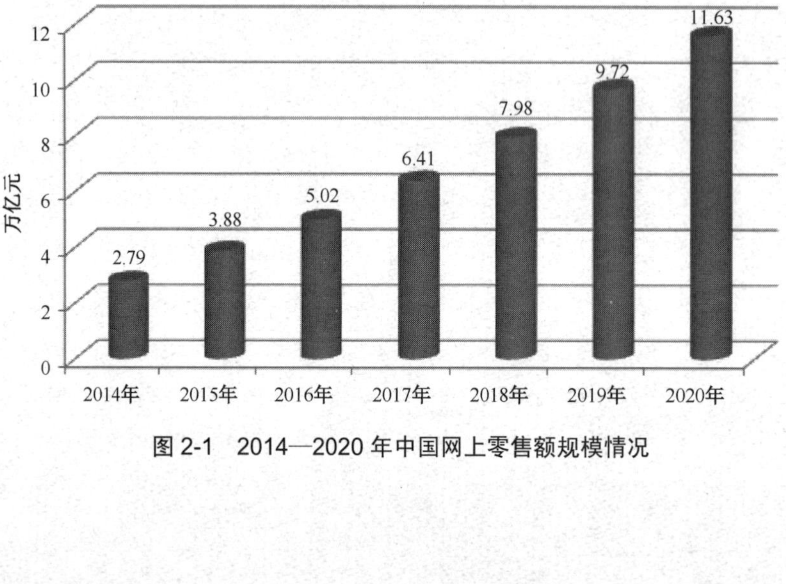

图 2-1 2014—2020 年中国网上零售额规模情况

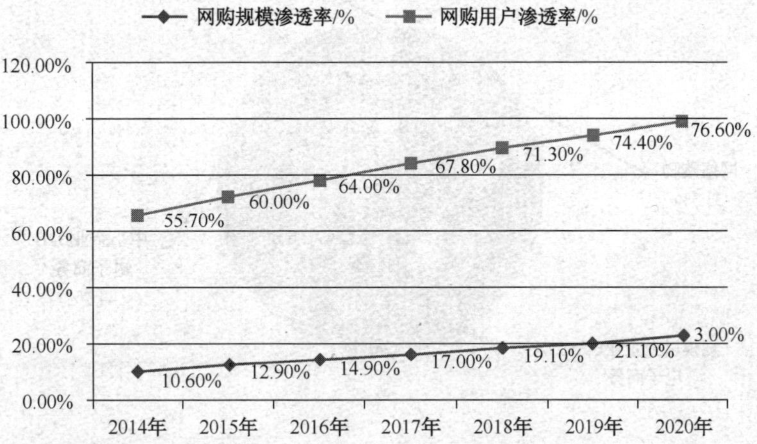

图 2-2　2014—2020 年中国网购渗透率情况

艾瑞咨询的数据显示，2016 年中国电子商务市场交易规模达 20.2 万亿元，增长 23.6%，如图 2-3 所示。其中，网络购物增长 23.9%，本地生活 O2O 增长 28.2%，成为推动电子商务市场发展的重要力量。

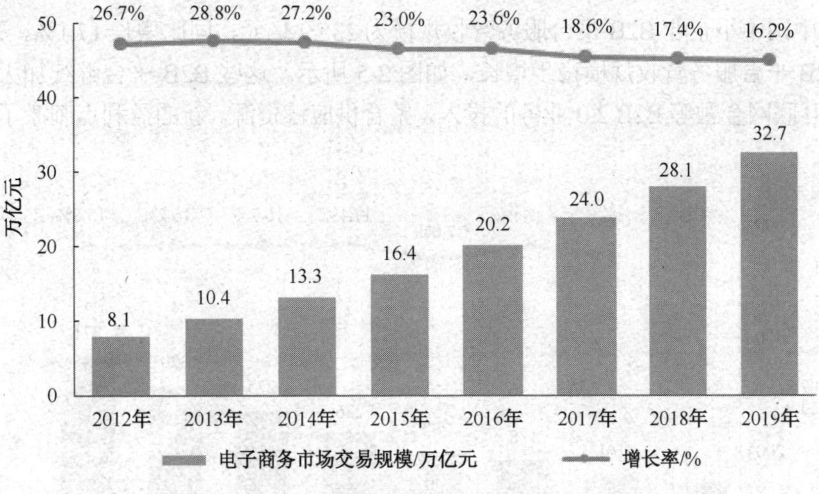

图 2-3　2012—2019 年中国电子商务市场交易

根据艾瑞统计模型核算，在 2016 年电子商务市场细分行业结构中，B2B 电子商务合计占比超过七成，仍然是电子商务的主体。此外，中小企业 B2B、网络购物、在线旅游交易规模的市场占比同 2015 年相比均有小幅提升，如图 2-4 所示。

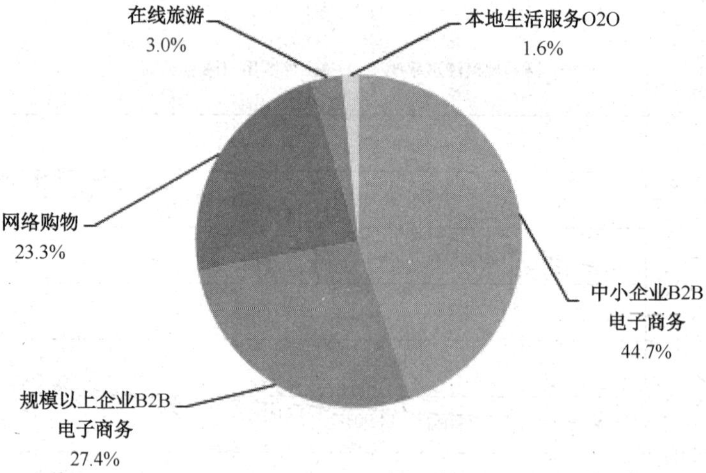

图 2-4　2016 年中国电子商务市场细分行业构成

下面就从 B2B 电商行业、网络购物行业、电商行业年度热三方面来具体分析。

一、B2B 电商行业

（一）市场规模

2016 年中国中小企业 B2B 平台服务营收规模为 235.9 亿元，同比增长 17.1%。整体而言，中小企业 B2B 平台服务营收规模稳步增长，如图 2-5 所示。这些 B2B 平台继续加大对线上交易、O2O 及互联网金融等 B2B 2.0 业务的投入，整合供应链资源。新的盈利点刺激了平台营收规模的增长。

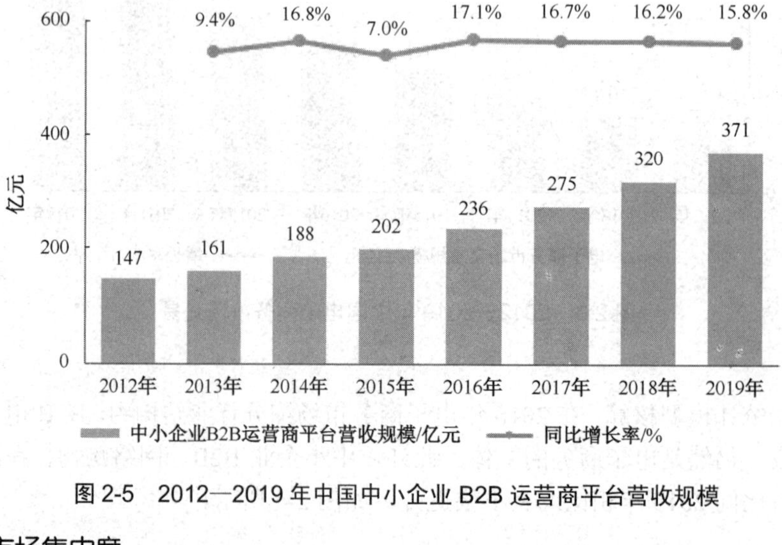

图 2-5　2012—2019 年中国中小企业 B2B 运营商平台营收规模

（二）市场集中度

阿里巴巴一家独大，加上其他几家主流 B2B 企业，市场份额占比超过 70%，市场较为集中。

（三）市场份额

2016 年核心 Top9 企业营收份额超 70%，阿里巴巴稳居首位，9 家核心企业占比为 72.9%，如图 2-6 所示。其中：

① 阿里巴巴集团占 B2B 电子商务运营商平台营收的比例为 47.5%，稳居首位，继续领跑中小企业 B2B 电子商务市场。

② 环球资源和金泉网位列第二、第三位，占比分别为 5.6%、5.1%，市场份额均有所提高。

③ 敦煌网和慧聪网位列第四、第五位，占比分别为 4.8%和 4.6%。敦煌网和慧聪网 2016 均有业务调整，政策落地到变现仍需一段时间，而其他 B2B 电子商务运营商表现相对平稳，市场份额变化较小。

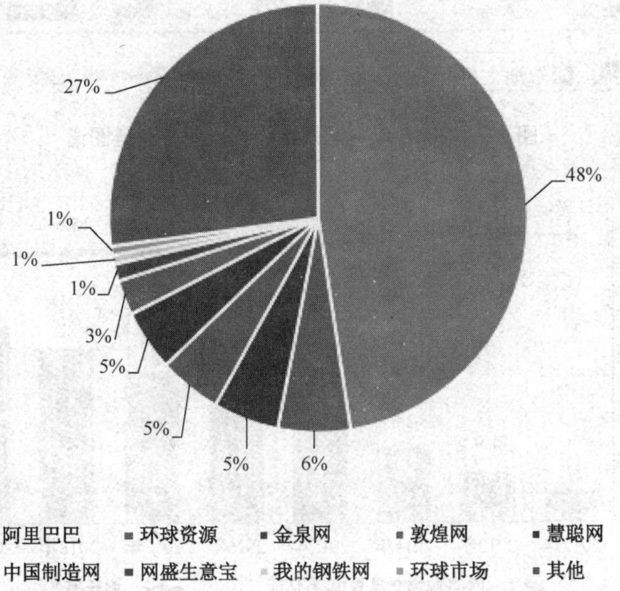

图 2-6　2016 年中国中小企业 B2B 电子商务运营商平台营收市场份额

二、网络购物行业

（一）产业链

2016 年网络购物入口向内容类平台转移，跨境、垂直行业创业公司发展快速，如图 2-7 所示。

（二）市场交易规模

2016 年中国网络购物市场交易规模达 4.7 万亿元，同比增长 23.9%，网络购物行业发展日益成熟，如图 2-8 所示。各家电商企业除了继续不断扩充品类，优化物流及售后服务外，也在积极发展跨境网购，下沉渠道发展农村电商。在综合电商格局已定的情况下，一些企业瞄准母婴、医疗、家装等垂直电商领域深耕，这些将成为网络购物市场发展新的促进点。

图 2-7　2016 年中国网络购物行业产业链图谱

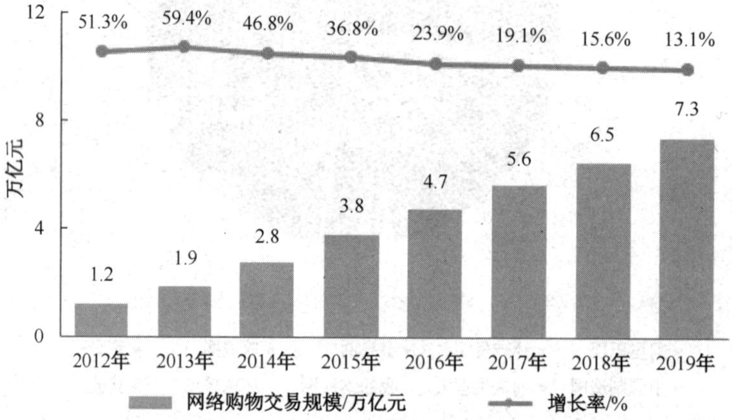

图 2-8　2012—2019 年中国网络购物市场交易规模

（三）企业分析

目前，网络购物行业中，京东、苏宁易购、唯品会等几家中等规模企业的增速最高，有力拉动了电商行业的增长。体量位于首位的淘宝，增速则相对较缓慢，如图 2-9 所示。

阿里系的淘宝、天猫、闲鱼，以及唯品会、小米商城等购物 App 的用户覆盖率和用户使用次数均较高；手机京东用户覆盖率很高，但用户使用次数占比相对较低；卷皮、聚美优品、贝贝、苏宁易购等 App 的用户黏性有待提高，如图 2-10 所示。

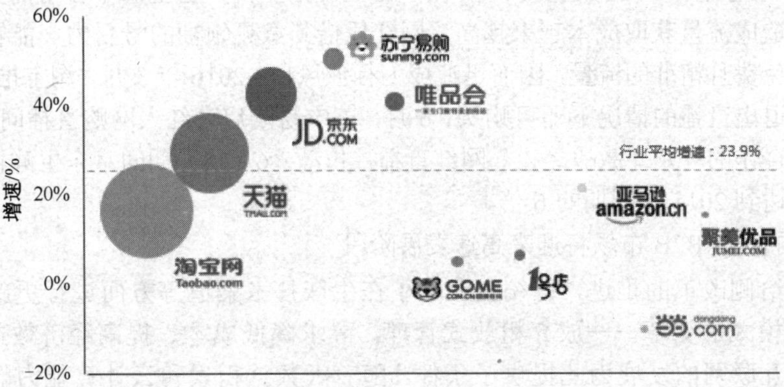

图 2-9　2016 年中国网络购物市场典型企业同比增长率

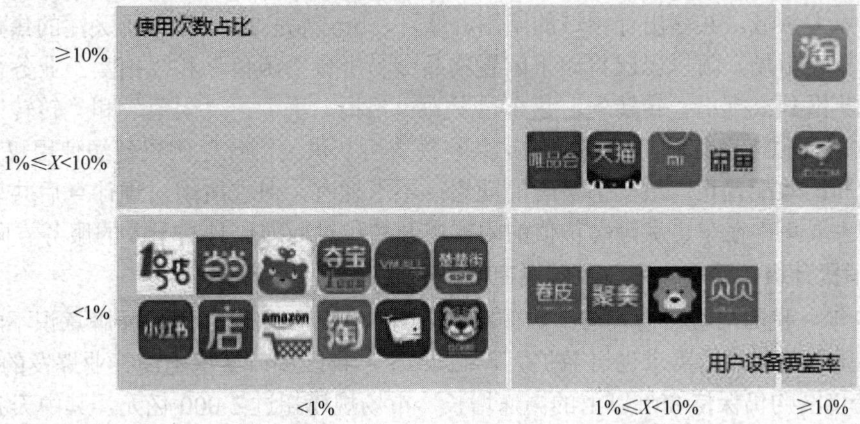

图 2-10　2016 年中国移动购物 App 九宫格划分

三、电商行业年度热

2016 年，我国电商行业的热点事件主要体现在以下 5 个方面。

1. 新零售打通物流、选品、会员等方面，传统零售品牌优势渐显

2016 年，零售业线上线下一体化加速。天猫“双 11”，共 100 万家门店参加，包括苏宁、优衣库、GAP、索菲亚、百安居等。线上线下的融合，体现在物流、选品、会员等方面，从而对线上、线下购物的不足实现了互补。具体方式包括线上下单、线下提货；基于地理位置优势、人群特征数字化选品；AR（增强现实技术）购物；线上线下会员打通等各个方面。在不同类型品牌中，传统品牌优势渐显，占比约为淘品牌的两倍，数量明显占优。此外，传统品牌在访问、关注、商品、物流等各环节的综合表现明显高于淘品牌。

2. 电商流量成本走高，“直播+网红+电商”成为行业风口

2016 年，电商用户增长速度放缓，用户红利逐渐下降，但电商平台与商户增长仍然非常快，从而造成流量获取成本越来越高。网红凭借其意见领袖的号召力，能够为电商平台带来巨大的免费且精准的流量，因而迅速成为行业风口。2016 年 3 月，淘宝推出直播功能，使用户在不退出直播的情况下即可购买；6 月，苏宁易购启动红人网购直播间；6 月 18 日，京东与斗鱼合作的“龙虾激战之夜”网红直播，拉动“6 • 18”期间京东生鲜自营产品的销售，订单量达到 2015 年同期的 6 倍。

3. 我国 SaaS-B2B 市场将迎来高速发展阶段

随着供给侧改革的推进，传统企业除了在生产技术渠道等方面进行更新，也开始关注企业管理模式的变革——放弃粗放式管理，寻求降低成本、提高经济效益的新方式。另一方面，互联网的发展为此提供了条件，随着大数据积累和云计算能力的成熟，低成本且模式便利的 SaaS（Software-as-a-Service，软件即服务）企业服务开始受到企业和投资人的追捧。

4. 优化资源配置，共享经济相关行业快速发展

我国共享经济行业主要集中在金融、生活服务、交通出行、生产能力、知识技能、房屋短租等六大领域。共享出行领域的滴滴、摩拜、ofo 等是 2016 年市场关注的焦点。电商巨头纷纷抢占市场，阿里巴巴将旗下闲置物品交易平台“闲鱼”和“拍卖”业务合并，58 同城和赶集网独立推出“转转”，京东也发力“拍拍二手”，“闲鱼”和“转转”均双双进入 App 月度独立设备数 Top 15 榜单。共享模式可从供给侧优化闲置资源使用权，资源的快速流动和高效配置正在改变消费者的观念：不求拥有，但求所用。预计今后共享经济发展的方向主要集中在车、房等高价值的闲置资源和相对标准化且基于人的服务方向上。

5. 消费升级，跨境电商、生鲜电商受用户欢迎

2016 年，我国网络购物人均消费额突破万元大关，随着网购用户品牌意识不断加强，购买高品质跨境商品的需求也日益扩大。在 2015 年我国进口零售电商行业爆发的情况下，2016 年跨境网购仍保持 80%以上的高速增长，市场规模超过 2 000 亿元，其中天猫国际、京东全球购、唯品国际等综合电商平台与网易考拉、小红书、洋码头等垂直电商均有不俗的表现。随着居民生活质量的不断提升，消费者对食品品质、安全、便捷性方面提出了更高的要求，这为生鲜电商的发展孕育了空间。在平均每年保持 80%以上增长率的基础上，2016 年中国生鲜电商市场规模达到近千亿元。百度、阿里、腾讯、京东等企业开始通过投资、自建等方式在生鲜领域进行业务布局，市场竞争日趋激烈，企业模式越发多元化，涌现出 B2C、O2O、F2C 等多种电商模式。

第二节　从市场层面看电子商务的发展

2017 年 1 月 12 日，21 世纪经济研究院联合京东发布《2016 中国电商消费行为报告》，洞察中国乃至世界电商消费新机遇。

电子商务持续多年保持高速发展，中国一线城市电商消费总量已经超越发达国家，形成了自己独特的模式，二线城市消费理念逐渐走向成熟，中西部地区的新兴消费阶层也在

不断崛起。从消费供给角度看，消费供给侧结构性改革取得一定成效，但国有品牌发展不均衡问题突出。电器类与通信类品牌快速崛起，在手机通信设备、家用电器等销售前10名的品牌中，国产品牌占据多数，保持绝对的市场占有率和销售增速，而其他如母婴产品、化妆品等，则多被国外品牌垄断。对于城市新中产阶层消费升级，国产品牌还有很大的市场潜力待挖掘。概括起来，其呈现出以下6个特点。

1. 80后电商用户占比近八成

从电商消费人群来看，26至35岁的80后年龄段用户占比近八成。其消费特点是注重商品品质，重视多元化的精神和文化体育消费，对国外品牌接受度高。他们是电商消费的核心主导型用户。

2. 一、二线城市电商消费强劲，三、四线及以下的中小城市潜力爆发

在电子商务渗透率高，物流相对便捷，消费能力较强的一、二线城市，已经形成了较为成熟的电商消费观念和模式。虽然在部分品类上，如家电、通信产品等大宗物件上，三、四线及以下城市的消费实力和意愿直逼一、二线城市，但中小城市用户的习惯和消费趋势仍在培养并改变中。

3. 商超品类异军突起

2016年，从全国范围来看，电商线上超市的相关品类崛起成为趋势。从销量角度看，消费频次高，单价低，单次购买量大的食品饮料、个护化妆、母婴等百货商超品类，在销量排名中优势明显，开始取代服饰与数码类产品，成为销量最大的品类；在用户数上，服饰内衣、手机、家用电器成为了吸引用户人数最多的品类，排名第一的服饰内衣超过第二的手机近5%；生鲜、图书等品类，一线城市的占比往往较高；从地域来看，京津冀地区酒水消费强劲，消费金额均居前列，天津成为消费者最爱网购酒水的省市，订单量占比全国最高。

4. 生鲜蓝海需要品质保障

得益于良好的物流基础、快节奏的生活模式，以及电商的线下业务整合布局加速，被认为是电商最后蓝海的生鲜消费，在各线城市逐渐兴起。从供应角度来看，大城市物流、仓储服务完备，线下超市众多，同时众多巨头布局，也为市场提供了诸多选择；从需求层面来看，在大城市快节奏的生活下，线上购买生鲜为人们节约了大量时间。因此，生鲜市场得以在这些区域维持较高的供需水平。出于对食品安全的考虑，消费者非常关注生鲜品质，其电商消费模式也在逐步走向成熟。

5. 移动端购物成就场景化消费

总体来看，移动端占所有电商消费的近八成，在购买方式上处于主导地位。同时，移动端消费成为主流，也为未来场景化消费奠定了基础。嵌入城市生活场景中的移动购物，有可能成为潮流。

6. 数码消费国产品牌崛起

2016年，国产品牌在数码产品消费上表现亮眼，多个品牌进入销售榜前列。

数码产品销售额品牌第1名为苹果，其次是华为、佳能、小米、索尼、普联（TP-Link）、尼康、微软、联想、斐讯。在10个品牌中本土品牌超过一半，品牌销售势头良好。国产手机行业无论在软件还是硬件的技术上，都已同国际厂商成比肩之势，甚至某些品牌已在技

术上处于国际领先地位，如华为的麒麟处理器、OPPO 和荣耀的快充技术，以及锤子在 UI 和功能上都自成一派。手机销售额 Top 20 品牌中，有 17 个品牌是国产品牌，同时这 17 个国产品牌占手机整体销售额的 55%。

在近年来兴起的智能穿戴热潮中，国产品牌成功占据了智能手环市场，销量排名前 5 位的品牌均为国产品牌。其中，自身拥有包括手机、手环在内的完整产品体系的小米和华为，同专注于医疗领域的乐心手环，成为了智能手环市场的赢家，在销量排名里包揽前 3 位。

第三节 从技术与产业链整合角度展望电子商务未来

2016 年，电商行业风云变幻，处于风口浪尖上的电商企业要随时准备好迎接下一个挑战。在这一年，O2O 企业变得低调，巨头企业之间的战线联盟愈加牢靠，智能化被视为移动互联后的互联网下一个时代，当然还有新零售的风潮也随之席卷而至。

目前，电子商务正处在变革时代，移动化、本地化、数字化、社交化四大趋势正改变着大众的消费行为。很多传统企业仅仅把电商平台作为清库存、走销量的渠道，而有些电商为了增加规模不惜亏本大打“价格战”，榨干了下游供应商。这种只有一个“出口”，没有闭环的发展模式注定不可持续，甚至称不上是全产业链整合。

电商企业如何探寻未来的发展空间？唯有在大势未来时从技术和产业链整合角度提前布置。其具体表现在以下几个方面。

一、战略同盟

“大鱼吃小鱼”的丛林法则在电商行业一直存在，一方面体现在中小企业的生存环境上，另一方面也体现在规模企业的抱团趋势上。继 2015 年阿里、苏宁“星球碰撞”之后，2016 年两家的合作有了新进展，不仅在销售渠道、物流资源等方面加速打通，同时合资成立了新公司“猫宁电商”，进一步探寻网络零售的合力优势。

与阿里苏宁对抗的，是京东和沃尔玛组成的战略同盟。2015 年，京东在拉拢合作伙伴的进展上可谓步子极大。2016 年 4 月，京东以京东到家、京东集团的业务资源外加 2 亿美元收购达达，成立新公司；6 月以换股形式从沃尔玛手中拿下 1 号店；10 月，沃尔玛战略投资新达达 5 000 万美元。至此，京东、沃尔玛的同盟关系奠定。

不难看出，规模企业间的合作无不是为了在激烈的市场竞争中占有更大的话语权。就阿里苏宁阵营而言，一方具有充足的流量资源，一方有着优质的物流体系，两相结合，利人利己；而对于京东、沃尔玛来说，前者亟待扩充品类，后者则希望在国内电商市场开拓渠道，双方各取所需。合并成为行业新格局的催化剂，在巨头抱团的推进中，电商行业的竞争版图逐渐成形。

二、共享经济

李克强总理在 2016 年夏季达沃斯论坛年会开幕式讲话中指出，共享经济也是众创经济，全球化的深入发展与互联网日益普及，为人民群众创业提供了广阔的空间。在此引领下，如饿了么等互联网餐饮企业、多点等商超O2O及宅急送等即时配送企业，集体发力众包物流、云微仓，创新产品研发的众筹模式也霍然兴起。共享经济的本质是整合线下的闲散物品或服务者，让其以较低的价格提供产品或服务。由此，如闲鱼、转转等二手商品交易业务也成了电商玩家眼中的“新宠儿”。

电商企业同样通过共享经济这把钥匙打开了一扇新的大门。2015年，苏宁云商选择将20余年打造的物流体系开放，通过全速发力对外开放第三方物流平台，对内选择加速线上与线下门店互动，转型全渠道经营。从一年来的成效看，对苏宁云商自身来说，开放举措将物流配送这个此前的成本单位转换成为营利单位；而从电商及物流行业来看，事实证明，共享经济的理念正在成为品牌企业共同的发力方向。2016年11月，京东集团推出“京东物流”全新品牌标识，正式宣布京东物流将以品牌化运营方式全面对社会开放。

三、生态闭环

纵然乐视当下遭受颇多争议，但乐视创始人贾跃亭曾提出的“生态化学聚合反应”理念却道出了电商行业一年中普遍发力的方向——打造生态闭环。布局生态圈、打造服务闭环的理念并不新鲜，但不同于往年企业在某一产业链条的单独闭环，2016年企业更注重的是从采购、营销、支付、物流、售后等供应链上的全流程，到商品零售、跨境电商等跨业态业务的全面覆盖。正如乐视2016年7月开展的“生态反充”活动，新用户充值可获得50%返现+50%生态大礼包福利。借控股易到用车之便，乐视在为易到用车拉动新用户的同时，也带动了乐视会员、乐视手机、电视等业务的销售。

对于任何一家互联网企业来说，构建生态闭环都是提高企业综合实力，打造竞争壁垒，强化营收变现能力的一条出路。例如，瓜子二手车、人人车等以二手车交易为杠杆撬动市场的创业企业，最终将赢利增长点放在车后和金融市场。电商企业打造生态闭环，对于消费者而言，可以享受到一站式的消费体验；对于企业自身来说，是争夺客户流向，挖掘业务新价值的有效方式。

四、智能化

2016年在乌镇世界互联网大会上，百度CEO李彦宏提出移动互联网时代已经结束，靠移动互联网的风口很难再出现“独角兽”，人工智能技术才是未来的机会。尚且不论这句话是否太过武断，但足以表明，在未来互联网市场的竞争中，智能化将被视为企业的加分项。向来以自营物流为骄傲的京东和苏宁证明了这一点。

2015年“双11”对于京东和苏宁两家企业来说，不仅是一场促销战役，同样也是一场围绕物流配送的“黑科技”角逐。在京东研发的智能设备中，包括智能搬运机器人AGV、SHUTTLE货架穿梭车、DELTA分拣机器人等，其中如无人机、无人车已在2015年“双11”中投入使用；苏宁方面启用了“苏宁云仓”，通过使用的自动化仓储、胜斐迩旋转等系统，成为苏宁物流科技能力和智能化水平再提升的一大法宝。

在电商的战场上，把握先机布局、注意细节服务是制胜的关键。当大数据的应用成效苗头显露，电商企业凭借敏锐的嗅觉已经嗅到商机，而智能化产品正是可以同大数据有效连接的内容之一。

五、电商红利消退

电商市场的规模增长还未达到顶峰，但增速已经有所下滑。统计数据显示，从2012—2015年，我国网络零售额分别为1.3万亿元、1.85万亿元、2.8万亿元和3.9万亿元，增速分别为67.5%、41.2%、49.7%和33.3%。当电商竞争进入下半场后，人口红利的消退让企业家们需要以更加新颖的方式留住消费者。

可以注意到，已经有一些创新的形式获得了电商企业和消费者的认可，如VR/AR应用、网红直播、智能硬件等。以网红直播为例，在2016年“双11”，京东集团CEO刘强东亲自领衔京东“12小时马拉松明星直播秀”，苏宁在自己打造的复古商业“笑倾城”中请来数百网红现场体验。

六、规则趋于完善

在电商蓬勃发展的同时，政策把关的力度在加强。2016年，在食品监管、跨境电商、医药电商及网红直播等多个电商领域都有新政出台。例如，北京、河南等地《网络食品经营监督管理办法（试行）》出台并实施，将网购食品正式纳入流通监管；针对跨境电商“四八新政”出台，进一步明细了跨境电商的税收政策；第三方平台药品网上零售试点结束的通知，让医药电商企业纷纷谋求曲线破局。

政策监管的收紧预示着商业模式逐渐走出草莽时期，迈向成熟化发展阶段。在网络交易市场迅猛发展的大势中，电子商务投诉维权、网络商品质量维权等问题长期以来都是社会关注的热点，放水养鱼式的发展方式终究不是正轨。调整企业的发展节奏，适应市场环境，在规则下有序地扩张将是电商企业寻求新机遇的方向。

七、新零售与产业链整合

从O2O到全渠道，再到当下的新零售，线上线下融合的理念不断被丰富。2016年11月，国务院办公厅印发《关于推动实体零售创新转型的意见》，其中提到的鼓励线上线下优势企业通过多种形式整合市场资源，培育线上线下融合发展的新型市场主体，同市场中形成的“新零售”风潮汇成一股。新零售到底是什么样子的？举例而言，“双11”期间阿里巴巴在2 000多家星巴克门店、4 000多家KFC门店及银泰百货、北京西单大悦城、深圳海岸城等商业实体实行的全面电子化就是形式之一。

商品库、物流渠道、客流量等一系列资源打通的过程，实际是线上线下的零售企业试图提升营业额，探寻新模式的尝试。在如今的零售行业中，线上线下融合已经是大势所趋，问题的关键是要解决效率的问题。而在此后的布局中，企业在既有业务的基础上，对于将要开拓的新业务，寻找合作伙伴，打造强强联合优势将是更为快捷、高效的手段。

网上零售在多年形成的以“促销”为主要增长方式后，国内消费市场逐渐回归理性、品质消费，因此也在探求更健康、持续的增长方式。继2015年电商同中小企业的多轮兼并整合后，电商两大巨头于2016年先后启动重要战略：京东同沃尔玛达成深度战略合作并收购1号店、天猫超市“双20亿计划”同麦德龙等海外超市深度合作。

2016年以来，电商巨头分别同优质实体零售资源强强整合，网上零售市场开始向零售全渠道全面发力。一方面，线上线下零售渠道融合，将成为网上零售平台在“渠道下沉”

“精准营销”等战略以外获取新用户，增强用户黏性的强势流量入口；另一方面，实体零售沉淀的成熟供应链资源，能够帮助网上零售平台有效提升供应链效率，快速完成品类扩充。

未来电商的格局一定是一个大平台格局下再精细化分工的概念。在电子商务市场上一定会出现类似天猫这样的大平台，但在很多的细分行业里，这些大平台是很难覆盖的。未来的电商行业应该是在大平台格局下一种垂直细分的品类的发展趋势。

READ 阅读推荐

各地出现关店潮——电商冲击实体零售业

2016 年 11 月 22 日消息，据中国之声《央广夜新闻》报道，近日，上海“太平洋百货淮海店”宣布将在年底撤店谢幕。从大城市到二、三线城市，不少零售巨头连续关店，实体零售业进入“寒冬”。受电商的严重冲击，生意越来越难做。伴随人们生活多年的大型商场商厦，或者是近年来相继开业的超市卖场等纷纷关门歇业或转型闭店，百货销售增长乏力的情况还在持续。

一、各地出现关店潮实体商业面临窘境

来自北京工商大学商业经济研究所提供的一组数据显示，从 2012 年到 2015 年，全国有 138 家百货商场关闭，262 家超市关闭，6 209 家体育品牌店关闭。这些关闭的百货商场、购物中心，是中国实体商品交易市场走向闭店潮的一个缩影。人们在惋惜之余也在思考，大型零售企业为何会经营困难。

商务部最新数据显示，在 2016 年 10 月份，全国重点监测企业网络零售同比增长 25.3%，这一数字远高于实体店的代表——百货店、超市和购物中心的个位数增速。相比网络零售近几年的快速发展，实体零售显得相对黯淡。根据国家统计局数据，2016 年前三季度，全国网上零售额同比增长 26.1%，传统零售业态零售额同比增长 7%，其中超市和百货店增速分别比上年同期回落 0.2 和 2.1 个百分点。

数据显示，目前我国有购物中心近 4 000 家，数字上是美国的 3 倍之多。而根据中国购物中心产业咨询中心的预测，从现在起到 2025 年，还将有 7 000 家购物中心建成开业，届时中国内地的购物中心将超过 1 万家。但现在运营的购物中心有一半将面临经营困难，近千家面临停业调整、倒闭的风险。

这两天，上海“太平洋百货淮海店”宣布即将撤店谢幕的消息引发无数市民的感慨。由于租约到期，曾经是内地百货业黄金时期的代表、上海知名购物地标、开张已近 20 年的商场将从上海的淮海路消失，实体商业“阵亡名单”又添新成员。

记者实地调查发现，太平洋百货淮海店门口到处贴着谢幕折扣的标语，各大品牌都在进行最后的清仓。商场特别设立了一面“合影墙”，写上了“1997—2017，20 年，满满的都是回忆”几个大字，不少怀旧的或前来扫货的市民纷纷在前面合影留念。据商场相关人士介绍，自 11 月 14 日起，商场二至五层已经撤柜关闭，12 月 14 日起也将结束一层和地下一层的营业，其他区域营业至 12 月 31 日，届时将圆满谢幕。1997 年 7 月，太平洋百货淮海店开业曾经轰动一时，由于地处地铁口，平日顾客川流不息，节假日更是人声鼎沸。

因和场地方签订的20年租约到期，同时出于经营方面多重考虑，最终选择了结束营业。其物业持有方瑞安集团在此前表示，租约到期后将收回物业，对原址进行商业更新，这里将变身“智慧型、体验式”购物中心。目前，太平洋百货的徐汇店和不夜城店仍然照常营业。

对很多上海人来说，淮海路上的太平洋百货留下了很多记忆。市民大多表示，觉得非常惋惜，也很留恋；也有市民表示，这几年周边大的商场太多了，这里就显得太老、太陈旧了；还有自己不愿意逛商场的原因是很多购物中心同质化严重，没什么新意，而且导购们总是时不时出现在自己身后推销，感觉很烦；要么就是刚结完账，店员就不那么热情了，体验感很差。相比之下，电商的商品选择性多且具有明显的价格优势，物流也方便，因而更愿意选择电商。

记者采访发现，去百货化、实施多元化经营战略是不少新开业商场采取的策略。今年6月份，国内知名连锁书店西西弗进驻青岛凯德MALL。关于他们的经营策略，书店店长张思洁介绍道：“能够参与到当地人们的精神文化生活中，比如我们咖啡馆的用色都非常大胆、非常有冲击力，还有我们的橱窗会结合本地特色。”增加休闲餐饮、精品书店等体验式购物比例，这一策略似乎十分奏效。市民吕先生说：“其实我以前不是一个爱逛书店的人，有这些高品质书店来了之后，觉得环境更好，书籍的陈列、氛围营造得更好，我也愿意来逛一逛。”

河南许昌九弟烟酒有限公司创办于1996年，并率先在许昌成立了当时规模最大的超市。到2012年，它已经成为拥有7家连锁超市，集烟酒、副食品、百货、洗化、针织、服饰、鞋帽的综合性商超企业。就在公司蓬勃发展的时候，电商的异军突起，让企业一下陷入了困境。从一开门就能顾客盈门、结账排队的红火场面，变成了通过低价促销来吸引顾客的场景，企业效益更是连年下滑。公司运营部经理于占涛说，前几年电商经营的范围还比较窄，主要集中在服饰方面，但近几年，电商经营的品种越来越多，对实体商超的影响的确是越来越大：“电商所做的商品冲击太大，像日杂、洗漱用品，网上购物方便，还有服装、鞋，冲击都很大。对咱们来说，现在电商能做的它都在做，对咱们实体来说冲击还是比较全面的。”

二、商务部指导实体商业如何破局

实体商业企业关门潮近年来被广泛提及，甚至有悲观者认为，在电子商务的步步紧逼下，实体商业已经走入穷途末路。从红极一时到落寞关店，人们普遍认为：商品雷同、供需错配是主因。

根据国务院办公厅印发的《关于推动实体零售创新转型的意见》，受经营成本日益攀升、消费需求结构调整、网络零售快速发展等诸多因素影响，我国实体零售主要指标增速回落，部分企业经营困难，关店现象频发。

不过，在一些城市的商业版图中，虽有部分百货商场、超市卖场关闭，但也有大批新型购物中心如雨后春笋般开门纳客。在国务院发布的这份《关于推动实体零售创新转型的意见》中，还从“优化发展环境、强化政策支持”两个方面提出七大类的政策措施。

商务部副部长房爱卿说：“推动实体零售实现三个转变，一是由销售商品向引导生产、推动供给侧结构性改革和创新生活方式、扩大消费的方向转变；二是由以前分散独立的竞争主体向融合协同的新生态方向转变；三是由以前的粗放式发展向注重质量效益来转变。”

具体包括：加强网点规划，以市场化的方式盘活现有商业设施资源，优化网点布局，降低商铺租金；支持连锁企业设立非法人门店和配送中心，完善城市配送车辆通行制度，促进公平竞争；加快构建生产与流通领域协同、线上与线下一体的监管体系，建立覆盖线上线下的守信激励和失信惩戒的机制；完善公共服务，开展实体零售提质增效专项行动，构建反映零售业发展环境的评价指标体系，建设商务公共服务云平台；减轻企业税费负担，营造线上线下公平竞争的税收环境；加强财政金融支持，鼓励设立投资基金加大对新技术、新业态、新模式的投入，将消费金融公司试点推广至全国，采取多种方式解决在线支付业务需求；开展试点示范带动。

根据中国社科院日前发布的《流通蓝皮书：中国商业发展报告》，未来5年，中国商品交易市场将有1/3被淘汰，另有1/3将转型为批发、零售兼有的体验式购物中心，剩余1/3则将成功实现线上线下对接。商务部副部长房爱卿认为，线上线下融合发展可以优势互补，是零售业未来的发展方向："线上的优势是商流、信息流和资金流。而实体店在物流、服务和体验方面具有优势。由于没有配送'最后一公里'的问题，实体店的物流成本比网购要低得多。如果能够把优势结合起来，就会真正发生'流通革命'。"

三、线上线下积极探索实体商业尝试突围

面对经营"寒冬"，一些实体商业企业正在积极谋求破局之路，通过线上线下结合方式推动销售管理模式升级。实际上，新型实体商业力争"去百货化"，大打"体验式购物"牌。同时，传统商业主动融入互联网，并不是简单地把商品放在网上，而是要把互联网思维和技术手段应用到管理经营上。在传统实体商业遭遇困境的当下，线上、线下这两种曾经被认为对立的商业形态如今融合趋势更加明显。

受大环境与消费习惯的影响，传统大卖场、超市为迎合消费者购买习惯，纷纷开始尝试转型。在吉林通化，有20年经营历史的明达超市这两年就经受了这样的考验。2014年，艰难增长的超市企业，终于颓势尽显，2013年还保持利润12%增长的明达超市首次出现下滑。公司经过调研和考察，直指问题根源，并转型探索新的发展模式。这个新的模式，就是线上线下完全融合的全渠道超市模式。明达超市市场运行部部长徐亮说："现在70后、80后、90后已经进入主流消费人群，正在影响着很多零售领域。新一代的消费者，他的消费习惯和消费心理已经跟以前不一样了。现在，实体店和网店就是我们超市发展的两个方向，哪个方向出问题都不好。"

2015年初，明达超市推出了自己的网上平台和明达App。徐亮表示，对于网上购物的消费者来说，除了对商品种类上的丰富度提高外，在送货速度上也更需要保障，公司要求通化市最远地区的送货速度最慢不得超过2小时。徐亮说："线上必须和线下结合，在网上买完商品了，用户要求的就是送货的速度。这就必须要求我们有实体店，每个区域保证有一个实体店，实体店分布开送货就快，融合发展的优势就出来了。"

福建泉州捷龙超市在20世纪初曾经人潮涌动，客流如织，不过就在2015年，捷龙超市在泉州市区的门店全部关闭。捷龙商业有限公司行政部经理孙玉芸坦言，市区的门店效益不佳，因此公司考虑转战各县市区及发达乡镇，寻求转型。这两年，泉州永辉超市钟楼店等超市也相继关闭，泉州第1代的传统超市、百货出现了"关店"现象。泉州市连锁经营协会会长陈开通认为，商超受电商冲击的影响远不如百货，房租、人工成本、运营能力、

商业竞争，是传统超市退出中心市区的主要原因。“营业面积总量在大幅度增加，有些企业自身做大了以后没有专心做这一块，还有一个就是成本的增加，面积越大租金越低，所以小的超市就要做精做细。”

而面对百货业寒潮，转型无疑是它们的最后一线希望。永辉超市集团的相关负责人表示，在全球经济衰退、电商冲击传统市场的大背景下，除了线下新店的开张，接下来它们也将采取一些线上措施。“2014年以来在福州市中心推出了网上App，今年以来我们会在福建区域去全面推广，泉州地区自然也是我们的区域范围。”

今后当地的商品零售业可能呈现“大商业、小便利”的格局。大商业就是可以一站购齐或满足人们多种需求的商场；小便利则是深入社区、方便群众的小型便利店或微型超市，开发电商较难替代的消费品类及提供更便捷舒适的购物方式，服务好一公里内的社区居民。

如何破解零售业瓶颈呢？江苏大学管理学博士李沛分析说，“多创新、重体验、线上线下同行”才是所有商场需要转型的重要之路。例如，江苏镇江万达关闭百货腾出空间，引入更多的体验式业态来吸引人气——“创新和互动肯定是要加强的，对于我们镇江、对于一些三四线城市来说，其实做好文化牌、旅游牌，包括把创意牌打好，带有健康休闲特色的聚集地这样的一些聚集地，甚至同旅游产业结合起来，可能才是未来真正发展的一个重要思路。”

目前，镇江市不少新开业或整修后的商场在宣传中，侧重点都放在了餐饮、亲子等颇具互动和体验性的业态上。除了体验式方面的转型，线上线下结合也是商场的转型方面。苏宁镇江公司策划部部长袁梦薇介绍道：“纯粹地只做线下不行，但纯粹地只做线上也不行，门店最大的优势是给线上带来了体验和服务。”

对于传统实体经济而言，选择融入和重建，换一种营销模式或许是更便捷且有效率的市场手段，特别是面对电商成本低、价格低的优势，也启发了一些传统零售企业新的营销策略。例如，黑龙江省哈尔滨市的家电零售企业正阳家电最近两年一直在推广仓储直销的模式，相关人员介绍道：“这种模式的最大特点是让厂家的产品销得更快，让消费者得到的实惠更多。我们仓储直销的模式实际是把传统方式给抢了，把网上销售也给抢了。”

哈尔滨本土某商业企业一位不愿透露姓名的内部人士表示，虽然近年他们企业的销售额一直在下滑，但是对于处在变革中的传统百货零售业而言，实体商业并不会消亡，他认为互联网及O2O只是一个商业模式，并不是商业发展的必经趋势。

每年的“双11”，令实体店感到最郁闷的，就是变成电商的“试衣间”。一到此时，售货员就会紧紧盯着试衣服的顾客，生怕他们试了衣服抄了货号却到网上下单。但是，坐落在南门外大街上的天津大悦城却主动要求做电商的试衣间。他们联合近百家品牌，在店铺里推出了电商的线下“试衣间”活动。

天津大悦城总经理助理王丽告诉记者，这次尝试不但没有造成顾客流失，反而带来了销量上升：“我们是希望通过这样的活动让顾客能够来到大悦城，亲身在店里看到在线上展示的那些服装到底是什么样子，它的手感如何、材料是什么，我穿上以后的感觉是什么。这时你试好了，如果还愿意在线上买的话，就可以把卡号抄下来，回去自己下单。但是在这个过程当中，我们的服务人员就会给他介绍买这件衣服搭配哪个更好，然后有哪个是新品可能更适合他。这样就可能带动他的连带购买，把一个简单的购物行为变成一个全天的休闲行为。因此，这次活动以后，当天我们的客流是冲高的，销售额也有一个百分之十几的增长。"

在大悦城还有很多利用互联网思维提升管理和服务的例子。例如，去商场购物停车时，自动抬杆系统会将顾客的停车信息记录在后台，同会员信息等其他信息结合，通过数据分析可以知道消费者的消费习惯，然后进行精准推送。

尝到了触"电"的甜头，天津大悦城不断扩大和电商合作的范围，大众点评、美团、Uber、滴滴出行等都成了它的合作伙伴。此外，它还开发了自己的App，培养粉丝级顾客。

插上了互联网的翅膀，从2013年至今，在大部分商场营业额大幅下滑的情况下，天津大悦城却逆势上扬，每年都以10%以上的速度稳步增长。

南开大学经济与社会发展研究院副院长白雪洁认为，在"互联网+"时代，电商和传统商业不能论个谁输谁赢，只有相互融合才能互利共赢。"互联网思维说白了最主要的是一个共享，无论是对传统的商业还是对互联网来讲，增加它和消费者的黏性是非常重要的。这种大数据的分析其实是增加黏度的一种方式，因为只有很清楚地知道每一个消费者的喜好、消费习惯，包括他的支付能力，那么才能真正为他提供所需要的服务。"

Ending

分享与思考

2015年，O2O赢得了无数鲜花和掌声，茶余饭后的话题都是某某公司又获得了融资，估值迅速上升，对生活方式和消费习惯会带来何种颠覆性的变革呢？但是，2016年的O2O却被"严重打脸"，遭到各界的嘘声和质疑。大众开始反思，O2O是不是伪命题，有没有未来。而在众多O2O服务中，生鲜电商尤为典型，从投资风口到集中爆发危机仅用了两年时间，如今已成为了投资人眼中的"大坑"。

随着直播、VR、智能终端等技术的走红，电商消费将越来越休闲化、娱乐化和体验化。目前，VR、直播等技术并不完全成熟，但作为流行趋势和技术变革，如大数据、云计算等，必将会有更多电商企业涉足。例如，智能冰箱让生鲜产品直接触及大众厨房，美食App菜谱导流食材的购买，以及启用网红直播引发舆论热议等。可以说，线下电商的营销方式已经越来越多，合理利用将对品牌和知名度的扩大起到极大的推动作用。

生鲜电商前景依然广阔，但经过资本寒冬的洗礼，生鲜电商已经由资本热捧走向理性的过渡期。O2O泡沫破裂和行业监管的收紧叫醒了一大批"梦中"的创业投机者，一些定位清晰的垂直电商已崭露头角，巨头的介入也加速着产业的融合和发展。同时，伴随着VR、智能终端、视频直播等新技术的广泛应用，生鲜电商在技术变革方面也会有新的思考。但究其本质，保证供应链的高效运转才是生鲜电商的核心。妥善利用资本的力量，对供应链上每个环节准确控制，建立生鲜产品快速流转机制，生鲜电商才有未来。

如何去正确对待生鲜电商的发展呢？

案例2-1　让你的闲置游起来的闲鱼

1. 基本概况

闲鱼是阿里巴巴旗下闲置交易平台App客户端（iOS版和安卓版）。会员只要使用淘宝或支付宝账户登录，无须经过复杂的开店流程，即可达成实现一键转卖个人淘宝账号中“已买到宝贝”、自主手机拍照上传二手闲置物品，以及在线交易等诸多功能。下载并使用全新概念的闲鱼 App，个人卖家能获得更大程度的曝光量、更高效的流通路径和更具优势的物流价格等三大优势，让闲置的宝贝以最快的速度奔赴天南海北的新主人手中，物尽其用。此外，闲鱼平台后端已无缝接入淘宝信用支付体系，从而最大程度保障了交易安全。

2. 发展历程

2014 年 6 月 29 日，淘宝二手移动客户端被正式命名为“闲鱼”。这款自 2012 年 10 月上线的产品终于迎来了它的大改版，产品从视觉、交互、逻辑均发生了不少改变。这同时也意味着，淘宝内部开始看重二手品交易市场了。

2016 年 5 月 18 日，阿里巴巴集团宣布，旗下“闲鱼”和“拍卖”业务将“合并同类项”。阿里巴巴集团 CTO 张建锋表示：“‘闲鱼’牵手‘拍卖’后，两者将共同探索包括闲鱼拍卖、闲鱼二手交易、闲鱼二手车在内的多种分享经济业务形态。”

3. 运营模式

淘宝上线全新“闲鱼”客户端 App，使得用户无须注册店铺就能卖掉闲置物品。例如，为家里狗狗的幼崽找新主人、旅游带回的特色小商品分享给其他旅友、宝宝不再喜爱的玩具送给别家小朋友等。在“闲鱼”之上，不只有交易，有着共同爱好、趣味相投的人们正集结起来。

使用改版后的“闲鱼”，用户可以“一键转卖”淘宝上已买到的宝贝。在使用淘宝账号登录、单击进入“闲鱼”客户端一键转卖功能后，就会跳出用户在淘宝所买到的宝贝列表。单击宝贝后面的“一键转卖”，便可轻松设置转让价、所在地、联系人等信息。在“闲鱼”手机软件中，网民出售的闲置物品被分为手机、相机/摄像机、电脑/电脑配件、女装、男装等详细类别。用户单击进入后可以浏览这些商品，也可以在检索栏中直接输入商品名称或卖家名称进行检索。目前，使用苹果 iOS 和谷歌安卓操作系统的手机都可以下载“闲鱼”客户端软件。

4. 创新与特色

淘宝推出二手交易 App，迎合了很多买家变“闲”为“现”的想法，也响应了社会低碳生活的号召。互联网二手物品交易一直都有市场，兼之有 58 同城这类通过线上发布信息，线下交易的平台，还有豆瓣小组这样零碎没有规则的交易形式。此前，PingWest 曾报道一项做熟人二手物品交易的团队“有闲”，而淘宝和京东上，二手交易也一直很红火。

让我们回顾一下创业产品“有闲”的机制，来看看“闲鱼”同它有什么不同。有闲的逻辑是：通过导入好友通信录，解决信任问题；利用转发分成形式鼓励转发；通过抽取佣金的方式做第三方担保；实体店二手品回收生意。

现在回头看，支撑这 4 条机制的理由已经发生了动摇。导入好友通信录，本质上是没有一个可靠的担保个人交易平台，而原本应当面向社会的二手品交易变成熟人间的信息交流，表面上是增加了可信度，但其导致了可选交易范围的狭窄。

同样，难以想象别人为了赚取 10%的佣金，在朋友圈里帮忙转发二手物品信息。而由于线上交易的渠道最终还会被“有闲”扣取 10%的交易费用，这两笔开支消费者能否接受还是个问题。

再来看背靠淘宝的“闲鱼”。作为一款功能性产品，主页面还是“老三样”——频道分类、发布按钮和发现频道。团队大张旗鼓地在 App Store 的商品页面上写着“没有这个金刚钻，就不揽这个瓷器活”。这句话的背后，是淘宝主站的流量资源、淘宝账号体系下的支付宝担保个人交易平台。后者的作用自不多说，已经成为流量中转站。而淘宝主站的流量目前则化作 3 个优势：淘宝站内产品一键转卖功能；互联网操作的便携性使得用户决策流程大大缩短，造成网购是冲动性消费的一大来源；淘宝二手的“截胡”为这类用户提供了平台，这类交易占到了淘宝二手的主流。 对于移动端而言，闲鱼同样利用了移动设备的便携性，通过扫商品码、拍照、语音等功能把剩余的线下闲置物品收拢过来。由于使用统一的淘宝账号体系，交易双方的信用一目了然，也免除了交易佣金。

5. 总结与思考

闲鱼是阿里巴巴旗下的闲置购物平台，也是淘宝二手市场，通过淘宝账号来购买二手商品。二手的东西交易只要通过正当的渠道，经过第三方支付就是安全的，购买时请根据自己的需求同卖家确认物品的要求和质量，切勿盲目下单或购买。

毕竟闲鱼是阿里巴巴旗下的软件，并且需用户绑定淘宝和支付宝账号。如今现金都放在支付宝账号里了，谁会用支付宝账号欺骗呢？而且确认收货才把钱打到对方的支付宝中。收到货不满意可当场退货给快递员，再到闲鱼或淘宝点退货。一般敢用淘宝或闲鱼的骗子没有，所以，大家在闲鱼中放心交易。当然，那种新账号的闲鱼二手闲置还是谨慎为好。

顺便在这里提一下闲鱼交易应注意的事项。

① 买家/卖家在进行交易时，重点注意“旺信”的作用。

旺信是淘宝官方承认的交易聊天工具，也只有旺信聊天记录才是买卖双方出现纠纷时淘宝认为真实有效的证据。因此，在买卖双方进行联系时，应尽可能使用旺信聊天，避免使用 QQ 等其他聊天工具。如果真使用 QQ 聊天，也应在旺信上跟买 / 卖家确认是否是他的 QQ，这样在出现纠纷时也可作为证据提供给淘宝小二。

② 在买家拍下时，卖家要看清楚买家是否付款。如果只是拍下，卖家千万不要发货，否则造成的损失，没有人会赔付。

③ 出现纠纷要及时同卖家/买家沟通，沟通无法达成统一意见时再申请淘宝介入。淘宝作为一个平台，买家是他们的上帝，即便卖家角色转换也是他们的支柱。但淘宝在判定纠纷时，通常会更多地维护买家利益，所以要求淘宝介入时，证据要充足。

案例 2-2　渠道下沉的唯品会

1. 基本概况

唯品会（http://www.vip.com）是国内知名的品牌折扣 B2C 网站，率先开创了“名牌折扣+限时抢购+正品保险”的商业模式，主要进行时尚名牌商品的销售、以较低的折扣价向消费者出售正品名牌商品。其电子商务模式为网络销售模式（生产商、商贸企业或个人利用互联网的优势来实现同客户之间的信息沟通、产品定制、产品传递等功能的网络营销模式）。

2. 发展历程

唯品会由沈亚和洪晓波 2008 年创立于广州，隶属于广州唯品会信息科技有限公司，是中国最大的名牌折扣网站之一。2008 年之后，唯品会迎来快速增长，2009 年唯品会的订单开始增至 7.1 万单，2010 年更是剧增至 92.7 万单；2010 年 12 月唯品会获得红杉和 DCM 的联合风险投资，融资金额约为 2 000 万美元；2011 年 5 月，唯品会再次获得红杉和 DCM

的联合风险投资 5 000 万美元。2012 年 2 月 18 日唯品会向美国 SEC 提交上市申请，3 月 23 日登陆纽交所，发行价 6.5 美元，融资约 7 150 万美元。目前唯品会汇集了上千家一、二线品牌商品，主要包括名牌服装、鞋子、箱包、配饰、香水、化妆品、奢侈品、旅游等品类。唯品会坚持以安全诚信的交易环境和服务平台、可对比的低价位、高品质的商品、专业的唯美设计、完善的售后服务，全方位地服务于每一位会员，以提升客户满意度为己任，让消费者享受畅快、安全、放心、便捷的消费流程体验和服务，致力于打造为中国最大名牌折扣网和中国一流的 B2C 网络购物平台。

3. 经营模式

唯品会率先在国内开创了“名牌折扣+限时抢购+正品保险”的商业模式，加上其零库存的物流管理及与电子商务的无缝对接模式，希望将自己打造成为线上的奥特莱斯 。

（1）产品策略

唯品会目前汇集有上千家一、二线品牌商品，产品品牌品类众多是其吸引消费者的一个优势。其销售的所有商品都有正品保险，消费者可以放心购买。

（2）价格策略

唯品会网站的定位是名牌折扣网站，通过同知名国际、国内品牌代理商或厂家合作，代售其商品，省去了中间商费用；在长期的合作中建立了信任关系，使得价格可以更低，在质量和价格方面都有所保证，而且选用错开季节采购的模式，让商品更为优惠。其限时限量的模式，不用担心商品积压，并且可以根据订单制定货量，从而降低了经营成本，有更大的让利空间。消费者可以通过唯品会以比零售价格更低的折扣价买到正品名牌，价格优势吸引了大批忠实顾客。

（3）渠道策略

唯品会目前采用传统渠道和线上渠道两种渠道进行拓展。它的总部设在广州，目前在上海、成都、北京 3 个城市建立了分公司，在深圳设立有办事处，进行业务扩展、市场拓展及客户服务；在移动端开发有安卓客户端、iPhone 客户端；同社交平台，如微博等建立了合作。

（4）促销策略

唯品会的促销策略是限时限量抢购、名品加折扣，这也是其真正吸引消费者之处。唯品会依靠口碑传播，结合互联网 SNS 模式，除了用资讯、博客、留言板作为用户互动平台以外，还以积分换取礼品或抵金券的奖励方式鼓励会员邀请好友注册，同样也收到了良好的营销效果。为消费者赠送节日性的小礼品与贺卡，同样带动了产品销售。唯品会 365 爱心基金频道的开通，通过公益活动宣传其品牌，提高了知名度。

4. 创新与特色

（1）竞争格局未定，门槛不高

唯品会所处的品牌折扣行业在中国正处于快速发展的阶段，竞争格局未定。唯品会这几年虽然发展迅猛，在时尚品牌网络打折促销上积累了一定的商品组织经验、消费者用户数据，但是其规模优势尚未构成足够强大的竞争门槛。除唯品会以外，国内还有俏物悄语、聚尚、走秀等不少品牌折扣网站，当当、京东等有强大物流体系的老牌 B2C 电商也会对唯品会构成一定的影响。如果同质竞争加剧，打折渠道更多，唯品会未来盈利将更难。

（2）产业生态链的稳定性

打折零售在国内正处于发展阶段，闪购又是一种全新的商业模式，变数也比较多。唯品会用低价和正品吸引消费者，做的是帮品牌商清理库存的生意。唯品会同供应商目前有一些很好的合作关系，如只需要交部分押金即可拿货、卖不完的货可以退给供应商等。这种同供应商的合作模式是唯品会资金周转的保证，如果这种产业生态链不稳固，对唯品会将会是很大的打击。

（3）闪购模式的高运营杠杆

唯品会这 3 年的爆炸式增长同闪购这种模式具有较大的运营杠杆是有一定关系的。目前，唯品会年营收高达 2.27 亿美元，库存 6 400 万美元，应付供应商采购款达 8 800 万美元。为保持高增长，唯品会在采购、仓储物流、市场营销等各方面的投入都在加大，2011 年运营现金流虽然转正，但是仅有 130 多万美元，远远无法支撑唯品会未来的运转。而如果无法及时吸引用户消化库存产品，或者供应商的供货情况恶化，唯品会的现金将趋紧（2011 年唯品会的现金加存款为 5 917 万美元，另外还有 1 271 万美元的银行借贷），对唯品会的运营会有比较严重的影响。高运营杠杆也就给运营提出了较高的要求，需要唯品会很好地维持与上游供应商的合作关系，并不断开辟下游的用户资源。

5. 总结与思考

唯品会的成功主要有以下 4 个关键因素。

（1）顺应天时的特卖模式

在近年国内服装产业库存危机的背景下，唯品会以品牌特卖的角色出现在 B2C 舞台上。唯品会以一种最不折损品牌溢价的方式快速清理库存，尽可能地减少曝光度。这种特卖模式聚集了平台人气，满足了二、三线城市用户对于品牌的追求，目前唯品会已有超过 60% 的活跃用户来自二、三线城市。

（2）强支撑的运营系统

唯品会的运营系统优势表现在几个方面：首先是基于产品的选品系统和买手体系；其次是网站定位及强悍的视觉营销能力；再次是后台快速的库存周转体系。

目前，唯品会拥有 300 人的买手团队，团队成员都是深耕于服装、鞋包领域的选品高手。上线前，唯品会的选品负责人会直接去品牌商仓库里面挑选活动产品。过硬的选品体系是唯品会快速赢得消费者人气并且获得较高重复购买率的重要原因。

既然是大牌特卖，页面视觉要突出的就是品牌品质、限时限量和疯抢，唯品会把这几个核心要素表现得淋漓尽致；网站色彩及文案迎合女性消费群体喜好，每天 100 个品牌强势展现；短时间抢购一空后马上标注“已售完”标签，营造稀缺性；突出的预热板块吸引流量黏性。这些细节设计都给了消费者绝佳的浏览体验。

唯品会拥有超强的动态仓储运营能力，商家与唯品会合作采取供货模式，快速上下架特卖模式下唯品会仓库商品基本每 5～7 天更换一轮。目前，管理过的 SKU 数量已超过 500 万元，单款商品的平均销量不到 10 件。这也是目前其他平台短时间内无法超越的。

（3）强势吸引上游品牌

目前唯品会基本要求的是中高端的线下知名品牌或线上一线品牌，已经同 6 000 余家品牌商建立了合作，其中 800 余家是独家合作。这让唯品会构建了行业壁垒，越来越多的品牌独家授权成为唯品会的核心竞争力。

快速回款账期、保持品牌调性这两点受到了品牌商的认可。单日出货量达几百万件，唯品会凭借强悍的渠道消化能力，已经成为一线品牌布局全网立体营销渠道的重要选择。

区别于其他平台的特卖频道，品牌同唯品会合作只负责供货，商品拍摄、上下架、售后等全部由唯品会负责，因而有不少缺少电商运营能力的有大量库存的品牌商选择与唯品会合作。

（4）成功黏住下游消费者

唯品会页面的饥渴营销做得很成功，商品一旦卖光就标注“已售完”，带动了不少冲动消费。独特的特卖模式和运营体系给了唯品会坚实的成功基础和竞争壁垒，再加上稳固的消费者黏性和商家黏性，在品牌商心中，唯品会也逐渐跃升为同天猫、京东并列的一级电商渠道。唯品会已经凭借上述能力在线上特卖模式下先走一步，并且站稳了脚跟。

目前，众 B2C 大佬们虽然“挽起袖子搞特卖”，但相比唯品会完全是不同的模式和基因。

① 天猫“品牌特卖”频道。如果过去要快速清货会第一时间想到聚划算的话，那么现在随着聚划算坑位费居高不下，逐渐有越来越多的品牌商会改投到只有扣点没有任何其他费用的唯品会。天猫品牌特卖还是由品牌商自主经营清尾货，拍照售后等都由商家自己负责，无法保证消费者的全程体验。

② 京东闪团。闪团合作两类商品——一类是一、二线品牌尾货商品，另一类是京东独家折扣新品、订制品，同唯品会模式有根本差异——一个推新品、一个出尾货，一个库存窄而深、一个库存宽而浅。从后者往前者限时限量团购模式发展还是相对容易的，但是从前者做到后者，需要各方面都成熟的运营系统支持。

案例 2-3　导购网站的垂直新体验——折 800

1. 基本概况

折 800 隶属于国内专业团购导航网站团 800，是一家超高性价比商品限时特卖的网站，每日聚合来自品牌直供商家、淘宝天猫商家专供折 800 网用户独享折扣的超划算网购商品信息，每日更新给力商品超过千余款。

2. 发展历程

（1）2013 年 3 月正式上线

其官网为 http://www.zhe800.com。它聚合了淘宝、天猫的商品，折 800 以其超低折扣、人工砍价、检验样品、商家监管四大优势，旨在为用户打造一个最具信息量的折扣信息互动分享平台。折 800 为让用户放心消费，在“商家选择”“精选商品”“售后保障”3 个环节给予保障，并始终给予全网最低价的超值优惠；专业编辑选商品、职业买手砍价格，再加上完善的验货及先行赔付保障，使“独家折扣优惠买”成为折 800 的品牌承诺；在帮助用户节省浏览海量商品信息时间的同时，还能让他们得到更优惠的折扣价格。

（2）折 800 已为安卓手机和 iPhone 推出了客户端软件

通过近几年的发展，折 800 迅速得到了用户的喜爱，成为用户每天利用碎片时间必须浏览的手机应用之一。其启动界面如图 2-11 所示。

图 2-11　折 800 启动界面

折 800 的特色功能如下。

- “折 800 商城”精选商品，支持多种支付方式。
- “职业砍价师”帮客户砍价低至 1 折。
- “职业验货师”九大工序帮客户验货，经得起千锤百炼。
- “职业选款师”帮客户从万千商品中精挑细选。
- “开卖提醒”让客户不再错过开卖时机。
- “轻松赚积分”在签到、下单、推荐好友购买时均可获得积分。
- “积分当钱花”免费兑换上百种商品，另外抽奖、拍卖不断。

3. 运营模式

折 800 做的是独家折扣，属于优惠活动类型的淘宝客站点。折 800 的运营模式很简单，就是商家报名参加活动，折 800 负责将价格压到最低，因此也造就了 9.9 元包邮、19 元包邮、29 元包邮。当时淘宝搜索的引擎机制，销售量因素占了大头，所以很多商家都是愿意亏本来获取流量的。对于用户而言，当然很喜欢，而参加活动的商家，在活动期间需要在自己的店铺里悬挂折 800 的宣传图片，这样也为折 800 节省了不少宣传成本。

4. 创新与特色

对于折 800 的盈利模式，别看都是一些低价的产品，但淘宝客提成也并不少。据参加过折 800 的商家提供的消息，他们 9.9 元包邮上的折 800 活动，活动没多久，上千件宝贝全部销售一空。商家亏本，但是折 800 是绝对赚钱的，即使在 10%的佣金下，仅这一个宝贝的活动，就是上千元的佣金，折 800 每天众多的产品在做活动，单佣金的收入，就有丰厚的收益。

至于其他的盈利，目前在网站上还没有表现出来，似乎也就淘宝客赚钱，商家报名都是免费的。但是可以想象的是，折 800 走的是“优惠折扣低价”路线，用户的特性就是占便宜，要优惠。这是一种类似团购网站的做法。相信被淘宝进行封杀之后，淘宝客收入受到一点打击之外，折 800 内部肯定也在思考如何运营自身的用户，探索一些新的业务。折 800 除了赚钱之外，更多的是赚用户。简单做流量，给淘宝引流赚佣金的淘宝客，只能算一般的淘宝客，而能抓用户的淘宝客才是高级淘宝客。折 800 一直不断将这些流量转化为自己的用户。

5. 总结与思考

淘宝官方也有类似折 800 的项目，叫做“天天特价”。折 800 同天天特价相比，内在机制是完全不同的：折 800 的审核完全是人工的，甚至在前期都是职员跟商家砍价的，而天天特价是机器算法自动审核的。举例来说，假如我是商家，我的一款产品市场价是 29 元，在报名天天特价的时候先设置 79 元，找人刷够 10 笔，然后以 25 元的价格报名天天特价，天天特价会很容易通过，很容易就骗过机器算法；而折 800 是完全人工化的，这款 79 元价格的产品，折 800 会进行人工审核，根据市场上的情况要求掌柜降价。

消费者，尤其是喜欢省钱的女性消费者，是很容易感觉到的，不少女性朋友手机里必装折 800 的 App，每天活动时间快到的时候，一定会准时去抢。那火爆程度，与天天特价绝对不是一个层次的。但是话又说回来，作为非官方一款项目，即使风头再强劲，也不能太招摇。现在，淘宝调整搜索算法，并且明确规定折 800 的销量不计入搜索排序。这个可想而知，让折 800 的商家资源一下受到了限制——商家亏本做活动就是打算为搜索引擎引流的，结果不计入搜索引擎排序，商家自然会失去积极性。

案例 2-4 旅游行业的电商创新——携程网

1. 基本概况

携程网创立于 1999 年，总部设在中国上海，员工 12 000 余人，目前已在北京、广州、深圳、成都、杭州、南京、厦门、重庆、青岛、沈阳、武汉、三亚、丽江、香港、南通 15 个城市设立分支机构，在南通设立服务联络中心。2010 年，携程旅行网战略投资台湾易游网和香港永安旅游，完成了两岸三地的布局。作为中国领先的综合性旅行服务公司，携程成功整合了高科技产业和传统旅行业，向超过 5 000 万会员提供集酒店预订、机票预订、旅游度假、商旅管理、特约商户及旅游资讯在内的全方位旅行服务，被誉为互联网和传统旅游无缝结合的典范。凭借稳定的业务发展和优异的盈利能力，CTRIP 于 2003 年 12 月在美国纳斯达克成功上市，上市当天创纳市 3 年来开盘当日涨幅最高纪录。

2. 发展历程

1999 年 10 月，携程旅行网开通，酒店预订量创国内酒店分销业榜首。

2002 年 10 月，机票预订网络覆盖国内 35 个城市。

2003 年 10 月，推出全新 360°度假超市，首推休闲度假旅游概念。

2004 年 10 月，建成国内首个国际机票在线预订平台。

2005 年 9 月，进军商旅管理市场。

2007 年 11 月，携程旅行网英文网站全新上线。

2008 年 12 月，携程推出国内首个航意险保单销售网络平台。

2010 年 5 月，携程启用新标志。

2011 年 4 月，携程进军中小企业商旅市场

2012 年 2 月，携程发布中国首个顶级旅游品牌“鸿鹄逸游”。

2013 年 4 月，携程全球门票预订平台上线。

2014 年 9 月，携程发布中文邮轮预订平台。

2015 年 5 月，携程战略投资艺龙旅行网。

目前，携程旅行网同全球 234 个国家和地区的 34.4 万多家酒店、覆盖国内国际的各大

航空公司、近 20 家海外旅游局和 16 家国内旅游局等上下游资源方进行深入合作，还同超过 300 家金融机构和企事业单位达成合作，是同业和异业合作的典范。

3. 运营模式

（1）规模经营

服务规模化和资源规模化是携程旅行网的核心优势之一。携程拥有世界上最大的旅游业服务联络中心，拥有 1.2 万个座席，呼叫中心员工超过 10 000 名。携程在全球 200 个国家和地区同近 80 万家酒店建立了长期稳定的合作关系，其机票预订网络已覆盖国际国内绝大多数航线。规模化的运营不仅可以为会员提供更多优质的旅行选择，还保障了服务的标准化，确保服务质量，并降低运营成本。

（2）技术领先

携程一直将技术创新视为企业的活力源泉，在提升研发能力方面不遗余力。携程建立了一整套现代化服务系统，包括海外酒店预订新平台、国际机票预订平台、客户管理系统、房量管理系统、呼叫排队系统、订单处理系统、E-Booking 机票预订系统、服务质量监控系统等。2013 年携程发布了“大拇指+水泥”策略，构建指尖上的旅行社，提供移动人群无缝的旅行服务体验。依靠这些先进的服务和管理系统，携程为会员提供更加便捷和高效的服务。

（3）体系规范

先进的管理和控制体系是携程的又一核心优势。携程将服务过程分割成多个环节，以细化的指标控制不同环节，并建立起一套精益服务体系。同时，携程还将制造业的质量管理方法——六西格玛体系成功运用于旅行业。目前，携程各项服务指标均已接近国际领先水平，服务质量和客户满意度也随之大幅提升。

4. 创新与特色

作为旅游行业的新趋势，旅游电子商务企业在市场份额不断扩大的同时，也用各种具有中国特色的创新举措，为中国旅游业向现代服务业转型作出了贡献。同时，由于中国国情的特殊性，中国的旅游电子商务也呈现独特的模式。以目前市场份额超过 50%的携程旅行网为例，其创新的历程可以代表中国旅游电子商务的演变轨迹。

（1）机票预订服务的创新

从 2000 年起，携程开始在酒店、机票预订方面采取了不少创新举措。针对之前旅游产业存在信息不对称的情况，以携程为代表的旅游电子商务企业普遍开始利用先进的网络系统，试图解决这一问题。同时，电子机票的推出，加速了机票代理行业的分化，携程于 2002 年设计和开发了一个新的全国性的机票预订平台，解决了异地操作和配送管理的问题。随后，携程着手开发了“异地出票”模式，成为旅游电子商务的一个重要创新。特别是电子机票的全面推行，更让互联网和电话预订成为最便捷的预订方式。

（2）度假旅游产品的创新

这方面的创新体现在以下 3 个方面。

① 受到国际流行的自助旅游方式影响，同时随着国人经济条件的日益改善，人们对休闲的需求日盛，加之交通、住宿等方面的紧张局面有所缓解，一些人也具备了一定的旅行经验，都无疑为中国自助旅游的发展提供了客观条件。在此背景下，携程推出了自由行产品。作为一种时尚的旅游方式，携程自由行就是以“张扬个性、亲近自然、放松身心”为

目标，完全自主选择和安排旅游活动，且没有全程导游陪同的一种旅游方式。它开创了中国旅游市场的一种新模式。目前，携程已是国内自由行产品的最大服务提供商。

② 依托技术优势和先进的系统，2005 年携程旅行网在国内旅行行业率先推出“海外游标准”，对旅行过程中的航班、用车、酒店、行程、餐食、娱乐、购物和导游等 8 个方面作了极其详细的限定，对旅游行业规范化的提升作出了大胆尝试。

③ 2008 年携程旅行网再次对现有团队游进行品质提升，推出了“透明团”产品，其中包括购物店信息事先披露，推荐自费项目提早公布，酒店住宿信息全公开，景点行程、游玩时间详细说明等相关内容，进一步体现了旅游电子商务的优势。

（3）酒店现付模式的创新

以前由于旅游电子商务盈利模式的不确定，导致大量旅游在线网站集中在资讯的提供上。而携程自从兼并、收购了机票、酒店的预订中心后，其主要利润来自于预订宾馆、机票（每成交一笔，携程大概能从中获得 3%～5%的佣金）。

2000 年 1 月，携程旅行网在业内首创酒店预订前台现付模式。作为新型传播营销消费模式，通过前台现付，然后返还佣金，是携程对中国旅游电子商务的一个颠覆性的创新。在全球范围内，绝大多数的预订网站，如 Travelocity 还都是用预付的方式同酒店合作。携程推出前台现付这种全新酒店预订合作模式后，立刻受到了消费者和酒店方的欢迎。目前，这种模式已经成为国内在线酒店预订服务的主要模式。

（4）服务管理的创新

在国外，许多在线旅游企业，如全球最大的在线旅游公司 Expedia 都主要采取在线预订。考虑到中国的互联网使用人群的实际情况，携程采取了以电话呼叫中心作为主要预订方式的服务体系。目前携程只有 30%左右的预订来自网上，更多预订来自电话呼叫中心。围绕呼叫中心，携程通过先进的管理和控制体系，将服务过程分割成多个环节，以具体指标控制不同环节，并建立了一套测评体系，通过平衡计分卡、六西格玛体系等科学管理方法，为会员提供更加便捷和高效的服务。

（5）信息提供的创新

旅游电子商务服务在很大程度上是一种虚拟产品，信息是否对称对其交易的成功具有决定性作用。这方面，携程不仅给出了大量的旅游信息和商业报价，还给出了各产品明确价格、优惠情况等，努力实现信息对称。同时，携程开设了酒店点评和目的地探索等功能，将旅游信息的整合提升到一个新的高度。2001 年，携程在业内首创房态实时控制和推荐系统（E-Booking 系统）。这个类似于 GDS（全球分销系统）的酒店分销系统，不仅方便了酒店同携程之间的实时信息沟通，也让其操作成本大幅下降；不仅使在线旅游服务商的房态更加准确，而且使客户预订更便捷、更顺畅，也更容易得到客户的认同。

（6）营销模式的创新

携程在营销模式上也引领着整个行业的发展。

① 免费会员卡的发放。在发展初期，携程最为重要的营销策略并非依托网络，而是把免费派发会员卡这种终端拦截式的销售方式发挥到了极致。实际上，在携程之前，已经有多家订房中心通过会员卡进行市场推广，不过都实行收费制，而携程则尝试采用免费发放的方式。通过大规模派发携程卡，携程得以快速占领市场，聚拢更多的用户，获得更高的订房量和更多的佣金。可以说，发放携程会员卡这种被誉为“小米+步枪”的销售方式，成

为日后取得成功的重要组成部分，也成为日后整个酒店预订行业通用的模式和旅游电子商务企业的重要营销方式。

② 异业合作营销的开展。以携程为代表的旅游电子商务企业在市场合作方面日渐成熟，首创与航空公司合作，与银行分行合作推广联名卡，开行业先河；招行携程旅行信用卡的推出，受到了广大客户的青睐，发卡量在一年内就突破了60万张，两年内突破100万张，创造了当时国内联名信用卡发卡速度及成长速度最快的纪录；从个人信用卡到公务信用卡，携程在银行卡合作方面不断开拓和创新，在方便消费者的同时，也为旅游行业的异业合作树立了典范，成为在线旅游企业的重要合作方式。

5. 总结与思考

携程旅行网的主业目前有三大块：酒店预订、机票预订及旅游项目。其盈利模式为同各地酒店、各航空公司、各旅游目的地签订合约关系，利用自身网络信息平台吸引客源，交易完成后再与酒店进行业务分成。酒店订房的分成比例大约10%，预订机票为3%。但我们也应该看到，携程的经营在很多方面还存在着问题和风险。

（1）同上游供应商的合作关系

公司同酒店、航空公司等供应商之间的合同通常都是每半年或一年签一次。如果公司同这些合作伙伴之间的合作关系不能持续维持在双方均感到满意的水平上，或者它们同公司的竞争对手建立了相似的或更加有利的合作关系时，就有可能造成双方无法继续合作，使公司不能为顾客提供相应的客房、机票或他们认为满意的客房、机票，从而给公司的正常业务造成极大的冲击。以机票预订为例，同一航空公司不仅同多家中介有委托代理关系，同时本身也在利用自己的网站在开展网上预订业务，并且随着电子机票的成熟，航空公司将进一步摆脱在配送环节上的掣肘，因而在双方的博弈中类似携程的中介机构实无优势可言。

（2）品牌的知名度

对于一个像携程这样从事旅游中介服务的公司来说，品牌就是其生命。如果公司不能有效地维护和提升携程的品牌知名度，不仅将使公司在获取新的合作伙伴上困难重重，而且在发展新会员以提高客户基数上也将遭遇不测，从而影响公司的业务发展。品牌的推广很大程度上依赖于公司是否能成功地维持具有一定规模的忠诚客户群，以及提供高质量的服务和进行有效的市场营销及广告宣传。

（3）公司的业务开展模式

由于公司的主要投资者都是境外的机构，按国内现有的法律和政策，公司不能直接从事订房、订票和旅游中介等服务，所以公司只得通过关联企业来开展几乎全部的现有业务。这些关联企业虽然由公司内部人控股，但同携程并不存在资本关系。正因为如此，关联企业的主要股东（大部分也是公司现有的高级管理人员）就可能同公司产生潜在的利益冲突。这种冲突可能导致公司失去从事某项业务的机会，更有甚者这些人还可能违反同业竞争的约定，将自身连同业务一起带到竞争对手那里，给企业带来不可估量的损失。

（4）交易安全问题

目前公司已有部分交易在网上进行。在这些交易中，需保密的信息（如客户的旅行计划、信用卡的号码及其他个人信息等）在互联网上的安全传送对于增强顾客的交易信心是至关重要的，而公司眼下的安全措施还不够。如果公司不能保障客户信息的安全传送，不但要承担可能由此给客户造成的损失，还会给公司的声誉造成不利的影响，进而削弱吸引新客户的能力。

（5）在线支付的问题

目前，在线支付系统在我国还处于发展阶段，虽然国内的多家银行都致力于在线支付系统的建设，但这些系统无论是适用的范围还是被消费者接受的程度都还有限。此外，在国内拥有信用卡或贷记卡的人群还有限，所有这些都会制约公司在线业务的发展。

纵观公司的种种问题，可以看到有些是属于社会和经济环境的问题，这些问题的解决有赖于经济的发展和社会的进步；还有些问题同国家在现阶段实行的法律和政策有关。未来，携程想在该行业继续保持领先的地位，应当未雨绸缪，第一，要加强品牌建设，进一步提高品牌的知名度和美誉度，以吸引更多的旅游消费者并将其培育成公司的忠诚客户，同时在更广的范围内发展合作伙伴，尤其是旅游产品的供应商；第二，公司应当在适当的时机实行并购，以进一步扩展业务，并购的对象应是与公司在产品或技术上同现有资源能形成互补的实体；第三，为了能从订房、订票等业务中获得更大的差价，也为了能摆脱同部分供应商在合作协议中的不利地位，公司可以开展批发业务，即公司事先从供应商处采购房间和机票，再出售给顾客，当然这要承担库存的风险，但以携程先进的信息技术和丰富的业内经验，风险应该不大；第四，随着我国旅游市场潜力的释放，旅行用品如旅行炊具、帐篷、睡袋、旅行包、旅行药品等的需求将呈上升趋势，公司因此可以开展旅游必需品的网上零售业务。

第三章 农村电子商务

本章知识要点

1. 认识淘宝村现象。
2. “互联网+县域”电商经济生态圈。
3. 县域电子商务发展及战略误区。
4. 农村电商的发展模式及典型案例。

第一节 淘宝村现象解读

2016 年 10 月 29 日，以“新乡村、新经济”为主题的第四届中国淘宝村高峰论坛在江苏沭阳隆重举办。来自地方政府、淘宝村、高校、电子商务企业等 1 000 余人共聚一堂，探讨“互联网如何改变中国乡村”。会上，阿里研究院和阿里新乡村研究中心共同发布了《中国淘宝村研究报告（2016）》。根据报告，淘宝村在中国走过第 1 个 10 年，经历了萌芽、生长、大规模复制等几个阶段，迎来空前快速发展期；全国淘宝村首次突破 1 000 大关，达到 1 311 个，淘宝镇达到 135 个，至少创造出 84 万个就业岗位。淘宝村的经济社会价值日益显著，孵化数十万个草根创业者，创造了规模化就业机会，一大批网商通过电子商务创业，增加收入，摆脱贫困。

另一方面，据不完全统计，在过去的一年间（2015 年 9 月至 2016 年 8 月），全国淘宝村服务的消费者中，有超过 4 700 万人购买 T 恤，超过 1 600 万人购买玩具，超过 350 万人购买太阳镜，超过 290 万人购买面膜，超过 730 万人购买双肩背包。

一、淘宝村的定义

首先，淘宝村是阿里研究院定义的一个独特称谓，指大量网商聚集在农村，以淘宝为主要交易平台，形成规模效应和协同效应的电子商务生态现象。淘宝村认定淘宝村有 3 条标准：一是经营场所在农村地区，以行政村为单元；二是全村电子商务年交易额达到 1 000 万元以上；三是本村活跃网店数量达到 100 家以上，或者活跃网店数量达到当地家庭户数的 10%以上。在发展模式上，全国各地的淘宝村可以分为两大类。

① 从无到有，一开始没有自己的农村土特产或其他无形的服务类产品，通过创新意识或理念慢慢发展起来，如江苏睢宁沙集镇、江西分宜双林镇。

② 基于本地的特色产业，如山东博兴的湾头村、河北白沟。

淘宝村之所以能迅速发展，归根于低门槛、低风险的经营模式，返乡人员的连锁效应和农民天生对幸福生活的追求。首先，淘宝店门槛低、经营规模小、消费群体广的特征非常巧妙地迎合了收入普遍偏低的农民群体的需求；其次，在外务工的农民子弟选择返乡淘宝创业并收获颇丰，引起先行示范效应，带动了其他村民的热忱；最后，农村淘宝模式能让农民足不出户赚钱养家，使得农民群体的幸福指数直线上升。因此，淘宝成为农民走出村落，接触世界的有力途径，也成为农民的创业首选。从这个意义而言，淘宝村比小岗村更上一层楼，电子商务的营销模式真正从底线上解决了束缚农产品、手工产品的桎梏，意味着第一产业一次更深层次的“解放”。

早期形成的淘宝村，基本上都是基于从互联网上发现对国内市场某种产品的需求，结合农村低成本的制造和运营优势成长起来的。随着淘宝村不断走向成熟，产品逐渐升级，加上阿里零售平台的外向化功能不断强化，越来越多的淘宝村开始克服同质化，呈现升级转型的发展趋势。

二、淘宝镇、淘宝村集群、B2B 类电子商务村现象

当一个镇、乡或街道拥有的淘宝村大于或等于 3 个时，即成为淘宝镇。这是在淘宝村的基础上发展起来的一种更高层次的农村电商生态现象，有着更显著的规模效应、创业氛围和产业辐射，同时也有利于农村电商的政府治理。而淘宝村集群指的是由 10 个或以上淘宝村连片发展构成的集群，网商、服务商、政府、协会等密切联系、相互作用，电子商务交易额达到或超过 1 亿元。如果相邻的淘宝村数量达到或超过 30 个，则称为“大型淘宝村集群”。2015 年全国十大淘宝村集群是浙江义乌、山东曹县、福建晋江、广东普宁、汕头潮南区、江苏沭阳、广州白云区、江苏睢宁、浙江温岭和浙江诸暨。

淘宝村之所以呈现集群化发展，主要有以下 3 个原因。

① 熟人社会属性。淘宝村较强的财富效应，结合相邻村镇之间相对紧密的人际网络，共同推动了淘宝村向周边的复制。

② 相似的产业基础。在一些传统产业基础雄厚的乡镇，传统产业加速与互联网融合，身处其中的农民顺其自然地加入了这股历史洪流，从而推动了更多淘宝村的涌现。

③ 合理的政府引导。在淘宝村形成、扩散的过程中，一些地方政府因势利导，主动引导电子商务产业在本地的聚集和扩张，客观上助推了淘宝村集群的诞生。

淘宝村，不仅是淘宝的淘宝村，其交易类型也在从单一的网络零售向复合模式转变。数据显示，在 2015 年，B2B 类的电子商务村已经开始规模化出现。

从产生机制上来看，B2B 类的电子商务村同淘宝村的成因基本相似，主要包括农村互联网普及率提升、熟人社会的社会属性、第三方平台带来的较低创业门槛、带头人的催化作用等。除此之外，B2B 类电子商务村同本地产业集群的关联更加紧密。例如，在浙江诸暨，当地是全球最大的袜子生产基地，2014 年共生产了袜子 258 亿双，产量占全国的 70%，世界的 30%。袜子是适合网络分销的商品，因而当地的农民网商采取了“批发+零售”的兼

营模式，一方面通过 B2B 方式向外地的淘宝卖家、线下零售商供货，一方面自己也通过网店直接销售给消费者。

B2B 类电子商务村的产生具有重要的意义，它不仅丰富了淘宝村的交易模式，大大提升了未来淘宝村交易规模的想象空间，而且对于那些以非消费品为主的产业集群区域来说，另一种“淘宝村”同样可以诞生和壮大。

三、淘宝村的升级发展

（一）淘宝村是阿里系农村战略的核心内容之一

当互联网大佬渠道下沉，“生活要想好，赶紧上淘宝”“要销路，找百度”“老乡见老乡，购物去当当”“发家致富靠劳动，勤俭持家靠京东”等接地气的标语刷满乡村墙头时，在 2014 年 7 月 3 日一早，100 余位县市委书记、县长来到位于杭州西溪的阿里巴巴园区。在进入会场之前，阿里巴巴向他们每人发了两本书，分别是《电子商务知识干部读本》和《电子商务 100 问》。两本书一共 60 余万字，但内容却十分简单——电子商务的基本知识和淘宝的专业术语。如此多的县长聚集到一起，有些人还因为会场人太多而站在门口，这种场景并不常见。阿里方面也没想到，首届县长大会竟有如此多的县长报名。

实际上，县长们的趋之若鹜都源自淘宝地方馆带来的诱惑。2012 年，随着《舌尖上的中国》热播，淘宝网食品类目重新组建了特色中国项目，希望用土特产撬动用户对农产品的蓬勃需求。与此同时，淘宝网专门成立了新农业发展部，推出生态农业频道；天猫组织优质的运营服务商资源，为其食品类目下近 4 000 个卖家提供更专业的支持和服务；聚划算平台则通过团购的方式，为生鲜农产品大批量的网络销售提供机会。

在随后很短的时间内，淘宝形成了以抢鲜购为代表的“预售+订单农业”的销售模式。尽管涉农环节困难很多，但来自于市场商机的诱惑让人无法拒绝。

淘宝村是阿里巴巴集团农村战略的重要组成部分。马云希望通过与政府对接、搭建物流系统等，捋顺平台上的乡镇卖家，深入布局农业电子商务的生态。阿里农村战略已经形成“双核+N”的架构：“双核”指的是农村淘宝和淘宝村；N 指的是阿里平台上多元化的涉农业务，如特色中国、淘宝农业、淘宝大学、喵鲜生、淘宝农资、满天星、产业带等。阿里希望通过贯彻执行农村战略，实现“服务农民，创新农业，让农村变美好”的目标。

（二）淘宝村经历了草根野蛮生长到市场和政府共推阶段

随着淘宝村在农村电商工作中的重要性不断上升，各地政府对淘宝村的扶持政策在不断加强。2014 年至 2015 年，淘宝村已经从完全的草根野蛮生长阶段，逐步进入了市场与政府协同推进阶段，市场驱动产业变革的效应初显。

淘宝村是依靠农民自发的草根创造力成长起来的新经济形态，在意识到淘宝村的巨大社会和经济价值之后，许多地方政府也希望能够主动创建淘宝村，实现本地淘宝村零的突破，或者推动本地已有淘宝村的更快复制。在扶持淘宝村良性发展方面，不少地方政府已经有了一定的成功经验和积累。调研和实践发现，在淘宝村的成长过程中，市场起主导作用，政府的因时因势利导，创造出一个优良的电子商务发展环境和氛围也至关重要。政府如果做好“优化环境（营造农村电商发展氛围）+主动作为（解决淘宝村实际困难）+积极引导（如品牌化经营）”这几个关键点，本地淘宝村的复制速度可以得到明显加快。

（三）淘宝村升级发展呈现多方面的新特征

① 产品升级。参见图 3-1。

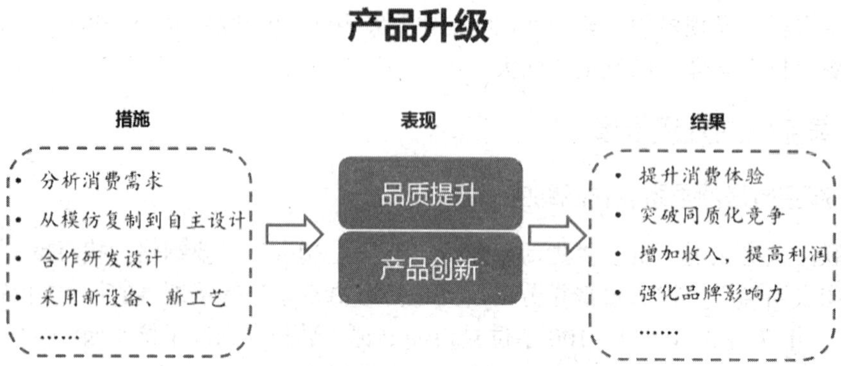

图 3-1 淘宝村店铺产品升级

② 网商企业化。以企业身份注册网店，入驻天猫、京东，注重品牌、团队和客服服务。

③ 电子商务服务体系化。从单一的交易、运营服务到培训、IT 信息化配套服务，再到法律、财务、融资、知识产权服务。

④ 发展模式多元化。从初期以网络零售为主，到涌现出网络零售、网络批发、跨境电商、乡村旅游等多元化模式。

四、淘宝村发展的社会经济意义

1. 孵化大批草根创业

一个淘宝村就是一个草根创业孵化器。截至 2016 年 8 月底，全国淘宝村活跃网店超过 30 万个，电子商务已经成为草根创业的重要方向。

2. 淘宝村创造了规模化就业

网商低成本创业，快速成长，创造直接就业机会，进一步带动了上下游产业发展，创造间接就业机会。根据阿里研究院数据分析结果显示：淘宝村平均每新增 1 个活跃网店，可创造约 2.8 个直接就业机会。按此估算，截至 2016 年 8 月底，全国淘宝村活跃网店直接创造的就业机会超过 84 万个。例如，睢宁县淘宝村的就业带动情况如图 3-2 所示。

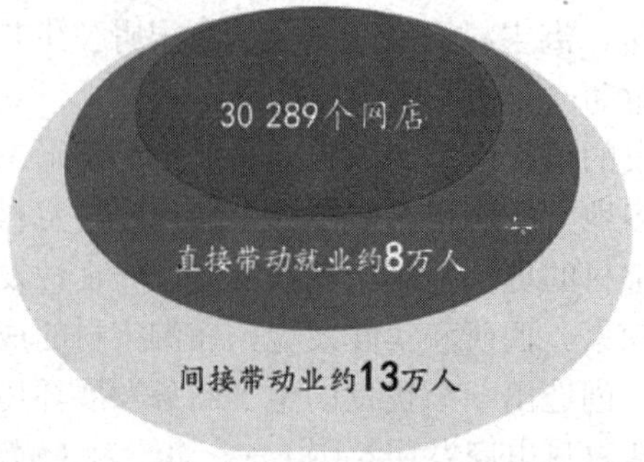

图 3-2 2016 年 1—9 月睢宁县淘宝村就业带动情况

3. 电子商务创富消贫

淘宝村在消除贫困方面的价值越发显著，一大批网商通过电子商务创业增加收入，摆脱贫困，如图 3-3 所示。

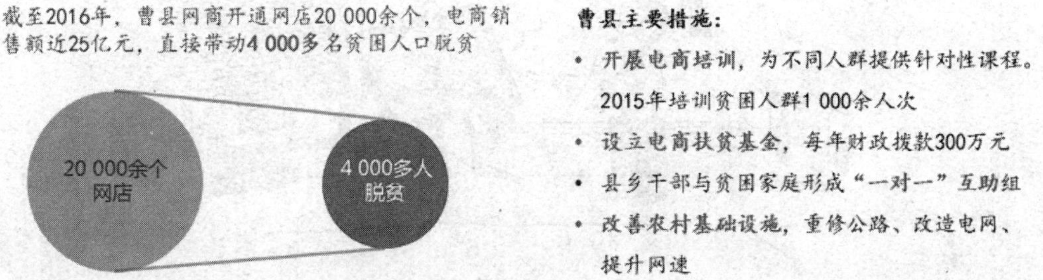

图 3-3　山东省曹县淘宝村扶贫情况

4. 淘宝村成为县域经济的新引擎（见图 3-4）

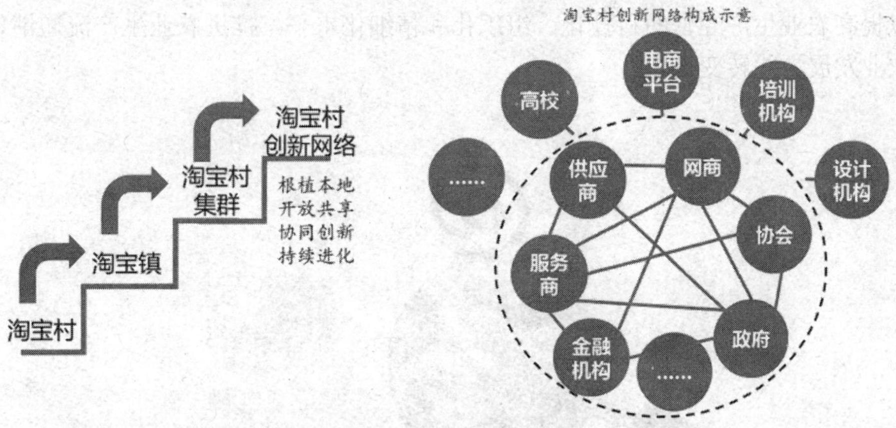

图 3-4　淘宝村创新网络

第二节　"互联网+"时代背景下的农村电商发展

一、"互联网+时代"背景下的农村电商定位

（一）需求市场的对接

首先是农业信息的互联网化将有助于需求市场的对接。互联网时代的新农民不仅可以利用互联网获取先进的技术信息，也可以通过大数据掌握最新的农产品价格走势，从而决定农业生产重点以把握趋势，如图 3-5 所示。

图 3-5　对接需求市场

（二）数字技术提升农业生产效率

农村电商市场的打开，必然形成产业链的连锁反应，网络化、智能化、精细化的现代“种养加”生态农业新模式就会涌现。利用信息技术对地块的土壤、肥力、气候等进行大数据分析，并提供种植、施肥相关的解决方案，能够提升农业生产效率，如图 3-6 所示。同时，可以提高农业生产经营的科技化、组织化和精细化水平，推进农业生产流通销售方式变革和农业发展方式转变。

图 3-6　数字技术提升农业生产效率

（三）农业品牌化

农村电商将成为农业现代化的重要推手，将有效减少中间环节，使得农民获得更多利益。农民更需要建立农产品的品牌意识，利用互联网资源构建农副产品质量安全追溯公共服务平台；推进制度标准建设，建立产地准出与市场准入衔接机制，实现农副产品从农田到餐桌全过程可追溯，保障舌尖上的安全，如图 3-7 和图 3-8 所示。互联网的快速、便捷、数据沉淀、可追溯等特性，被用于农业生产、农产品营销、流通等农业生态链的各个环节，为农业品牌的整合塑造带来了新的机遇和动力。

图 3-7　创立品牌意识

图 3-8　产地准出与市场准入相衔接

（四）新农人、新农业

农业互联网化，可以吸引越来越多的年轻人积极投身农业品牌打造中；具有互联网思维的新农人群体日趋壮大，将可以创造出更为多样模式的新农业，如图 3-9 所示。

图 3-9　农村电商创新

二、农产品电子商务的营销模式

互联网对农业的渗透将是多方面的，农业理念、生产技术、管理水平等都将发生天翻地覆的改变，但核心还是将生产出来的农产品卖出去，因为只有这样才能提高农业的产出和农民的收入，也才能真正获得农民的支持。农产品电子商务是农村和农民发家致富的新机会，也是新农村建设的重要推动力。

（一）多样化的营销模式

在国内市场，不管是电子商务平台还是传统的线下超市，甚至物流企业都踊跃地加入到了农产品电子商务的争夺战中。不管是何种形式的农产品电子商务，核心是产品的稳定供应、物流配送的低损耗和快速便捷，以及后续可持续发展的增值服务和品类拓展。如果把电子商务环境比做一个生态的话，有大型综合电子商务平台的存在，就有“小而美”的社区电子商务存活的空间和机遇。它们互补，形成一套电子商务体系，具体的营销模式也就呈现多样化。

① 供应链驱动型。其典型代表是顺丰优选。它依托顺丰集团的物流与配送优势，可以快速占领全国市场，这也是在 2013 年实现近 4 亿元销售业绩的主要原因。上游的货源更丰富、更标准，下游的配送优势就会更加彰显。

② 营销驱动型。其典型代表是本来生活网。农产品背后的故事性强，容易制造传播热点，从褚橙、柳桃到潘苹果，从四大美莓到阳澄湖状元蟹，背后都有本来生活网的影子。它的核心是以营销带动流量和销量，其挑战是需要不断推陈出新。

③ 产品驱动型。其典型代表是沱沱公社。它依靠自建的有机农场坚守高品质产品，并在全国大力发展联合农场，力求通过严控品质获得忠实消费者，以产品驱动消费且稳扎稳打。其挑战的是瞬息万变的市场节奏。

④ 渠道驱动型。其典型代表是天天果园。它依靠自身对水果市场的专业理解，单一聚焦水果品类，力拓天猫、1 号店、微信、电视购物、广播电台等各类销售渠道。其挑战是跨区域配送的服务能力。

⑤ 服务驱动型。其典型代表是遂昌网店协会。政府倾力支持企业独立运营，他们为本地的中小卖家（农户）提供培训、开店、营销、仓储、配送等标准化服务，凭借自身专业服务赢得市场价值。

（二）农产品电子商务的运营

农产品电子商务化和农产品进城受到地方政府的高度重视。互联网正在向农业领域深度渗透，越来越多的人特别是返乡创业青年，选择将本地的农业特色产品利用电子商务途径销售出去。

1. 遵循三原则

① 发展农村电商，必须借助县级以上政府的公信力。当地政府强有力的组织和支持，为农产品质量作初级的信用背书，为第三方企业提供公司注册、税收、资金等实际性的支持。关键是多数的耕地小而分散，对于资源性的整合尤其需要借助政府的力量。

② 农产品要卖得更高更远，必须实现专业的品牌化。农产品进行品牌化运作为农产品实现溢价增收开创了先决条件。联想集团战略投资高端水果品牌“佳沃”便是恰逢其时的选择，柳传志坦言联想做农业并不着急赚钱，因为打造品牌是一个长期战略，更大的价值在未来市场。

③ 农产品品质体现，必须借助地域特色找出差异化。农产品市场的劣币驱逐良币的现象严重，耳熟能详的多半是“地域品牌”，而非产品品牌。地域品牌的最大问题是好人坏人都可以用，就像现在很难辨识谁是正宗的阳澄湖大闸蟹一样消费者对市场失去了正确的判断，对行业是毁灭性的打击。每个地域都有其唯一性，经纬度、温度湿度、光照时长、土壤结构等的不同，会生长出不同的具有明显地域特色的农产品（见图 3-10），因而需要在此基础上挖掘产品的特色卖点，进行专业化的品牌化包装。

2. 理顺运营思路

① 产品。有让人放心的产品是基础。

② 标准。有了让人放心的产品，但不能形成标准化商品，也毫无价值。

③ 物流。有了让人放心的产品，能形成标准化商品，但不能保证运输和配送，则实现不了价值。

④ 服务。到最后，有了让人放心的产品，能形成标准化商品，能解决好运输和配送，但服务水平跟不上，会失信于消费者。

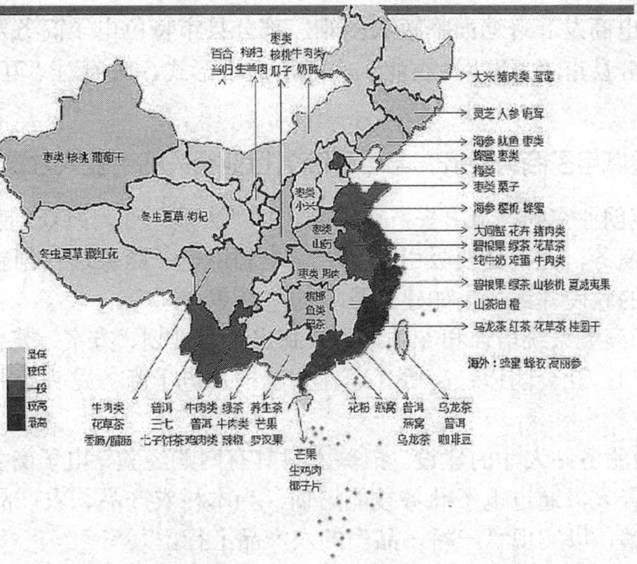

图 3-10　全国土特产分布

3. 农产品电子商务运营模式的选择

（1）农户同大平台结合

不同的农户聚集在同一平台上，自己控制自己的产品品质，通过评价优胜劣汰，电子商务只是他们其中的一个销售渠道。在平台上的产品一般会面对激烈的比价问题，在比价中胜出的产品比较能满足的是中低端消费的需要。而农户不一定能够自己完成所有环节，由此会催生出一些服务他们的电子商务运营公司。对这些公司来说，很容易产生自己做平台的想法，这里最大的挑战是如何获取足够的流量去吸引商家入驻。

（2）农户同物流公司结合

强调供应链和物流配送体系，当然不是所有的物流公司都适合去做这个事情，致力于农村电商的物流公司才可以。例如，顺丰快递，选择做农产品电子商务有着其他任何平台所不具备的优势——拥有国内最庞大的快递队伍，而顺丰的快递服务在国内所有的快递公司中也是最受用户认可的。

（3）致力于区域内深耕的小而美的垂直电商

销售与 O2O 结合，深耕本地，做好 O2O，即线上与线下结合；专注做中高端人群，这个人群的数量不多，但客单价和盈利空间都比较好。在众多的竞争者中，拼的就是如何把运营做得更细致、更专业、更创新，不急于扩大，把品质和服务做好，在老客户中拥有良好口碑。

三、构建“互联网＋县域”电商经济生态圈

首届中国县域经济发展论坛于 2016 年 1 月 7 日在北京召开。论坛以“新思路、新机遇、新突破”为主题，探讨县域经济发展理念、发展模式、发展方式转变，分享县域经济发展的最新观点与成果。论坛发布 2016 年中国县域经济十大“互联网+”实践县，分别为义乌市、江油市、晋江市、桐乡市、平阳县、天台县、侯马市、海宁市、贺兰县、张家港市。

总体而言，农村电商发展普遍面临较大困难，部分县市特色电子商务发展有所突破，如义乌模式，但大部分县市“互联网+农业”实践落后于形式，政府对“互联网+农业”实践重视度有待提升。

（一）发展县域电子商务经济，与电子商务行业相关的专业人才是主体

① 创建县域创业空间，走出去，请进来，打“大众创业，万众创新”牌。吸引更多的人投身县域电子商务，尤其是要吸引返乡大学生利用电子商务进行创新创业，地方政府必须提供有吸引力的软硬件环境，如建立县域的“梦想空间”。

② 做好电子商务系统培训和专项培训。制定培训规划、方案，整合现有培训资源，构建由政府相关部门、社会团体、高等（职业）院校及电子商务龙头企业为主体的电子商务人才培训体系。

③ 加快村级服务站人才的建设。招募本村具有网购经验、电子商务知识，愿意投入农村事业建设的年轻人，通过电子商务技能培训，为本村农产品、农产品企业提供农产品品牌建设、全网营销，以实现“一村一品”的农产品上行。

（二）发展县域电子商务经济，地域公共品牌建设是核心

县域电子商务竞争的差异化，更需要品牌提升来引领。应科学打造县域公共品牌，打造一个类似“好客山东”“七彩云南”“五常大米”一样的有影响力的品牌形象。

培养大量的以公共品牌为依托的市场品牌主体，把公共品牌和市场品牌有机融合在一起，实现相互促进。具体的电子商务品牌有 3 类：一是渠道品牌，商品生产后，经物流到达各种渠道，如经销商、批发商、零售商等，最后再到达终端消费者手中，如山西供销农芯乐等电子商务平台就是典型的渠道品牌；二是产品品牌，一般而言，那些贴有“有机绿色公无害”标签或带有地理标志的农产品往往较受市场欢迎；三是店铺品牌，主要由店铺打分、宝贝与描述相符程度、卖家服务态度、发货速度、店铺装修及文案等组成。

（三）发展县域电子商务经济，政府支持是保障

1. 县域电子商务经济圈的建设离不开政府的大力支持和引导，构建基础设施，完善公共服务

结合智慧城市建设，搞好网络基础设施建设，实现免费 Wi-Fi 覆盖；结合农产品电子商务的特点，完善快递物流体系，打通电子商务的最后一公里。可以采取补贴物流公司的方式，实现多样式、多类型、多变通、多渠道的灵活物流快递服务，目的是降低物流运输成本，提高产品市场竞争力，实现企业增收，带动县域经济发展。

2. 电子商务奖励政策的制定要体现出协同性

从单一奖补措施逐渐向有深度的新经济培育方向转型，特别是在联合第三方平台、社会资本、电子商务从业主体共同建立电子商务创新、创业扶持基金及相应融资机制方面要有突破。从整个县域新经济培育的角度出发，应把电子商务各要素、各相关行业、各链条各环节一并考虑，系统性出台政策。

3. 推动县域经济的产业集聚

规划并推进县域电子商务产业园区建设，创建电子商务孵化中心、仓储物流中心、网货开发中心、电子商务园区，实现对电子商务要素的有效聚集和高效承载。

四、县域电子商务经济发展的若干趋势

（一）趋势一：舆论热点聚焦电子商务扶贫

电子商务扶贫升温，不仅因为脱贫攻坚已成为各级政府的硬任务和媒体宣传的主旋律，还因为在互联网时代，数字鸿沟对贫富差距的影响不亚于城乡差别、区位差距和资源差异。中国社会科学院信息化研究中心主任汪向东提出，电子商务扶贫就是在扶贫工作中，帮扶主体以电子商务为载体和手段，通过提高电子商务对扶贫的带动力和精准度，改善扶贫绩效，助力实现脱贫目标的理念和行动。

2016 年 11 月，国务院扶贫办印发《关于促进电子商务精准扶贫的指导意见》，提出三重全覆盖的总体目标：一是对有条件的贫困县实现电子商务进农村综合示范全覆盖；二是对有条件发展电子商务的贫困村实现电子商务扶贫全覆盖；三是第三方电子商务平台对有条件的贫困县实现电子商务扶贫全覆盖。同月，国务院印发《“十三五”脱贫攻坚规划》，也将“电子商务扶贫”作为产业扶贫的重要内容和工程。

相信今后会涌现出更多甘肃陇南、安徽砀山这样的案例，利用互联网将青山绿水变成金山银山。在贫困县形成较为完善的电子商务扶贫行政推进、公共服务、配套政策、网货供应、物流配送、质量标准、产品溯源、人才培养等体系，这其中孕育着大机会，更需要大智慧。

（二）趋势二：产品上行走向全网营销

在县域电子商务生态的培育中，着力加快推进本地产品触网上行，发展壮大电子商务队伍，带动地方经济发展，已成为各电子商务示范县推进“电子商务进农村”项目的一个基本共识。

县域产品上行的全网营销将会进一步加大力度，以建立和巩固地域品牌认知。各大网上交易平台和营销渠道分别代表着不同的消费客群和交易规则，只有适不适用、善不善用的问题。无论是全国 1 000 多个淘宝村，还是砀山等地出现的微商村，最终还是要围绕客户是谁，来解决卖什么产品、谁来投资、由谁来卖、在哪些渠道卖、如何营销这些市场化的问题。各县最初在网上销售起来的，既有国家政策重点支持的农产品及农村制品，也有类似安徽桐城塑料包装这样地方优势产业的产品，甚至像陕西武功这样卖新疆特产等外地的适销产品。要突出农村天然的传播和推广模式，先从单点突破，建立优势，再全面开花，优化配套。

（三）趋势三：社交微商成为主战场

围绕乡缘、亲缘、血缘关系，构建县域自身的各种社群，将成为推动县域电子商务的中坚力量。“谁不说俺家乡好”，为家乡代言，会成为更多农民工、大学生创新、创业的一个有效突破口。

移动互联网的发展，更是在技术层面解决了县域社群发展的时空跨越难题。在以熟人社会为主的乡村，社交微商有望成为电子商务从业主体扎堆的主战场。砀山等县的实践也证明，坚实的产业基础、规模的人口优势，配合政府的背书支持，不仅能培养铺天盖地的“蚂蚁雄兵”，而且会催生顶天立地的“网红大咖”，为本地农产品网销打开局面。社交微

商爆发得快，但热点切换频繁，农产品由于具有毛利偏低、复购较高等特点，很容易沦为代理激活和团队组建的过渡品类，常常被整合团队和被整合团队博奕，因此应该充分发挥电子商务公共服务平台和行业组织的作用，加强价格自律、新品开发、内容创新和渠道拓展。

（四）趋势四：新兴载体首推特色小镇

特色小镇的概念源于浙江，它非镇非区，既不是行政区划上的“镇”，也不是产业园区、风景区的“区”，而是按照创新、协调、绿色、开放、共享的发展理念，聚焦特色产业，融合文化、旅游、社区功能的创新创业发展平台。2016 年 7 月，住房城乡建设部、国家发展改革委员会、财政部印发《关于开展特色小镇培育工作的通知》，10 月份评出第 1 批 127 个中国特色小镇。同时，国家发展改革委员会印发《关于加快美丽特色小（城）镇建设的指导意见》，让以“小（城）镇”为载体的经济发展模式受到空前重视。

特色小镇在同电子商务的结合上，必将探索出更加丰富的成功案例。从 2014 年全国的 8 个试点省开始，到 2016 年，全国 3 批共评出 496 个“电子商务进农村”综合示范县，以县域为单元发展农村电商的思路深入人心，如何有效地下沉到乡（镇）将是一个重要的方向。国内拥有电子商务产业园区数量最多的颐高集团 2015 年已经开始特色小镇的项目布局；安徽巢湖的半汤“三瓜公社”、砀山的唐寨“美梨小镇”和良梨“创梦空间”，深度结合电子商务放大自身特色优势，在互联网特色小镇上进行着有意义的探索。

（五）趋势五：农旅融合探索体验营销

移动互联网的人口红利基本结束后，线上的流量越来越贵，精耕用户成为互联网下半场的重点，农旅融合将是很好的商业模式。做好农旅融合要注重参与性和融入性，这比传统的观光更加注重游客的亲身感受。通过互动和体验，让乡村旅游过程成为一段美好的回忆，这已成为县域打造品牌、圈定客户的有效手段。电子商务将原来较低频次的旅游消费变成了体验营销的入口，带来较高频次的网上产品消费，甚至引导客户通过自媒体分享自发做内容的分享传播，从而全面扩展农业的功能和领域，延长农业价值链，实现生态效益和经济效益双丰收。

（六）趋势六：千县千面

县域电子商务的发展，一定不能是一、二线城市电子商务经验的简单移植，要想弯道超车，后来居上，必须抓住技术和模式的发展趋势。更多创新模式会涌现，前期部分“模式”难免会褪去光环。模式是干出来的，不能靠预设。现有的所谓模式的背后，都有别的区域难以复制的元素。在国家政策大红利的推动下，在新技术和商业逻辑的快速迭代下，县域电子商务将出现百花齐放、异彩纷呈的局面。基于当地的资源、人文、产业及决策者的独特禀赋，县域电子商务模式将更加多元化，千县千面当可期。

（七）趋势七：智慧城乡和县域电子商务生态圈在大行其道

不是将产品卖到全国，才叫电子商务，本地生活以移动互联的方式进行正在普及。县域的餐饮、娱乐、出行、医疗等领域的互联网化，可能会比我们想象中的速度还要快。同时，涉及城乡的“居民办事不出户”“农民办事不出村”，都将变成现实。

就如农村淘宝提出的致力于农村电商生态体系建设，县域政府将会意识到，仅靠表面的一两项活动，不足以推进本地电子商务的可持续发展。从品牌打造、农产品质量监管体系及溯源技术应用、县乡村三级物流体系建设，到电子商务综合服务业发展，才是县域拥抱互联网时代的重要基础。

（八）趋势八：跨界合作倒逼重度垂直

县域电子商务发展已经积累了较多的成功案例和模式经验，初期遇到的很多困难和问题逐渐有了较成熟的解决方案，从行政化推动向市场化激活的步伐也在加快。县域电子商务领域的跨界合作案例逐步增多，倒逼更多的县域服务商放弃低效业务，强化垂直优势。这也是走向成熟的标志。在县域范围内，由集成服务商牵头同园区服务商、网店外包服务商、物流服务商、培训服务商、金融服务商等第三方服务商及品牌供货商分工合作；县域范围外，同平台服务商、数据服务商、技术服务商、创投服务商等加强联动和合作。通过合作，促使县域电子商务各项业务走向重度垂直，提高行业集中度和投资收益率。

五、县域电子商务发展要避免的误区

（一）为电子商务而电子商务，缺少战略定位

大部分县域，当前是“为电子商务而电子商务”，包括农村淘宝的引进，更多是因为省领导的重视，有政治压力；是由于周边兄弟县市的引入，自己不做似乎缺少“政绩”。在这个思维的引导下，盲目攀比，从“千人大会”到“万人大会”，再到销售额的追赶。更有甚者，电子商务刚起步，就着手推进占地几百亩的电子商务产业园的建设。有几个县域决策者真正思考过为何要做“县域电子商务”？其实，动机不纯，必然会有急功近利的行为。电子商务作为互联网+的重要内容之一，是激活县域经济的重要手段，应该有更宏观的视野，更长远的规划，更生态的布局。

（二）为引进而引进，缺少本地人才培养工程的建设

因为各地都在动，所有县域政府也都希望在最短时间内做出成绩，自然希望引进一两家服务商，快速把电子商务氛围搞起来，把农产品上行做起来。很多领导都在呼吁，当地缺少高精尖人才，这是制约电子商务发展的最关键问题。其实，电子商务这行很辛苦，不存在高精尖，使用适用人才即可。大部分县域政府所在地，只要人口超过 10 万人，电子商务服务业所需要的人基本都有，只是水平有高有低。政府集中力量，推出本地人才的培养工程，很快能解决这些制约因素。反过来说，一味依赖外来服务商，或许短期会有突破，但如果本地人才跟不上，最终还是昙花一现。

（三）为上行而上行，缺少品种优化、品质提升、品牌打造

县域的农产品大多数是小生产，规模不大，成本却高。更重要的是，品种品类可能适应了当地长期以来的消费习惯，一旦对接大市场，其实还是有诸多的不适应，在品类、品种和品质上同真正的原产地产品还是有差距。一味追求“卖货”，实际上是很盲目的。能不能卖？如何卖出一个好价格？这些农业的深层次问题才是需要思考的。否则，依靠一两次活动式的上行，是不靠谱的。商业逻辑错误，大数据也是失效的。

(四)为形象而形象，缺少对电子商务行业和企业、从业人员的真帮扶

几乎所有县域电子商务启动的地方，都把公共服务平台的打造作为最重要的工程。没有培训中心、没有视觉支撑硬件、没有O2O展示，没有孵化器、加速器，没有众创空间、没有仓配一体，似乎就不是县域电子商务。只是，在投入这些硬件时，有没有想过软件？有没有想想电子商务创业人员究竟需要什么？重视面子可以理解，可一个只供上级参观用的形象工程，同这个时代的主旋律是背道而驰的。但是，有些服务商在帮助政府作顶层设计时，一味为了迎合政府领导的需求，而忽略了对本地电子商务产业的真帮扶。

READ 阅读推荐

中欧论坛实录：阿里和京东，关于农村电商的对决

农村电商孕育着巨大的市场，阿里巴巴的村淘合伙人模式、千县万村计划，京东的服务中心+京东帮加盟，苏宁的直销店+线上特色馆……近年来，各大电子商务平台在广大农村地区打响了“割据战”，以各具特色的电子商务模式拓展自己的“版图”。究竟谁胜谁负，充满着许多变数。

我们一起看看阿里巴巴副总裁吴敏芝和京东副总裁马健荣在2015第四届中国国际农商高峰论坛上是怎么说的。

下面摘自阿里巴巴副总裁吴敏芝演讲实录。

阿里从来都是实实在在要把事情落实下去。我们怎样落实？这个问题带给我们很深的思考。总体来说，阿里巴巴计划在3到5年内投资100亿元，建立1 000个县级服务中心和10万个村级服务站，这样将会覆盖到全国1/3的县及1/6的农村地区。我们希望在农村普及电子商务，突破信息、物流等瓶颈，解决农村买难卖难问题的时候，能实现网货走进来，农产品卖出去。

今天我们如何做这块儿，是我们整个团队的一些思考，也欢迎大家对这些思考，如果有任何好的建议，可以告诉我们，我们希望通过四大战略去落实。

第一，投资基础设施。今天所有农民要买到好的东西，农产品要上行，如果没有一个实实在在的网络，是做不到的，所以在基础设施上面，要作大量的投入。可能我前面说的我们投资100亿元，大部分是落在基础设施上面的。

如果有机会大家可以到农村村淘的点去看一看，基本上是由我们提供整个上网的设备，包括一个大屏幕、电脑，包括很多宣传的资料的物料，包括整个统一的VI的设计，我们希望给到村里面，从基础设施投入进去。在每个县级会有一个县级运营中心，那是以仓库物流为主的，包括人员办公的地方。所以在基础设施上面，同时随着这些东西落地，我们还去编织一个到每个农村的物流网络。在城市里面的最后一公里都是大家所关心的，但是到农村的最后一公里可能更难，因为点比较分散。幸好今天还有菜鸟，我们两个团队会通力合作，把这件事情做好。

第二，怎么样去创新农村综合服务。最初也是一个非常简单的想法，就是想着怎么样让农民买到好的东西，所以我们在村里设了点，很有农村特色。当第1个点建成的时候，我们都去看了，整个农村里的人都围到这个点上，特别热闹。当我们在网上搞“双11”活

动的时候，发现那个村点也是里三层外三层，非常有农村特色，挺好玩儿的。

从最初觉得可以给农民买到货，到后来发现当我们把这个点搭好以后，随之而来的服务越来越多，有人希望我们通过这个点给农民的手机充值，有人希望通过我们的蚂蚁金服，可以把贷款和很多金融的服务推给农民、农村经济。我们忽然发现，其实我们将来可能在每一个村都会建立一个虚拟的万达广场，让农民能够享受到综合的服务。所以我想这个是我们考虑的，就是如何去创新农村的综合服务。

第三，激活农村的电子商务生态。阿里做事从来都是以平台的方式出现，以生态圈的模式去创新服务。我想做农村电商，毫无疑问靠阿里巴巴一家是不可能做成的。这个工程非常浩大，要投入非常大的精力，所以在这里面怎么样去激活农村的电子商务，怎么样让一群人、一群第三方、一群生态圈里面的生物，跟阿里一起来玩儿这个，这是我们要一起来思考的。

这儿首先一个就是以人为主，所以在这边我们要在农村培养一批有主见、创新意识、有使命、有梦想的农村人，让他们留在农村，让他们作为火种激活整个农村生态体系，我想这是我们第 1 步要做的。随之跟进的就是淘宝大学进农村，现在我们的淘宝大学已经进了千县万户，跑到农村给农民培训，围绕阿里这个生态圈，回家创业的人去作这个培训。

所以我想当人的意识有了、思想开放了、解放了，农村的活力才能被真正地彻底释放出来。

第四，创造农村社会和经济价值。毫无疑问，当我们把这些都实现的时候，农村的就业问题就解决了，很多人可以回流了，少了很多留守儿童、留守老人。我想或许用互联网，我们可以去改变这么多年来全世界的城市化的方式，或许以后再也不需要农民大批地涌进城市，在农村他依然可以和城市相连，在农村他依然可以和城市经济挂钩。

所以我想这是我们今天考虑的四大战略。

下面摘自京东集团副总裁马健荣演讲实录。

我先讲讲京东的一些基本情况，讲我们是怎么做的。刘强东组织了一个农村电商小组，他任组长，我任副组长，还有一个我们业务的人做副组长，一块儿来做这个事儿。在这种情况下，我们专门搞了一个叫做 3F 的战略。3F 指的是什么呢？

1．工业品下乡。

2．需要钱的老百姓得到钱，得到贷款。

3．农产品到城市里面来。

那么在我们的 3F 战略中间，构建的是一张覆盖农村的网络，它是农资和工业品进村的物流配送网和营销网。这个网是现在构建起来的，也是农村金融战略中重要的信息征信数据采集网和推广网。它也是生鲜电子商务战略中的生鲜农产品信息采集和采购网。这张网络主要有京东的县级服务站、县级服务中心和京东帮的服务店，再加上乡村推广员组成，其中京东帮的服务店针对大家电，大件商品提供营销、配送、安装，维修、保养。在物流中间我们分做两个产品，第 1 种叫做易交付产品，一种叫做不易交付产品。现在易交付产品，不管是在北京还是在农村，我们把它叫做是中小件。大件的产品到了农村去以后，比如说电冰箱、洗衣机、部分电视机，去了之后农民是需要安装的，他不会安装，那么这一部分的话，让农民觉得非常不方便。

京东 2015 年到目前，在全国 500 个县建立了服务中心。在 1 000 个县有京东帮和服务店，招募了1.8万名乡村推广员，覆盖了18万个村。农村、农民对现在的农村电商，不光只是我们企业看重它，政府也非常看重它。因为刚才在我的讲话的开始就说了，只有当电子商务们发现这种革命的方式，才真正能够解决农村包括土地问题，包括产权问题，包括农民的什么知识问题、信息问题，各种各样的问题，它才有机会。

可是农村电商的痛点远远多于各位能够想象到的东西，比如说实行的是小生产、大市场。什么叫小生产、大市场呢？农民千家万户小作坊一样的这种，也千家万户地开店，就是先生产后消费。这种模式非常容易出问题，今天我种了大葱，因为别的人种了大葱，所以我种大葱，完了过后我没卖出去；明天我又去种苹果，又没卖出去。这就是几千年来农民传统的（特别是中国农民）小生产、大市场的模式。

京东希望做的事情是，必须以消费带动生产这种规模化的生产，所以京东是需要通过一个电子商务，比如说像大数据、信息化、分析、云计算。当然这些都是词儿，这是他的一个痛点，什么时候中国的农民解决了这个痛点，就不光只是农村电商，整个中国的农村都会改变。

第2个痛点，就是我们现有的绝大部分政府的一些政策，是基于传统的农产品销售及农产品运输，农产品生产及农产品销售的模式，来制定政策的。现在在一些政策上，比如说一些补贴、一些财政支持、一些培训什么的，这些东西它是滞后的，这就是第2个痛点。

第3个痛点，就是说农民的这个产品从它的地里要到城市的这个盘子里面，是需要流通7到8个环节的。还是举一个大葱的例子，从农民地里把葱拔出来可能就5毛钱，但到了北京的老百姓家里可能就是3块钱了。这种特别长、特别长的物流和销售，大大降低了整个社会的效率，增加了成本。这一点，京东采取的是从田里放到京东的仓库，再从京东的仓库送到老百姓的家里，从7到8个环节减为2个环节。是不是把这个痛点解决了？

还有一个痛点就是中国的农民，甚至包括在座的人。这个痛点是说大家一说电子商务，就一拥而上，从众心理很强，不管我这个县合适不合适，不管我这个村合适不合适，就乌泱乌泱地上去。这个不光只是农民的意识，还是我们整个包括政府在内的整个社会的规划的问题，如这个地方适不适合开店，这个地方适合开什么样的店，这个地方适合不适合要建一个电子商务园。

所以我想到这个痛点，其实不光是中国农民，是包括我们很多高级知识分子都有的。这次在商务部的农村电商大会上，有几个厅长都站起来问有什么办法，我说不要想一口吃个大胖子，农村电商有很多的问题，包括种子、农药、化肥，假的太多。当然前边有同事已经谈到过这些事情。所以我在想：

1．那是一个蓝海。

2．那是一个苦海。

3．如果趟过这个海，中国的农村将会有革命性的变化，而只有当中国的农村、农民发生根本变化，我们在座的才有资格说，中国的改革开放成功了。

Ending

分享与思考

1. 农村电商孕育着巨大的市场。2014年10月，阿里巴巴集团在首届浙江县域电子商务峰会上宣布，推出“村淘”，启动千县万村计划，在三至五年内投资100亿元，建立1 000个县级运营中心和10万个村级服务站。而在2015年初，京东宣布启动“京东县级服务中心+京东帮服务店”战略。

问题：试对两大巨头的农村电商战略进行点评。

2. 遂昌模式依靠服务商同平台、网商、传统产业、政府有效互动；沙集模式通过激发农民的动力，依靠草根网商实现快速发展，构建了新型的电子商务生态。这两种模式的结合和取长补短，其实就是农村电商各类主体形成合力，为县域经济发展提供有益的启示。

问题：试分析沙集模式，并同遂昌模式进行对比。

案例 3-1　唱着信天游进央视的土豆姐姐

1. 基本概况

涌泉居靖边现代农业科技服务有限公司董事长冯小燕在吾谷网评选的2013中国农产品品牌中一夜成名，“土豆姐姐”（见图3-11）与褚橙、柳桃、潘果齐名，排名第六，吸引了各路媒体聚焦。与其他几个借助明星大腕效应的品牌不同，土豆姐姐是草根起家，平民百姓按照市场化运作模式快速成长的品牌，更加来之不易。

图3-11　土豆姐姐

冯小燕把自己定位于中国新农民。她认为新农民就是带着知识、带着资本、带着市场运作经验跟土地结合的人。回到家乡走进现代农业领域初期，家乡的父老对她这样一位一身洋装的干部来种地是不屑一顾的。她从一开始就坚持做农民做不了的事：租赁2万亩土地创建现代农业示范园区，整合土地资源，购置大型农机设备，引进国际最先进的马铃薯品种，聘请国际、国内的马铃薯专家采用国际先进的种植生产技术管理种植流程，严格按照国际健康标准打造产品品质，创建品牌、创建行销通路等。她靠事实征服了广大父老乡亲。于是，很快就有一大批马铃薯种植专业合作社开始跟进发展，两年时间，冯小燕就成为引领和带动榆林马铃薯产业发展方向的领军人物。

2. 个人简历

冯小燕，陕西靖边涌泉居现代农业科技服务有限公司董事长，陕西新农人联合会会长，西安榆林商会副会长，西安子洲联谊会常务理事，党员、硕士，酷爱陕北民歌。

1964年2月，出生于榆林子洲县。

1983年，绥德师范学校毕业后回子洲从教8年，后转行调到铜川市到党政机关工作4年。

1994年，下海到西安经商至今，先后在建筑材料、建筑工程、酒店、餐饮、物流等领域发展。

2009年，返乡创业，走进生态马铃薯领域，创建了“涌泉居生态马铃薯”品牌。先后6次登上中央电视台农业频道，代表中国土豆亮相，成为网络名人“土豆姐姐”，成为中国好土豆的代表和化身。

3. 成功要素（创新与特色）

（1）坚实后盾

一方面，土豆姐姐1983年从师范学校毕业后，从事教学工作8年，在党政机关工作4年，1994年下海到西安经商20年，现在是西安榆林商会副会长，有雄厚的资金积累；另一方面，榆林地方和榆林商会对土豆姐姐也大力支持。

（2）找对产品

土豆属于五谷杂粮之一，餐桌上常见的食品，日均消耗大，产品需求量大，运输损耗低，耐储存，可深加工。她在北纬38°附近，中国生态马铃薯核心产区的陕北靖边2万亩沙土地上种植马铃薯，选择国际最先进的脱毒品种，按照国际健康标准培育高品质的生态马铃薯，创建了“涌泉居生态马铃薯”品牌。

（3）个人影响力

土豆姐姐个人形象的包装和宣传非常给力，同名人唱民歌，并6次登陆央视，多次上本地电视台和广播电台，在中央电视台的舞台上向全国人民发放了一张我们榆林产好土豆的名片，深入人心。唱着“信天游”进央视，这是2016年大热的网红直播现象，而土豆姐姐在5年前就实践了。

（4）品牌化

注册品牌运作，不是靠口碑再升级到品牌，而是直接从品牌到口碑进行宣传——口碑出来了，如果品牌被他人注册，就是白忙了。品牌意识强的冯小燕从“土豆姐姐”4个字简单易记、朗朗上口、亲切可爱中发现了“土豆姐姐”作为商标更容易推广的特征。随着土豆姐姐6次登陆中央电视台银屏后，土豆姐姐不胫而走，被全国人民认知，土豆姐姐品牌也随着她的健康好土豆而一举成名。

（5）全网营销

创新营销模式，从官方网店、电视、广播，到微博、微信、自媒体和社群圈，只要是宣传工具，都一一全力使用，让“土豆姐姐”这一品牌在2013年一举成名。其微博页面如图3-12所示。为了提升产品的附加价值，把土豆这个“土蛋蛋”包装成苹果一样的礼品箱来卖，让土豆成为榆林人，甚至陕西人最时尚的一款礼品。为加深消费者对产品的认识和了解，土豆礼品箱套装免费赠送制作的创意陕北民歌碟片，配送“涌泉居”字号的土豆削皮器。

（6）社会责任感

做推动中国现代农业发展进程的人，既能帮助农民朋友发展，又能给消费者提供健康农产品，这让跟着她做事的人都感到无上光荣，乐在其中，也赢得了社会各界的帮助。

（7）资源整合

借助专家的智慧和力量，把专业的事交给专家做。海纳百川，整合大家的思想、智慧、成果为涌泉居所用，这是冯小燕的方法。美国人种土豆技术领先，那就请美国专家到田间地头来管理流程，一步到位——涌泉居就采用了国际最领先的种植生产技术，种出了中国最好的土豆。

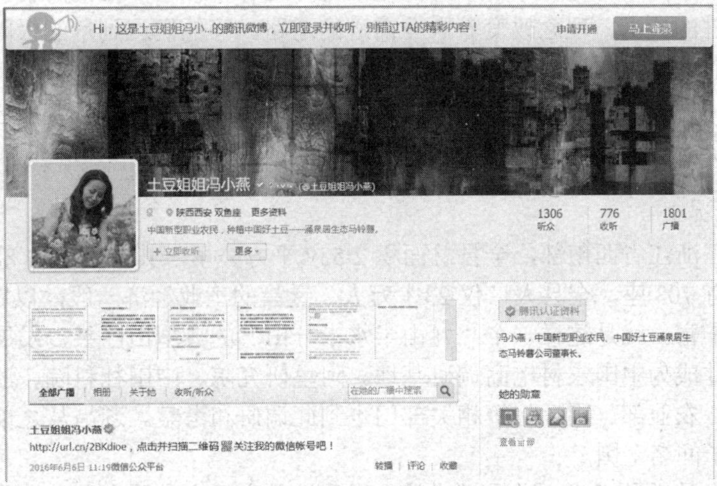

图 3-12　土豆姐姐的微博页面

4. 经验要点

正如冯小燕说的："新农民区别于传统农民的地方就在于用新的理念、规模化的土地、科学化的种植和管理发展现代农业，要做传统农民做不了的事儿。"土豆姐姐就是中国"新农人"的代表，是带着知识、带着资本、带着市场运作经验跟土地结合的人。

专家的事就交给专家，作为新农业领域的门外汉，支撑着冯小燕成为陕西新农业领先人物。冯小燕说："职业经理人做营销做得好，那就用职业经理人来做推广；美国人种土豆技术领先，那就请美国专家到田间地头来管理流程。我是踩着巨人的肩膀向上走，比我自个儿爬要高效多了。"规模化种植的土豆不仅产量高，而且品种多、口感好，短短几年时间，已经成了美国、德国等品牌的土豆供应商。她的一个土豆专卖店，一年的业绩都能做到上百万，让小土豆变成了金蛋蛋。冯小燕租赁的土地资源已经从 2 万亩发展到将近 5 万亩。她还想通过土豆领养，让更多的人参与到土豆的种植和现代农业中去。

学习力就是生产力，这是新农人成长的必备动力源泉。分享冯小燕的成长经历，充满了点点滴滴的真切和感动；总结她的经历，她说同不断学习、积极向上、锐意进取有关。冯小燕师范毕业 3 年，后到陕西教育学院进修大学专科；转行到公务员后感觉知识也要跟着转型，又上了中央党校本科函授；1994 年下海后，到 2000 年明显感觉自己观念落伍，需要更新知识、更新观念，2001 年到 2003 年又上了西安交大的工商管理硕士课程班；2010 年走进现代农业，为了更好地驾驭农业项目，2010 年 4 月走进清华大学资本战略董事长研修班学习，等等。

在互联网+时代的背景下，新农人必须具备与时俱进的意识与理念。互联网时代的微营销，冯小燕同年轻人一样活跃在微博微信平台上，充分利用媒体平台，坚持原创和传递正能量的特点，尽全力打造涌泉居土豆品牌，不断扩大影响力。从2013年开始，每天起床第一件事就是编写一条微信，然后再转发到新浪微博、腾讯微博，一分耕耘就会有一分收获，涌泉居土豆在网络上成为“粉丝”们的大爱。

成立于2015年初的陕西新农人联合会，吸引了像大秦岭牛伯伯牛波、张兴邦香油张安、葡萄姐姐牛冬利等20 000余名新农人参与，新农人队伍不断发展壮大，范围涉及蔬菜、瓜果、茶业、养殖、农产品深加工、农产品电子商务等各领域。一批批的新农人正在各自不同的领域用先进的技术、理念改变着农业前进的道路，等他们达到量的极限产生质变的时候，中国农业的“高大上”就会从理想成为现实。

案例3-2　基于县域电子商务公共服务的遂昌模式

1. 基本概况

遂昌县位于浙江省西南部，全县总面积2 539平方公里，其中山地占88.82%，海拔千米以上的高山有703座，全县人口仅23.1万人。遂昌的工业经济一般，以农业经济为主，农林特色产品丰富。就是这样一个“九山半水半分田”的典型山区县，发展出了农村电商的遂昌模式，并成为中国农村电商调研基地。阿里研究院、中国社科院、浙江省相关领导隔三岔五到访，农业部、国务院等相关部门也到此调研和考察。遂昌从之前一个默默无闻的山区县一下子闻名全国。

那么，什么是遂昌模式？遂昌模式就是以本地化电子商务综合服务商作为驱动，带动县域电子商务生态发展，促进地方传统产业，尤其是农业及农产品加工业实现电子商务化，即“电子商务综合服务商+网商+传统产业”模式。遂昌模式在政策环境的催化下，形成了信息时代的县域经济发展道路。这其中，本地化电子商务综合服务商是遂昌模式的核心，网商是发展的基础，传统产业是遂昌模式的动力，而政策环境则是遂昌模式产生的催化剂，如图3-13所示。

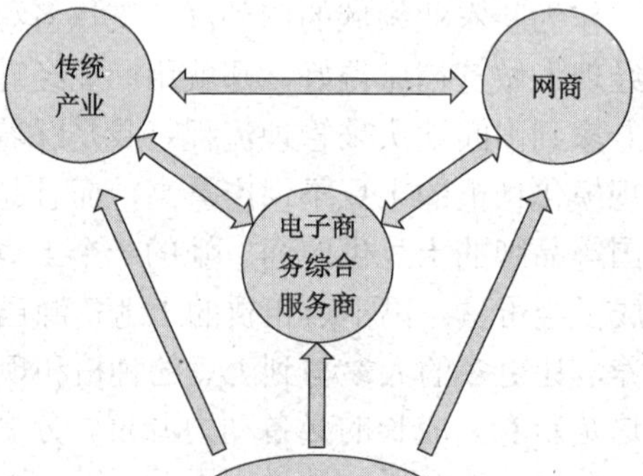

图3-13　遂昌模式

简单来说，就是遂昌当地以其独特的社会组织模式，通过电子商务平台实现“农产品进城”和“消费品下乡”。2015年10月23日，国务院以国发〔2015〕61号印发《关于促进快递业发展的若干意见》，提及要打造“工业品下乡”和“农产品进城”双向流通渠道。

①“农产品进城”着眼解决农产品同市场对接的问题。当地的农货“上行”平台——

遂网，一端对接的是农产品的供货源——农村合作社，另一端对接当地开网店或做微商的城镇年轻人，将他们发展成为遂网的分销会员，帮助将农产品销售到一、二线城市，而这些年轻人事先都会接受遂昌网店协会的电子商务培训和销售能力培训。

②“消费品下乡”着眼解决农村无法进行网络购物的问题。当地的消费品“下行”平台——赶街网依托每个村的商业小店，在店内划出 8～10 平方米的一小块地建服务站，为服务站配备电脑设备，培训店主做兼职服务员，帮村民在赶街网上进行代购。同时，赶街网建立县级运营中心，并负责从县城到农村的二级配送物流。

遂昌模式对于其他县域发展农产品电子商务，促进农业升级，或者通过县域内多品类电子商务的协调发展，促进县域经济的腾飞，都具有重要的借鉴意义。

2. 发展历程

第 1 阶段　2010 年 3 月，成立中国首个农村电商协会，并在此基础上组建县域电子商务公共服务平台。整合可售货源，组织网络分销商群（以当地网商为主），统一仓储及发货服务，制定并推行农产品电子商务标准化，成了阿里的特色中国县级馆。

第 2 阶段　2013 年 6 月，首个村级站点的落地，县以下的农村电商站点建设，开创了县、乡、村三级的 O2O 体系，赶街网落地。

第 3 阶段　随着县域农村电商服务不断改善，县域一、二、三产业同电子商务全面融合，共建便民服务中心；整个县域里每个村子中都有一个微信群，所有的旅游企业线下与线上对接融合，整个县域电子商务内生动力形成。

3. 产品与服务（运营模式）

（1）组建网店服务中心，打造农村电商生态链

遂昌模式的核心是“服务商”，即遂昌网商协会下属的“网店服务中心”，属半公益性质。其核心业务有三部分：整合可售货源、组织网络分销商群（以当地网商为主）、统一仓储及发货服务。具体的运营流程如图 3-14 所示。

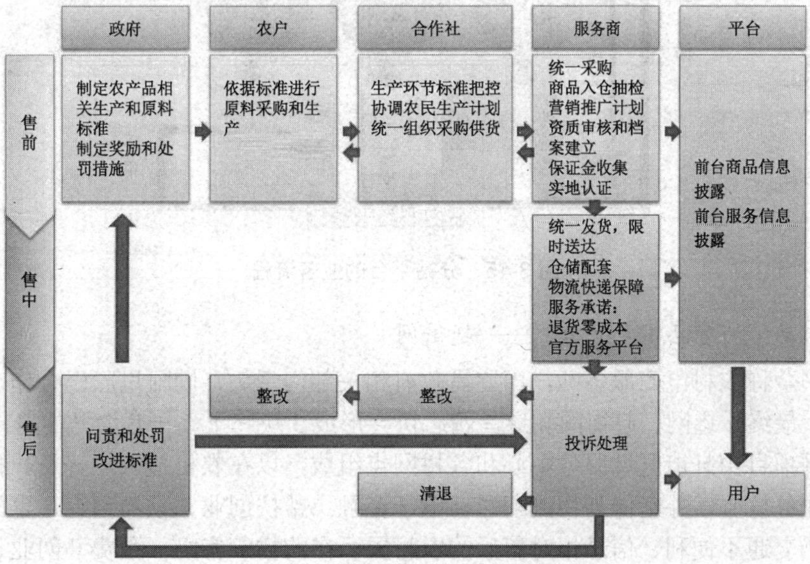

图 3-14　遂昌馆土特产运营流程

1）制定并推行农林产品的产销标准，直接或通过农村合作组织间接地推动农户及加工企业按照标准去生产和加工，提升当地网货的质量。

2）设立“产品展厅”和“网络分销平台”，统一制作商品的数据包（图片、描述等），用于支撑网上分销商选货和网销，降低网商的技术门槛。

3）统一仓储，按网络分销商订单统一发货并提供售后服务，实现零库存经营，降低网商的资金门槛。

4）社会化大协作使得农户、合作社只管做好生产，加工企业只管做好加工，网络分销商只管做好推广销售工作。

（2）搭建“农产品上行平台”——遂网，开启网商服务的商业链

由遂昌网店协会的部分理事筹资成立遂网电子商务有限公司，开启了为网商服务的商业链。遂网公司搭建麦特龙分销平台，将供应商的优质农产品放在分销平台上，网商将产品包拿到网店里销售，平台则负责统一配送和物流，如图 3-15 所示。遂网公司和遂昌网店协会实行两块牌子一套团队运营，商业运作由公司出面，公益活动或对接政府的事情则由协会出面。

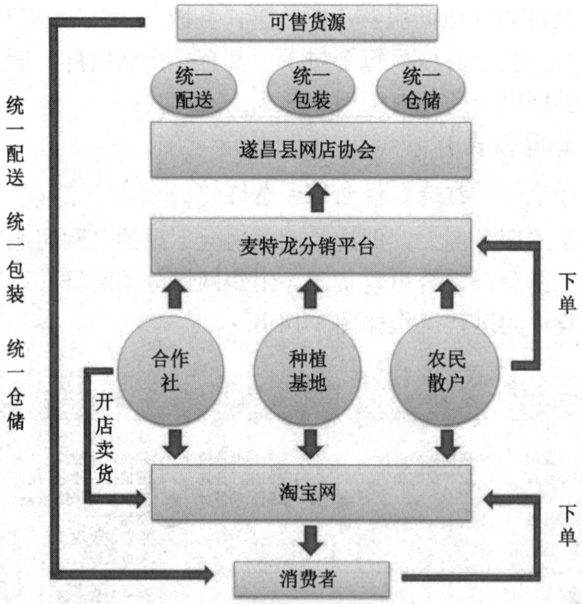

图 3-15　分销平台的业务流程

（3）启动“消费品下乡平台”——赶街网

赶街网全称农村电商服务站，由遂昌政府相关部门牵头，同阿里巴巴合作，遂网公司进行建设。最终，遂网、赶街网和遂昌网店协会形成 3 块牌子、一套人马的格局。

赶街网项目由赶街区域服务中心和各村网点组成，以在农村植入、普及、推广电子商务应用为业务核心，并延伸到物流配送、电子金融、帮扶创业、预约预定、惠民资讯等业务，为处于交通不便利、信息相对落后的农村居民在购物、售物、缴费、创业、出行、娱乐、信息获取等方面提供一站式便利服务。

“赶街是一个公益性质的平台，是我见过最好的农村电商模式，让我很感动。农民能享受城镇生活和农产品要出来，只有通过电子商务，这是唯一一条途径。”阿里巴巴集团创始人马云亲临遂昌参观赶街服务站时，发出如此感慨。

4. 创新与特色

（1）本地化电子商务服务商是遂昌模式的核心

以遂网公司为主体的服务商，一方面帮助网商成长，一方面促进传统企业电子商务化，尤其是帮助农户和合作社对接电子商务渠道，使当地的产业（尤其是农业）通过电子商务而受益。这些反过来又促进了当地电子商务生态的完善，也拉动了当地的网上消费。

（2）服务型政府对于电子商务发展的有为而治

政府部门在协会成立之初，就开始为电子商务发展提供有为的服务：从硬件设施的投入，到政策等软环境的建设，为遂昌电子商务和服务商发展提供了有益且必要的扶持和引导。在遂昌，有为的政策环境营造包括几点：一是以市场为基础，在尊重市场规律的基础上发挥政府的引导作用；二是以创造市场发展的良好外部环境为目的；三是以规划为主要的引导手段，不干预电子商务中具体的经济活动；四是以服务为政府工作的基本内容，不是通过居高临下的管制和行政力量来体现政府的作为。

在电子商务发展的外部环境建设方面，政府的有所作为，能够为其提供加速发展的条件和保障。

（3）遂昌模式是农产品电子商务的新尝试，也是县域经济发展的新途径

农业是三农问题的重中之重，农产品则是农业的核心，发展农产品电子商务对于促进农村地区经济发展，改善农民收入，促进农业产业升级具有重要意义。

同以往政府自上而下主推的农村电子商务不同，遂昌模式是一种自下而上、自发投入、依托第三方平台进行的电子商务行为。遂昌模式在通过以淘宝为代表的第三方平台网络销售农特产品，尤其是生鲜农产品方面积累了非常有价值的经验，对于全国其他县域开展农产品电子商务，促进农业产业升级，具有重要的参考意义。

县域经济是连接国家宏观经济和基层微观经济的重要环节，它不仅构成了国家宏观经济发展的基石，在解决区域性的三农、城镇化、产业结构调整和社会管理等问题中也发挥着越来越重要的作用。同时，县域经济发展也存在着县域产业低、小、散，尚未形成良好的产业生态，资源环境压力大等问题。

在遂昌，通过政策环境的引导与催化，以电子商务综合服务商为核心的服务驱动型县域电子商务发展新模式逐渐形成，成功地促进了当地农业、服务业的快速发展，也拉动了当地内需，给发展县域经济赋予了新的内涵。遂昌模式依靠服务商与平台、网商、传统产业、政府的有效互动，构建了新型的电子商务生态，为县域经济发展提供了有益的启示。

5. 经验要点

遂昌的草根创新在互联网的条件下得到激活，创造并培育出了一个崭新的产业生态。它代表了当前风起云涌的县域电子商务的一种有益尝试，显示了县域经济和电子商务相结合的广阔前景，具有比较重要的借鉴意义。

遂昌模式的可贵之处在于：它不像一些发达地区，电子商务是在当地发达的工业产业集群基础上发展起来的，而是由电子商务催生了当地农产品网商，并带动了特色农业的发

展。对于相当一部分以农业为主要产业的县级区域来说，遂昌电子商务的成功具有示范意义，对于农产品电子商务的普及推广有十分深远的意义。

遂昌模式具有较高的可复制性。“电子商务综合服务商+网商+传统产业”的模式，在许多地区具有复制的可能性。我们已经看到，在安徽宁国等地，遂昌模式的种子已经发芽生根，显示出了其模式的可复制性。以遂昌模式为代表的县域电子商务，有望迎来一个新的发展高潮。

但是，遂昌模式也面临多方面的挑战。

① 首先农产品的可持续发展。遂昌农产品之所以在网上受到欢迎，同当地的自然环境密不可分，如高海拔、多雨湿润等。自然环境的不可复制性对遂昌而言既是好处，也是挑战——好处是当地农产品具有品质上的优势，挑战则是未来产能不能随着需求增加而等比例提升。从事农特产品销售的网商规模目前也存在瓶颈。遂昌经营农产品的网商，年销售额普遍在 500 万元以下，这一方面同网商自身经营能力有关，另一方面也同产品有关。土特产消费者相对来说是小众客户群，其增长有赖于网络口碑和线下拉动，相对于服装、家居等类目来说，形成大交易规模网商的难度很大。

② 农产品物流的挑战。物流一直是制约农产品电子商务发展的桎梏之一。部分农产品受限于物理属性，存在难以运输、保质期短等特点，生鲜农产品更是如此。遂昌土猪团购就曾面临物流难题，虽然通过保鲜措施，中短途运输得以解决，但销售范围仍然很局限。未来，农产品物流难题的解决，有赖于更多专业化物流服务商的崛起。

③ 未来竞争者带来的挑战。遂昌模式的初期成功，离不开遂昌网店协会的规划运营、政府的合理服务和第三方电子商务平台的支持，同时也与其先发优势密切相关。随着农产品电子商务迅速走向火热，未来会有更多本地化的电子商务综合服务商加入，使得遂昌模式需要在竞争中不断调整、不断创新才能更加成熟。

④ 网店协会双重属性的协调发展及政府介入深度的挑战。遂昌网店协会、遂网公司和赶街网三位一体的结合，是遂昌模式的特点之一，其中协会承担卖家成长职能，遂网和赶街网承担商业化职能。这种独特的组织结构，是遂昌模式取得成功的一个关键因素。协会属性使其避免了纯商业机构重视短期，忽视长期利益的弊端，公司属性又使得电子商务综合服务商有了可持续发展的物质基础。从长远来看，公益性和企业性质二者的协调发展，将是一项艰巨的挑战。政府的合理支持，是遂昌模式成功的原因之一。遂昌县政府对电子商务发展，采取因势利导、有为而治的策略，不干预不强制，做好服务做好支持，有效促进了遂昌电子商务的发展。在政府介入的市场监管体制下，未来保持这种平衡将是一个重大的挑战，如何让政府长期站好位、服好务，培养遂昌电子商务在商业模式方面的独立核心竞争力，将是遂昌模式可持续发展的重要保证。

案例 3-3 从刷墙到三农 O2O 平台——村村乐的逆袭

1. 基本概况

村村乐起家于农村“刷墙”广告，想做“农村的人人网”，却经历了 4 年沉寂，终于在 2014 年，凭借在 64 万个农村的 1 000 万名粉丝，摇身一变为“最大农村 O2O”，被风险投资人估值 10 亿元。

村村乐定位为“中国农村市场渠道推广专家”，是国内最大的面向全国农村的门户网站，是将网络社交（SNS）、分类信息、电子商务有机结合起来的综合互联网交流平台，如图 3-16 所示。网站信息发布量大、内容丰富，涵盖农村新闻、供求、旅游、生活信息等。

图 3-16　村村乐网站首页

2. 发展历程

2009 年，国家推行“家电下乡”政策，中影集团每个月都会在全国各地 64 万个行政村放一部露天电影。北京友好在线广告有限公司的业务之一是农村露天电影的前贴片广告和户外墙体广告，以及小卖店的店头广告，简称“刷墙”。村村乐的创始人胡伟，当时是这个项目的广告执行商，电影正片开始前的 5 分钟，是它们播放贴片广告的时段。由此，胡伟近距离地走进了农村。

2010 年 10 月，村村乐上线。那时的村村乐严格意义上来说是一个 BBS，大家在论坛上讨论、交流、发帖。这个网站建立的初心，是胡伟看到人人网等社交类媒体在城市的火热，但在互联网上却很少能搜索到具体的农村的信息。于是，他产生了做一个“农村的人人网”的想法，让在外务工的农民兄弟们能在这个平台了解到家乡的信息，甚至找到一起成长的儿时伙伴，同这些农民兄弟们建立线上的交流和联系，实现业务的下沉。

2012 年，“家电下乡”政策结束前，胡伟和他的伙伴们一共放了 320 万场电影，走遍全国几个重点省份的农村。其间，村村乐网站农资版块凭借巨大的交易量，吸引了数以万计的农资企业入驻，收录村庄数近 70 万个，会员人数 8 万个。特别是一些旅游村、度假村等名村，在村村乐的入驻率很高，达到近 70%。

2014 年，打造“网络村官”（站长）管理模式，增强了村村乐同农民用户的黏性，打通了线上线下的壁垒，使村村乐终于告别 BBS 模式，向 O2O 平台转型。

截至 2015 年底，用乡情温暖人心，村村乐最终成功刻画了一张覆盖全国的农村版图，遍及省、市、县、乡、村五级渠道，涵盖 34 个省、347 个市、3 147 个县、45 193 个乡镇、660 521 个村庄，拥有超过 1 000 万的注册会员，20 余万的网络村官，发展格局尤其引人注目。

3. 产品与服务（见图 3-17）

（1）创建“网络村官”（站长）管理模式

招募网络村官，每个村选取一位负责人来管理该村上网用户，目标瞄准了科技致富带头人和大学生村官这两个平凡而又特殊的群体。这都是在农村地区中最具号召力和影响力的群体。村村乐通过精准网罗这些关键人群，成就了最落地的中国农村市场推广渠道。站长制度的设立，增强了村村乐同农民用户的黏性。

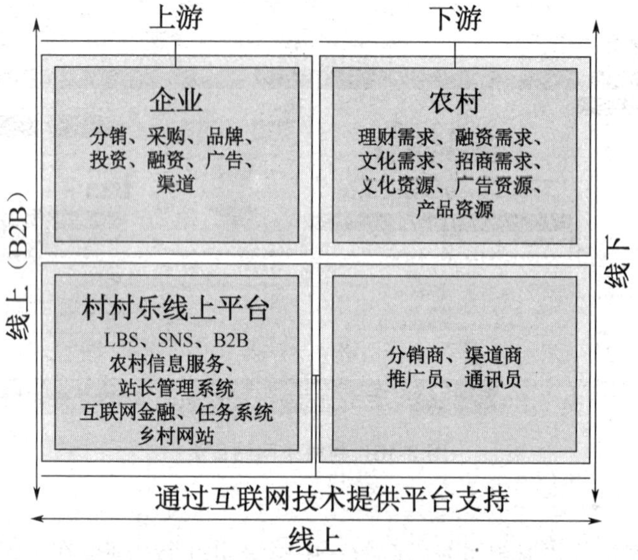

图 3-17 村村乐核心业务模式

村村乐打通了线上线下的壁垒，网络村官承接村村乐的刷墙、路演巡展、电影下乡、村委会广播、农家乐推广、横幅广告、宣传栏推广等任务；引进更多的资源和资金来协助网络村官致富，如引进更多的战略合作、代理种子化肥，或者成为农产品经纪人，帮农民把农产品卖出去，甚至还会引进一些到农村投资的小额基金，找一些愿意到农村的人，给他们资金的支持和系统上的支持，以及方向性的引导，帮他们在当地实现创业。

（2）逐步打造一个覆盖农村的连锁超市体系

逐步打造成一个以超市、小卖部为据点的销售中心、服务中心、信息交流中心和物流代办中心。同时，村村乐提升自己的网络覆盖强度，帮农村小卖店提供 Wi-Fi 服务，提供硬件补贴，让农村的老百姓享受到免费的 Wi-Fi 服务。

（3）构建服务农村的 O2O 综合性平台

电商下乡和渠道下沉是大势所趋，村村乐告别 BBS 模式，向 O2O 平台转型。村村乐的平台已有的业务除了农民媒体平台，还有金融惠民服务平台、O2O 电商创业平台、中国城乡信息服务平台 4 个板块，每一个平台都是根据农民实际的需求重度垂直。村村乐最终将会做成一个在农村宣传推广平台、投资对接平台、致富创业平台，以及交友的平台。平台不仅仅有其经济价值，更重要的是有巨大的社会效益。

（4）向农场的标准化经营和农村的互联网金融进军

实现农餐对接，是村村乐下阶段的主攻目标之一。村村乐副总裁齐得钧说："我们会找到全国大的、集约化经营的农场，告诉农场订单式的种植信息，这样他们的产品就不愁销路且能卖一个好价钱。同时，我们还会同上游的餐饮企业和大型超市合作，让他们直接到农场采购。"

村村乐还有更大的抱负，那就是农场的标准化经营和农村的互联网金融。

① 所谓农场的标准化经营，就是要整合农业部、农业大学、农业厅的专家，通过互联网定向指导农民进行专业养殖，再通过互联网完成定向收购。这样就解决了盲目种养的问题。

② 农村的互联网金融，就是要通过互联网，打破城乡金融供需信息不对称的局面。村村乐同金融机构合作，打造了一个农业信贷的撮合平台，把金融机构的产品放上平台，再将贷款信息发给网络村官，由网络村官作信息搜集和基础风控，金融机构审核后即可发放贷款。

4. 特色与创新

（1）打通现代农业生态之路

城市和农村之间信息的不对称是阻碍城乡一体化的重要原因，有利于农村发展的好项目难以出头，农业现代化举步维艰。村村乐致力于打通城乡信息桎梏，实现资源优化配置。利用掌握的大数据，整理发布信息，对接农业需求，村村乐的"互联网+电商下乡"塑造了很多成功典型。例如，湖北星胜机械汪志刚通过村村乐平台发布信息，陆续接到全国 380 个农村用户的咨询，36 家渠道经销商的加盟申请，通过线下同客户的对接，直接带动了企业销售额增长 400 多万元，并成功发展出 13 家乡镇渠道经销商。

（2）打造公益农村生态链条

农产品滞销的难题困扰着很多地区，当农民辛苦得来的劳动果实因销路不畅而丢弃时，极大地打击了农民的积极性，损害了农业发展。2015 年 7 月 7 日，村村乐"帮农行动公益店"建立。村村乐帮农行动公益店目前帮助果农产品销售主要分为批发和零售两类，解决了滞销难题。村村乐的公益农村行动不止于此，寻人寻物活动还曾使失散多年的兄妹通过村村乐平台再相聚；台湾老兵从村村乐网站上找到失散多年的亲人；农村的困苦老人、留守儿童等也都是村村乐公益活动帮扶的对象。

（3）营建活力农村创业生态

在国家政策的支持下，农民创业的愿望越来越强烈，但真正可供选择的渠道较少，创业面临的困境也很大。村村乐不断获取并分享创业信息，提供创业平台，帮农民朋友一起实现创业梦。湖北黄冈的一位村村乐站长就是在村村乐发信息，把自己养殖的黑山羊卖了出去，此后还获得了 8 000 万元的投资，实现了自己的创业梦想，还上了农民创业致富的电视节目，介绍经验。

村村乐启动了招募农村创业合伙人计划，无论是农村的大学毕业生（待业青年），还是村村乐的站长均可参与进来。招募计划涉及的行业有汽车、手机、电脑、种子、化肥等，将形成一个长期稳定的合作模式，厂家会为创业合伙人提供最优厚的销售政策及市场最具价格竞争力的商品，让所有创业合伙人就地或就近取货，以确保创业合伙人的利润最大化，帮助农村青年成功创业。

（4）实现农村互联网金融的起飞

村村乐"互联网金融服务平台推广员招募行动"让推广员走进田间地头，扩大影响力，5 级推广网络让农民朋友看得见、信得过，解决了农村互联网金融信用建设的难题。它整合村村贷和村村融项目，针对三农，打造老百姓信得过的贷款理财平台，以更适合村民需求——利用网络村官学习推广贷款理财知识，每天的任务汇总更是充分利用了大数据信息，实现了资金优化配置。村村乐还投入了 2 亿元在全国 1 万个村庄试点农村超市，成为村村乐互联网农村金融服务的有力承接点，同时，也可以借此搜集农村大数据做后端价值。

5. 经验要点

（1）村村乐会火的原因

究其原因，可用好政策、顺趋势、懂借势、有资源、会包装来概括。

① 好政策。2014 年 12 月底举行的中央农村工作会议为农村互联网爆发奠定了基础；国务院发布的“电子商务国八条”更是明确地提到了加强“互联网+”与农业、农村融合发展，研究制定促进农村电商发展的意见，出台支持政策措施。

② 顺趋势。从 2015 年下半年开始，各大电商巨头都争先恐后地布局农村电商市场，电子商务行业向农村市场横向扩张已是大势所趋——阿里启动“千县万村”计划；京东的县级服务中心和京东帮服务店、苏宁自营农村服务站相继落地。

③ 懂借势。阿里同京东的农村“刷墙大战”吸引了其他互联网公司效仿，“刷墙”由此成了扩展农村网络市场的标志之一。而有强大农村市场刷墙资源的村村乐也因此被贴上了 10 亿元估值的标签，受益良多。

④ 有资源。村村乐几年积累下来的 1 000 万会员、20 余万网络村官的资源是最关键的。这些遍布全国各地的资源成为村村乐最强的竞争力，让其具备了强有力的地利优势。

⑤ 会包装。村村乐很懂得适时包装自己。从挖掘过去几个月有关村村乐的新闻报道就能看出，其 CEO 胡伟非常乐于同媒体人接触，也非常会包装自己，业界对这个行业“新人”也非常感兴趣，所以才会出现各式各样的分析，以至于大家后来都不清楚村村乐到底是做什么的了。

（2）村村乐模糊的定位和模式让人迷惑

村村乐到底是什么？如今可谓众说纷纭，有人说是农村门户网站、农村电商平台、农村 O2O、农村金融、农村社交，还有人说是农村分类信息，以及农村营销平台。似乎村村乐把整个农村互联网都做了，但好像又没有哪块业务突出到可以给其一个准确的市场定位，所以也难怪会出现“一千个专家，一千个村村乐”的行业认知。

其实仅从网站来看，村村乐更偏重于门户形式，如果细致点看，会发现其还有 B2B 业务，同时还包括分类信息部分，底部版块还有 BBS 社交。另外，从营收方面来看，它确实是一个营销平台，尤其是强大的线下刷墙能力。此外，村村乐还针对农村市场推出了村村融、村村贷等农村金融业务。不仅如此，类似阿里、京东、苏宁的农村电商服务站项目也已上马了。按照这个发展进度，用不了多久肯定会上线开展针对农村市场的旅游、婚恋、招聘等业务。

从定位角度看，涉及这么多业务的村村乐更应该将自己定位为三农 O2O 综合服务商，但从业务层面来讲，很难让人认可其过长的业务线策略。然而，村村乐超强的刷墙能力及“村官”站长才是它的核心竞争力。

（3）基于时间沉淀的“村里有人”的竞争优势最难被打破

村村乐核心的竞争力不在于模式，而是多年培养的用户规模和信任度。门户网站和社交媒介的属性，以及之后众包带来的实际收入，多年来已经形成了高度的用户黏性。这些站长资源才是村村乐最大的财富，电子商务、金融、营销等这些变现能力强的业务都需要他们去推动完成。其他公司要想模仿村村乐的模式并非难事，但难的是去构建“村官”资源以及农民的信赖度，这需要很长时间。

“互联网+农村”形势虽好，但市场不是吹出来的，而是做出来的。农村互联网市场的机会不在于服务农民，而在于三农事业的信息化，打破城乡之间的信息不对称，让农村信息同城市信息互通互联。线上部分的目的是向城市输出信息，而线下的站长村官或是电子商务服务站都是以人为传播核心将网络信息和电子商务服务带入农村市场。农民对村里人的信任度要远高于他们不懂的网络服务，“村里有人”是目前发展“互联网+农村”市场的关键要素。

在“互联网+”的时代背景下，类似村村乐这种，一头抓住数量庞大的“村官”群体，一头对接规模巨大的“刷墙”需求，搭建平台对接需求，不仅解决了农村用户致富的问题，还有效解决了互联网产品或服务下乡进村前的品牌推广问题。农村问题的根本是造血能力和城乡信息网络的重构，而村村乐掌握的资源，让它可以在多方面有所建树。

第四章
跨境电子商务

本章知识要点

1. 跨境电商的概念。
2. 跨境电商兴起的原因。
3. 跨境电商的模式及其发展。
4. 跨境电商典型案例。

在中国的贸易实践中，将电子商务移植到国际贸易中的努力，带来了国际贸易方式创新——跨境电商（Cross-border Electronic Commerce）。它构建的开放、立体、多边的经贸合作模式，不但有利于企业在更广阔的市场空间里寻找商业伙伴和交易对象，推进企业间互利互赢，促进多边资源优化配置，同时也使得各国消费者可以更加方便、快捷地获取国外商品信息，实施购买行为。

国务院《关于促进跨境电商健康快速发展的指导意见》（2015 年 6 月 20 日）明确指出：支持跨境电商发展，有利于用“互联网+外贸”实现优进优出，发挥我国制造业大国优势，扩大海外营销渠道，合理增加进口，扩大国内消费，促进企业和外贸升级转型；有利于增加就业，推动大众创业、万众创新，打造新经济增长点；有利于加快实施共建“一带一路”等国家战略，推动开放型经济发展升级。

第一节 认识跨境电子商务

一、跨境电商的定义

跨境电商是分属不同关境的交易主体，通过电子商务平台达成交易，进行支付结算，并通过跨境物流送达商品的一种国际商业活动，简称跨境电商。

跨境电商的定义可以分为广义和狭义。

① 从狭义上看，跨境电商实际上基本等同于跨境零售。跨境零售指的是分属于不同关境的交易主体，借助计算机网络达成交易，进行支付结算，并采用快件、小包等行邮的方式通过跨境物流将商品送达消费者手中的交易过程。跨境电商在国际上流行的说法叫 Cross-border E-Commerce，其实指的都是跨境零售。通常，跨境电商从海关来说等同于在

网上进行的小包买卖，基本上针对消费者。从严格意义上说，随着跨境电商的发展，跨境零售消费者中也会含有一部分碎片化小额买卖的 B 类商家用户。但现实中这类小 B 商家和 C 类个人消费者很难区分，也很难界定小 B 商家和 C 类个人消费者之间的严格界限。从总体来看，这部分针对小 B 的销售也归属于跨境零售部分。

② 从广义上看，跨境电商基本等同于外贸电子商务，是指分属不同关境的交易主体，通过电子商务的手段将传统进出口贸易中的展示、洽谈和成交环节电子化，并通过跨境物流送达商品，完成交易的一种国际商业活动。在国际贸易环节中只要涉及电子商务应用，都可以纳入这个统计范畴内。

广义的跨境电商，主要指跨境电商中的商品交易部分（不含跨境电商服务部分），不仅包含跨境电商交易中的跨境零售，还包括跨境电商 B2B 部分；不仅包括跨境电商 B2B 中通过跨境交易平台实现线上成交的部分，还包括跨境电商 B2B 中通过互联网渠道线上进行交易撮合，线下实现成交的部分。

跨境电商同传统外贸流通环节的比较如图 4-1 所示。

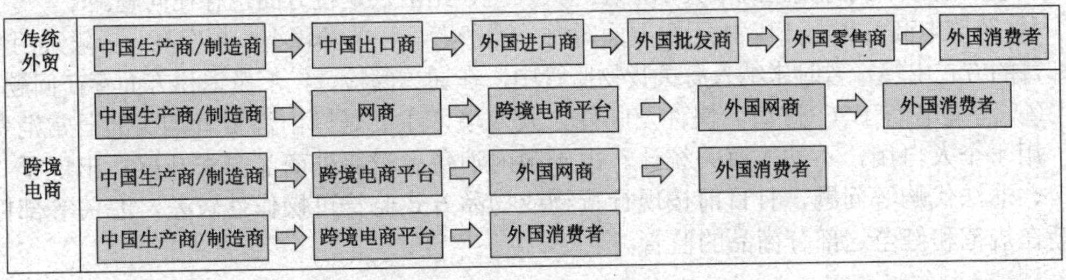

图 4-1 跨境电商同传统外贸流通环节的比较

二、跨境电商在不同通关模式下海关监管方式的差异

从目前通过跨境电商方式成交的商品看，现在跨境电商成交的商品主要是通过 3 种方式跨越国界进出境。

1. 货物方式通关

我国进出口企业同外国批发商和零售商通过互联网线上进行产品展示和交易，线下按一般贸易完成的货物进出口，即跨境电商的企业对企业进出口，本质上仍属传统贸易，该部分以货物贸易方式进出境的商品，已经全部纳入海关贸易统计。此外，有一些通过创建电子平台为外贸企业提供进出口服务的公司，如深圳的一达通所实现的中小企业商品进出口，在实际过境过程中都向海关进行申报，海关全部纳入贸易统计。以货物方式通关的商品，由于是按传统的一般贸易方式完成的货物进出口，因此在通关商检、结汇及退税等方面运作相对成熟和规范。

2. 快件方式通关

跨境电商成交的商品通过快件的方式运输出入境。海关总署通过对国内 5 家最大的快件公司进行调查显示，其中 95%以上的快件商品是按照进出口货物向海关进行报关的，海关纳入货物统计范畴内，仅有不到 5%的比例是按照个人自用物品向海关申报的，根据现行海关统计相关制度，这部分暂时还没有纳入海关贸易统计。

3. 邮件方式通关

通过邮局的邮政渠道，邮寄进出口跨境电商成交的商品，主要是消费者所购买的日常消费用品，供自用。按照我国的《海关法》和国务院颁布的海关统计条例规定，个人自用的商品在自用合理数量范围内的实行建议报关的制度，不纳入海关的统计。随着跨境电商的发展，贸易碎片化的现象越来越明显，过去传统贸易中有一部分通过碎片化方式转移到跨境电商，通过邮件、快件的方式进出境。海关总署正在研究积极完善统计制度，将来在制度完善的基础上纳入贸易统计。

具体从跨境电商贸易方式看，各种贸易方式下的通关方式存在一定的差异。具体情况如下。

① 跨境电商 B2B 出口。在规模化方式出口的情况下，按货物方式进行的一般贸易出口在本质上仍属于传统贸易，流程规范，运作相对成熟；在碎片化方式出口的情况下，按快件及邮件方式出境，很难拿到海关正式报关单，在通关安检、结汇及退税方面存在问题。

② 跨境电商 B2B 进口。从跨境电商 B2B 方面看，跨境电商 B2B 进口同跨境电商 B2B 出口整体情况基本一致。在规模化方式进口的情况下，按货物方式进行的一般贸易进口在本质上仍属于传统贸易，流程规范，运作相对也较成熟；在碎片化方式进口的情况下，按快件及邮件方式入境，很难拿到海关正式报关单，在通关安检、结汇及退税方面也存在问题。

③ 跨境电商 B2C 出口。由于主要面对海外消费者，订单额较小，频率高，一般采用快件和邮寄的方式出境，暂时未纳入海关货物监管中，在通关商检、结汇及退税方面存在问题。

④ 跨境电商 B2C 进口。快件及邮件方式入境，主要是国内消费者购买的日常消费用品，用于个人自用，不纳入海关统计。由于国内消费者对海外商品需求旺盛，出现了“水客”、非法代购等问题，且目前按现行货物或物品方式监管可操作性较差，海关等部门也逐渐在规范和健全这部分商品的监管。

三、试点城市积极探索跨境电商试点业务

针对以快件或邮件方式通关的跨境贸易电子商务存在难以快速通关、规范结汇及退税等问题，海关总署组织有关示范城市开展跨境贸易电子商务服务试点工作，研究跨境电商相关基础信息标准规范、管理制度，提高通关管理和服务水平。

试点工作主要从两个方面进行创新：一是政策业务创新，探索适应跨境电商发展的管理制度；二是信息化手段创新，依托电子口岸协调机制和平台建设优势，实现口岸相关部门同电子商务、支付、物流等企业的业务协同及数据共享，解决跨境电商存在的问题。

2012 年 12 月，海关总署在郑州召开跨境贸易电子商务服务试点工作启动部署会，上海、重庆等 5 个试点城市成为承建单位，标志着跨境贸易电子商务服务试点工作的全面启动。

2013 年 10 月，我国跨境电商城市试点开始在全国有条件的地方全面铺展。从试点城市特点来看，试点城市主要集中在物流集散地、口岸或是产品生产地等，如表 4-1 所示。

跨境电商试点城市共有 4 种可申报的业务模式，不同城市的业务试点模式范围有明显的限定。目前，国家海关总署明确可以做跨境电商进口试点的城市共有重庆、广州、上海等 6 个城市，其他获批的试点城市均只有出口试点的资格。进口业务模式的特点如表 4-2 所示。

目前，跨境电商业务模式的探索大致可以分为出口和进口两方面。

① 出口方面。目前主要采用“清单核放、汇总申报”的管理模式，解决电子商务出口退税、结汇问题。

② 进口方面。各试点城市充分发挥海关特殊监管区域的功能和优势，建立网购保税进口模式和直购进口模式，如表 4-3 所示。跨境电商进口业务试点城市进行了较多尝试，各政府指导下的跨境电商平台先后上线，如上海的跨境通、宁波的跨境购等。

表 4-1 跨境电商试点城市业务情况

中国跨境贸易电子商务服务试点城市审批情况				中国部分跨境贸易电子商务服务试点城市业务模式限定范围				
批次	批准时间	试点城市	审批单位	代表城市	直购进口模式	保税进口模式	一般出口模式	保税出口模式
试点启动期	2012	郑州、上海、重庆、杭州、宁波	海关总署	重庆	√	√	√	√
全面铺展期	2013—2014 年	广州、深圳、苏州、青岛、长沙、平潭、银川、牡丹江、西安、哈尔滨、烟台、长春等十几个城市	海关总署	广州	√	√	√	√
				上海	√	√	√	
				宁波		√	√	
				杭州	√	√	√	
				郑州		√		√

表 4-2 跨境电商两种进口业务模式比较

跨境电商进口业务模式	直购进口模式	保税进口模式
运作方式	消费者购买境外商品，境外商品通过运输的方式发送商品，直接送达境内消费者	境外商品入境后暂存税区内，消费者购买后以个人物品出区，包裹通过国内物流的方式送达境内消费者
优缺点	优点：产品丰富多样，中国消费者可以直接购买稀缺、优质、新奇的全球商品，并可与海外商家直接沟通 缺点：收货时间稍长，7～10 天	优点：缩短物流时间，海关监管保证质量，方便退换货等售后服务，优化购物体验 缺点：商品可供选择范围有限
商品价格构成	商品标价+物流费用+行邮税（具体依商家有所调整）	商品标价+行邮税（具体依商家有所调整）
典型试点	杭州、广州	上海的“跨境通”、宁波的“跨境购”、郑州的“E 贸易”平台、重庆的“爱购保税”
试点成果	—	根据上海及宁波海关信息，2013 底跨境通上线。截至 2014 年 3 月底，保税进口模式下跨境通累计成交订单 26 766 笔，订单商品主要为星冰乐、奶粉等进口食品。宁波跨境电商进口业务自 2013 年 11 月底开展以来，截至 3 月 30 日，共验放 15 017 票商品，货值 497.5 万元，品种主要是尿不湿、不锈钢保温杯、食品等

表 4-3 跨境进口税收政策对比

	直购进口	保税进口	一般贸易进口
征税对象	入境人员携带的行李物品或邮递物品	跨境进口零售企业的商品	企业间线下贸易的货物
报关概率	报关/不报关，抽查	全部报关	全部报关
应缴税费	不缴税，或者仅缴纳行邮税		需缴纳增值税和关税，奢侈品、化妆品需缴纳消费税
计算公式	税额少于 50 元，免税征费 税额大于 50 元，应征税额=完税价格×商品税率		进口关税=到岸价×关税税率消费税=（到岸价+关税额）/（1-消费税税率）×消费税税率 增值税=（到岸价+进口关税额+消费税额）×增值税税率

（续表）

	直购进口	保税进口	一般贸易进口
税率	享用行邮税税率，按品类分为 10%、20%、30%和 50%四档		关税根据不同品类不同税率 增值税税率 17% 消费税税率 30%
避税方式	以个人快件和邮政包裹从海外发货，利用目前政策（仅实行抽查交税），规避部分税费	对大额订单主营价格较低的商品，多在几十到 500 元之间	—

第二节　跨境电子商务兴起的原因

从 2014 年至今，跨境电商相关的政策陆续出台，将跨境电商推到了风口。国内互联网电子商务企业开始纷纷入局，染指跨境电商这个市场。从天猫国际、亚马逊、1 号店、唯品会、聚美优品、京东等，几乎所有一线电子商务平台都开通了全球购业务，角逐市场。2015 年新年后，马云和刘强东亲赴欧洲列国招商，跨境电商的竞争在国内已经如火如荼展开。

跨境电商并不是什么模式创新，而只是概念的更新。海外代购、海淘等火起来，一直到跨境电商平台，名称一直在变，本质却一直没变，就是通过互联网做国际贸易。

一、中国进出口贸易增长进入平缓期，寻求新方式/形式的国际贸易势在必行

受世界经济复苏缓慢，我国新劳动法实施以来劳动力成本上升等因素的影响，我国进出口贸易增长进入平衡期，外贸增速显著下滑，连续两年增速在个位数徘徊，传统外贸企业遇到前所未有的困境。大力发展跨境电商，有助于在成本和效率层面增强我国的进出口竞争优势，提高外贸企业的利润率。商业信息、经济信息、技术信息的不对称，使中小企业在同跨国企业的竞争中长期处于不利地位，互联网改变了这种竞争态势。随着电子商务渠道的深入渗透，可以使企业和最终消费建立更畅通的信息交流平台，对企业及时掌握市场需求，调整产品结构，提升产品品质，树立产品品牌，同时建立电子商务信用体系，从而增强我国外贸的整体竞争力，稳定外贸增长起到重要作用。

跨境电商有利于传统外贸企业转型升级。传统外贸的模式制约了国内中小企业的发展，依赖传统销售、买家需求封闭、订单周期长、汇率风险高、利润空间低等问题长期存在；电子商务成为国际贸易中的新手段和新方法，必将推进国际贸易的深度和广度，如图 4-2 所示。

二、跨境电商的兴起同样受互联网对一切商业模式改造的影响

面对多样化、多层次、个性化的消费者需求，企业必须以消费者为中心，加强合作创新，构建完善的服务体系，在提升产品制造工艺、质量的同时，加强研发设计、品牌销售，重构价值链和产业链，最大限度地促进资源优化配置。跨境电商已引发了生产方式、产业组织方式的变革。

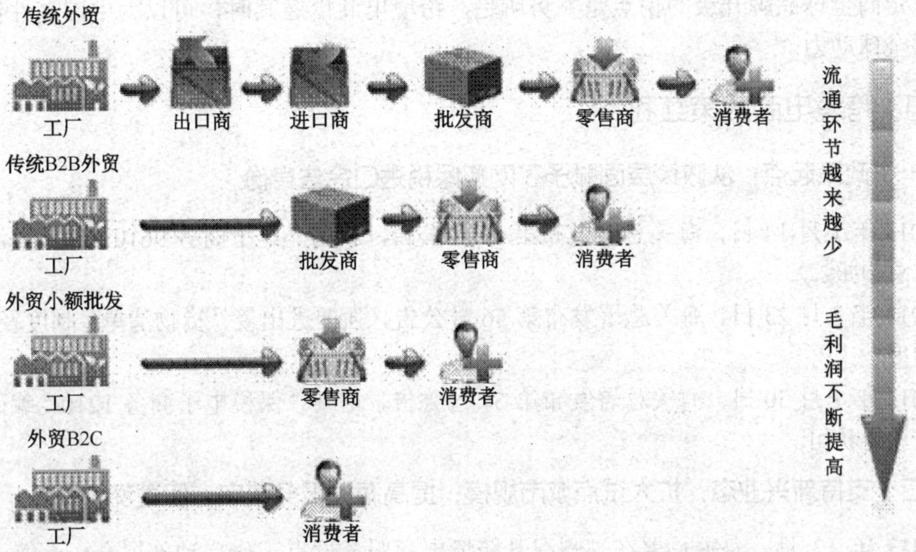

图 4-2 外贸业务流程

一是更加市场化。有效打破渠道垄断，减少中间环节，节约交易成本，缩短交易时间，打造更充分竞争的市场，解决信息不对称问题，为中国企业创建品牌、提升品牌的知名度提供了有效的途径。尤其是给一些“小而美”的中小企业创造了新的发展空间，从而催生出更多的具有国际竞争力的隐形冠军。

二是更加个性化。在互联网时代，品牌、口碑是企业竞争力的重要组成部分，也是赢得消费者青睐的关键因素。通过大数据和信息优势，把海量个性化、碎片化的订单汇总，规模化地满足个性需求，不受空间限制，搜集低密度需求。电子商务柔性供应链特征可以精确地跨越时间搜集用户需求，可以控制库存，实现 C2B 模式的互动，预售、定制模式成为常态。

三、中国消费升级和中国制造在海外市场的流行

正如马云说的：“全球采购，全球销售。”

2014 年中国人均可支配收入突破 2 万元，中国消费者开始更讲究消费品质，对海外优质商品有极其旺盛的需求。从香榭丽舍大街的奢侈品代购、香港国外奶粉的哄抢，再到日本电饭锅和马桶盖的疯抢，活跃在这些国外城市的中国人消费身影，无疑已为这块前景巨大的蓝海市场需求做了最好的诠释。

改革开放以来，“中国制造”经历了突飞猛进的发展，对中国经济乃至世界经济都作出了巨大的贡献。但近几年光环背后，来自西方发达经济体高端制造业回流，以及东南亚等新兴经济体中低端制造业的迅猛发展的双重挤压，“中国制造”遇到了前所未有的危机与挑战。我们需要加快产业转型升级，加大自主创新研发力度，提升产品整体的质量水平，创立一批优秀的民族品牌推向世界。中国企业家在发扬中国优秀商业文化传统的同时，坚定地实践全球认同的企业社会责任，真正成为社会美德的楷模和典范。这样，我国才能称得上是真正的“世界工厂”，中国经济才能在世界经济的舞台上立于不败之地。中国制造从廉

价代工走向全球品牌升级的拐点是大势所趋，跨境电商恰逢其时，可以为中国高性价比制造提供全球动力。

四、跨境电商政策红利

（一）政策起点：从政策层面赋予了网购保税进口合法身份

2014 年 1 月 14 日，海关总署发布第 12 号公告，新增“电子商务 9610”编码，清单核放、汇总申报。

2014 年 7 月 23 日，海关总署发布第 56 号公告，强调进出境“货物清单”制度及监管、申报制度。

2014 年 7 月 30 日，海关总署发布第 57 号公告，增列“保税电子商务 1210”编码，保税模式获得认可。

（二）支持新兴业态：扩大试点城市规模，提高海关服务效率，促进税收优惠

2012 年 12 月，海关总署在郑州召开跨境电商服务试点工作启动部署会，上海、重庆等 5 个试点城市成为承建城市。

2013 年 10 月，跨境电商城市试点在全国有条件的地方全面铺开；2014 年 7 月，“6+1”个跨境电商试点城市开放。

2015 年 3 月，国务院同意设立中国（杭州）跨境电商综合实验区；国家质量监督检验检疫总局出台《关于深化检验检疫监管模式改革，支持自贸试验区发展的意见》，支持跨境电商发展；随着中韩自贸区谈判完成，威海成为对韩“跨境电商出口黄金通道”。

2015 年 5 月，给予税收上的优惠政策，即通过跨境电商渠道购买的海外商品只需要缴纳行邮税，免去了一般进口贸易的“关税+增值税+消费税”。

2015 年 10 月，天津获批成为跨境电商试点城市，试点城市增至 8 个。

2015 年 12 月，各地海关保持 365 天每天 24 小时的作业时间，提升了进口商品的通关效率；海关不再以纸质方式办理报关，对于经香港或澳门之外的第三方中转的进口货物，其进口人申报适用协定税率或特惠税率时，向海关提交符合要求单证之一的，海关不再要求提交中转地海关出具的证明文件。

（三）加大监管力度：规范业务模式，加强企业自律，探索新业态、新模式的发展规律

2014 年 7 月，明确了海关对进口跨境电商的监管思路，也即三单对接。

2015 年 3 月，打击网购保税试点中的不规范行为，如刷单逃税、非试点城市的网购保税业务等。

2016 年 4 月，海关总署下发《关于执行跨境电商税收新政有关事宜的通知》；5 月，核发《海关总署办公厅关于执行跨境电商零售进口新的监管要求有关事宜的通知》，设立过渡期 1 年；11 月，国务院决定过渡期进一步延长至 2017 年底。

随着我国电子商务发展的政策环境、法律法规、标准体系及支撑保障水平等各方面的完善和提升，根据试点地区的实际情况及海关等相关部门的统计数字，后续跨境电商相关配套政策措施将不断优化和深化。相关配套政策将更精准地服务企业，创造更好的政策环境，必将推动跨境电商在我国全面铺开。

第三节　跨境电子商务的分类及典型模式

跨境电商企业根据不同的维度有多种分类：按市场方向划分，可分为进口跨境电商和出口跨境电商；按商业模式划分，可分为 B2B、B2C 和 C2C 三种类型；按运营模式划分，可分为平台型和自营模式；按平台服务类型划分，可分为信息服务平台和在线交易平台。具体如图 4-3 所示。

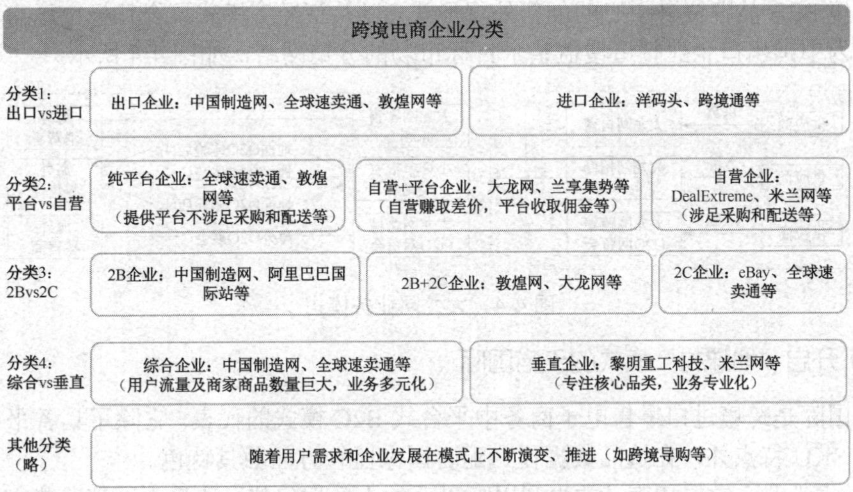

图 4-3　跨境电商多维度分类

（一）跨境电商 B2B 外贸平台——敦煌网

敦煌网是第三方的跨境电商 B2B 交易平台，主要提供在线交易平台及相关的外贸服务，是全球领先的在线外贸交易平台。敦煌网采取佣金制，免注册费，致力于帮助我国中小企业通过跨境电商平台走向全球市场，开辟一条全新的国际贸易通道，让在线交易变得更加简单、更加安全、更加高效。敦煌网的特点可以概括为“用淘宝的方式卖阿里巴巴 B2B 上的货物”。

1. 服务对象定位精准

敦煌网服务对象定位为全国供应商，由最初的中小商户开始扩展到规模化的外贸企业、工厂和品牌商家。平台逐渐扩充，除对传统外贸企业的服务外，还与义乌共同打造“全球网货中心”平台。

2. 一体化服务

敦煌网从商家入驻开店、平台运营、营销推广、资金结算等方面提供一系列服务，还为卖家提供提高产品曝光的营销工具，包括定价广告、竞价广告、展示计划等，并针对商家提供培训、店铺装修及优化、账号托管等服务，提供互联网金融、物流集约化品牌、国内仓和海外仓的仓储、通关、退税、质检等服务。DHpay 对接全球 30 多种支付方式；DHlink 支持 EMS、UPS、DHL 等 20 多种物流方式；同金融机构合作，DHCredit 提供信贷服务。

（二）跨境电商 O2O 平台——大龙网

大龙网是跨境 O2O 模式的先行者和领导者，是中国跨境出口电子商务 O2O 模式最大的平台之一。对内通过招商平台 18985 和跨境 O2O 网贸会对接国内供应商，对外通过大龙网建立并联合全球零售网络，以跨境 O2O 展会和体验店形式把中国商品销往海外零售圈，为其提供一个带服务、带后端、私人定制的平台。这样既解决了中国供应商对国际市场销售的最后一公里难题，也解决了海外零售批发商从中国进货的服务和信用担保问题。

大龙网针对传统外贸在出口过程中所遭遇的种种障碍，整合“一带一路”的全球资源，提出了跨境电商的“两国双园”模式，即在国内产业带聚集地建立龙工场跨境电商产业园，以招商、精品展示、跨境双创中心实现在产业带城市的落地；在海外开创跨境 B2B 智能大卖场和跨境 B2B 品牌贸易中心的创新外贸形式，以共享经济模式聚合目标市场有实力的合作伙伴，为中国出口企业打造覆盖整个目标市场的分销网络，如图 4-4 所示。

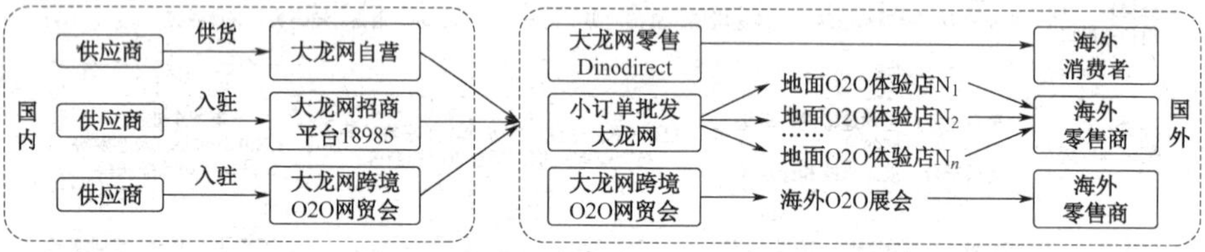

图 4-4 大龙网业务模式

（三）开启“地球村”模式的天猫国际

天猫国际是跨境进口零售电子商务中平台式 B2C 模式的代表。它除了具备平台类电子商务大量 SKU 特点外，在选品数据化、配合国家监管方面独具特色。

① 数据选品，定向招商。首先利用阿里系的大数据优势，选择中国消费者有需求、有一定认知，并可能购买过的品牌和商品，进一步挖掘天猫、淘宝上成交趋势、搜索量上涨，且没有进入中国的品牌、产品。天猫国际针对这类有大量代购需求的、高频搜索的、出境游的热门品牌和商品定向招商。

② 三单合一，配合政府监管。政府需要电子商务企业的三单信息，使监管部门协同，对商家资质、品牌资质、商品资质进行监管，通过掌握跨境交易信息，避免漏税。天猫国际利用阿里系信息化平台定优势，率先对接三单到海关。三单信息即阿里交易平台的订单交易信息、提供跨境支付解决方案的支付宝上的支付信息、包括国际在内的所有物流接入系统的物流信息。

（四）C2C 买手直播互动的洋码头

洋码头是以 C2C 模式为主，M2C 模式为辅的跨境进口电子商务平台。码头上的卖家可以分为两类：一类是个人买手，模式是 C2C；另一类是商户，模式是 M2C。洋码头平台上销售的商品多为个性化的非标品，能够满足用户的多元化需求。它通过买手制和限时特卖，首创海外卖场扫货场景式购物模式，并围绕直播、粉丝等社交功能，增强用户黏性及体验。

洋码头在管理上首先强调用户需求，集中非标品，满足兴趣化、不确定的需求；满足多样化需求，即 C2C 平台海量 SKU，打造逛街式购物，能买到没有见过的商品；其次，做好质量把控关，认证商家信用资质、长住地址、水电费账单等，货源地、物流信息需在海外，海外团队对买手进行定期回访、培训、线下活动，对长时间不发货，联系不上的卖家进行淘汰；最后是不断完善用户体验，自建物流，控制物流速度和成本，海外直邮平均 5 天，保税区平均 2.5 天，并要求所有卖家提供退换货服务，出现质量问题时，由平台受理。

在运营模式上，洋码头首先是通过直播培养信任，平时直播 8 小时，黑色星期五期间 24 小时不间断直播，用户随时随地可以看到卖家在海外扫货；其次是粉丝增加黏性，卖家能够自发、自然地吸引到兴趣爱好相同的粉丝，可以同粉丝实时交流采购情况及其他信息；最后是晒单推广商品，粉丝对商品进行晒单和推荐等社交行为，比单纯的产品介绍更能达到推广的效果。

第四节　跨境电子商务的发展趋势

一、产品品类和销售市场更加多元化

随着跨境电商的发展，跨境电商交易呈现新的特征：交易产品向多品类延伸，交易对象向多区域拓展。

从销售产品品类看，跨境电商企业销售的产品品类从服装服饰、3C 电子、计算机及配件、家居园艺、珠宝、汽车配件、食品药品等便捷运输产品向家居、汽车等大型产品扩展。不断扩展销售品类成为跨境电商企业业务扩张的重要手段。品类的不断拓展，不仅使得中国产品同全球消费者的日常生活联系更加紧密，而且也有助于跨境电商企业抓住最具消费力的全球跨境网购群体。

从销售目标市场看，以美国、英国、德国、澳大利亚为代表的成熟市场，由于具有跨境网购观念普及、消费习惯成熟、整体商业文明规范程度较高、物流配套设施完善等优势，在未来仍是跨境电商零售出口产业的主要目标市场，且将持续保持快速增长。与此同时，不断崛起的新兴市场正成为跨境电商零售出口产业的新动力。

① 俄罗斯、巴西、印度等国家的本土电子商务企业并不发达，消费需求旺盛，我国制造的产品物美价廉，在这些国家的市场上优势巨大。

② 大量企业也在拓展东南亚市场。例如，印尼是东南亚人口最多的国家，全球人口排名位居第四，具有巨大的消费潜力，目前 eBay、亚马逊、日本乐天等电子商务平台巨头都开始进入印尼市场。

③ 在中东欧、拉丁美洲、中东和非洲等地区，电子商务的渗透率依然较低，有望在未来获得较大突破。

二、B2C 占比提升，B2B 和 B2C 协同发展

随着物流、金融、互联网等国际贸易基础设施的改善和新技术的出现，国际贸易的形态也在不断演化。产品从工厂到消费者的通路越来越多元化，跨境电商 B2C 这种业务模式逐渐受到企业重视，近两年出现了爆发式增长。究其原因，主要是因为跨境电商 B2C 具有一些明显的优势。

① 利润空间大。相较于传统跨境模式，B2C 模式可以跳过传统贸易的所有中间环节，打造从工厂到产品的最短路径，从而赚取高额利润。

② 有利于树立品牌形象。国内不再满足做代工的工贸型企业和中国品牌，利用跨境电商试水“走出去”战略，熟悉和适应海外市场，将中国制造、中国设计的产品带向全球，开辟新的战线。

③ 把握市场需求。直接面对终端消费者，有利于更好地把握市场需求，为客户提供个

性化的定制服务。

④ 市场广阔。同传统产品和市场单一的大额贸易相比，小额的 B2C 贸易更为灵活，产品销售不受地域限制，可以面向全球 200 多个国家和地区，能有效地降低单一市场竞争压力，市场空间巨大。

随着物流、互联网技术的发展及利好政策的陆续出台，阻碍跨境电商 B2C 发展的一些因素正在消减，B2C 在整体市场中的份额占比将进一步提升。但 B2B 作为全球贸易的主流，未来仍然会是中国企业开拓海外市场的最重要模式，B2B 和 B2C 将会协同发展。

跨境 B2C 的发展对中国制造出口企业来说无疑为扩展新业务提供了新的可能性。B2B 作为全球贸易的主流，在可以预见的未来仍然会是中国企业开拓海外市场的最重要模式；B2C 作为拉近同消费者距离的有效手段，对我国企业打响品牌，实现弯道超车，也将具有非常重要的地位。B2B 和 B2C 作为两种既区别又联系的业务模式，互补远远大于竞争，两者都能成为开拓海外市场的利器。

三、移动端成为跨境电商发展的重要推动力

移动技术的进步使线上和线下商务之间的界限逐渐模糊，以互联、无缝、多屏为核心的全渠道购物方式将快速发展。

① 从 B2C 方面看，移动购物使消费者能够随时、随地、随心购物，极大地拉动了市场需求，增加了跨境零售出口电子商务企业的机会。

② 从 B2B 方面看，全球贸易小额、碎片化发展的趋势明显，移动可以让跨国交易无缝完成。卖家可随时随地做生意，白天卖家可以在仓库或工厂用手机上传产品图片，实现立时销售，晚上卖家可以回复询盘、接收订单。以移动端作媒介，买卖双方沟通变得非常便捷。

移动跨境电商的发展情况跟各国的互联网发展情况相关。对于美国之类的发达市场，互联网发展进程完备，跨境电商从 PC 到移动端的发展有很大的存量空间；在一些新兴市场，整个电子商务的发展水平可能是中国几年前的水平，如俄罗斯、东南亚和非洲，大量用户不需要进入 PC 端跨境电商市场，可直接进入移动跨境电商市场——这是未来移动跨境电商发展的巨大的增量空间。

四、产业生态更为完善，各环节协同发展

跨境电商涵盖实物流、信息流、资金流、单证流。随着跨境电商经济的不断发展，软件公司、代运营公司、在线支付、物流公司等配套企业都开始围绕跨境电商企业进行集聚，服务内容涵盖网店装修、图片翻译描述、网站运营、营销、物流、退换货、金融服务、质检、保险等内容，整个行业生态体系越来越健全，分工更清晰，并逐渐呈现出生态化的特征。目前，我国跨境电商服务业已经初具规模，有力地推动了跨境电商行业的快速发展。

① 从物流方面看，为适应跨境电商的需求，兼顾成本、速度、安全，甚至包含更多售后内容的物流服务产品应运而生，大量提供一体化服务的物流整合商也开始出现。例如，以海外仓储为核心的跨境电商全程物流服务商已经出现。强化对物流和供应链的整合，在海外建立物流仓储，通常小额跨境物流配送需要 15～30 天的时间，而通过对不同卖家需求的不同货运方式组合，这一配送时间已经大大缩短。此外，海外仓储建设的逐步完善将提升卖家在国际贸易中的竞争地位。

② 从金融服务看，国家外汇管理局向国内 17 家第三方支付机构授予了跨境电商外汇支付业务试点牌照，使得支付结算方式更加多元化，推动了外贸电子商务发展。针对交易过程，跨境电商平台 eBay 同太平洋保险、中银保险针对平台卖家推出了跨境交易保险产品；从互联网金融方面看，一些金融机构，如中国银行、平安金科等向跨境电商企业提供无抵押的信用贷款，解决了中小企业融资难的问题。

除此之外，代运营服务、营销服务等公司也大量涌现，整个行业的产业系统更为完善，配套服务设施更为健全。跨境电商的发展不仅仅需要一个电子商务平台，它的上游还需要信息技术的引领，下游需要快递物流的支撑，只有信息流、资金流、物流三位一体地支撑到位，跨境电商才能颠覆传统商业模式，实现迅速增长。

READ 阅读推荐

宁波市跨境电商产业现状

一、宁波市跨境电商试点发展历程

2012 年 5 月，国家发展与改革委员会联合八部委发布了《关于开展国家电子商务试点工作的通知》（发改办高技〔2012〕2218 号），宁波成为国内首批开展跨境贸易电子商务试点城市之一。

2013 年 9 月 2 日，《宁波市跨境贸易电子商务服务试点项目业务及技术实施方案》正式通过国家海关总署审批。2013 年 11 月 27 日，跨境电商进口保税备货模式业务在宁波保税区正式启动，试运行当天审核放行进口货物 166 单。

2014 年 3 月 26 日，宁波跨境贸易电子商务服务平台正式改版为跨境购平台（http: //www.kjb2c.com）。

2014 年 6 月 9 日，成功举办 2014 中国（宁波）跨境贸易电子商务发展论坛。

2014 年 9 月 16 日，海关总署正式同意宁波跨境贸易电子商务服务试点新增“一般进口”模式和“保税集货”模式。

2014 年 10 月 17 日，宁波跨境电商累计进口货物放行 345 009 单，累计货值 10 098.93 万元，成为首个累计交易额破亿元的试点城市。

2014 年 11 月 7 日，宁波市政府与阿里巴巴（中国）有限公司签订战略合作协议。

2014 年 12 月 29 日，宁波跨境电商进口集货业务模式试运行正式启动。试运行当天累计出货 106 单，主要商品品类为小家电、保健品、化妆品等。

2015 年 5 月 26 日，宁波跨境电商累计交易额达 10.03 亿元，成为全国首个交易额破 10 亿元的试点城市。

2015 年 5 月 28 日，宁波跨境电商出口服务平台正式上线。

2015 年 7 月 16 日，宁波跨境电商首单 B2C 出口货物顺利申报出境，标志着宁波跨境电商实现进出口业务全覆盖。

2015 年 8 月 1 日，跨境购平台发布了全新升级的正品保障体系，宁波成为全国第 1 个将全品类质量保险纳入正品保障体系的试点城市。

2015 年 8 月 18 日，宁波空港跨境电商“一般进口”模式正式上线运行。

2015 年 10 月 28 日，《宁波市人民政府关于加快推进宁波市跨境电商发展的指导意见》

（甬政发〔2015〕122号）颁布。

2015年11月3日，梅山保税港区跨境电商进口保税备货实单运行。

2015年11月23日，宁波成为全国首个通过跨境贸易电子商务服务试点项目验收的城市。

2015年12月，海关总署、国家邮政局、中国邮政集团先后复函，同意在宁波设立国际邮件互换局（交换站）。

2016年1月6日，《国务院关于同意在天津等12个城市设立跨境电商综合试验区的批复》（国函〔2016〕17号）颁布，宁波位列其中。

2016年5月11日，宁波市政府公布《中国（宁波）跨境电商综合试验区实施方案》。

2016年6月20日，《浙江省电子商务领导小组办公室关于开展产业集群跨境电子商务发展试点的通知》（浙电商办〔2016〕10号）明确宁波市海曙区、鄞州区、余姚市、慈溪市和宁海县等5个县、市、区为产业集群跨境电商试点区域。

2016年6月28日，宁波国际邮件互换局投入使用，至此宁波往来海外的进出境邮件可直接通过香港、台北等口岸进出境，不必绕行杭州、上海互换局。

二、宁波市跨境电商产业现状

（一）交易规模

2015年，宁波跨境电商试点业务进出口总额达81.4亿元，比2014年增长22倍（2014年仅计入进口额）。其中，进口29.3亿元，居全国试点城市第三；出口52.1亿元（约合8亿美元）。2016年，前7个月跨境电商进出口总额153.96亿元，比2015年同期增长186%，已远超2015年全年交易额，如表4-4所示。其中，进口额27.85亿元（约4.2亿美元），占比18.1%，规模居全国第二；出口额126.11亿元（约19亿美元），占比81.9%。

表4-4　宁波跨境电商平台运行情况

时　间	业务类型	单　量	货　值	税　金
2014年	进口	142.5万单	CNY3.6亿元	CNY244万元
	出口	—	—	—
2015年	进口	1 394.7万单	CNY29.3亿元	CNY855.8万元
	出口	1.1万单	USD8.02亿元	—
2016年1—6月	进口	1 440.3万单	CNY27.8亿元	CNY15 603.6万元
	出口	3.4万单	USD16.23亿元	—
2016年7月	进口	179.6万单	CNY3.2亿元	CNY3 815.9万元
	出口	5 386万单	USD2.75亿元	—

（二）业务类型与分布

宁波跨境电商进口试点业务模式包括一般进口、网购保税进口、保税进口和集货进口；出口试点业务模式包括B2B和B2C。其中，2016年1月至6月出口跨境电商B2B市场交易规模162 258.15万美元，比2015年增长77 224.54万美元，如表4-5所示。

（三）市场主体

目前，宁波的跨境电商完整生态系统已经逐渐形成，涵盖了跨境电商平台企业、贸易企业和服务企业等。截至2016年7月，备案跨境电商市场主体共990家，同2014年年底的79家跨境电商备案企业相比已经增长了近80%。备案的跨境电商贸易企业，其来源主要有两类：一是电子商务类企业；二是外贸公司，约占宁波外贸公司总数的40%。

表 4-5　2016 年 1—6 月宁波市跨境电商进出口业务分布

类　别	区　域	主要业务类型	试点企业/个	验放清单	货　值
跨境电子商务进口	宁波保税区	保税备货	1	979.21 万票	CNY183 029.56 万元
	宁波栎社保税物流中心	保税集货	14	209.3 万票	CNY44 117.64 万元
	梅山保税港区	网购保税进口	3	20.14 万票	CNY4 419.28 万元
	宁波栎社机场	一般进口	29	52.03 万票	CNY15 244.21 万元
	慈溪出口加工区	一般进口	1	0.05 万票	CNY12.78 万元
跨境电子商务出口	经济技术开发区	B2C	1	13 单	USD53.8 万元
	余姚市	B2B	1	1 699 单	USD3 262.51 万元
	慈溪市		3	2 982 单	USD12 605.86 万元
	宁海县		1	74 单	USD4 963.31 万元
	象山县		1	22 单	USD86.3 万元
	海曙区		1	969 单	USD3 225.19 万元
	江东区		1	9 单	USD30.16 万元
	江北区		7	1 110 单	USD2 384.63 万元
	镇海区		1	81 单	USD317.2 万元
	北仑区		7	3 164 单	USD33 107.66 万元
	杭州湾新区		1	1 585 单	USD4 338.78 万元
	宁波保税区（出口加工区）		11	9 118 单	USD54 785.96 万元
	经济技术开发区		6	5 832 单	USD27 823.96 万元
	大榭开发区		1	2 066 单	USD15 326.18 万元

（四）出口渠道

从渠道分布来看，第三方跨境电商平台是宁波市跨境电商出口主渠道，约占出口总额的 95%。排名前 5 位的第三方跨境电商平台分别是速卖通、eBay、亚马逊、Wish 和敦煌网。企业通过自建平台开展出口业务占比约 5%。

（五）商品及市场

宁波自开展跨境电商出口试点业务以来，出口业务增速明显。以业务模式分，宁波跨境电商 B2C 出口同跨境电商 B2B 出口有较大不同，如表 4-6 所示。

表 4-6　企业备案情况

序　号	企 业 类 型	企业数量/家
1	电商企业	768（进口）+52（出口）
2	第三方平台企业	22（天猫、京东等）+1（跨境购）
3	外贸综合服务企业	1（天易通）
4	第三方支付结构	30
5	物流企业	37（快递）+23（天意通对接的货代）
6	上线银行	2
7	仓储企业	53（进口）+1（出口）
合　计		990

宁波跨境电商进口备案商品来源于全球 175 个国家（地区），数量 18 万余种。进口消费数量占比前三的品类为：母婴用品（75.08%）、食品（5.58%）、洗护用品（4.77%），如表 4-7 所示。

表 4-7　试点区域主要进口商品

序号	试 点 区 域	主要交易商品
1	宁波保税区	纸尿裤、护肤品、食品、奶粉、洗发水
2	栎社保税物流中心	纸尿裤、卫生巾、护肤品、奶粉、食品
3	宁波栎社机场	塑料制品，其他固体糖、焦糖、塑料制餐具及厨房用品，以塑料或纺织材料做面料的其他箱包，奶粉
4	梅山保税港区	纸尿裤、食品、水果、坚果、卫生巾、纺织材料制品
5	慈溪出口加工区	纸尿裤，其他供婴幼儿食用的零售包装食品、奶粉

（六）企业集聚

宁波跨境电商飞速发展，催生了大量小型电子商务企业，也带动了部分外贸企业和制造业企业的业务转型。电子商务企业数量增加、区域集聚极大地引发了政府、企业建设电子商务园区的热情，并自发性或在政府引导下建设了一批跨境电商园等集聚化平台。2016年6月，省级产业集群跨境电商试点方案公布，宁波海曙区、鄞州区、余姚市、慈溪市和宁海县等5个县（市、区）名列其中，是全省唯一一个以市属区、县入围的城市，如表4-8和表4-9所示。

表 4-8　跨境电商出口商品及市场

业务模式	试点区域	2016 年 1 月 1 日前		2016 年 1—7 月	
		主要商品	主要出口国	主要商品	主要出口国
B2C	经济技术开发区	玻璃装饰品、铁饰品、帽子、日用瓷、太阳能灯	美国、加拿大	树脂工艺品、玻璃装饰品、太阳能灯、日用瓷、铁饰品	美国、加拿大
B2B	余姚市	椅子、桌子、户外休闲椅、帐篷、遮阳篷	美国、澳大利亚、德国、法国、英国	花园椅子、户外休闲椅、花园桌子、户外椅子、帐篷	美国、英国、加拿大、德国、法国
	慈溪市	电熨斗、煎烤器、电源连接器、多士炉、三明治炉	美国、荷兰、德国、英国、法国	电熨斗、煎烤器、多士炉、真空吸尘器、电热烤面包器	美国、英国、德国、荷兰、法国
	宁海县	太阳能电池板、太阳能板、密封胶、灌封胶	日本、墨西哥、荷兰、阿联酋、德国	太阳能板、太阳能电池板、连接头、塑料连接头、密封胶	英国、印度、德国、塞内加尔、立陶宛
	象山县	扑克牌、摇奖转盘、积木、灯杆	美国、澳大利亚、德国、日本、加拿大	游戏筹码、扑克牌、瑜伽垫、哑铃、游戏筹码套装	美国、德国
	海曙区	铁质摇椅、吊椅套装、制冷剂、吕椅	德国、俄罗斯联邦、巴西、法国、泰国	四氯乙烷、41%草甘膦异丙胺盐水剂、20%啶虫脒可溶粉剂、吊梅套装、制冷剂、R404A	美国、巴西、尼加拉瓜、荷兰、德国
	江东区	塑料垫片、转换器、化妆刷、汽车配件、圆珠笔	美国、韩国、德国、伊朗、法国	节能灯、不锈钢丝、粉扑、硅胶指环、发光二极管	沙特阿拉伯、美国、韩国、马来西亚、印度
	江北区	塑料杯、LED 灯、笔记本、塑料耳机、宠物毯	俄罗斯联邦、荷兰、英国、美国、德国	电源连接器、洗手液、空气清新剂、滑浪板、烛台	美国、荷兰、德国、俄罗斯联邦

（续表）

业务模式	试点区域	2016 年 1 月 1 日前		2016 年 1—7 月	
		主要商品	主要出口国	主要商品	主要出口国
B2B	镇海区	激光头、轻触开关、地磁气传感器、塑料托盘	泰国、日本、中国香港、马来西亚、韩国	轻触开关、CD 用激光头、激光头、地磁气传感器	泰国、日本、中国香港、马来西亚、韩国
	北仑区	成品游船、可发生聚苯乙烯、集装箱	韩国、新加坡、美国、伊朗、俄罗斯联邦	船舶分段、成品油船、舱口盖、其他 40 英尺集装箱、LED 灯	韩国、新加坡、美国、俄罗斯联邦、德国
	杭州湾新区	自行车、儿童自行车	美国、加拿大	26 " 自行车、16 " 儿童自行车、12 " 儿童自行车、20 " 自行车、24 " 自行车	美国、加拿大、墨西哥、挪威、澳大利亚
	宁波保税区（出口加工区）	集装箱、计算机主机板、计算机主机部件、液晶显示板	中国香港、德国、美国、法国、日本	计算机主机板、注塑机、40 英寸液晶玻璃平面	中国香港、美国、中国台湾金马关税区、韩国、荷兰
	大榭开发区	多亚甲基多苯基异氰酸酯、聚合 MDI	美国、土耳其、越南、俄罗斯联邦、阿联酋	聚亚甲基异氰酸酯、多亚甲基多苯基异氰酸酯、二苯基甲烷二异氰酸酯、其他聚醚	美国、土耳其、巴基斯坦、俄罗斯联邦、阿联酋
	经济技术开发区	白卡纸、涂布白板纸、男长裤、男套头衫、鞋	日本、孟加拉、土耳其、德国、美国	白卡纸、涂布白板纸、化纤制针织 T 恤衫、棉质针织男式 T 恤衫、化纤制针织男开襟衫、100%涤纶	日本、土耳其、印度、巴基斯坦、阿联酋
全市		集装箱、液晶显示板、电熨斗、多亚甲基多苯基异氰酸酯	美国、日本、德国、韩国、法国	船舶分段、白卡纸、聚亚甲基苯基异氰酸酯（聚合 MDI 或粗 MDI）、涂布白板纸、计算机主机板	美国、中国香港、韩国、新加坡、土耳其

表 4-9 宁波市电子商务园区

序号	园区名称	是否已运营	投资规模/万元	入驻企业数量/家	电子商务企业（含平台）/家	电子商务服务企业数量/家	是否实现仓配一体
1	镇海网络创业园	是	700	21	19	2	否
2	世创电子商务园区	是	1 000	23	19	4	是
3	镇海跨境电商产业区	否	3 000	7	7		是
4	余姚市阳明电子商务园区	是	1 400	25	16	9	是
5	余姚市居优乐电子商务服务中心	是	1 000	20	23	150	是
6	宁波文山电子商务产业园	是	4 100	12	11	1	否
7	宁波跨境电商产业园	否	2 8000	38	29	9	是
8	余姚市电子商务产业园	是	150 000	387	110	5	否
9	奉化市电子商务产业园区（暂名）	否	未明确	0	0	0	未明确
10	宁海县电子商务产业园	是	600	22	15	7	是
11	象山县电子商务创业园	是	200	32	30	2	否
12	E 点电子商务创工厂	是	500	18	12	4	是
13	产业集群互联网化综合园区	否	20 000	0	0	0	否

（续表）

序号	园 区 名 称	是否已运营	投资规模/万元	入驻企业数量/家	电子商务企业（含平台）/家	电子商务服务企业数量/家	是否实现仓配一体
14	邮政跨境电商园区	是	600	13	12	1	是
15	E 点跨境电商园区	是	400	8	8	0	是
16	博洋电子商务园区	否	60 000				
17	云聚划创业园	是	2 000	35	1	2	是
18	宁波聚龙智创电子商务产业园	是	2 000	6	4	2	是
19	e 点电子商务产业园一区（办公总部）	是	100	87	84	3	否
20	e 点电子商务产业园二区（配套仓储）	是	200	29	23	3	是
21	九五九电子商务园	是	12 000	26	24	2	否
22	宁波厚力网购智慧园	是	15 000	29	27	2	否
23	中策电子商务启动区	是	500	8	8	1	否
24	158 电子商务产业园	是	2 000	32	27	5	否
25	宁波电子商务城外滩中心	是	2 168	4	4	0	否
26	宁波亚虎电子商务园	是	5 000	15	15	10	是
27	浙江大学国家大学科技园宁波分园	是	10 000	64	29	35	否
28	宁波经济技术开发区数字科技园	是	1 000	230	153	127	
29	电子商务城海曙园区	是	50 000	300	30	30	是
30	宁波市软件与服务外包产业园	是		567	147	369	否
31	江东 E 淘园	是	500 000	50	50	10	是

Ending

分享与思考

1. 目前我国国内跨境电商进口业务的通关模式有哪些？试分析每种模式的优缺点及适用范围。

2. 阅读以下《关于跨境电商零售进口税收政策的通知》（又称跨境电商 4.8 新政）和业内人士解读，分析 4.8 跨境电商税收新政对行业的影响。

关于跨境电商零售进口税收政策的通知

财关税〔2016〕18 号

各省、自治区、直辖市、计划单列市财政厅（局）、国家税务局，新疆生产建设兵团财务局，海关总署广东分署、各直属海关：

为营造公平竞争的市场环境，促进跨境电商零售进口健康发展，经国务院批准，现将跨境电商零售（企业对消费者，即 B2C）进口税收政策有关事项通知如下：

一、跨境电商零售进口商品按照货物征收关税和进口环节增值税、消费税，购买跨境电商零售进口商品的个人作为纳税义务人，实际交易价格（包括货物零售价格、运费和保险费）作为完税价格，电子商务企业、电子商务交易平台企业或物流企业可作为代收代缴义务人。

二、跨境电商零售进口税收政策适用于从其他国家或地区进口的、《跨境电商零售进口商品清单》范围内的以下商品：

（一）所有通过与海关联网的电子商务交易平台交易，能够实现交易、支付、物流电子信息“三单”比对的跨境电商零售进口商品；

（二）未通过与海关联网的电子商务交易平台交易，但快递、邮政企业能够统一提供交易、支付、物流等电子信息，并承诺承担相应法律责任进境的跨境电商零售进口商品。

不属于跨境电商零售进口的个人物品以及无法提供交易、支付、物流等电子信息的跨境电商零售进口商品，按现行规定执行。

三、跨境电商零售进口商品的单次交易限值为人民币 2 000 元，个人年度交易限值为人民币 20 000 元。在限值以内进口的跨境电商零售进口商品，关税税率暂设为0%；进口环节增值税、消费税取消免征税额，暂按法定应纳税额的 70%征收。超过单次限值、累加后超过个人年度限值的单次交易，以及完税价格超过 2 000 元限值的单个不可分割商品，均按照一般贸易方式全额征税。

四、跨境电商零售进口商品自海关放行之日起 30 日内退货的，可申请退税，并相应调整个人年度交易总额。

五、跨境电商零售进口商品购买人（订购人）的身份信息应进行认证；未进行认证的，购买人（订购人）身份信息应与付款人一致。

六、《跨境电商零售进口商品清单》将由财政部商有关部门另行公布。

七、本通知自 2016 年 4 月 8 日起执行。

特此通知。

财政部 海关总署 国家税务总局

2016 年 3 月 24 日

业内人士解读：为营造公平竞争的市场环境，促进跨境电商健康的有序发展，2016 年 4 月 8 日，我国对跨境电商零售（B2C）进口商品实行了新税制，该类商品将不再按邮递物品征收行邮税，而是按货物征收关税和进口环节增值税、消费税。虽然随后新政延期一年执行，但是它的影响远没有消除，“阵痛”期仍在延续，影响仍在发酵，且保税仓库优势丧失。有业内人士分析这将会引起马太效应，即资金雄厚的电子商务会越做越强，而那些资金相对薄弱的中小企业只能被迫转型，否则就会面临被淘汰的局面。

3. 小红书海外购物神器是“社区+跨境电商”的典型代表，在垂直海淘电子商务领域综合第一；网易考拉海购（网易考拉）是网易大矩阵中脱颖而出的黑马，短时间飞速攀升至跨境电商前列，跨境进口销售额现排名第一；达令全球好货诞生于中国第一时尚门户 Yoka，是首家获得当红一线明星投资的海购平台。

试对上述 3 家跨境进口电子商务平台进行分析，指出各自的不足，并且提出建议。

案例 4-1 “用更少的钱，过更好的生活”——网易考拉海购

1. 基本概况

网易考拉海购是网易旗下以跨境进口业务为主的综合型电子商务平台，于 2015 年 1 月

9 日上线公测。其销售品类涵盖母婴、美容彩妆、家居生活、营养保健、环球美食、服饰箱包、数码家电等，如图 4-5 所示。网易考拉海购以 100%正品，天天低价，7 天无忧退货，快捷配送服务，提供消费者海量海外商品购买渠道，希望帮助用户“用更少的钱，过更好的生活”，助推消费和生活的双重升级。

图 4-5 网易考拉海购官网

网易考拉海购主打自营直采的理念，在美国、德国、意大利、日本、韩国、澳大利亚、中国香港、中国台湾设有分公司或办事处，深入产品原产地直采高品质、适合中国市场的商品，从源头杜绝假货，在保障商品品质的同时省去诸多中间环节，直接从原产地运抵国内，在海关和国检的监控下，储存在保税区仓库。除此之外，网易考拉海购还同海关联合开发了二维码溯源系统，严格把控产品质量，是国内首家获此认证的跨境电商，也是目前国内首家获得最高级别认证的跨境电商平台之一。

作为一家媒体驱动型电子商务企业，网易考拉海购是网易集团投入大量优质资源打造的战略级产品，很好地解决了商家和消费者之间信息不对等的现状，并凭借自营模式、定价优势、全球布点、仓储、海外物流、资金和保姆式服务七大优势，仅一年就跻身跨境电商第一梯队，成为增长速度最快的电子商务企业之一。

2. 发展历程

2015 年 1 月，网易考拉海购低调公测。域名为 kaola.com 的网站首页显示，网站设置了母婴、美食保健、美妆个护及海外直邮 4 个商品类目。1 月 15 日，网易宣布同中国外运股份有限公司达成战略合作，双方合作发展跨境电商业务。

2015 年 4 月，网易考拉海购上线百天，布局“微利电子商务生态圈”，多次展开促销，甚至一度掀起跨境电商领域的价格战。

2015 年 5 月，网易考拉海购正式推出“爱购狂欢节”活动，补贴 3 亿元巨资，携全线商品连续 6 天参与促销。

2015 年 6 月，网易考拉海购正式开启首个年中大促，并拿出数亿元补贴，成立日本分公司。

2015 年 9 月，网易考拉海购 2.0 版 App 登陆苹果商店，以场景化的创新体验开辟行业先河。网易考拉海购携 500 个全球大牌开启“全球海淘节”的大促活动。

2015 年 10 月，网易考拉海购宣布上线九大国家馆。

2015年11月，网易考拉海购首次参与“双11”大促。

2015年12月，网易考拉海购宁波新仓奠基，建筑面积超过25万平方米，建成后日出单量可达20万单。

2016年2月，网易考拉海购已于即日起支持用户使用Apple Pay，成为首批支持Apple Pay服务的以自营为主的跨境电商平台。

2016年3月，网易考拉海购宣布正式上线，2016年销售目标冲击100亿元人民币。亚马逊全球物流中国同网易考拉海购正式签署合作协议，通过“亚马逊物流+”为网易考拉海购提供仓储运营服务。

2016年8月，网易考拉海购联合相关企业，开发上线网易考拉物流云服务，打通跨境物流供应链各环节，提升物流效率。

2016年12月，网易考拉海购在“双11”、黑五、“双12”促销活动中三连击，在多个主要跨境保税区的进口销售额连续第一。网易考拉海购入选国内互联网和IT业界知名媒体《互联网周刊》，在《2016最具创新性的10款App》中，成为唯一一家上榜的跨境电商。

3. 运营模式

（1）独特的“自营模式+微利生态圈+保姆式服务”商业模式（见图4-6）

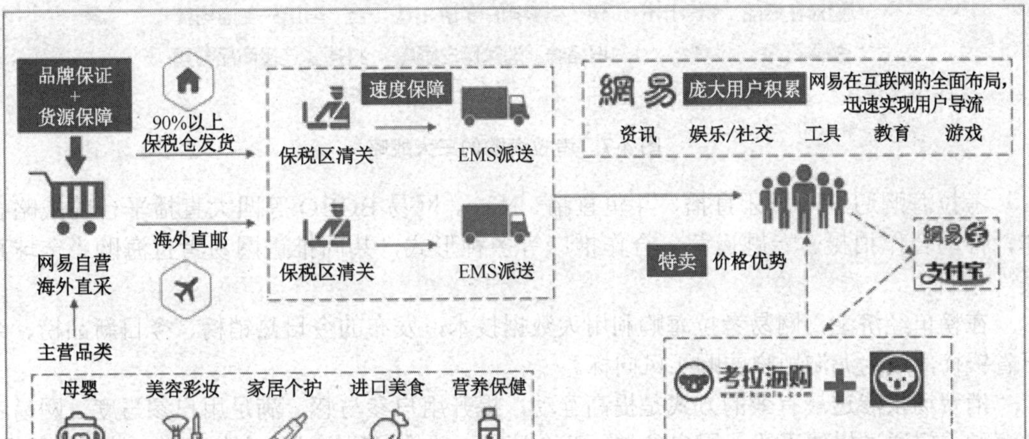

图4-6　考拉海购商业模式链条

① 采取B2C自营直采的模式，成立专业采购团队深入产品原产地，并对所有供应商的资质进行严格审核。同时，设置了严密的复核机制，从源头上杜绝假货，进一步保证商品的安全性，增强了消费者对产品的信心。截至2016年底，网易考拉海购已同全球数百个优质供应商和一线品牌达成战略合作。

② 基于对自己产业链、供应链上的信心，考拉海购为增强自营的优势和门槛，提出了微利生态圈概念。所谓的微利生态圈就是希望平台能够将采购端、物流端等优化的成本优势让利给消费者，借价格优势，在短时间内快速获取用户，打开市场。同时，正是因为产业链上游具有的核心竞争优势，使得考拉海购也敢于同其他互联网巨头进行贴身价格战。

③ 网易考拉海购能够提供跨国物流仓储、跨境支付、供应链金融、线上运营、品牌推

广等一整套完整的保姆式服务，解决海外商家进入中国的障碍，省去它们独自开拓中国市场面临的语言、文化差异、运输等问题，让商家更为专注地做其擅长的产品供货服务。而事实上，不少海外商家同考拉海购的合作正是看中了其能够提供差异化服务，以及网易庞大的用户资源和其本身具有的媒体属性。

（2）媒体型电子商务的战略定位及“榜单+直播+场景”三大战略（见图 4-7）

足够强的影响力、足够好的口碑及消费场景的有效渗透是网易考拉海购对媒体型电子商务的定义。网易考拉海购 2016 年战略发布会现场，网易考拉海购首次强调了媒体型电子商务的定位，坚持直播运营、榜单经济和场景营销三大战略同用户沟通，希望通过赋予商品更多的内容信息，引导消费者作出最恰当的决定。

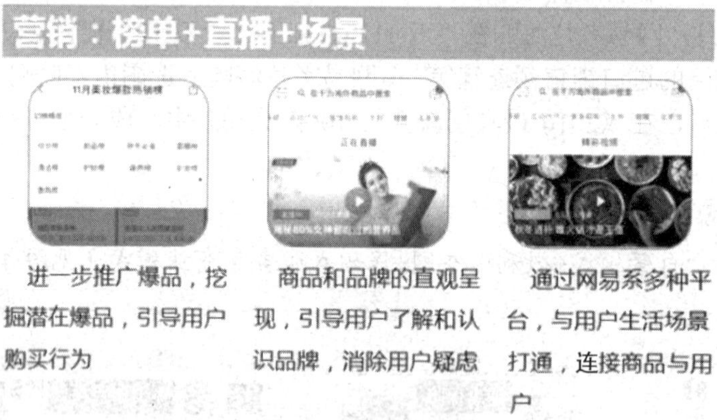

图 4-7　考拉海购的三大战略

考拉海购通过同虎牙直播、斗鱼直播、Nice、网易 BOBO 等四大直播平台的战略合作，推动合作拍摄、专题运营、合作推广等多种形式，共同推进网易考拉海购“全球直采”项目。

在榜单经济上，网易考拉海购利用大数据技术，发布的今日热销榜、今日新品榜、今日省钱榜，成为海淘用户的购买风向标。

消费场景渗透最有效的方式是提高互动，提升用户参与感，满足用户参与度。网易考拉海购希望通过媒体手段让用户参与运营全流程，并将展现方式内容化，联动博主、达人、明星等资源，让用户深入了解海外商品和品牌。

（3）打造内容主导消费的营销模式

随着中产阶层的崛起和跨境电商的深度发展，以内容为主导的消费模式正取代过去货架式的购买。移动互联网的自媒体属性，更是催生了大批互联网达人，达人的示范效应正聚集和引导着大量爱好相同的群体。借助于网易的强媒体属性和旗下众多有影响力的产品，网易考拉海购的经营理念及品牌日宗旨能有效渗透到对应消费群体中，贴合中产阶层消费群体的思维方式和消费习惯，通过代入感更强、更走心的营销方式触发他们的购买行为，达到“用更少的钱过更好的生活”，升级生活方式。

① 2016 年 4 月，网易考拉海购联合 58 到家在社交媒体上发起“生活清理师”活动。活动期间，北京、上海、广州、深圳、杭州、成都、哈尔滨七座城市的网友可以通过参与，免费召唤一名高颜值男性“生活清理师”。网易考拉海购“生活清理师”的职责是帮用户

“断舍离”——帮用户扔掉不好用的、品质差的物品，仅保留自己真正喜爱的、适合的东西。

“生活清理师”活动只是网易考拉海购发起的“只过 1%生活”品牌营销战役的一部分。网易考拉海购 App 同步上线“1%好物榜”运营活动，夏雪飞扬、卢大胆、张小贼、东小诗等网络达人在活动中分享了各自的生活阅读笔记，并向用户推荐发现的好商品、好物件。

② “品牌超级体验日”，则是整合了网易考拉海购和 Swisse 内外部的优质资源，配合明星红人效应、社群分享等多种方式赋予 Swisse 更多的内容信息，形成从专业内容生产到推广营销联动的全方位营销模式。除邀请 Swisse 全球品牌代言人、奥斯卡影后妮可·基德曼“为自己代言”外，网易考拉海购和 Swisse 还寻找到了 4 位各自领域的年轻女性达人，分享她们的生活状态和态度，积极引发女性的共鸣和思考，如图 4-8 所示。

图 4-8　品牌超级体验日海报

③ 在品牌日活动中，网易考拉海购除邀请达人外，还嵌入互联网用户社群爱晒的理念，利用互动性较强的 H5 社群营销，打造了“考拉邀你测颜值，成为 Swisse Lady”和“素颜也要美翻天”两个颇具传播性的 H5，鼓励大家在社群中晒出自己的素颜照，倡导自然美的生活方式该活动同样在易信、LOFTER、微信等社交圈被引爆。

4. 创新与特色

（1）专注于“自营、精品”的定位

网易考拉海购坚持自营直采和精品化运作的理念，在旧金山、东京、首尔、悉尼、香港等近 10 个国家和地区成立了分公司和办事处，深入商品原产地精选全球优质尖货，规避了代理商、经销商等多层环节，直接对接品牌商和工厂，省去中间环节及费用；还采用了大批量规模化集采的模式，实现更低的进价，甚至做到海外批发价。在商品选品方面，从爆品到逐渐丰富商品，拓展品类，并由单纯的商品销售，逐渐深化为对消费者生活方式的引导。

① 商品溯源。部分商品直接得到品牌授权，由品牌供货。部分商品由一级代理、大型商超供货。商品品质相对有保障，有大量的仓位。

② 质量把控。供应商不再通过 TP 等中间商，直接同网易考拉海购联系，能够更直接地保证商品正品及质量。

③ 价格优惠。不通过中间商，能够减少中间商的加价，获得更优惠的进价，给用户提供更优惠的价格。

④ 品牌诠释。更多地介绍进口的商品、商品原产地、品牌，帮助国外品牌在中国推广、包装，让消费者知道品牌背后的故事。

（2）网易品牌的强势效应

背靠网易的考拉海购以丰富的资源优势领跑跨境电商市场，考拉海购的核心竞争力离不开网易背景运作下的品牌、资本、商业模式等的影响。具体表现在以下 5 个方面。

① 在流量方面。网易考拉背靠网易公司超 7 亿的庞大用户，有网易游戏、网易云音乐等系列产品的支持。

② 推广方面。有网易强门户媒体资源、多产品渠道推广能力，如网易新闻客户端、网易邮箱等。

③ 资金和金融配套业务。网易多年高盈利，现金流储备充足，还有网易宝及较完整的供应链金融服务。

④ 电子商务经验。经验上，有网易彩票、网易保险等；虚拟电子商务积累上，有导购网站惠惠网。

⑤ 自有品牌。同网易旗下电子商务品牌网易严选、网易味央、网易四季生鲜深入合作，扩大自有品牌商品占比。

（3）跨境物流云平台打造海淘业界新标

网易考拉海购已经成为跨境电商中拥有保税仓规模最大的企业，在杭州、郑州、宁波、重庆 4 个保税区拥有超过 15 万平方米的保税仓储面积，位于宁波的 25 万平方米现代化、智能化保税仓已经破土动工。在海外，网易考拉海购初步在美国、中国香港建成两大国际物流仓储中心，并将开通韩国、日本、澳大利亚、欧洲等国家和地区的国际物流仓储中心。

网易考拉海购拥有专业的国际物流团队，负责海外工厂、仓库提货、装箱，并安排航空、航务等国际物流操作，建立了一套完善的标准；通过同中国外运合作，整合海外货源、国际运输、海关国检、保税园区、国内派送等多个环节，打通整条产业链。

针对跨境电商物流链的痛点，网易考拉海购从源头上去解决行业现存的问题，创新性地打造了国内首个跨境物流云平台——网易考拉海购物流云，并部署了智能化管理系统“祥龙”和云 TMS 系统“瑞麟”，将跨境物流供应链各环节进行一体式打通。除了物流云平台的构建外，网易考拉海购还开创了多个行业新标准。例如，所有商品入仓必须全检；24 正品小时海淘生态圈，江浙沪率先实现次日达；全品类恒温储存于保税仓，等等。基于此，网易考拉海购方面表示要让收货便利快捷成为全国海淘族网购的标配服务。

（4）场景化购物体验开创行业先河

区别于传统电子商务应用基于搜索的集市型商品呈现和交互方式，网易考拉海购 App 2.0 版本开创了业界先河，在交互体验、功能完善、个性化推荐、分享评论方面进行了全方位的优化，并将网易考拉海购 App 定位于不只是简单的跨境购物工具，更是用户发现好东西、分享好东西的窗口。网易考拉海购 App 的独特之处在于：视觉时尚清新，扁平化设计，易于吸引年轻化用户；分类清晰美观，浏览方便，有一种享受“逛街”的感觉；基于大数据，首页会更加智能化、精准化地推荐商品和品牌；采用了浮层交互方式，告别繁琐流程，实现“一页化”购物。

网易考拉海购 App 内容化的商品、阅读式的体验、场景化的运营理念和更加精准的推荐方式，克服了用户在购买海外商品时普遍遇到的不信任、不熟悉、盲目等痛点，直接引领了整个电子商务行业交互方式的变革。至此，场景化被大量运用在电子商务 App 中。

（5）践行从商品销售到生活方式推广

同网易一贯的气质一样，考拉海购主打精品策略，践行“品牌、资源、科技和文化”

的选品八字经。

首先是更加注重商品品质和性价比，宣扬一种生活美学方式，用更少的钱过更好的生活。第 1 步，让消费者知道买什么；第 2 步，让消费者买到对的商品；第 3 步，让消费者感受到每一次购买行为都同生活密不可分，购买就是改变生活，购买就是生活。

同传统网购平台的爆款策略不同，网易考拉海购提倡精选有用的基本款，精选值得购买的商品，精选已被验证的榜单商品。通过“生活清理师”活动回归理性消费，提倡减法生活，让用户把精力、时间、金钱投入到对自己最重要的人和事上去，过更舒适的生活。

网易的老总丁磊曾说过：“如果一个电子商务平台在用户眼里不仅是一个购买渠道，而是一种生活方式的引导者，那就是行业的一种进步。”网易考拉海购一直如此践行着。

5. 总结与思考

（1）考拉海购的品类有待不断提升和丰富

跨境电商发展前期的商品类别主要是母婴领域、美容彩妆、家居生活、营养保健等，网易考拉也不例外。随着中产阶级家庭在国内的崛起，以及人们的生活消费不断升级，用户对海外高品质商品的需求越来越旺盛。人们对海外商品的购买需求已经不仅仅局限在购买奶粉、纸尿裤、化妆品等方面，网易考拉海购的“双 11”销售数据也显示，日用百货类、轻奢类产品（服饰箱包及大牌美妆）和母婴类产品分列销售额的前 3 位，大牌美妆和服饰箱包为主的轻奢品类首次超过母婴类产品进入销售额前三。显然，品类更丰富的跨境电商平台更能满足用户的消费需求，而品类单一的跨境电商平台则会陷入同质化竞争当中，逐步被用户抛弃。

根据考拉海购 2016 年“双 11”的销售记录，轻奢品已经超过了母婴产品，所以网易考拉海购在未来不久的一段时间内需要不断扩展轻奢品的品类。另外，考拉海购需要进一步加大对采购团队的培育和投入，利用网易品牌优势进一步打造和优化海外选品团队。

（2）解决保税仓扩展同资金成本的矛盾

通过全球选货、大批量采购、集中海运或空运，考拉海购以海外批发价拿回来海外商品，然后通过国内保税区发货，2 至 3 天送到消费者手中。随着品类的扩增，要继续保持自己送货快的优势，就必须不断扩展自己的保税仓。尽管网易考拉国内保税仓的总面积最大，但是网易考拉的低价模式决定它需要大量的保税仓，而跨境电商的迅速发展，保税仓成为稀缺资源，扩展保税仓需要在资金上不断地投入。

京东通过打造自营的物流体系赢得了口碑和用户体验优势，但同时也吞噬了销售利润。从这角度看，网易的考拉海购也面临同样的两难选择。保税仓稀缺是整个跨境电商面临的一个难题，当前是跨境电商的发展速度高于保税仓储的发展，网易考拉需要加大对保税仓储市场的关注力度，尽可能在第一时间抢夺相关资源。

（3）宣传力度及用户沟通渠道有待扩展

考拉海购是网易第 1 次接触实体电子商务的实践。相比较天猫和京东在电子商务领域的知名度，考拉海购的发展时间比较短，还未被广大消费者熟知。但综合考拉海购商品的品质、性价和物流等方面，考拉海购自身是足够优秀的，同天猫国际和京东全球购相比只是缺少被消费者发现的机会。考拉海购需要作出宣传策略上的调整，改变只在网易的其他平台作宣传的现状，加大对宣传的投入，如电视广告、网络广告等。

考拉海购在 PC 端和 App 移动端都没有设置在线客服，会导致用户在购物过程中有什么疑问不能及时地得到解答，很容易造成交易的失败。阿里系打造并成功推广的淘宝在线客服模式在国内购物体验中已成为标配，考拉海购提升用户沟通渠道很有必要——增设在线客服，及时为用户解答问题，避免潜在交易的流失。

如果说 2015 年是跨境电商元年，那么 2016 年就是跨境电商的洗牌年。受制于跨境税改新政对供应链和商品准入门槛的压力，以及流量成本的不断提升，越来越多的中小跨境电商平台在 2016 年迅速出局，网易考拉海购这样的跨境电商实力派逆势崛起。经历过跨境电商新政涅槃的网易考拉海购业绩不断走高，成为跨境电商领头羊、最大的跨境进口电子商务平台。网易考拉海购在继续实施直播运营、榜单经济和场景营销三大战略基础上，将围绕供应链拓展、海外仓储布局、自有品牌三大方向持续发力。

案例 4-2　国际版的淘宝——速卖通

1. 基本概况

全球速卖通（AliExpress）是阿里巴巴旗下面向全球市场打造的在线交易平台，被广大卖家称为国际版“淘宝”。秉承阿里巴巴让天下没有难做的生意的理念，速卖通立足于打造的融合订单、支付、物流于一体的国际小额批发在线交易平台，如图 4-9 所示。

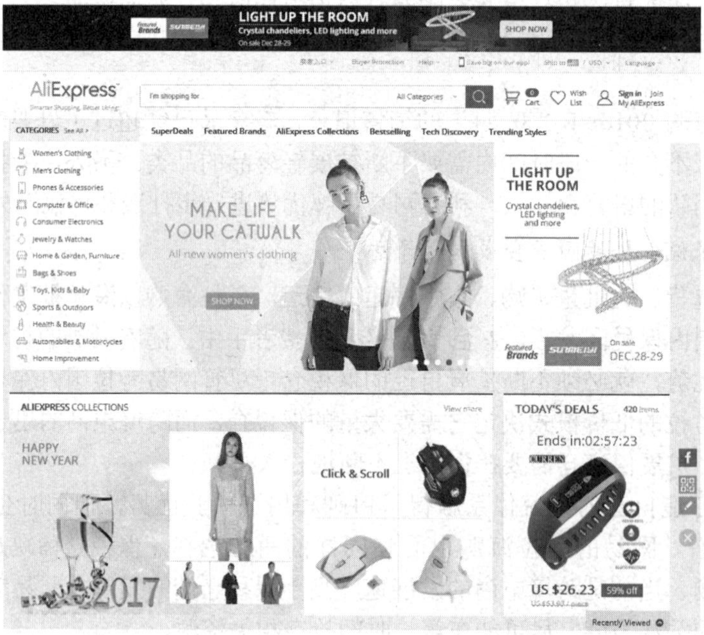

图 4-9　速卖通首页

速卖通于 2010 年 4 月上线，经过多年的迅猛发展，目前已经是经覆盖 220 多个国家和地区的海外买家，每天海外买家的流量已经超过 5 000 万次，最高峰值达到 1 亿次，已经成为全球较大的跨境交易平台之一。

2. 发展历程

2010 年 3 月，速卖通开放用户免费注册，4 月正式上线。

2013 年 3 月，淘宝卖家中心新增速卖通入口，并开始实施新手助力计划。

2013 年 7 月，速卖通正式开通了 WebMoney 支付选项，加速在俄罗斯布局。

2013 年 10 月，阿里巴巴专门为速卖通平台卖家开发的手机办公软件“速卖通卖家”安卓版全面上线，包含了国际旺旺、站内信、新订单提醒等功能。

2013 年 11 月，速卖通加速进军巴西市场。配合巴西站点的开通，速卖通推出了巴西团购项目。

2014 年 2 月，速卖通开始招募国际品牌入驻，旨在扩大市场空间，提升利润率。针对小语种市场的潜力巨大，推出了“国家站”。

2014 年 3 月，速卖通联合俄罗斯邮政开通了中俄航空专线，由黑龙江俄速通物流有限公司提供中俄航空小包专线服务，80%以上的包裹将可在 25 天内到达。

2014 年 5 月，速卖通贷款正式上线，这是为平台卖家量身定制的资金服务。

2014 年 7 月，阿里巴巴集团同巴西邮政签署协议达成战略合作关系，双方将在 B2B、B2C、跨境支付、物流平台等方面展开合作，将在美国建立国际物流平台“菜鸟网络（国际版）”，为当地消费者连接全球卖家。

2014 年 11 月，速卖通首次“双 11”大促销。

2014 年 12 月，速卖通商品库存功能正式发布上线，卖家可以在新发商品时添加库存或修改历史发布商品的库存。

2015 年 1 月 14 日，速卖通宣布招募首批海外仓卖家。

2015 年 5 月，义乌和深圳召开全球速卖通“中国好卖家”助力计划大会。

2015 年 9 月，速卖通同菜鸟网络联合推出“AliExpress 无忧物流”服务，为卖家提供包括揽收、配送、物流详情追踪、物流纠纷处理、售后赔付在内的一站式物流解决方案。

2015 年 11 月 13 日，速卖通披露了 2015 年天猫“双 11”全球狂欢节的 24 小时全球卖数据。速卖通“双 11”跨境出口共产生 2 124 万笔订单，创历史最高纪录，覆盖到 214 个国家和地区，无线成交占比达到 40%。

2015 年 12 月，速卖通发布 2016 全平台入驻新规，全面转型跨境 B2C。

2016 年 3 月，速卖通正式向超过 2 000 家已经具备走向海外市场条件的天猫商家发出入驻定向邀约。此举将全面提升速卖通平台品牌化、标准化的水平。

2016 年 4 月，所有商家必须以企业身份入驻速卖通，不再允许个体商家入驻。这意味着未来商家准入标准将是双重标准：企业身份、品牌。

3. 产品与服务

（1）速卖通大学

与淘宝大学类似，这是为中小卖家打造的 24 小时跨境电商加油站，通过在线学习平台学到一线实战卖家分享的各类干货内容。速卖通大学平台通过小二、优秀卖家讲师，结合平台策略和实战经验，打造精品课程，逐步形成了覆盖各跨境电商群体的完善培训课程，通过线上、线下，以及纸质图书等，全方位助力卖家成长。

（2）淘代销

淘代销是速卖通的一个工具，帮助淘宝宝贝说明自动翻译成英文，发布到海外。它用起来很简单，只需要输入掌柜昵称、宝贝链接或一个宝贝名称的搜索结果页面的链接，就自动完成翻译，接下来只需要补全一些基本信息就可以发布了。不过需要注意，部分商品是不能销售的，如限制销售的品类，具体哪些类目不能销售，可以在速卖通的卖家频道的“速卖通规则”首页查询。

（3）速卖通卖家

速卖通卖家是阿里专门为速卖通卖家开发的一款手机办公软件，包含国际版旺旺、站内信、新订单提醒等功能。

① 可以登录 AliExpress 查看并回复站内信，让卖家更加及时方便地回复买家留言。

② TradeManage 消息，随时随地同买家进行实时沟通，让订单不再错过。

③ 系统消息实时提醒，查看消息变得更加方便、及时。

（4）海外仓卖家招募扶持计划

速卖通海外仓卖家招募是速卖通平台对海外仓卖家的扶持计划。参与到速卖通海外仓计划的卖家，速卖通平台都会在搜索和详情页面有专属标志，买家搜索排名都有一定的优势。针对海外仓卖家举行不同国家的类似聚划算的团购活动，在海外仓越有优势的卖家速卖通平台越会给予资源扶持。速卖通还会筛选一批有品牌能力的海外仓项目卖家，投入包括站外推广、SEO 推广 PPC、推广等资源扶持。对于优质的海外仓卖家，速卖通会入驻专属的海外仓展示频道，大量地增加速卖通店铺的流量和曝光率，并推荐参与到速卖通无线端的活动。

（5）跨境物流

全球速卖通同菜鸟网络联合推出“AliExpress 无忧物流”服务，为卖家提供包括揽收、配送、物流详情追踪、物流纠纷处理、售后赔付在内的一站式物流解决方案，如图 4-10 所示。

速卖通跨境物流合作伙伴

服务范围	公司
全球	中国邮政，新加坡邮政，芬兰邮政 俄罗斯邮政，巴西邮政
东南亚	申通国际，圆通，顺丰（海外） 4PX，乐趣购，酷悠悠，大韩通运
俄罗斯	俄罗斯邮政，ITELLA，燕文物流，哈邮（俄速通）
南美	巴西邮政，燕文物流
北欧	芬兰邮政
北美	美加转运

菜鸟海外仓储干线资源（海外仓）

国家	城市	数量
美国	洛杉矶	2
	纽卡斯尔市	2
	波特兰市	3
德国	汉堡	1
	法兰克福	1
澳洲	悉尼	2

图 4-10　速卖通跨境物流

速卖通跨境物流效率提升策略如下。

① 供应链各个环节信息打通无缝对接，通过大数据监测，保障信息通畅。

② 利用平台的聚货能力，有效地集中大量订单和包裹，使得仓储和航空干线资源利用高效。

③ 集合官方平台的议价能力，替商家和消费者争取到优惠服务的价格及高质量的服务。

④ 把社会上优质的物流资源聚合到一起，共同为买家和卖家提供服务。

⑤ 海关流程的打通，使得清关效率大大提高。

（6）速卖通运营服务平台

速卖通官方运营服商为品牌商、厂家提供全方位的跨境出口拓展方案。

① 代运营服务。为品牌商、厂家提供整体托管式服务，包括但不限于店铺日常运营、客服接单、仓储管理、数据分析、活动及品牌推广等。

② 经销服务。帮助品牌商、厂商提升在速卖通的单项能力，包括但不限于拍照摄影、定制设计、直通车、SNS 营销、客户服务、数据分析、仓储物流等。

③ 单项运营服务。帮助品牌商、厂商提升在速卖通的单项能力，包括但不限于拍照摄影、定制设计、直通车、SNS 营销、客户服务、数据分析、仓储物流等。

④ 实训营。帮助新品牌店铺快速开张，一对一实战指导提升模式帮助店铺诊断，边学边做。

4. 创新与特色

（1）秉承了阿里系、淘系的优良传统

引导中国传统出口企业向外贸品牌化、产品品质化等更高端的产业链走，速卖通的后台操作、直通车、大促活动等基本上延续了淘系的核心功能，对于新手跨境电商运营企业来说操作简单，也最容易上手。

通过非常丰富的客户沟通、客户培训体系，如论坛、视频教程、论坛线下培训、客户沟通会等，使得无论是平台政策还是推广玩法都能让卖家在短时间内运用得得心应手。

（2）主打小订单、大市场；短周期、高利润；低成本、高安全的平台核心优势

小批量、多批次正在形成一股新的采购潮流，更多的终端批发零售商直接上网采购，直接向终端零售商和网店供货，更短的流通渠道、直接在线支付收款，拓展了产品利润空间，创造出更多收益，如图 4-11 所示。买卖双方在线沟通，下单支付一步到位，国际快递发送货物，缩短了交易周期；网站诚信安全体系为交易过程保驾护航，避免受骗。

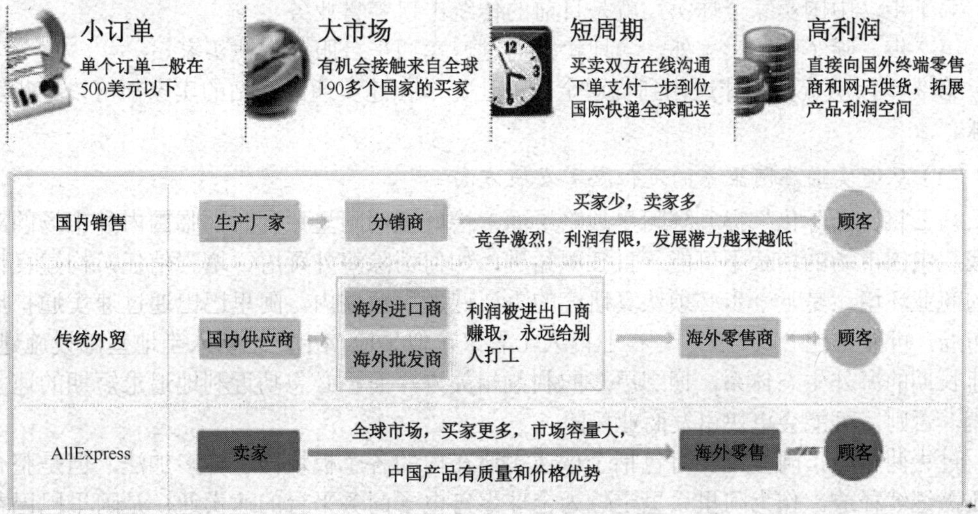

图 4-11　速卖通平台的核心优势

(3) 倡导"品牌化+本土化"的运营战略

跨境出口电子商务早期，无论是速卖通还是其他跨境电商出口平台，门槛普遍不高，导致大量的低端卖家涌入平台，最终导致价格恶性竞争，给平台带去了一些不良的影响。速卖通从 2015 年开始真正转型，从速卖通收年费门槛开始，一直引导中国的跨境电商企业向跨境电商品牌化、品质化发展。

速卖通公布的 2017 年招商及考核标准，延续其此前向 B2C 转型的方向，重点在品牌化及本地化上，从国际版 C2C 转型国际版 B2C。

① 提高卖家准入门槛，通道关闭个人账户，新账户需以企业身份注册，品牌商品才能上架。

② 设立服务指标底线，增加 DSR 商品描述平均分和货不对版纠纷率等两项综合性指标考核，并线下实地抽检。

③ 借鉴天猫规则，实行技术服务年费制，服务指标达标的优质卖家可返还。

5. 总结与思考

(1) 破解海外市场对阿里系的抵制

速卖通依托阿里巴巴优势，拓展速度惊人，一度成为俄罗斯排名第一的电子商务网站；2013 年在阿根廷、巴西等地的交易量增长接近 10 倍。疯狂的增长速度带来的是其他国家对中国出口商品的抵制。巴西将市场进行了严格控制，阿根廷对外表示不准电商平台进入卖货，澳大利亚出台了相应的新政策来控制海量的电子商务包裹进入，欧洲也表示要开始对电子商务征税，俄罗斯要同中国政府的各种监管系统对接，美国两次把阿里列入"恶名市场"黑名单。

另一方面，中国制造业要实现升级，就意味着要求企业不再制造廉价、低端的产品，而中国的出口商品目前大都比较低端，这也是造成跨境电商出口困境的一个大背景。

速卖通必须认识到真正的品牌化、真正优质的商品，有个性化的、创意的产品才真正代表中国跨境电商出口的未来。因此，应加速全球化战略，加快国际版 C2C 转型国际版 B2C 的进程，完成交易模式的 3 步战略。

第 1 步，中国卖家全球卖，就是目前的传统出口零售业务。

第 2 步，除了中国卖家外，当地卖家通过速卖通平台服务当地买家。

第 3 步，从货卖全球进化到货通全球，让每个在速卖通国家站的卖家都可以把货卖到全球。

(2) 从速卖通在阿里系的定位思考发展方向

马云将"国际化"提升到阿里战略层面，恰好证明阿里系同时面临国内外市场的双重挑战。中国市场的增长不可能一直狂飙猛进，如何消除海外疑虑，增强信任，构建良性竞争的商业环境，是下一步必须认真研究的重要课题。短期内，阿里巴巴通过速卖通扩展海外布局，可能是把"双刃剑"。在业内人士看来，似乎应该更多地切入当地基础设施建设，构建长期的海外生态体系，捆绑更多的利益相关方，而不必急功近利地追求短期的速卖通规模，否则，可能会更快引发商业风险。

过去两年中，阿里巴巴对包括全球速卖通在内的各个板块做了许多加法，但是整合效应还需继续释放。作为阿里系里定位为全球零售电子商务平台的速卖通，是阿里巴巴帮助中小企业接触终端批发零售商、小批量多批次快速销售、拓展利润空间而全力打造的融合订单、支付、物流于一体的外贸在线交易平台。速卖通不仅需要进一步追求规模、数量的增长，更应该追求有质量的内生增长。

案例 4-3 新兴的跨境移动电子商务平台——Wish

1. 基本概况

Wish 是一个新兴的总部位于美国，业务集中于移动端的跨境电商平台，如图 4-12 所示。它的用户群体在欧美和南美国家，超过六成的用户分布在美国和加拿大，其他主要分布在意大利、法国、西班牙、希腊等。Wish 是中小卖家云集的第三方平台，大多数卖家规模都较小，极少见到大型品牌商的身影。Wish App 上销售的产品物美价廉，包括非品牌服装、珠宝、智能手机、淋浴喷头等。Wish 商户 50%以上是来自中国江浙、广东深圳等地区的外贸卖家，大部分产品直接从中国发货。

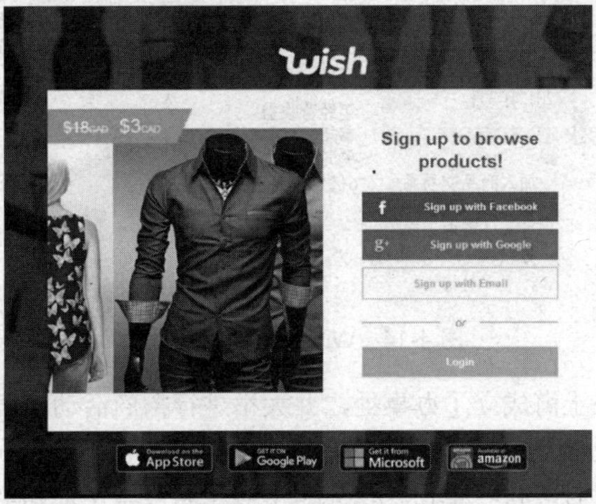

图 4-12 Wish 主页

Wish 是一款根据用户喜好，通过精确的算法推荐技术，将商品信息推送给感兴趣用户的移动优先购物 App。Wish 创始人被评为最佳创始人之一，其 App 被评为安卓上最好用的 App。截至 2016 年底，Wish 营业状况如图 4-13 所示。

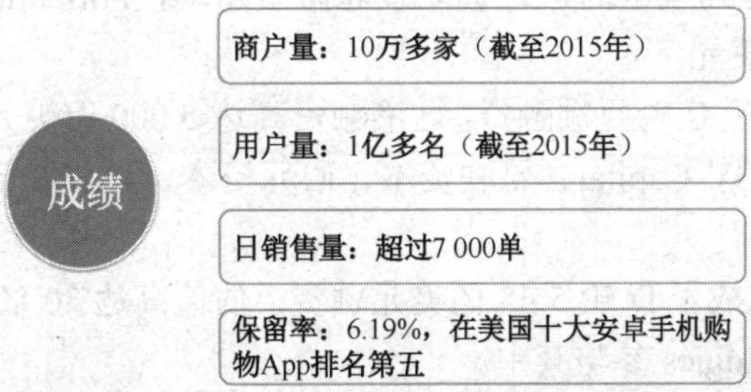

图 4-13 Wish 运营基本数据

2. 发展历程

Wish 的发展经历了从技术服务商到跨境电商平台的跨越，如图 4-14 所示。

2011 年 9 月，Wish 的母公司 ContextLogic 在美国硅谷注册成立。ContextLogic 专注于

“信息关联（Information Relevancy）”领域，推出了 Reach 和 Lift 两款产品。ContextLogic 用机器学习和自然语言处理技术处理信息，主要是提高广告同内容页的相关性，用于 Facebook 的用户主页、Tweeter 的微博内容等，类似谷歌的 AdSense 技术。在此基础上，ContextLogic 推出 Wish，模式类似于图片社交。

2013 年 3 月，Wish 加入商品交易系统，正式踏入电子商务领域，并将业务转型到跨境电商。转型不到一年的 Wish，其平台交易额就达到 1 亿美元。

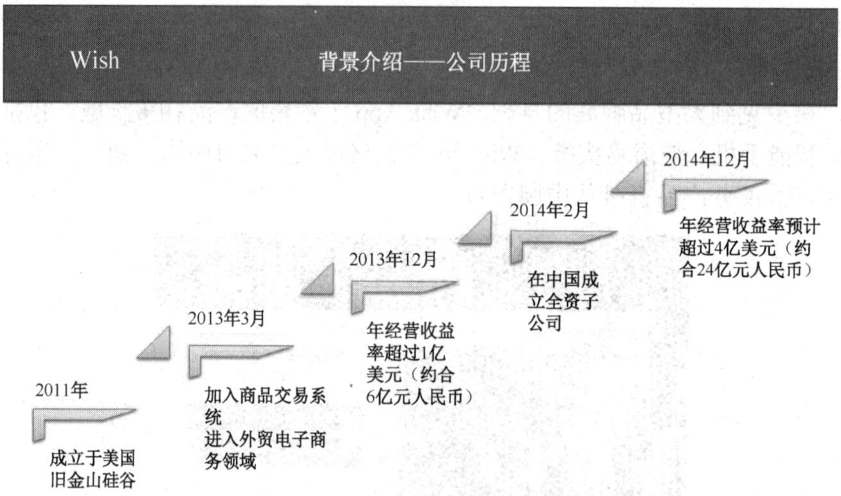

图 4-14 Wish 公司发展历程

2014 年，Wish 在上海成立了办事处，并大举进行招商活动。虽然 Wish 未公布 2014 年的业绩，但估计交易额至少 4 亿美元。

2015 年，Wish 进行“自我革命”，先是上线了科技电子产品类 Geek App 和母婴类 Mama App，后又推出专门针对“女性经济”的化妆美容类商品的垂直应用 Cute。

早在 Wish 成立前，Peter 就凭借他的技术背景拿到 170 万美元的天使投资，投资人包括 Pankaj Shah、CRV 等 22 位个人和机构投资者。

2012 年 5 月，Wish 拿到 A 轮 800 万美金的风险投资，投资人是著名的杨致远和 Formation 8。

2013 年，Wish 转型跨境电商，11 月，B 轮融资启动，Formation 8、GGV Capital 和杨致远合计投资 1 900 万美元。

2014 年 7 月，完成了 C 轮巨额融资，这笔融资高达 5 000 万美元，投资者包括 Founders Fund、Formation 8、GGV Capital、君联资本、心元资本，以及杨致远、Jared Leto 等顶级 VC 机构和个人。

近期，Wish 已经完成了 D 轮 5.45 亿美元融资，估值高达 30 亿美元，俄罗斯知名投资机构 DIGitalSky Technologies 参与其中。

3. 产品与服务（运营模式）

（1）购物流程（见图 4-15）

（2）Wish 运营模式

① 简单快捷的规则。经过多年的发展，Wish 弱化自身的平台功能，让卖家开店更简

单快捷，门槛更低。同时，Wish 为了拓展商户，一直坚持免费入驻策略。

图 4-15　Wish 平台购物流程

② 自动推荐系统提升用户体验。Wish 的宗旨是做了解用户喜好的导购应用。与传统导购不同，Wish 不依靠趋势和流行商品排名来推动销售，而是更加侧重于帮用户找到自己喜欢的商品——通过基于数学算法的自动推荐系统为用户提供个性化商品，并以此提升用户体验。

③ 直接购买并自我结算。不同于 Wanelo 等社交导购网站，Wish 不依附于其他购物网站，本身就能直接实现“闭环”的商品交易。Wish 有自己同第三方合作的支付软件，所以卖家直接跟 Wish 结算，免去了支付风险。

④ 打造最公平的社交移动购物平台。一是把商品的被发现权交还给卖家。Wish 的产品推荐靠搜索技术，依赖于用户的个人数据，完全无人工干扰。二是把供应链等商业智能知情权还给卖家。

（3）Wish 盈利模式

Wish 的主要收入来自于每次交易的佣金，目前收费是交易额的 15%（即产品和运费的总和的 15%）。商家入驻 Wish 不收取平台费，也不需要交纳保证金、押金，更不用交推广费用，商家上传产品后，Wish App 会根据产品进行定向推送。

（4）推出 Wish 邮护航计划

该计划启动后，使用 Wish 邮平台发货的 Wish 商户，如果因物流原因导致订单退款损失，将得到由物流公司提供的最高 50%交易金额的主动补偿。Wish 邮护航计划主要针对使用 WishPost-欧洲经济小包和 WishPost 欧洲标准小包发货且单个订单交易金额大于 5 美元的 Wish 包裹。该计划所涵盖的目的国有法国、瑞典、英国、意大利、瑞士、比利时、卢森堡、荷兰、丹麦、挪威 10 国。Wish 邮是中国邮政和 Wish 在 2015 年 2 月在上海联合推出的跨境电商物流产品，并在 2015 年 12 月增加北京、义乌、南京、福州、深圳、广州 6 个对接城市。2016 年 1 月到 4 月份，Wish 邮线上对接平台发运国际小包近 6 000 万件。

4. 创新与特色

（1）通过 Facebook 精准找到 Wish 买家

Wish 用户来自 Facebook。可以运用逆向思维，通过 Facebook 找到 Wish 所有用户，并精准找到他们的购物喜好，比系统匹配 TAG 更主动，如图 4-16 所示。其过程如下。

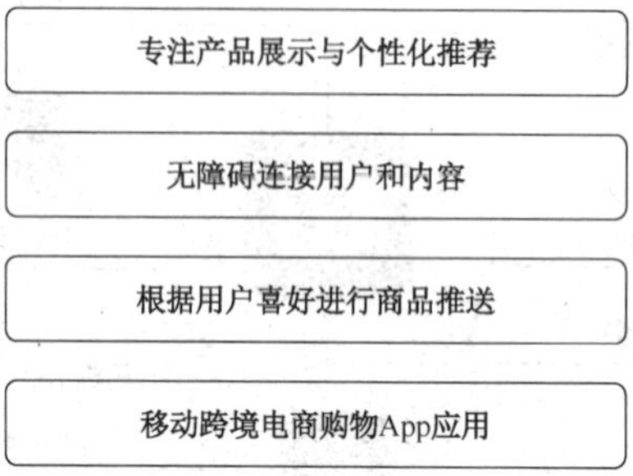

图 4-16 Wish 特色

1）利用 Facebook 搜索功能找到 Wish 买家精准信息。

2）导出用户信息，把 Wish、Twitter、Facebook 一键关联，以后在 Wish App 上选择合适的产品分享推送到 Twitter，就会自动在 Facebook 和其他所关联的社交平台上显示。

3）精准投放，运用 Facebook 的 Custom Audience 功能，根据导出的用户信息进行精准营销。

（2）运营规则简单直接

抛弃淘宝、速卖通平台上的定性运营思维，产品初始权重分配一致公平，随产品运营指标调整推荐权重分配流量——不讨好大卖家，也不扶持小卖家，全部通过技术算法将消费者同想要购买的物品连接起来，如图 4-17 所示。结合移动购物平台的购物习惯、需求导向特点，Wish 上没有店铺的概念，只有产品的概念。根据 Wish 的规则，每一个通过审核上架的产品都能得到公平推送。前期，一般都是先大量铺货，以求有更大的曝光率。待积累到一定曝光度，再针对有出单的产品重点优化。例如，对比同行价格降价销售，关注市场价格动态随时调整，力求精美的图片、精准的标签、简练的标题，打造爆款并延长爆款生命周期等。

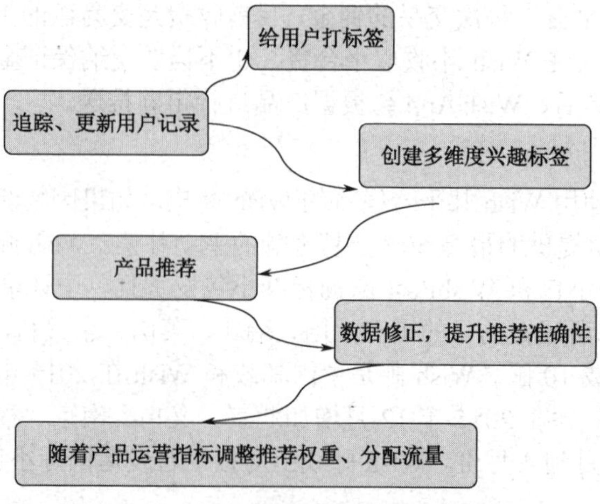

图 4-17 Wish 的运行原理

（3）社会化营销

Wish 将用户和产品的标签做得非常细致，数量也很多，按照不同的标签作出用户的兴趣判断，利用社交网络推广而又不被人讨厌。跨境电商同国内电子商务所处环境不同，国内社交有点泛滥，社交网络朋友越多，共同朋友就会越多，结果收到一模一样的推荐的概率就会越大，用户就会很烦，因此会怪罪朋友，也会厌恶这个产品。

（4）智能化推荐产品

Wish 在向用户推荐商品时基于一种特别的算法，这种算法不仅基于消费者购买的商品，同时基于他们查看而最终拒绝购买的商品。

1）Wish 产品分析。发现没见过的其他产品，拓宽思路，快速找到适合自己的产品。

2）Wish 商家分析。查看大卖，了解大卖的动态，跟随大卖的脚步向前走。

3）Wish 标签分析。热门标签实时展示在面前，更加快速地选择适用的标签。

4）Wish 买家分析。Wish 买家的特征、Wish 买家的属性，通过饼状图展示给卖家。

5. 总结与思考

Wish 是一个全品类的电子商务平台，在大获成功后，已经出现了像 Bellabuy 这样的模仿者。这些模仿者同 Wish 一样，拥有“移动端、跨境电商、智能推荐”等标签，而且更专注，Bellabuy 就专注于女性消费方面。针对这些状况，Wish 接二连三上线了 Geek、Mama、Cute 等垂直应用，推出垂直类 App，一方面是对潜在竞争对手的防御，另一方面也是自我革命，用竞争对手可能狙击自己的方法来狙击竞争者，以获得持续成功。

Wish 作为移动购物平台，充分利用了社交媒体的巨大影响力，曾经高达 90%以上的流量来自于 Facebook，而亚马逊和 eBay 同期的这个数据都是个位数。这是把双刃剑，在 Facebook 业务全方位拓展的过程中，也推出了自己的部分购物功能。如何降低这种影响？首先，Wish 平台的客源呈现多元化；其次，强调黏性和忠诚度，提高平台复购率；第三，引流渠道除了 Facebook 外，增加 Google 及 iOS 和安卓商店等平台的引流工作。

Wish 做电子商务的优势在于技术，在跨境电商的运作过程中，出现过同卖家之间的各种摩擦，以及诚信店铺、处理退款率等商务方面的诸多问题。Wish 未来需要尽快弥补业务层面的短板，完善对商家和消费者的服务。这包括两个方面：一是平台规则的完善；二是跨境物流的布局。对于 Wish 来言，需要尽快学习其他平台的成熟规则，基于自身平台的特点，将平台政策补充完善，使卖家、买家和 Wish 自己能够处于公平、高效的沟通状态，提升如客服处理售后问题、客户支付选择、物流等各类用户体验。跨境物流一直是跨境电商行业的一大痛点，海外仓被行业寄予厚望。Wish 要想超越亚马逊、eBay、速卖通等平台，还需要在跨境物流方面深入布局。Wish 在海外仓方面的布局要落后于其他平台，如图 4-18 所示。通过海外仓的布局，可快速提升消费者跨境购物体验。

平台	海外仓
亚马逊	著名的FBA服务，在全球建立了逾90个仓储中心
eBay	2013年起携手万邑通推出海外仓服务，目前已开通英国、美国、澳大利亚、德国四大海外仓
Wish	2014年其携手出口易推出海外仓服务，目前仅限美国
速卖通	2015年上线海外仓服务，拥有美国、英国、西班牙、法国、德国、意大利、俄罗斯、澳大利亚、印尼9个海外仓

图 4-18　各跨境电商平台海外仓布局情况

Wish 的成功主要在于在移动化的浪潮下，踩准了跨境电商的风口，并率先将智能推荐算法技术完全运用到电子商务中；另一成功的主要因素是 Wish 的技术出身决定了它愿意用数据决定一切，而不是人为地通过各种规则去偏颇某类卖家，通过与其他平台不同的简单规则和极为流行的社会化营销进行推广。

如今，移动化、跨境电商、智能推荐算法都不新鲜，它既需要自我颠覆，又需要完善平台业务。Wish 在未来的发展上，除了推出各垂直类 App 外，还应该在业务方面发力，努力完善好平台规则，并大力投资跨境物流，以提升消费者购物体验。

第五章
移动电子商务与 O2O 模式

本章知识要点

1. 移动电子商务的概念。
2. 移动电子商务模式及其发展。
3. 移动 O2O 与营销模式。
4. O2O 行业现状及典型案例。

当我们走进咖啡店、餐厅、酒店或漫步在城市的大街小巷时，会发现有很多人拿着手机、iPad 等不同的移动设备，通过这些移动设备查看最新的新闻、娱乐和天气等资讯，或者查看微信朋友圈的信息、聊 QQ、收发电子邮件、网上购物、网上预订酒店、预订机票和火车票、进行股票交易等。移动通信和互联网相结合的应用，正在迅速改变着我们的日常生活，现在的消费者越来越多地依赖移动互联网。也就是说，我们已经进入了一个新的时代——移动互联网时代。在短短的几年里，移动互联网时代已经成为继互联网时代以后，世界上发展最快、市场潜力最大、前景最诱人的时代。

第一节　认识移动电子商务

一、移动电子商务的概念

移动互联网（Mobile Internet，MI）是指将移动通信和互联网二者结合起来，通过智能移动终端，采用移动无线通信方式获取业务和服务的新兴行业，包含终端、软件和应用 3 个层面。终端层包括智能手机、平板电脑、电子书、MID 等；软件包括操作系统、中间件、数据库和安全软件等；应用层包括休闲娱乐类、工具媒体类、商务财经类等不同应用和服务。

移动电子商务就是利用手机、PDA 及掌上电脑等无线终端进行的 B2B、B2C、C2C 或 O2O 的电子商务。它将因特网、移动通信技术、短距离通信技术及其他信息处理技术完美结合，使人们可以在任何时间、任何地点进行各种商贸活动，实现随时随地、线上线下地进行购物和交易、在线电子支付及各种交易活动、商务活动、金融活动和相关的综合服务活动等。

在移动电子商务时代，消费者真正突破了时空限制，可随时随地获取所需的各类服务、应用、信息和娱乐。同基于互联网的传统电子商务相比，移动电子商务具备几个显著优势：交易不受时间和地点的限制；移动终端拥有者的身份相对固定，可方便地向消费者提供个性化交易服务；通过移动定位技术，可以提供同位置相关的交易服务，即基于 LBS 的应用服务；有较好的身份认证基础——由于手机号码的唯一性，用户的消费信誉得到有效提升。

二、移动电子商务的分类

移动电子商务按服务类型可以分为以下 3 类。

① 推式（push）服务。移动电子商务的推式服务，就是根据用户的消费习惯、爱好，把所需要的各种服务，如新闻、招聘、旅游等信息推送给用户。

② 拉式（pull）服务。拉式服务同推式服务正好相反，是一种被动的服务方式，用户根据自己的需要自主地进行信息的查询。这种服务同传统的信息服务非常类似，主要用于信息的个人定制接收。它的应用领域包括服务账单、电话号码、旅游信息、航班信息、影院节目安排、列车时刻表、行业产品信息等。

③ 交互式（interactive）服务。交互式服务是移动电子商务中最常用的服务方式，这里可以简单地理解为介于推式服务和拉式服务之间的一种服务。例如，阿里系推出的“支付宝钱包”就属于交互式服务的 App，移动用户通过它可以随时随地地进行个人财务管理、支付账单、转账等业务，包括电子购物、博彩、游戏、证券交易、在线竞拍等。

三、移动电子商务的基本特征

（一）基于用户体验至上的产品销售与服务

在移动互联网时代，用户量多而碎片化的特征导致无效流量增加，无法通过简单的流量变现来盈利。需要充分利用移动互联网的强社交属性，本质是使用户免去了在购买环节中的“考虑”和“比较”环节，而直接进入“体验”和“购买”环节，从而大大减少营销的传播时间，才能够更好地达到营销目的——从同消费者发生第一点接触开始，在精确地了解消费者需求的基础上，强调简单、精准的用户体验至上。例如，微信朋友圈的集赞类型的强关系营销广告，一般发送的都是企业或产品的基本信息及集满多少个赞就可以换取某件礼品或享受某种优惠等。

（二）基于 LBS（基于位置服务）的集定位、搜索和精确数据库功能服务的业务核心竞争力

依靠 LBS 定位功能，在用户仅有的碎片时间内，推送所在区域周边的娱乐、休闲、餐饮等各种用户最想要的信息和资讯。这种精准的信息投递，也促使用户在接受信息后产生了一系列消费和交互行为，同时构建出本地生活服务市场的移动电子商务业务模式。例如，以大众点评网或生活信息类网站同地理位置服务结合的周边生活服务搜索等。

（三）基于“粉丝”经济的移动营销新模型

粉丝经济以粉丝作为主体，由粉丝主导营销手段，从粉丝的情感出发，企业借力使力，

以达到为品牌或偶像增值情绪资本的目的。移动电子商务时代，购物从流量经济向粉丝经济转变，移动互联网通过非标产品（服务）获取用户，提高用户的黏性，从而形成粉丝群。粉丝群对品牌认知度高，付费意愿度高，愿意口碑推广，愿意生产内容。

（四）基于产业链整合的线上线下资源融合

移动互联网加快渗透传统产业，互联网凭借移动终端本身的移动性、便捷性，快速融入诸多实体产业，将带动实体产业的发展。以移动支付为例，通过各类应用同生活服务业广泛结合，如支付宝和微信支付在公共交通、零售、餐饮等行业都得到了普及，为这些行业的发展提供了新的动力。线下商户所提供的产品和服务种类、特征各异，需要移动互联网平台提供定制化程度很高的 LBS、移动支付和移动社交等服务，使传统行业进入移动互联网生态链，让效率大幅提升。

第二节 移动电子商务的发展趋势

随着移动互联网的发展和智能手机的普及，移动电子商务进入风口期，新一轮移动端网民红利带动了许多新兴移动电子商务发展。2015 年，移动交易规模占比超过 PC 端标志着移动电子商务时代正式到来。2016 年，根据艾瑞咨询数据显示，中国移动网购在整体网络购物交易规模中占比达到 68.2%，比去年增长 22.8 个百分点，移动端已超过 PC 端成为网购市场更主要的消费场景；与此同时，中国网络购物市场 Top 10 企业移动端用户增速远超 PC 端，App 端用户增速达 27.1%，PC 端仅增长 9.6%。用户消费习惯的转移、各企业持续发力移动端是移动端不断渗透的主要原因。2016 年移动购物市场交易规模为 3.3 万亿元，同比增长 57.9%，增速放缓，首次低于 100%，移动购物市场将进入平稳发展期。

移动电子商务的发展将以消费者需求为导向，在产品、渠道、传播、终端 4 个维度围绕着去中心化和社会化营销持续发力。围绕着产品和服务，个性化的需求和小众化特点，有可能汇聚成一股主流文化，形成“小而美”的差异化风格。个性化定制的背后，依托的是后端强大的供应链和高效的生产能力。渠道将更进一步细分，尤其是交易和体验。移动互联时代带来了巨大的营销红利，未来渠道的拓展将是多管齐下，形成合力的时代。传播将日益“脱媒化”，自媒体时代来临——人人都是自媒体，任何产品都可以是自媒体，传播媒介将日益升值，形式也将日益多样化，最终实现价值变现。未来 3 至 5 年间，智能手机仍是最重要的载体，智能手机的功能也将日益泛在化、智能化。其他智能终端，如智能汽车、智能家居等也将兴起。

一、全渠道、线上线下融合发展是趋势

移动电子商务时代，消费者的需求和网购发展环境均有较大改变，一方面，用户希望随时随地精准购买到所需的商品和服务；另一方面，由于商品供大于求，单一渠道发展的增量空间有限，线上和线下均在布局全渠道发展。线下消费体验和线上购物便利的双向需求将带来线上和线下购物期望值的融合，未来线上线下融合是新零售时代的重要发展趋势，如图 5-1 所示。

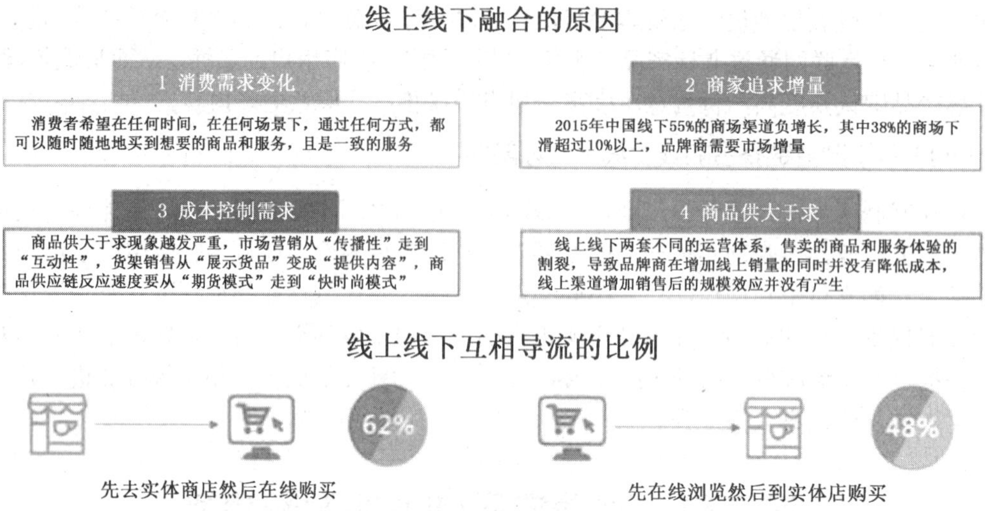

图 5-1　线上线下融合

二、社交化、内容化、粉丝化、场景化是移动电子商务时代新营销方式

移动社交和自媒体爆发，电子商务走向去中心化新模式。与传统电子商务企业通过一个平台聚集所有商家和流量的中心化模式不同，去中心化的电子商务模式是以微博、微信等移动社交平台为依托，通过自媒体的粉丝经济模式的分享传播来获取用户的。消费者的购买需求会在人们碎片化的社交场景中被随时激发，从搜索到推荐，用户对精准内容的要求越来越高。移动电子商务时代，用户的消费路径和习惯发生了很大的变革，消费需求场景化，移动购物模式多样。内容化、粉丝化和场景化成为吸引流量的新方式，各大移动电子商务网站纷纷布局内容营销。

三、大数据驱动垂直经济成为新趋势

美国互联网数据中心指出，互联网上的数据每年增长 50%，且增速仍处于逐渐升高的状态。随着互联网计算处理技术的逐渐成熟，大数据开始应用到各行各业，移动电子商务流量红利渐失，大数据将成为新的利益推动点——精准匹配供求信息、个性化推荐、用户偏好预测、优化页面，以提升运营效率。随着国民经济快速发展，人民生活水平提高，各种消费力量快速兴起：一方面，90 后、女性等细分用户成为消费新动力；另一方面，用户更加注重商品品质，更多选择符合自身特征的商品。基于特定品类和特定人群的垂直经济成为新的发展趋势，大数据应用将提供更加精准的服务。例如，贝贝网围绕母婴人群发展的“妈妈经济”，基于特定人群，打造一站式购物入口；以易果生鲜为代表的生鲜电子商务和以土巴兔为代表的家装电子商务崛起，基于垂直行业深入发展。

第三节　移动电子商务的模式

当我们在路上漫步时口渴了，掏出手机登录星巴克 App，点了一杯咖啡。然后星巴克定位了我们所处的位置，一个帅哥或美女踩着滑板车把咖啡送到，我们用手机支付后喝咖啡。这是不是移动电子商务？或者只是传统电子商务的翻版，是传统电子商务模式的重复和全盘照搬？移动电子商务模式到底是怎样的呢？显然，移动电子商务模式并不只是传统电子商务的转移，移动电子商务的模式肯定是更加多样化的。

一、传统电子商务转战移动端

以手机淘宝、京东移动端等为代表的传统 PC 电子商务移植到移动电子商务，这类更多是传统 PC 电子商务向移动电子商务的移植，主要目标是拓展移动互联网的流量资源，平台、商家和供应链的本质并没有太多变化。

① 阿里系根据移动端的特点，加入了带有移动特性的盈利增长点，构建 App 业务矩阵，推出了基于移动端位置的社区化 O2O 业务淘生活、移动端订餐服务口碑外卖等。总体上从移动端支付业务整体来看，淘宝已经打破了 C2C 单纯模式，成为集 C2C、B2C、O2O 及移动支付为主体的混合模式，手机淘宝成为阿里主要业务的统一流量入口，如图 5-2 所示。

图 5-2 阿里系移动 App 业务

② 京东相继推出基于移动端位置的社区化 O2O 业务、移动端支付业务，如以移动社交化购物为模式的京致衣橱等。整体来看，京东已经打破了 B2C 单纯模式，成为集 B2C、O2O 及移动支付和移动社交为主体的混合模式，其 App 成为京东主要业务的统一流量入口，如图 5-3 所示。

图 5-3 京东移动业务

二、移动 O2O 模式

随着移动电子商务的快速发展，O2O 正以一种新的方式得到发展，移动用户能够实时并快捷地进行线上和线下的转换。移动 O2O 的应用不仅是创造了一个展示、聚集人气的平台，同时也打造了一个宣传、营销的平台。例如，百度糯米、饿了么、美团、拉手网、大众点评等典型团购案例，如图 5-4 所示。团购是指互不相识的互联网用户借助网络这一第三方平台聚集成一个以低折扣购买某种产品或服务的网站。

图 5-4　美团 App

移动 O2O 模式的核心是在线预付，优势在于增加线下实体店的竞争力，使用户体验更加丰富，为 O2O 经营者提升运营效率从而提高盈利。

三、基于社交软件的微店和微商模式

微店作为移动端的新型产物，任何人通过手机号码即可开通自己的店铺，并通过一键分享到微信等社交平台来宣传自己的店铺并促成成交，如图 5-5 所示。这种移动电子商务模式的特征表现在：为买卖双方进行网上交易提供信息交流平台，并为网上交易提供一系列的配套服务；以口碑营销为核心，重在社交互动、社区同自媒体的组合运用；用户数量多，且身份复杂，商品信息多，且商品质量参差不齐；生意准入门槛低，交易次数多，但每次交易的成交额较小。

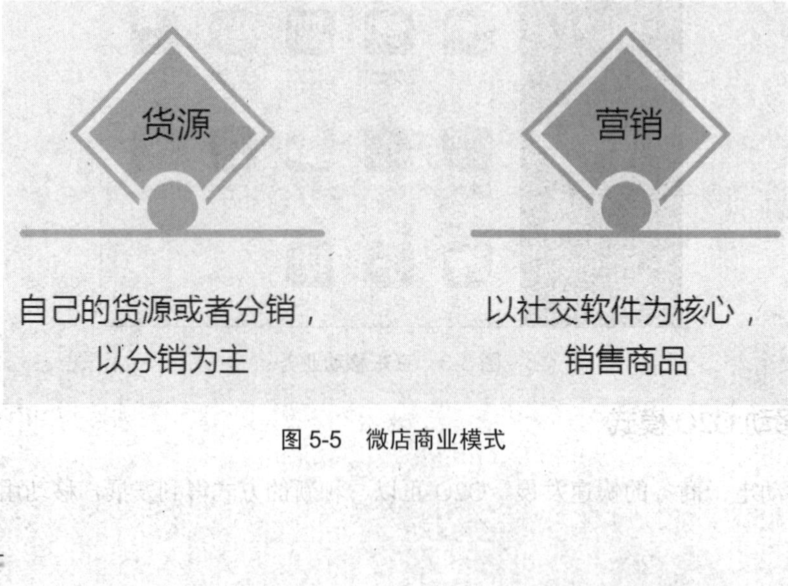

图 5-5　微店商业模式

四、移动垂直电商模式

随着移动电子商务的发展，用户精细化运作正在逐渐替代靠流量和速度比拼的传统方式，新一轮移动端网民红利带动了许多新兴移动电子商务发展。以女性时尚电子商务蘑菇街、跨境电商网易考拉、家装电子商务土巴兔、易果生鲜为代表的生鲜电子商务等各垂直领域的移动垂直平台迅速崛起，代表着电子商务产业的未来新趋势。垂直电商优势体现在：供应链、商品管理的优势；商品专业化、服务专业化；场景化的电子商务平台，建立商品自身特有的属性，如表5-1所示。

表5-1 移动电子商务模式示例

移动电子商务模式	平台入口	系 统	店 主
传统电子商务移植	淘宝、天猫App	阿里淘宝	个体入驻
传统电子商务移植	京东App	京东	京东自营、京东微店
移动O2O	美团App	美团	个体加盟
移动O2O	百度糯米App	百度糯米	个体加盟
微商模式	微信	京东	京东自营、京东微店
微商模式	微信公众号	官方微信小店	个体入驻
微商模式	微信公众号	有赞	个体入驻
移动垂直电商	网易严选App	网易严选	网易自营
移动垂直电商	聚美优品App	聚美优品	聚美优品自营

第四节 移动营销的方式

移动互联网时代是一个营销多元化的时代。移动营销（mobile marketing）是指面向移动终端（手机或平板电脑）用户，在移动终端上直接向分众目标受众定向和精确地传递个性化即时信息，通过同消费者的信息互动达到市场营销目标的行为。移动营销在强大的云端服务支持下，利用移动终端获取云端营销内容，实现把个性化即时信息精确有效地传递给消费者个人，达到“一对一”的互动营销目的。

移动营销基于定量的市场调研，深入地研究目标消费者，全面地制定营销战略，运用和整合多种营销手段，来实现企业产品在市场上的营销目标。移动电子商务因其脱胎于电子商务，有很多的营销手段是同传统电子商务相类似的。但作为一个新型的商务类型，它也有着其他商务所没有的营销业务类型、传播方式、营销方法，如O2O营销、App营销、二维码营销、LBS营销、微信营销、H5营销、微博营销等，如图5-6所示。

传统营销模式有三大核心要素：广告、价格战、金字塔式的渠道。移动电子商务则正在改变整个市场营销的生态，依托大数据，将使得移动营销更加精准、投资回报率更高。同传统营销模式相比，其主要变化体现在六大特征：品牌返祖，也就是人格产生了价值，如褚时健的褚橙、雕爷的牛腩、黄太吉的烧饼；渠道扁平化，金字塔倒塌；硬广告效能退化，客户不再专注于传统媒体，更多地通过社群口碑传播；快乐营销，娱乐中把货卖掉；定制至上，定制产品将大行其道，一个是电子商务版，另一个是个性化版；粉丝经济。

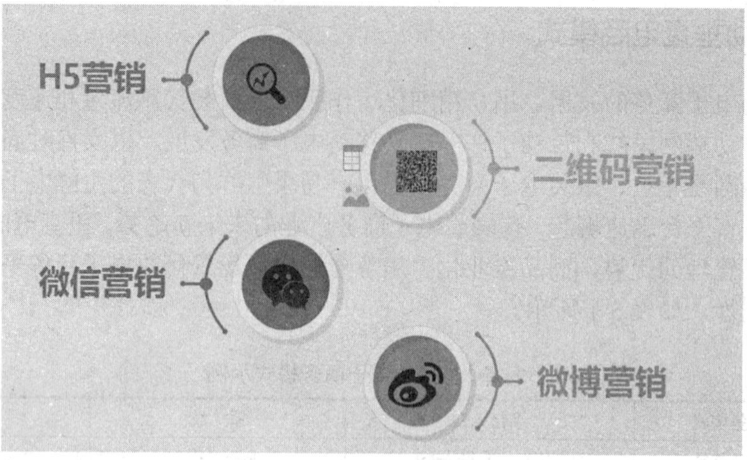

图 5-6　典型的移动营销方式

一、二维码营销

二维码是根据某种特定的几何图形，按照一定的规律形成的一个记录数据符号信息的图片。将二维码图像输入设备或放入光电扫描设备即可自动识别信息。当二维码被应用到移动电子商务中的时候，因其便捷、新奇、易于传播而被人们广泛应用在营销中。

在移动电子商务营销中，利用二维码进行营销现在已经司空见惯了，扫一扫加入订阅号、扫一扫下载 App、扫一扫信息推送、扫一扫买火车票等，移动电子商务同二维码的结合形式越来越多样化——手机的二维码扫描功能也让移动端用户能够随时随地对二维码进行扫描。近两年，扫二维码已经成为了人们的一种习惯，移动用户通过对二维码的扫描，在移动端可打开丰富多彩的应用、页面，然后，进入到移动电子商务中的任何一个环节，从了解、挑选，到预订、支付，二维码成为人们最为便捷的移动世界入口。

二维码营销的优势是：运营成本低，效果好——二维码营销相比较于传统的广告、传单广告等，在成本上有着绝对的优势；创意广告，实现精准营销——二维码营销属于比较新型的营销方法，容易被消费者所接受，而且有意愿进行扫描的人群都是对商家营销内容比较感兴趣的，这样可以实现精准投放；跨越线上线下空间的立体营销——二维码的扫描能够立刻将用户带到线上，而通过流量转化，其中一批人就会变成线下的消费者；能同传统的广告、企业活动宣传完美的结合。

二维码营销的应用方式主要有以下几种。

① 线下虚拟商店。电商平台开始使用二维码营销。1 号店的地铁虚拟商店、京东的楼宇框架广告牌，在每个商品旁边附上二维码，消费者可选择看中的商品并直接扫码购买。但这些二维码基本都属于阶段性推出，效果并不理想。

② 线下广告。品牌商使用二维码主要用于投放线下媒体广告。越来越多的品牌广告会附上一个二维码，扫描后直接进入商品详情页面或品牌店铺。对于冲动型客户而言，这种广告是他们乐于接受的，遇到喜欢的产品广告会立即购买。

③ 实体包裹或包装。一些淘宝卖家尝试用二维码刺激消费者二次购物：在快递包裹或商品包装上加上店铺地址的二维码，并承诺扫描二维码再次购物有优惠，以此鼓励用户返

回线上购物。此外，如果告知用户在特定时间段上网购物，还能拉动网站低峰时期的流量。

④ 线上预订——线下消费。上述 3 种情况均属于把消费者从线下带到线上，适用于实物类商品交易。而在本地生活服务领域，二维码还可以作为消费者从线上预订到线下消费的凭证。麦当劳、哈根达斯的天猫旗舰店，以及许多团购网站采用的都是这种方式。

⑤ 以电子优惠券推出促销活动。这种方式适用于团购、积分消费、折扣券兑换、VIP 优惠券等，使活动可评价且可控，促进企业实现精准营销。

※二维码营销实例：实惠 App 二维码营销※

实惠 App 是由新浪、微博、易居、分众、申通共同合作的一款社区型 App，从 2014 年 7 月上线到现在，累积了海量的用户。实惠的主要功能是用来聚集有相同爱好的用户，可以让自己与同事、邻居、共同爱好者交流，同时还可以查看各种身边的消息、小百科、糗事等。通过前期的免费派饭、发送福利、摇一摇午餐等优惠活动，以及微博、App 上的活动，让关注和没有关注的人都能迅速地知道和了解实惠 App 这款应用。而将营销同实际紧密结合的就是二维码，基本上大家都是通过扫描各种营销载体上的二维码来下载实惠 App 应用的。可以看出，在实惠 App 的营销中，二维码占据了一个重要的位置。

可以说，实惠 App 从上线到现在的火爆同对 App 的营销手段有着密切的关系。它之所以会如此成功，主要原因如下。

（1）将比较难以直接营销的 App 转化为二维码进行营销

在实际的营销活动中，直接邀请别人安装某个 App，如果不是自己通过检索发现的，那么自然心理有着不信任、不想安装的想法。而将 App 转化为二维码进行营销，那么扫描二维码的主动行为就成为了下载这个应用的最便捷的方式。因为是自己主动去扫描的，那么主动下载的意愿占主导地位，这样在 App 下载完毕后，自然留下的使用用户也就越来越多。

（2）将二维码展示在不同的载体上进行营销

二维码本身比较灵活，传统的广告、网络广告、网页页面、网络社区都可以对二维码进行展示。在实惠 App 的二维码营销中，它也采用了多种形式的展现方式，如印制有宣传彩页、官方微博、网页软文中嵌入了二维码。

（3）利用优惠来吸引用户对二维码进行扫描

在一个 App 运营初期，如何营销自己的二维码，自然需要各种各样的噱头。当然光靠噱头是不行的，也需要让用户真正地享受到扫描二维码下载 App 能够切实得到的实惠。而当他们享受到实惠后，自然也会不自觉地对身边的人进行宣传，从而让更多的人安装这个 App。

二、微信营销

随着近些年移动互联网的不断发展，微信也逐步由原先的聊天工具演变为集聊天、分享、购物、金融等功能于一身的多媒体沟通交流平台，因此微信营销也逐步走入人们的视野。那么，什么是微信营销呢？

微信营销，顾名思义是企业或个人利用微信平台，对微信用户进行的营销活动。微信向用户提供了如朋友圈、漂流瓶、订阅号、服务号等丰富的平台工具，企业或个人可以通过微信所提供的这些平台工具轻松地进行点对点精准营销、关系营销、互动营销等多种方式的营销。

随着近些年微信用户的增加，微信钱包、微信店铺服务的推出，微信营销的商业价值逐步体现，越来越多的企业在微信上开店铺、做宣传。例如，“新东方”就把英语课堂搬上了微信，通过微信服务号、订阅号同学生互动。微信再也不是一款简单的聊天工具。微信营销的商业价值具体体现在 4 个方面：用户规模大——微信有着数亿的用户，庞大的用户量给商家带来了营销的基础；微信公共账号——微信公众账号为商家解决了线上的数字身份问题，同时又解决了传播模式的问题（一对多、互动反馈、富媒体、移动化），这让商家的销售更加多元化、丰富化；准确的身份确认——微信号是同用户手机号码关联在一起的，也就是说用户注册微信号时必须提供手机号，这意味着微信用户的信息更加真实可靠，为在微信平台上进行商务活动提供了基本的安全保障；面向移动用户——微信是一款在移动端使用的 App，因而用户可以不受时间、空间限制，随时随地地刷朋友圈、看订阅号，这种随身性为微信用户带来了极大的便利。

微信作为一款基于移动端的社交类应用，营销是利用微信平台对微信用户进行的营销。其营销的特点可以总结如下。

（1）针对性强

微信营销的针对性是极强的，这是因为微信中的好友添加必须通过对方的确认，订阅号、服务号等都需要用户关注后才可以看到其推送的信息，用户具有对信息的选择权。因此，微信营销是针对“关注”用户的营销。

（2）互动性强

微信是一个互动社交平台，用户可以通过它进行交流沟通，商家通过用户的信息反馈了解用户的需求及产品推广情况，用户也可以通过留言的方式将遇到的问题及时反馈给商家。可以说微信本身的互动性决定了微信营销的互动性。

（3）移动性强

微信是基于移动端（手机、iPad）的应用，因此微信营销不受时间、空间的限制，无论身处何地，无论是清晨还是傍晚，只要有好的营销方案，就可以马上通过手机将方案变成现实。

微信营销是移动互联网时代企业营销模式的一种。微信不存在距离的限制，用户注册微信后，可同周围同样注册微信的“朋友”形成一种联系，订阅自己所需的信息。商家通过提供用户需要的信息，推广自己的产品，从而实现微信营销。微信营销的方法主要是通过“微信”为用户提供的社交功能来实现的。例如，我们熟悉的朋友圈营销、漂流瓶营销、开放平台营销、服务号营销等，都是在利用微信的具体功能进行营销。微信朋友圈营销的优势基本上可以总结为以下 4 个方面。

① 传播成本低。微信朋友圈营销，用户只需要向朋友圈分享或是发送相关的营销内容即可，而这一切过程均是免费的。

② 针对性强。正如前面提到的，微信朋友圈营销，是对朋友圈中的好友进行的营销，用户可以根据自身营销内容的特点，有选择地在朋友圈内进行营销。值得说明的是，用户在利用朋友圈营销时，可以单独操作某个人不让他看见，或者批量不让某几个人看到（设置隐私中操作），或者把某几个人踢出朋友圈等。

③ 用户黏性强。微信建立在信任的基础上，一般是朋友间的关注，对于推送的内容更容易被接受，推广效果更好，且便于忠诚用户向他人推荐分享，传播性高。如果微信公众平台也是用户主动添加的，用户黏性就很强，流失率低。

④ 随意性强。对于利用朋友圈进行营销的用户，可以不受地点、时间的限制随时随地的进行营销；对于朋友圈中的“好友”，也可对朋友圈中的信息进行自由选择，因此朋友圈营销有着很强的随意性。

※微信营销实例：OPPO 手机微信朋友圈营销※

图 5-7　OPPO 朋友圈广告截图

OPPO 是我国知名的手机品牌，近些年随着微信用户的激增，OPPO 也由传统的电视媒体宣传逐步转向微信平台营销。2015 年初，OPPO 借助临近春节的契机，以“炫出挚爱，至美一拍”为主题，呼吁年轻人将同父母团聚的“至美一拍”分享上传至 OPPO 社区，这样照片即可有机会登上 2015 年春节央视广告，同时分享“至美一拍”广告视频的用户也有机会获得 OPPO 手机一部，如图 5-7 所示。

OPPO 的营销活动，可以分别从营销的形式和内容这两个方面分析。首先，从形式上讲，OPPO 的营销运用了朋友圈广告作为活动推广的主要手段，并结合了同微信用户进行互动的方式进行营销，这样的一种结合使得其推广更具有针对性和趣味性，增加了微信用户的关注度；其次，从内容上讲，OPPO 此次的营销内容可谓是一大亮点，在临近春节之际打出了“走心牌”，用走心的故事单刀直入，插入微信年轻用户群体的“微信心脏”，让活跃在朋友圈的年轻人意识到自己对父母关注的缺失，从而引发年轻群体强烈共鸣，从而形成了良性的互动氛围。

一个成功的微信营销，要做好营销形式的选择。这其中包括营销的媒介和方式，还要策划好营销的内容。对于微信营销内容的策划，应该注意如下 3 个方面。

① 创新。创新对于营销而言是非常重要的，直接关系到所进行的营销是否能被受众喜欢。案例中的 OPPO 改变传统手机营销中秀设计、晒配置、拼价格的传统营销内容，另辟蹊径抓住拍照同用户生活紧密结合的特性，并以亲情为依托推出了“炫出挚爱，至美一拍”这样的活动内容。通过对这个案例的分析，可以了解到在营销内容上创新，首先应充分挖掘营销商品的特性，做到对产品的全面了解；其次分析受众的喜好，充分了解用户的习惯、爱好，发掘其与产品产生的共鸣点。

② 互动。互动在微信营销中是非常重要的一项内容，通过同用户互动可以提高营销的趣味性，同时也会让用户产生参与感。案例中，用户将自己同亲人的合照上传至 OPPO 社区，就有可能出现在春节期间 OPPO 的广告中。同时，用户只要分享“至美一拍”广告视频，就有机会获得 OPPO 手机。

③ 趣味。营销活动的趣味性可以增强用户对营销内容的关注度——内容的趣味性越强越好，参与的人才会多，活动的气氛才能营造起来。如果活动足够有趣的话，甚至在没有奖品的情况下，大家也会积极参与进来。

三、H5 营销

（一）H5 营销的概念

H5 是 HTML5 的简称，运用该语言可以制作出在微信朋友圈中经常看到的，打开后可以滑动翻页、带动画特效、有音乐之类的非常精美的内容。甚至微信朋友圈中看到的各大品牌广告，也全部都是用 H5 制作的，我们称之为 H5 场景。

H5 场景较以往文字、图片、图文等形式，展现更加精美、更加有趣、互动性更强。它具有动画、触控等更多的元素功能，让用户不再枯燥乏味的阅读内容；它的传播性也很强，除了可以分享到朋友圈，发送给朋友以外，还可以分享到各个社交媒体渠道。例如，微博、豆瓣等，除了链接外还提供了二维码。它还具备了数据搜集功能，可以使用调查问卷、会议报名等表单，甚至有很多制作 H5 场景的工具平台还提供了后台数据统计功能，可以清晰地看到 H5 场景的曝光量、链接点击、填表数量等信息。

H5 场景比以往的形式更容易引发用户的阅读和分享，制作一个优秀的 H5 甚至可以达到数亿的曝光量，所以现在很多商家都在努力研究制作 H5 场景，达到最终良好的营销目的。当然，除了用于商业之外，个人也可以制作属于自己的个性化 H5 场景。例如，纪念相册、讲义 PPT、婚礼请帖等。试想，当邮寄请帖的方式变成了一键发给所有亲朋好友的精美 H5 场景请帖，是多么有趣的一件事情。此外，还有很多人用其来制作好玩的小游戏。

（二）H5 营销的特点

1. 社交分享便利，传播性强

H5 本身的发布渠道及传播阵地主要是集中在移动互联网的社交平台，在传播过程中的障碍很少，所以微信朋友圈、微博的传播力十分强大。在品牌了解了用户需求，把握了用户传播偏好后，能很好地促使用户主动传播品牌要传播的信息。除了在传播途径上的优势，H5 自身的多设备跨平台特点也有利于品牌的传播。跨平台的特性使得 H5 在传播过程中不至于存在技术或设备障碍，而像 Flash 动画或 App，在传播过程中是需要用户设备自带插件或是自行下载应用才能体验的。

2. 用户感官体验丰富，互动性好

互动性和用户体验效果是用户对一个产品好坏的重要评判标准。同样，品牌 H5 营销传播内容的互动性和用户体验效果的好坏也直接影响着其传播效果。H5 自身的绘图功能和可以实现三维效果的特点有力提高了品牌 H5 的互动性及用户感官体验效果。H5 绘图功能同三维效果的结合从技术角度上来说可以实现很多动画形式，制作出来的画面十分美观，再结合触屏、重力感应等技术，用户的感官体验会更加丰富。

3. 制作及传播成本低，优势明显

① 开发成本方面的优势。品牌 H5 开发成本方面的优势是由 H5 技术的特性决定的，H5 技术的多设备跨平台优势使得在开发过程中无须分平台分系统来开发。

② 测试及维护成本降低。品牌 H5 营销传播内容制作出来后需要有个测试过程，针对传播过程中暴露出来的问题也需要补救维护。H5 的多设备跨平台特性节省了品牌 H5 的测试及维护成本。

③ 传播方面的成本低。品牌 H5 营销传播从发布渠道到后续传播的主要阵地都是品牌自有的社会化媒体平台，这样一种传播方式对于企业来说传播成本并不高。

4. 有利于效果追踪，数据反馈方便

H5 营销传播终究要看传播效果，传播效果追踪和数据反馈是企业最为关心的部分。基于 H5 营销传播的效果可以实现跨平台监控和数据反馈及整合，能有这样的优势是同 H5 多设备跨平台特性有关的。在这之前，基于不同平台开发出来的产品技术上会有所区别，因而在效果监测数据统计方面都使用不同的计算方法各自进行监测统计。这样既增加了效果追踪、数据统计的工作量，又降低了统计结果的可信度，而在对 H5 营销传播进行效果追踪、数据统计工作时则没有这一缺陷。

（三）H5 营销的四大传播原则

H5 从立意、创意、设计，到制作、传播，是一个一气呵成的系统工程，技术的把握、创意和文案的优化、传播的执行不可或缺。在实践过程和实战经验中，应遵循以下 4 个传播原则。

① 主题。要有创意的新鲜感，少抄袭，多原创。

② 内容。要做优质内容，创建具有分享价值的内容，再由微信达人进行分享。

③ 传播。要集中传播，H5 上线的前 5 天是黄金传播期。

④ 形式。内容展示方面应尽量把信息视觉化。

※营销实例 1：杜蕾斯——爱的密码※

说到杜蕾斯的营销方案，总会让我们在其中发现亮点，如图 5-8 所示。杜蕾斯这个 H5 在引导人们分享的时候是基于情感进行分享的，整个游戏设计环节是解密过程，让另一半有一种猎奇心理。同时，制作密码的人有一种好奇，就是他能不能获得通过密语，验证两人之间的默契度。在整个环节中都会有引导分享按钮，不管是成功还是失败都可以分享给其他人来进行游戏解密。

图 5-8　杜蕾斯——爱的密码

※营销实例 2：腾讯校招——鹅历※

“校园招聘年年有，让记得住的还真是……额……不好意思，还真有一个。”腾讯的这次校园招聘 H5 页面，真是满满的怀旧风，帮各位同学清晰地画出时间点、岗位需求，表现十分有质感，如图 5-9 所示。体验地址如图 5-10 所示。

图 5-9　鹅历

图 5-10　鹅历二维码

四、微博营销

微博，是微型博客的简称，即一句话博客，是一个基于用户关系信息分享、传播及获取的平台。用户可以通过 PC、手机、平板等各种客户端组建个人社区，以 140 字（包括标点符号）的文字更新信息，并实现即时分享。微博作为一种分享和交流平台，更注重时效性和随意性，能表达出每时每刻的思想和最新动态，而它的特点也注定了在移动端使用会更加方便快捷。国内的主要微博平台有新浪微博、腾讯微博、网易微博和搜狐微博四大平台。

近几年智能手机和平板电脑的兴起使得移动端微博的使用率日益增加，原来 PC 端的微博营销也渐渐向移动端倾斜。微博移动端的兴起证明了自己的社交平台价值——以强大的网络效应巩固内容生态系统，同时在互联网空间构建一个更为互通、资讯丰富和更具吸引力的社交群体。

微博营销是指通过微博平台为商家、个人等创造价值而进行的一种营销方式，也是指商家或个人通过微博平台发现并满足用户的各类需求的商业行为方式。微博营销以微博作为营销平台，每一个听众（粉丝）都是潜在营销对象，企业利用更新自己的微博向网友传播企业信息、产品信息，树立良好的企业形象和产品形象。每天更新内容就可以跟大家交流互动，或者发布大家感兴趣的话题，这样来达到营销的目的。

微博营销是一种新型的营销方式，与传统的营销方式有很大的不同。同传统的营销方式相比，它有以下的特点。

（1）成本上——发布门槛低，成本远小于广告，效果却不差

140 个字发布信息，远比博客发布容易，相对于同样效果的广告则更加经济。同传统的大众媒体（报纸，流媒体，电视等）相比，其受众同样广泛，前期一次投入，后期维护成本低廉。而在移动端微博进行营销成本更加低廉，只需要一部能上网的智能手机即可，这是以前不可想象的。

（2）覆盖上——传播效果好，速度快，覆盖广

微博信息支持各种平台，特别是当前移动产品发展迅速，更使这个优势得以放大。同时，传播的方式有多样性，转发非常方便；利用名人效应能够使事件的传播量呈几何级放大。

（3）效果上——针对性强，利用后期维护及反馈

微博营销是投资少见效快的一种新型的网络营销模式，可以在短期内获得最大的收益。

（4）手段使用上——多样化，人性化

从技术角度上，微博营销可以方便地利用文字、图片、视频等多种展现形式；从人性化角度上，企业品牌的微博本身就可以将自己拟人化，更具亲和力。

（5）开放性

在微博上几乎什么话题都可以探讨，而且没有什么拘束的——微博就是要最大化的开放给客户。在微博上面，政府可以同民众一起探讨民生，明星可以与粉丝们互动——微博就是在拉近距离。

（6）传播速度快、便捷、操作简单、互动性强

微博最显著特征之一就是其传播迅速。微博只需要编写好140字以内的文案即可发布，信息发布便捷，从而节约了大量的时间和成本；一条微博在触发引爆点后，短时间内互动性转发就可以抵达微博世界的每一个角落，达到短时间内最多的人看到的目的，且能与粉丝即时沟通，及时获得反馈。

在微博上面，不管是个人还是企业、媒体、政府，或者是学校、淘宝卖家，都可以注册账号进行营销互动，门槛非常低，传播速度非常快。只要内容、活动等营销策划做得好，不管是大型上市公司，还是个人淘宝卖家，都可以在微博营销方面做得非常成功。

※微博营销实例：电影《后会无期》营销※

韩寒拍摄的首部电影《后会无期》票房不俗，达到了6亿多元。作为一名新晋导演的处女作，这样的表现着实令人大吃一惊。在微博上对电影进行营销，《后会无期》无疑是一个很成功的案例。在这次的微博营销中，除了韩寒本身的超高人气之外，在电影拍摄期间，还经常发一些电影剧照吸引眼球，积极同网友进行互动（见图5-11），并且爆出女儿的萌照，赢得了“国民岳父”的称号。再加上韩寒幽默搞笑的微博，使得韩寒本身的人气和电影的人气同时火爆增加，最终电影取得了十分优异的票房成绩。而我们分析《后会无期》的微博营销的策略时，会发现有以下几点使其成功。

图5-11 《后会无期》微博互动

（1）定位准确

微博的魅力在于互动，互动性是使微博持续发展的关键。在微博发送的信息应该更多地融入粉丝感兴趣内容，所以发什么微博能让粉丝感兴趣非常重要。《后会无期》和韩寒

的粉丝以80后、90后的年轻人为主，由于韩寒也是80后，所以我们看到在他在电影的微博营销期间，一直专注于“自黑”，而且语言风趣幽默，加上搞笑的配图，这样便迅速同粉丝打成一片，甚至其他的微博大V也都参与了进来。

（2）内容丰富有趣、有个性

在微博营销中，内容是非常重要的，在短短的140个字里面达到营销的效果看似容易，实则很困难。在韩寒的微博和《后会无期》官方微博，以及其他演员的微博上，基本上都是以风趣幽默的方式描述片场生活，俨然一个幽默风趣的段子手，而这也符合韩寒本人的性格特征。在艰苦的电影片场，韩寒自称包工头，引起网友一片神回复，而之后的微博中也都是以引导性的内容为主，尽量让粉丝参与其中。移动端的微博营销看似简单，实则要求更高了，而这也能够激发出微博创作者更多有创意的内容。

（3）善于制造话题

微话题是微博独有的一个功能，任何人都可以参与话题讨论，也可邀请他人参与讨论，是一个非常好的微博营销方式。在《后会无期》的微博营销中，每一个话题都能够引起热烈讨论，每一次的参与人数都能达到百万人次以上，如“国民岳父”“依然体”“后会无期”等话题，极大地宣传了韩寒本人和《后会无期》这部电影。

（4）多账号组成微博矩阵营销

微博矩阵是指在一个大的企业或团队之下，开设多个不同功能定位的微博，同各个层次的网友进行沟通，达到全方位塑造企业品牌的目的。电影《后会无期》虽然不是一家企业，但在微博营销中，也是运用了微博矩阵的营销方式。有《后会无期》的官方微博、韩寒的微博、各自演员的微博，还有电影中一条名叫“马达加斯加的狗”的微博，他们有各自不同的粉丝群体，但都为了《后会无期》在微博上进行了宣传营销，这样就大大加强了电影的微博宣传营销力度。

五、移动O2O营销

O2O营销模式又称离线商务模式，是指线上营销线上购买带动线下经营和线下消费。O2O通过打折、提供信息、服务预订等方式，把线下商店的消息推送给互联网用户，从而将他们转换为自己的线下客户。这就特别适合必须到店消费的商品和服务，如餐饮、健身、看电影和演出、美容美发、摄影等。

（一）O2O营销模式的核心

O2O营销模式的核心是在线预付。通过O2O模式，将线下商品及服务进行展示，并提供在线支付“预约消费”。这对于消费者来说，不仅拓宽了选择的余地，还可以通过线上对比，选择最令人期待的服务，以及按照消费者的区域性享受商家提供的更适合的服务。每笔完成的订单在确认页面都有“追踪码”（如微信二维码），商家在更为轻松获知在线营销的投资回报率的同时，还能一并持续深入进行“客情维护”。另外，吸引客户进行支付宝或微信等在线支付，比线下支付要更为优惠，也为消费者节约了不少支出。

O2O是一个增量的市场，由于服务行业的企业数量庞大，而且地域性特别强，很难在互联网平台做广告，就如同百度上很少出现酒吧、KTV、餐馆的关键词，所以O2O模式的出现，会让这些服务行业的商家们一跃上线展开推广。O2O的核心在于在线支付，一旦没有在线支付功能，O2O中的线上不过是替他人作嫁衣罢了。在线支付不仅是支付本身的完成，是某次消费得以最终形成的唯一标志，更是消费数据唯一可靠的考核标准。在以提供服务性消费为主，且不以广告收入为盈利模式的O2O营销模式中，在线支付更是举足轻重。

（二）O2O营销模式的商业组合

O2O面向的是同时包含线下与线下业务或社区的企业。其有4种线下线上组合模式。

①“线上社区+线下消费/社区”。这是一种必须到线下进行消费的O2O模式，线上主要是在线交流互动，并开展一定的优惠或促销活动。这种模式适用于必须亲自到现场消费的宾馆、餐饮及其他领域。

②“线上消费/社区+线下社区”。这是一种只在线上销售的O2O模式，线上还有在线交流或开展促销作用，线下主要是面对面的交流互动或现场展示。这种模式适用于无线下门店仅有线上网店的纯线上电子商务领域。

③“线上消费/社区+线下消费/社区”。这是一种线上和线下同时进行销售的O2O模式，线上、线下都有交流互动的需求，线上和线下还可以分别开展优惠或促销活动。这种模式适用于线上有网店且线下有门店的领域。

④“线上社区+线下社区”。这是一种无销售业务的O2O模式，适用于同时需要线下及线下交流互动的社交平台。

（三）O2O引流策略

如果仔细分析线上消费/社区这个领域，可能还分为多个方面，如官方网站/网店、移动App/移动网店及各类社交网站上的官方账号，它们之间还存在引流问题。不论是以上哪种组合的O2O商业模式，都需要将新客户引流过来及留住老客户，只不过引流可能发起于线上或线下。从线上发起的引流可能将新客户引至线下或线上，从线下发起的引流则将新客户引至线上。当新客户被引至线下或线上平台后，需要有优化过的注册及服务流程，促使他们转变为真正的客户，并开始消费或融入社区。然后，目标的重点转到让已经成为客户的人愿意长期消费或使用社区，并让他们愿意在线上和线下的闭环中往返。

1. 由线下发起的O2O引流

首要任务是，将客户引至线上的官方网站/网店、移动App/移动网店或各类社交网站上的官方账号。由线下引流至线上，主要的手段通常有3类：线上广告刺激，可以同时提供网址或对应的二维码，供客户输入或拍照；口碑传播，驱动潜在客户自己上网通过搜索等方式找到相应的线上网店或社区；线下提供可以在线上使用的优惠券，如果是消费型业务由线下引流至线上，则还需将客户最终引至官方网店或移动网店。除了上述策略外，还可以有两类办法：通过在地铁车站或公交车站等公共空间设立虚拟超市，潜在客户通过上面的二维码进入相应的购买页面；通过直接提供支付型二维码，直接完成消费。

2. 由线上发起的O2O引流

这通常分为两类：一是线上引流至线上，二是线上引流至线下。

由线上引流至线上，则后者同样可能是官方网站/网店、移动App/移动网店或各类社交网站上的官方账号，而前者可能来自其他的线上平台。其方法与上述从线下引流至线上接近，只是广告、网址、二维码及优惠券可以在线上直接提供，操作上更方便。如果是由线上引流至线下，则主要的手段通常有 3 类：一是线上发布可以供线下使用的优惠券；二是关注线上某账号后线下可以打折消费或获赠礼品；三是设计抽奖活动，要求其中某些环节必须在线下完成。

引流只是 O2O 营销的第 1 步，相应的网站或社区必须不断优化服务流程，让被引来的潜在客户能够注册并真正消费。显然，简单、实用或实惠，加上前面提到的广告、口碑或优惠券，是吸引潜在客户注册并消费的动力所在。

※移动 O2O 营销实例 1："有壹手"汽车维修 O2O 平台※

"有壹手"汽车维修是中国领先的创新型汽车快修服务公司（见图 5-12），2013 年 5 月上线，业务包括车漆快修、车漆划痕修复、钣金整形修复、凹陷免喷漆修复、全车翻新或改色，以及汽车车身个性化色彩定制和洗车美容等。"有壹手"采用电子商务、移动互联、SNS 的互联网技术改造传统的汽车快修行业，"有壹手"汽车快修服务网络自创立以来便快速成为中国 O2O 服务模式的成功范例。

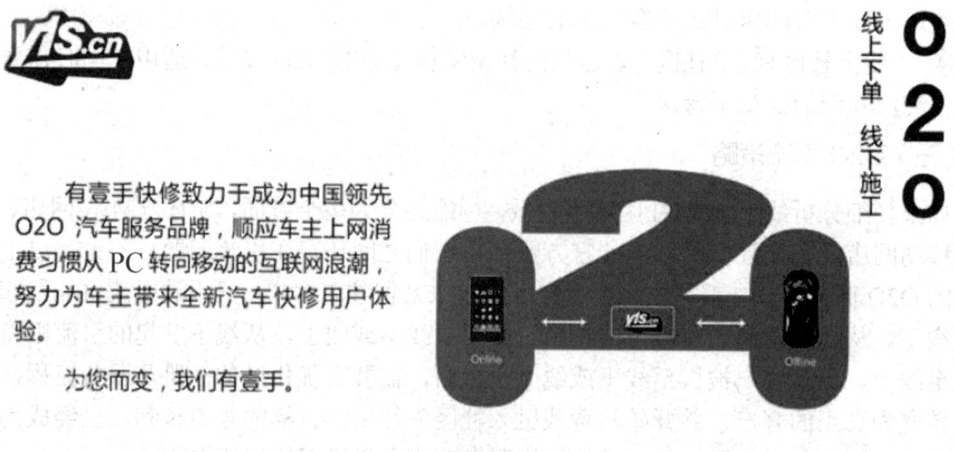

图 5-12 "有壹手"汽车快修服务平台 LOGO

"有壹手"为确保所使用的产品和技术处于行业领先水平，并帮助连锁门店实现订单管理、车间管理、绩效管理、会员管理、售后管理等全部线下业务流程标准化、规范化管理，搭建了汽修平台。另一方面，"有壹手"线上服务平台集成网站、微博、微信、移动 App 等互联网营销方案，为车主提供订单预约、远程监控、会员管理、售后管理等高效便捷的线上服务，进一步提高汽修门店的服务效率，改善用户的体验。整合创新的网络营销和服务平台、严格的门店运营管理体系和优质环保的产品技术，"有壹手"为数千万中国车主提供高性价比的汽车快修服务。

（1）完美的业务定位

"有壹手"在进行 O2O 业务定位的时候，选择了以钣喷、装潢为主。在汽修 O2O 中，"有壹手"这么选择业务的原因是什么呢？每个行业都有着各种各样的业务，并不是所有的业务都适合于 O2O 营销策略，因此，在进行 O2O 业务选择的时候，"有壹手"汽车快修选择钣喷、装潢为主业务的主要原因是市场足够大，利润足够高，不涉及原厂配件，可避免保护主义，这样就可以在保证利润的基础上保证人气、口碑的良好发展，从而为业务在 O2O 中的发展奠定基础。

（2）服务标准化

① 价格透明。在 O2O 的消费中，我们要对产品进行明码标价。因为 O2O 消费者在社交网络中的交流是非常频繁的，如果价格不透明，就会导致客户觉得被区别对待，造成不平衡心理，就会对进行 O2O 营销策略中的业务产生不信任感。

② 质量标准化。只有能够标准化的质量保障，才能保证汽修品质，创造行业良好口碑，有利于“有壹手”汽修专业品牌形象的确立。此外，在整个汽修的过程中，进行现场直播，让车主对汽车的整个维修过程进行监督，既保证了质量，也能让车主对 O2O 线下消费产生信任。

③ 服务流程标准化。“有壹手”在这方面做得相当不错，特别是对于时间的管理，让顾客在订购服务后到店消费的等待时间变得更短，提升了顾客的体验。

（3）搭建信息平台

在线下的业务标准化后，一个强有力的信息平台是 O2O 中的关键因素。“有壹手”快修花费一年的时间打造了一整套完美的线上信息平台，不仅帮助门店进行管理，还集成了网站、微博、微信等多方平台信息，大大方便了车主进行在线预约、远程监控、上门取车等线上业务，将线上和线下沟通互动做到完美。

（4）线上利用微信营销

“有壹手”选择微信平台搭建服务号而不是采用自建 App 的形式进行宣传（见图 5-13），避免了自建 App 开发周期长、使用频率低、营销成本大等弊端。由于现在微信用户的数量已经达到了一个惊人的数字，采用微信服务号可以帮助“有壹手”进一步提升服务品质，增加用户的黏性。

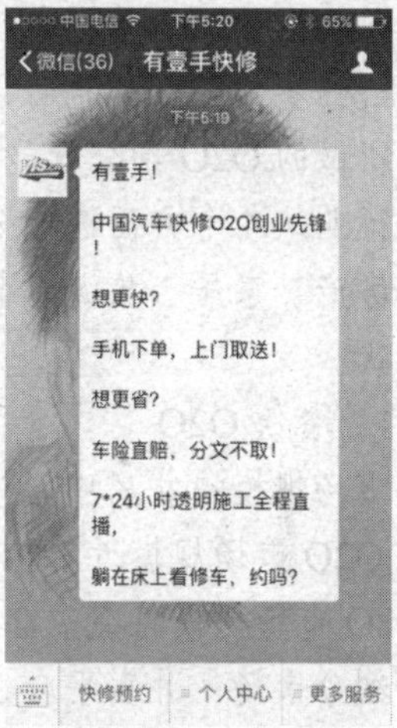

图 5-13 “有壹手”微信服务号

※移动 O2O 营销实例 2：叫个鸭子※

2014 年 3 月，曲博跟他的小伙伴开始筹备“叫个鸭子”。5 月开始试运行，一举成为火爆北京城的互联网餐饮外卖品牌。它以自制秘方烹制的鸭子为主打产品，鸭子周边美食为增值产品。“叫个鸭子”打造产品的品牌特色，秘制鸭子，口感特色香而不腻，并非传统烤鸭的做法及吃法，而是取材河北白洋淀无催化的生态鸭，无须复杂的卷饼蘸酱，通过秘制腌制高温加热而成。

Mini Cooper、Google glass、“鸭来了”“鸭子走了”等，各种的敏感，撩拨用户心弦，让大家产生无尽的遐想，给人第一感觉就是炒作。但“叫个鸭子”并不是一个花架子，靠卖弄风姿取悦市场，而是始终重视用户体验，从菜品口味优化到高效递送和客情维护，一个功课都没有落下。

餐饮 O2O 创新并不一定要应用什么高精尖的技术，又或高大上的商业模式，在餐饮行业应用阶段，只需在做好产品和服务的基础上，做好营销创新就可以争得一席之地。“叫个鸭子”的名字很有自传播性，这种制造话题式的营销是餐饮 O2O 界一大新视角，在很大程度上利用人们的潜意识想象进行炒作。借助用户思维抓住话题热点，不断创造新鲜，激活兴奋点，通过用户或自媒体人等媒介口碑，在快速扩散的同时，并没忘记菜品和服务才是餐饮的根本，浮夸却不浮躁，才铸就了“叫个鸭子”品牌。

READ 阅读推荐

3 分钟看懂 2015 年 12 个行业的 O2O 现状

不论从哪个方面看，O2O 都是 2015 年当之无愧的热词。从上半年疯狂的资本热潮，到下半年的 O2O 伪命题论，O2O 一直都处在风口浪尖之上。“互联网+”也很热，“互联网+”和 O2O 到底有什么不一样？答案是：它们基本一样，只不过“互联网+”范围更加宽泛，它包括 O2O，也包括其他应用到互联网的场景。因此，我们平常说的“互联网+金融”“互联网+餐饮”，你也可以称它们为金融 O2O 和餐饮 O2O。解释了这个关键点后，对于以下所做的 O2O 细分就能更理解，也更方便了解每个 O2O 领域的境况。我们将对 12 个领域的行业从 4 个方面进行分析。12 个领域是：餐饮、金融、出行、汽车、医疗、美业、婚嫁、房产、家居、旅游、教育和社区；4 个方面是：市场规模、细分市场、代表企业、发展现状。

1．餐饮 O2O

市场规模：首届中国“互联网+餐饮”发展高峰论坛公布的数据显示，2014 年，我国餐饮 O2O 市场规模近千亿元，占餐饮行业总体比重的 3.5%。预计到 2017 年，全国餐饮业的 O2O 市场规模将突破 2 000 亿元。

细分市场：外卖平台、团购平台、点菜菜谱、美食分享、厨师上门、餐厅排队等。

代表企业：腾讯扶持的“新美大”、百度糯米、阿里口碑等。

发展现状：餐饮 O2O 是 O2O 中最早也是目前发展最为成熟的一个领域。从最早的千团大战到现在的 BAT 之争，餐饮 O2O 作为高频、刚需、低门槛的最佳 O2O 切入领域，已经最先进入争夺市场霸主的阶段。未来一段时间内，将会以 BAT 把持的团购平台之间的竞争为主。

2．金融 O2O

市场规模：公开数据显示，2013 年中国互联网消费金融市场规模达到 60 亿元。2014 年交易规模突破 150 亿元，增速超过 160%。预计 2017 年整体市场将突破千亿元，未来 3 年增长率或达 94%。

细分市场：P2P、互联网保险、互联网众筹、互联网征信等。

代表企业：陆金所、人人贷、阿里的蚂蚁金服、小米的积木盒子等。

发展现状：互联网金融市场潜力巨大，但风险也很大，所以政府一直在有节制的支持。对于 P2P，还没有完善的监管制度，但是网贷市场的企业数量依然突飞猛进，相信在不远的将来，互联网金额领域也将有一场千团大战。

3．出行O2O

市场规模：目前出行O2O用户规模为2.4亿人，在移动互联网的渗透率为21%。

细分市场：打车、停车、代驾、自驾、通勤等。

代表企业：滴滴、快的、Uber、神舟专车。

发展现状：出行领域的投资热还在持续，而每一个细分市场也都有相应的成熟企业。在综合服务平台领域的比拼，是以滴滴、快的和Uber为代表的，预计明年竞争还将持续，新企业将只能在垂直领域寻找机会。

4．汽车O2O

市场规模：预计市场规模过千亿元。

细分市场：交易平台、养护平台、二手车买卖平台、汽车金融平台等。

代表企业：汽车之家、优信二手车、e保养、车易拍等。

发展现状：汽车行业爆发的顺序是新车销售—二手车销售—汽车后服务。如今上门洗车、汽车预约养护等领域受到资本热捧，预计汽车后服务市场将会迎来一轮爆发。

5．医疗O2O

市场规模：2015年这一市场达到42.3亿元。

细分市场：移动医疗、医药O2O和上门保健理疗。

代表企业：春雨医生、丁香医生。

发展现状：医疗O2O近两年来开始受到资本市场的青睐，但是由于受药品的特殊性政策、网购假药多等诸多因素的影响，医疗O2O的发展较为平缓，目前以在线诊疗为主的移动医疗发展迅速，巨头们也纷纷涉入这一领域，如百度医生App、腾讯投资的丁香园挂号网等。

6．美业O2O

市场规模：目前中国整个美业市场有上千亿元的规模。

细分市场：美业社区、美业社交、到店O2O、上门美容、医疗美容和美业综合平台。

代表企业：波波网、河狸家、美丽加等。

发展现状：美业O2O是从团购O2O中分离出来的领域，目前有更加垂直的美容、美发、美甲等细分行业。从市场规模占比来看，美容大于美发大于美甲。根据2014年Q4中国美业O2O发展报告的数据显示，目前中国整个美业市场规模很大，但还没有一家能够占据5%的市场份额，而未来几年整个美业市场的规模还将翻倍。

7．旅游O2O

市场规模：2014年中国在线度假旅游市场交易规模达到332.6亿元人民币，较2013年增长36.2%。Analysys易观智库预测，这一市场的规模2017年将达到803.3亿元人民币。

细分市场：旅游综合服务、机票、门票、交通、住宿、结伴旅游、旅游工具及社区。

代表企业：携程旅游、途牛旅游、驴妈妈、去哪儿、住百家等。

发展现状：旅游O2O从2014年迎来行业井喷，然而随着互联网的渗透率不断加深，单一产品平台已经不能满足消费趋势，O2O旅游正在不断向大生活服务领域逐渐深入，涉及交通、门票、美食、住宿和购物等各个方面。未来线上线下的资源整合，渠道整合将会成为常态。

8．房产 O2O

市场规模：预计市场规模万亿元。

细分市场：租售平台、卖房服务、开发商。

代表企业：我爱我家、链家、爱屋吉屋、搜房网等。

发展现状：2014 年以来，房地产 O2O 在国内正加速发展，2014 年也被称为中国房产 O2O 元年。但仍有一些平台运营不规范、体验差。预计房产 O2O 行业在接下来很可能会经历一次洗牌，一些大型平台将会积极整合。

9．社区 O2O

市场规模：中商产业研究院发布的 2016—2020 年“房地产+社区”O2O 市场前景调查及投融资战略研究报告显示，2014 年我国社区 O2O 市场交易规模已达 20.3 亿元，随着互联网巨头及传统物业公司的加入，中国社区 O2O 仍将保持极高的增长速度，并有望在 2020 年实现近 800 亿元的市场规模。

细分市场：家政综合服务、洗涤服务、家电后服务、废品回收、母婴护理、宠物照顾、综合性物业服务。

代表企业：彩生活、e 袋洗、叮咚小区等。

发展现状：目前，社区 O2O 行业的服务内容主要集中在家政、洗衣、外卖等更多面向单身青年或年轻夫妻的领域，而面向其他人群的社区 O2O 服务尚未出现，如老年人服务、学龄前儿童服务等。相信随着互联网普及率的逐渐提升及相关规章制度、监管体系的完善，更丰富、更具创新性的社区 O2O 服务内容将会陆续涌现。

10．教育 O2O

市场规模：2013 年，中国约有 6 720 万人使用过在线教育；2017 年，中国在线教育用户预计将突破 1.2 亿人。

细分市场：语言学习、兴趣教育、职业教育、亲子早教、K12 教育、留学教育、教育综合服务。

代表企业：跟谁学、51talk、麦子学院等。

发展现状：从 2011 年开始，在线教育的概念开始火热，2013 年，在线教育市场集中爆发，百度、阿里巴巴、腾讯、YY360 等互联网巨头也纷纷通过资本运作等方式试水在线教育 O2O。虽然优质的教师资源仍然是教育 O2O 发展的难题，但前景依然值得期待。

11．家居 O2O

市场规模：预计市场规模达万亿元级。

细分市场：家居电子商务平台、家装综合服务平台、互联网家装企业、家居家装设计企业、以工长为主导的装修平台、提供家装信息服务的企业。

代表企业：尚品宅配、土巴兔、齐家网。

发展现状：家装 O2O 是比较晚才兴起的一个概念，目前还是比较偏重线下，线上在装修设计领域发展相对成熟。家具 O2O 仍是蓝海市场，2014 年中国建材家居行业规模达到 4 万亿元，家居电子商务交易规模为 1 197 亿元，渗透率仅为 8%，家装 O2O 在未来两三年内将会迎来爆发。

12．婚嫁O2O

市场规模：我国婚庆市场规模高达8 000亿元。

市场细分：一站式服务平台、婚宴O2O、婚纱摄影、婚礼策划、婚礼用品和婚嫁社交平台。

代表企业：世纪佳缘、到喜啦、591结婚网。

发展现状：婚恋O2O虽然面临单频次、高成本、非标准化、本地属性等困境，但其能给婚恋市场所带来的机会和便利仍是资本最为看重的。婚嫁市场所涉及的细分领域也非常多，目前在线相亲领域已形成巨头格局，但其他领域还需要长足的探索和发展。

Ending

分享与思考

1. “与世界分享你的知识、经验和见解”，知乎是一个真实的网络问答社区，知乎Live是知乎推出的实时问答互动产品。答主可以创建一个Live，它会出现在关注者的信息流中。用户单击并支付票价（由答主设定）后，就能进入到沟通群内，可通过语音分享专业有趣的信息，通过即时互动提高信息交流效率。

试从产品服务、创新与特色等方面分析知乎Live的模式。

2. O2O在2015年栽了跟头，一份《华东O2O项目死亡名单》在网上流传甚广，文章列出了餐饮、社区、美业、旅游、教育、汽车、房产、婚庆及母婴9个行业的O2O企业倒闭名单，其中外卖、洗车、教育、旅游、房产等领域最为突出，可谓“尸横遍野”。例如，小叶子外卖、蹭饭网、阿姨厨房、e食e客等17家创业公司已经关闭，拒宅网、找好玩儿网等旅游O2O，呵护网、36号教室等教育O2O，房屋网、程途网等房产O2O都扎堆死亡。

O2O果真如经济学家许小年所说“是两边都是零，中间一个二货”吗？试结合O2O后的发展趋势谈谈自己的认识。

案例5-1　行业巨头的O2O实践——星巴克咖啡

1．基本概况

星巴克（Starbucks）是美国一家连锁咖啡公司的名称。它1971年成立，是全球最大的咖啡连锁店（见图5-14），总部坐落在美国华盛顿州西雅图市。星巴克旗下零售产品包括30多款全球顶级的咖啡豆、手工制作的浓缩咖啡和多款咖啡冷热饮料、新鲜美味的各式糕点食品及丰富多样的咖啡机、咖啡杯等商品。星巴克在全球范围内已经有近21 300家分店遍布北美洲、南美洲、欧洲、中东及太平洋地区。

星巴克在其CEO霍华德·舒尔茨的领导下，一方面格外注重客户体验，始终致力于提供最好的咖啡及咖啡消费环境；另一方面，星巴克注重利用互联网来营造线上社区，为其整体品牌形象服务，以配合和促进线下门店的销售。星巴克接受新事物速度较快，其互联网之路从1998年就开始逐步展开，通过提供免费Wi-Fi、开设官方网站、App等措施来应对当今社会互联网的快速发展。2016年底，星巴克和腾讯宣布战略合作关系。在移动支付领域，星巴克中国官方微信公众号中推出“用星说”板块，通过微信的社交功能，星巴克让消费者自发地帮助它提升品牌的温度和黏性，成为“微信礼品卡”的示范者。

图 5-14　星巴克官网

2. 发展历程（大事记）

1971 年，星巴克在西雅图派克市场成立第 1 家店，开始经营咖啡豆业务。

1982 年，霍华德 · 舒尔茨先生加入星巴克，并担任市场和零售总监。

1987 年，舒尔茨收购星巴克，并开出第 1 家销售滴滤咖啡和浓缩咖啡饮料的门店。

1992 年，星巴克在纽约纳斯达克成功上市，从此进入一个新的发展阶段。

1998 年，星巴克上线了官方网站 Starbucks.com，以方便越来越多的网民通过网站来了解星巴克。

2000 年，舒尔茨卸任 CEO 后，星巴克的互联网之路进展相对缓慢。

2001 年，同微软合作，开始在门店里为消费者提供 Wi-Fi 收费网络服务。

2005 年 11 月，注册 YouTube 账号，并组建专门团队运营其 Facebook、Twitter 和 YouTube 账号。凭借线下良好的品牌声誉和线上妥善的运营，星巴克成为了各大社交网络上最受网民喜欢的餐饮品牌之一。

2008 年，舒尔茨重新担任 CEO，发布了其互动网上社区 MyStarBucksIdea.com，以鼓励消费者通过这个网站给星巴克提建议。

2010 年 7 月，星巴克开始在全美提供无须注册、无时长限制的免费 Wi-Fi。

2011 年 1 月，星巴克发布了移动支付的客户端，第一年移动交易额就超过 2 600 万美元。

2016 年 6 月 8 日，《2016 年 BrandZ 全球最具价值品牌百强榜》公布，星巴克排第 21 名。

3. 产品与服务（运营模式）

（1）由产品转向服务，由服务转向体验的经营理念

星巴克所有店铺都是直销的模式，拥有所有店铺的所有权和经营权，而不是麦当劳那样的特许经营店。这样能够保证每家店铺统一的装修风格，员工都有较高的素质、经过统一的培训，所有店铺地址只选择在最繁忙的市区交叉路口；星巴克几乎不做广告宣传，每年花在广告上的费用不超过 2 000 万美元；除了香浓的口感，星巴克更注重氛围的营造。

在消费者需求的重心由产品转向服务，由服务转向体验的时代，星巴克成功的创立了一种以创造“体验”为特点的“咖啡宗教”。

星巴克利用4种元素——浪漫的味道、负担得起的奢侈、众人的绿洲、悠闲的交际空间，创造出顾客满意的“第三空间”，自然而然地受到了顾客的青睐。人们在这里不仅享受到的是一杯自己喜欢的咖啡，在这个注重品质的时代，星巴克选址在最繁华的街道为顾客提供优质且悠闲的环境，更是让人们在闲暇之余，在一片净地，好好地享受轻松。

（2）会员制营销模式

星巴克给会员卡命名为星享卡（见图5-15），售价为88元，并有赠送咖啡邀请券、升杯等多重优惠。会员每消费50元即可获取一颗星星作为积分。当星星达到25颗时，会员卡升级为带有会员署名的金卡，享受每消费10次获取一杯免费咖啡等优惠。不过，星享卡积分会定时清零，想保住会员等级和更多优惠需要不断在星巴克消费。以金卡会员为例，一张卡一年需累计消费1 250元，次年才可保持会员等级。为了保住等级，在多个咖啡品牌出现时，星巴克会员会不自觉地选择一杯星巴克而放弃其他品牌。

图5-15　电子版星享卡

（3）“社交媒体+O2O”的运营思路

星巴克建立了“官方网站+网络社区+社交媒体”三者紧密结合的线上运营思路。为了更好地实现O2O，2011年8月星巴克还开通了购物网站（starbucksstore.com）。从O2O的角度来讲，星巴克的线上部分已经高效承担了品牌营销、产品销售及客户关系管理的三重作用。因此，在结合移动互联网特点的基础上，通过移动支付领域的不断创新，星巴克的线上和线下已经实现了高效融合。

① 通过社交网络，进行线上品牌推广，推动线下消费转化。2004年以后，社交网络发展日趋成熟，Facebook、YouTube、Twitter先后上线，所以此时通过社交网络进行线上品牌推广的时机已经非常成熟。为了能够在社交网络进行品牌推广，星巴克成立了专门的

社会化营销团队，负责社交网络账号的运营，如图 5-16 所示。在社交网络同顾客互动，不仅分享星巴克的相关信息，还分享转发众多顾客感兴趣的内容。在 Foursquare 上，为消灭艾滋病捐款 25 万美元；在 Google 上，通过 GoogleOffer 捐赠支持美国创造就业的倡议，通过公益提升自己的品牌形象。

图 5-16　星巴克社交网络图谱

② 通过网上社区，鼓励线上反馈，改善线下服务。2008 年，舒尔茨的回归使得星巴克的互联网之路走得更加顺畅，更加精彩。舒尔茨回归不久就指出了重视用户反馈的重要性，并发布了 MyStarbucksIdea 网上社区。在这个网上社区，客户可以针对星巴克的某个问题提供自己的建议和思路——对星巴克留言、评论星巴克的产品、进行优惠互动，从而帮助星巴克听取群众意见，更好地融入群众中。这样最终提升了星巴克的服务品质，赢得了消费者的信任，尤其建立并提升了星巴克在年轻消费者心目中的品牌形象：关注顾客，聆听顾客，关注服务。

③ 通过免费网络，提供上网服务，吸引线下消费。提高客户黏性是每个企业乐于追求的目标。星巴克在这方面自然不甘落后，开创了一种独特的零售体验——为客户提供除工作场所和家庭外的“第三空间”。星巴克咖啡的核心客户群在 25 岁到 40 岁之间，经过长期的市场调研，星巴克发现这部分群体每月平均进店消费 18 次，其中 90%是互联网用户，并且越来越多的顾客会带笔记本电脑喝咖啡。针对这种情况，星巴克提出了吸引顾客上门和停留更久的前瞻性措施——提供无线上网服务。

④ 移动 App，第一时间传递星巴克新消息。2009 年 9 月星巴克正式上线了其第 1 个客户端 myStarbucks，主要作用是帮助用户能更快捷地查询到附近的星巴克店铺及星巴克的菜单饮品信息。该客户端不仅帮助客户在第一时间了解到星巴克的相关信息，节省客户询问时间，同时还能够帮助客户避免不懂星巴克的尴尬。通过该客户端，星巴克在一定程度上快速提升了消费者的新品认知速度，同时拓展了促销渠道，降低了新品推广成本。

⑤ 移动支付系统，引领便捷支付习惯。2011 年，星巴克在其客户端中整合了移动支付功能。其具体的操作方法是：消费者通过向星巴克 App 中的数字“星巴克卡”充值，之后星巴克店的收银处通过扫描二维条码进行支付。该功能推出后，每周通过手机支付的订单超过了 100 万笔，仅仅半年的时间，交易数量就达 6 000 万笔。2012 年 11 月，星巴克正

式在其门店使用 Square 服务。2013 年 1 月初，星巴克在其美国 7 000 多家门店开售 Square 刷卡器。为了打开市场，星巴克采取的促销方式是只要 10 美元购买激活就送用户 10 美元余额。通过 Square 钱包，用户可直接同信用卡或借记卡账户关联，并通过点击支付或扫描二维码支付。同时，该程序还有一些附加功能：允许用户搜寻附近的企业、浏览商店和菜单信息、检查交易历史、定位商店、核对返点服务等。

⑥ 基于 LBS 的 Mobile Pour 服务送咖啡上门。很多人都遇到过这么一种情况：在某一地点，没有星巴克，但是自己却又特别想喝星巴克咖啡，这时人们总是着急却又无可奈何。2011 年 4 月，星巴克官网宣布，在全美七大城市推出基于地理定位的服务 MobilePour。这项服务是为了满足那些想喝，但又在附近找不到星巴克门店的用户所开发的。用户下载 MobilePour 之后，只需在手机上确定自己的位置并下订单购买星巴克咖啡，很快踩着踏板车的咖啡配送员就会给用户带来惊喜——一杯香浓的星巴克咖啡。同时，为了保证配送速度，星巴克在七大城市的门店的每平方英里的范围内安排两名专职的咖啡配送员。

⑦ 早安闹钟 Early Bird 改变顾客生活习惯。有一个词相信大家都不陌生——拖延症，不到最后一刻不去做一件事情，拖延睡眠更是如此。每天清晨，很多人都深深受着不想起床和不得不起床的双重压力折磨，闹钟拖延了一会，再拖延一会，直到最后一刻。现在一款充满动力的星巴克 Early Bird 闹铃产生。

EarlyBird 是一款别具匠心的 App 闹铃，是星巴克 2012 年在其星巴克 App 中新添加的一项功能。这款闹钟区别于其他闹钟 App 的地方在于：用打折咖啡的鼓励诱惑顾客起床。用户在设定的起床时间闹钟响起后，只需按提示点击起床按钮，就可得到一颗星，同时如果能够在一小时内走进任一星巴克店里，凭手机应用记录就能买到一杯打折咖啡，迟到作废。之后，还可以将自己的起床信息在 Facebook、Twitter 上同朋友们一起分享、评论。

⑧ 同微信合作社交礼品体验，打造咖啡版的“微信红包”。2016 年 12 月，星巴克和腾讯宣布达成战略合作，中国大陆近 2 500 家门店接入微信支付。微信用户通过访问社交礼品体验“用星说”，可以在线购买礼品卡送给自己的微信上的朋友，受赠方收到的卡片自动存入卡包并可在门店兑换使用。在送礼的过程中可以自主发文字、图片或者视频。

微信的社交互动功能带来的趣味社交、数字化体验带来的便捷，星巴克让消费者自发地帮助它提升品牌的温度和黏性。用户购买卡片并赠送给微信朋友的同时，附带祝福语、图片、视频等心意素材可以自由发挥，这种一对一的体验有点类似微信红包，但形式更多样，可以说是咖啡版的“微信红包”。微信卡包产品服务，使用户走到门店时，卡片会自动置顶。线上送礼、线下使用的礼品体验，能够加强用户和用户之间的互动，实现用户和品牌的连接，也能缩短用户和门店的距离。

4. 创新与特色

（1）文化理念的创新，星巴克的门店不只卖咖啡，也传递文化

“来，先让我们享受一杯星巴克”，独特的星巴克体验和“第三空间 ”，是吸引人们迷上星巴克的原因。在专注于咖啡品质的同时，星巴克致力于邀请更多的人来分享这一独特的咖啡体验，创造出一种在家和工作场所以外的“第三空间”，使每个来到这里的人，在品味咖啡的同时，更获得一种咖啡延伸出的情感体验，而这也正是星巴克咖啡氛围最经典的诠释。星巴克的成功精髓在于，它让咖啡不仅仅只是一种饮品，而通过咖啡这一载体

传递一种生活方式和文化。

（2）本土化体验，星巴克的粽子入乡随俗，调制“中国味”

星巴克除了卖来自西雅图的咖啡，还卖“中国味的粽子”。星巴克在为消费者提供始终如一的星巴克体验的同时，也同时强调产品和服务的个性化，不断给消费者带来愉悦和惊喜。例如，在美国，星巴克的小型门店生意很好，因为办公室职员早上常常会在上班路上匆匆买个培根干酪三明治；而在中国，消费者看重的是休闲空间，如可供他们在下午放松一下的沙发，因此，星巴克力求加入更多的中国本地元素，在门店设计、地方食品和饮料供应等方面，完美地将当地习俗融合到星巴克体验中。

（3）人文情怀，星巴克的“伙伴”计划将心注入，员工即品牌

在中国，星巴克有 1.2 万名“伙伴”，未来两年还将增加到 3 万人。有这么多的员工，意味着要承担责任，而不只是仅仅以挣钱为目标。星巴克做品牌营销的方法非常不同，不是通过市场营销，不是通过广告，而是通过门店的体验，让客户获得真正的星巴克体验。激发并孕育人文精神——每人、每杯、每社区，这是星巴克的使命。每一杯小小的咖啡，都承载着舒尔茨先生“将心注入”的理念。而星巴克伙伴通过精心制作每一杯完美的咖啡，来传递一种独特的体验和精神，把每一个人紧紧联系在一起。

（4）全渠道融合，引领消费者在社交媒体推广

在英国伦敦市中心的星巴克，有这么一位个性鲜明的咖啡师，他的名字叫 Lafitte。在闲暇之余，他会收集消费者喝完留下的纸杯并带回家中，然后在纸杯上画出精美的涂鸦并且附带上消费者的名字，当消费者有幸再回到店内的时候，Lafitte 会亲手将这件艺术品交还给那位消费者。欣喜若狂的消费者会直接将这些杯子上传到不同的社交平台，久而久之，光顾这家星巴克门店的消费者越来越多。

用户主动上传这些杯子到社交平台，成功地引起了品牌营销，似乎是星巴克和其他零售商在社交媒体战略上的不同之处。利用用户的主动性来传播品牌，会走得更远更广，因为星巴克懂得消费者的心态。

（5）个性化优惠和会员积分奖励，增加用户忠诚度

星巴克通过手机应用这个渠道同自己顾客沟通交流，不断发放优惠信息，提供免费饮料和一些生日礼物，增加用户黏度和互动性。

通过植入移动端的积分奖励措施，成功地替代了传统的星享卡（中国大陆市场用户还无法享受此服务）。星巴克除了能够不断地保持同用户的黏度，还能从它的用户使用的手机应用来获得更多的数据。

5. 经验要点

星巴克积极探索 O2O 道路取得了巨大成就，品途咨询 2013 年 4 月发布的文章《美国餐饮企业 O2O 化排行榜星巴克居首》里，美国餐饮新闻网（NRN）以美国主流的三大社交媒体及社交网络（Facebook、Twitter 和 YouTube）为衡量指标，对各大餐饮企业的社交化程度进行了排名，星巴克以 107.09 的总分高居美国餐饮企业社交化排行榜榜首。

① 星巴克的 O2O 实践的成功首先依赖于线下建立好的强大品牌优势。星巴克在 40 多年的发展历程中一直坚持给顾客提供最好的咖啡和最佳的服务，其品牌美誉度受到各方高度肯定。

② 星巴克积极主动尝试新事物，敢于用新技术去改造和提升其传统服务。同其他传统

企业相比，星巴克的创新意识更强，其领导人直接参与和推动线上线下融合，无论从重视程度还是动作力度上都更为果断。

③ 星巴克在利用互联网进行品牌营销和推广方式上的优点是：在进行互联网营销推广时不是以增加新顾客为第一出发点，而是更加重视维护已有的客户关系；通过同互联网和线下已有良好关系的顾客建立新联系，依赖忠实客户在网络上宣传星巴克的理念进行口碑营销，最终达到增加新顾客的目的；举办线上创意活动（如个性签名饮品），通过星巴克的奖励项目（My Starbucks Rewards），鼓励顾客积极分享，以加大网络传播广度；星巴克一向坚持公益，在网上推广时注重把品牌营销同公益紧密结合，号召网民在参与的同时提高自己的美誉度。

④ 星巴克采取全平台营销，而且根据Facebook、Twitter、Pinterest等平台的不同特点来进行对应的运营及开展有针对性的活动。

相比星巴克线上高效承担了品牌营销、产品销售及客户关系管理三重作用，中国绝大多数餐饮企业并没有从战略上重视线上的作用。虽然很多中国本土餐饮企业已经开通了相关的社交媒体及社交网络账号，但同国外餐饮企业相比，中国本土餐饮企业利用社交媒体或社交网络的能力还非常弱。观察中国Top 30本土餐饮企业的官方微博发现，绝大部分企业的官方微博还处于摆设阶段，粉丝少、微博数量少、同粉丝沟通少是它们的共同特点。

O2O线上线下结合是未来的趋势，中国本土餐饮企业应该积极适应变化，用互联网理念和思维武装自己，尽早建立专业团队，统筹企业的线上营销和销售业务；积极学习和适应社交网络及社交媒体，确保企业品牌在各大平台上的正面曝光；坚持创新，以创意结合礼品赠送等形式来加强同线上用户及粉丝的交流，根据线上意见反馈来完善线下服务，找到线上和线下的融合点，以O2O思维努力打造企业未来的核心竞争力。

案例 5-2 移动餐饮 O2O 之外卖平台——饿了么

分析“饿了么”之前，统一两个概念，了解餐饮O2O外卖市场的基本概况。

① 餐饮 O2O。餐饮交易和服务同时涉及线上流程（包括但不限于支付、下单等）和线下实体服务或体验，包括商家通过让利，吸引消费者在线下单，然后线下消费；以菜谱为切入点建立社区，锁定目标用户，通过平台自身的用户黏度，引导用户完成线上下单的交易闭环；餐饮商户将产品通过外送的方式销售出去的外卖服务；为餐饮企业提供软件工具类产品服务，等等。

② 外卖 O2O。这是指以互联网为媒介，连接用户和线下餐饮企业，借助互联网信息平台，以外卖资源整合为核心，以用户需求为导向，为用户提供丰富的外卖信息及便捷的外卖服务，使用户可以足不出户进行线上订餐，并享受外卖服务同时为餐饮企业提供了一个新的销售和营销渠道，实现营业规模的扩张。

艾瑞咨询统计数据显示，2015年中国餐饮O2O市场规模为1 615.5亿元，占餐饮行业总体的比重为5.0%，预计2018年餐饮O2O市场将达到2 897.9亿元的规模。其中，2015年餐饮外卖O2O市场规模为442.4亿元，预计2018年将突破1 500亿元。大众点评、阿里巴巴、腾讯和美团纷纷布局外卖订餐领域，外卖 O2O“跑马圈地”大战开启。外卖 O2O为何能受到这些巨头的青睐呢？最主要的是餐饮外卖O2O是移动互联网高黏性平台，而移动互联网最显著的特征是去中心化，这种特征让移动互联网很难再有一家为大的移动平台。正因为如此，各大巨头都在寻找具有高强黏性的移动入口。

外卖是我们生活的某种刚需，用户黏着力足够强，用户活跃度强及重复使用程度高等指标都昭示外卖平台将有机会成为重要的移动互联网入口，所以各大互联网巨头都在纷纷抢占外卖市场。餐饮外卖 O2O 发展呈现着以下几点趋势。

① 外卖平台差异化发展，规模优势渐明显。外卖 O2O 的战局中，暂时形成了由饿了么、百度外卖、美团外卖三大实力外卖平台组成的综合类阵营，以及一些在垂直细分领域做精、做强、做专的小而美企业。随着互联网巨头的 O2O 布局、并购和补贴，综合类企业将占据大部分市场。

② 白领为主的中高端外卖市场需求旺盛。外卖白领市场规模已超过学生市场和社区生活市场，未来增长强劲。白领用户更愿意为高品质和服务买单，用户忠诚度更高。未来，外卖白领市场的竞争关键点还是要落到餐户的正规、卫生，平台的配送效率和用户体验上。中高端用户对外卖准时性、品质和服务提出了更高要求。

③ 外卖逐渐提高对餐饮安全的重视，由烧钱扩展转向品质为先。在“3・15”之后，新闻媒体对外卖平台食品安全的曝光，引发了人们对外卖安全的担忧，餐品安全决定外卖平台的未来发展。外卖平台可通过采取对入驻商家进行证照审核、资质审查、日常巡查等多种方式保障餐品安全。

④ 外卖配送转向派单模式，更精准高效。服务体验是用户第一看中的因素，从打车软件滴滴、快的，外卖平台百度外卖、达达等来看，订单已从抢单转向派单。

⑤ 外卖物流向全品类同城配送发展。随着大数据的应用，技术的进步，外卖 O2O 平台经过不断的发展，其物流配送体系和供应链管理体系将更加稳定和完善。未来，可以扩展衍生出更多像生鲜配送、百货、商超、维修、医药、送洗等服务。

1. 基本概况

餐饮外卖订餐平台“饿了么”是中国目前最大的餐饮 O2O 平台之一。它成立于 2009 年 4 月，起源于上海交通大学闵行校区，主要业务是线上外卖订餐。“饿了么”整合了线下餐饮品牌和线上网络资源，让用户可以方便地通过手机、PDA 及电脑搜索周边餐厅，在线订餐，享受美食，为用户提供一种健康、年轻化的饮食习惯和生活方式，如图 5-17 所示。店家可以在订餐平台作推广，还可以通过用户留言等方式同食客进行沟通和交流，用于改善服务，提高竞争力。

图 5-17　饿了么 App

作为中国餐饮业数字化领跑者，“饿了么”秉承激情、极致、创新的信仰，以建立全面、完善的数字化餐饮生态系统为使命，为用户提供便捷服务、极致体验，率先提出了网上订餐的概念，为餐厅提供一体化运营解决方案，推进整个餐饮行业的数字化发展进程。

2. 发展历程（大事记）

2009年4月，“饿了么”网站正式上线；9月，推出餐厅运营一体化解决方案；10月，日均订单突破1 000单。

2010年6月，推出超时赔付体系，建立行业新标准；11月，手机网页订餐平台上线。

2014年5月，“饿了么”获得大众点评8 000万美元投资，成为其深度战略合作伙伴。

2014年9月，公司员工超过2 000人，在线订餐服务已覆盖全国近200个城市，用户量1000万，加盟餐厅近18万家，日均订单超过100万单。

2015年1月，“饿了么”完成E轮融资，获中信产业基金、腾讯、京东、大众点评、红杉资本联合投资3.5亿美元。

2015年6月，食材供应平台“有菜”启动，7月试运行，8月正式上线。覆盖全国8个城市，2015年年底覆盖中国经济活跃的大中城市，并在11月底打通“饿了么”外卖平台商户。

2015年8月，“饿了么”获华联股份、中信产业基金、华人文化产业基金、腾讯产业共赢基金、京东、红杉资本中国6.3亿美元F轮融资；宣布推出网上订餐开放配送平台，主打即时配送和开放平台概念，蜂鸟系统将支持这一平台。即时配送，就是依托社会化库存，可满足45分钟内送达要求的配送方式，是应O2O而生的物流形态。

2015年11月，“饿了么”自营配送队伍已超过6 000人，标准人效达每人每天35单，蜂鸟团队及众包配送员更是超过50万人，覆盖全国300多个城市；“饿了么”和“滴滴出行”合作落地，未来双方将携手共同搭建两轮电动车加四轮汽车的“2+4”同城配送网络。

2015年12月，“饿了么”和阿里巴巴签署投资框架性协议，阿里巴巴投资“饿了么”12.5亿美元，占股“饿了么”27.7%，成为第一大股东。

2016年3月，“3·15”晚会上“饿了么”被曝光，“饿了么”表示，吸取“3·15”曝光事件的教训，将在下阶段采取包括开放监督热线、建立第三方监管企业内审核人员弄虚作假一经发现一律开除在内的多项措施。

2016年4月，“饿了么”与阿里巴巴及蚂蚁金服正式达成战略合作协议，“饿了么”同手机淘宝、支付宝进行合作，阿里集团在云计算和地图服务领域也会同“饿了么”展开合作。

2016年5月，“饿了么”宣布，将同阿里巴巴集团旗下全球最大的移动生活消费平台手机淘宝联手推出首届“5·17饿货节”，活动将联合全国近300个城市的10万家商户。

2016年6月，在“饿了么”媒体开放日上，正式对外宣布当天的订单量突破500万，成为继淘宝、滴滴打车之后第三的互联网交易平台。

2017年1月，“饿了么”联合上海铁路局宣布推出“高铁订餐”服务，全面覆盖上海铁路局辖区内的所有高铁线路。

2017年1月，“饿了么”同Today、上蔬永辉、屈臣氏、7-Eleven等4家便利店优质品牌达成合作。

3. 产品与服务（运营模式）

（1）打造从外卖配送转型全时段多品类的O2O配送交易平台，形成差异化优势

“饿了么”实现早餐、午餐、下午茶、夜宵等订餐服务全时段覆盖，品类上包括早午晚餐、下午茶、生鲜水果等，致力于社区O2O，把更多商超的资源放到“饿了么”的交易平台。2015年，“饿了么”推出的“外卖早餐市场”，订餐模式简单，价格实惠；采用“T+1”订餐模式，用户可预订第2天早餐，选择国际国内知名连锁餐厅供餐，价格6～8元；质量有保障，取餐体验优化——合理安排取餐时间，每栋楼都会设立一个分餐点，并根据用户上班时间进行协调，保证早餐的温度和价值；分餐员经过专业培训，有专业的口罩及手套，保证食品卫生。

（2）自建“有菜”原材料采购平台，发力前端供应链

为了打通外卖平台商户，“饿了么”自建“有菜”原材料采购平台，打造B2B轻模式运营交易平台，不做自营，品类以蔬菜、禽蛋、水产、调味品、冷冻品等为主，为中餐厅提供食材。“有菜”通过“饿了么”平台上对餐厅的大数据积累，为中小型餐厅提供新鲜食材，涉及从餐厅到有菜商城，到渠道批发商，再到物流服务商的整个链条。未来还将有可能开放给C端。截至2016年2月，“有菜”平台已覆盖全国30个大中城市，日交易额突破800万元，累计合作餐饮商家超过10万家，上线供应商2万家，SKU 30万个。

（3）开放物流平台，解决“最后一公里”问题

“饿了么”一直以开放心态，积极探索同外界的合作，通过自营物流、专业第三方物流、闲散的社会化物流几大渠道共同建立起本地生活服务的即时配送生态系统——在全国范围内邀请第三方物流合作，并向加入蜂鸟配送的伙伴提供标准化流程的系统、补贴（奖励基金）、物资、培训等支持。未来，不只是送外卖，更多本地生活的配送也将依托于这一物流平台。“饿了么”拥有本地化流量，用户点餐订单可直接推到蜂鸟系统；订单信息通过蜂鸟系统直接推送给指定的本地第三方配送团队；团队接单后，由后台调度系统派单并规划最佳路线，团队送餐员前往商户取餐；最后完成商品的物理转移，完成整个配送链条，从而完成线上到线下的O2O闭环。

正如“饿了么”创始人张旭豪在接受媒体采访时所说：“‘饿了么’将整合多方力量，搭建区域物流交易平台，服务电子商务流量平台和云端大数据平台，向整个O2O行业提供基础物流、流量和大数据服务，构筑服务业电子商务生态。”

（4）同360公司联手打造“明厨亮灶”工程

为打破外卖后厨这个黑匣子，提高餐饮经营者的食品安全意识，在2016年的“3·15”晚会后，“饿了么”和360公司联手打造“明厨亮灶”工程。摄像头安装后，将对后厨进行全程直播，消费者通过高清的360智能摄像机及云直播平台，可在手机端全程参与监督，对餐饮服务企业的卫生和服务进行评分，并对优质餐饮服务企业进行奖励。

作为第一家在“饿了么”上直播后厨的餐厅，U味外卖的直播间在高峰时有4 000多名网友观看，成为了360水滴直播“明厨亮灶”的热门直播间。未来，预计将有万台360智能摄像机免费安装到“饿了么”的合作商户后厨，全程直播餐厅的出餐流程，将平台上的餐厅品质直接呈现到用户眼前，让外卖消费更加安心。将平台上的餐厅后厨通过直播的方式彻底开放给用户观看，将从根本上解决消费者对食品安全的担忧，也将倒逼商户改进餐厅环境和卫生。“明厨亮灶”工程可以说是外卖行业发展中一个重要的里程碑。

4. 创新与特色

（1）全方位提升用户体验，做行业创新引领者

随着竞争格局明朗、用户群体扩大和细分市场的形成，外卖行业竞争进入新阶段，服务和体验成为三大外卖平台比拼的焦点。“饿了么”从外卖品类、自配送等方面切入，着力构建核心竞争力，更佳的用户体验成为继续领跑的关键。

① 同阿里云合作研发出新的人工智能ET调度引擎，全面推行到外卖送餐领域。通过大数据和人工智能技术的应用，外卖平台不断提升其智能配送系统，综合考虑到用户、商户体验，判定出配送最优的方案，提升外卖配送人员的调度效率，同时借助地理信息、平台累积数据，预测外卖需求，实现精准营销。

② 同国际知名的食品安全机构Intertek天祥集团合作，在全国范围内对“饿了么”平台的线上餐厅进行线下核查。核查员们将通过“明察暗访”“神秘买家”等手段，对该店铺进行实地审核，证实餐厅“此地有此店”“此店有此证”。

③ 推出“准时达”业务，如果餐品确认送达时间超出承诺时间，“饿了么”将立刻赔付用户无门槛红包，“饿了么”也因此成为业内第1个推出类似业务的平台，从而在配送时效上提升了用户体验。

④ 发力品牌外卖，汉堡王、肯德基、Costa Coffee等知名连锁餐饮商户纷纷加盟饿了么品牌馆，吸引了大批中高端消费者，品牌知名度迅速扩展至更广大的市场。

⑤ 继续壮大自配送队伍，在全国近20个一、二线城市均有分站，基本覆盖了国内的主要中高端外卖消费人群。依靠自主研发的风行者App和帕拉丁配送调度系统，自配送平均送达时间不超过45分钟，居业内领先水平，受到广大用户的青睐。

⑥ 千人客服中心，提升客户体验。2015年3月，“饿了么”客服中心由上海迁至河南新乡，启动千人规模的客服中心项目，在全国客户联络中心的办公室墙上，挂着“充分理解客户的需求和意见抱怨投诉”“我们的责任是向每一位饿货负责！”。作为“饿了么”同客户沟通的纽带，客服中心可以为客户提供电话、邮件、微博、QQ等多种服务形式，并提供7×24小时的全天候服务。

（2）引领“即时配送”，从餐饮外卖平台到O2O到家服务

移动互联网的普及带来到家服务的兴起。社会化仓储、45分钟必达的新型物流——即时配送，正颠覆集约化仓储、按天计时的传统物流，成为城市的一道新风景。作为“即时配送”概念的提出者和早期实践者，“饿了么”积累出相当多的实用经验，打造网格化的物流体系，让“即时配送+线下零售业”成为一种重要的新零售形态。

“饿了么”不是一家只做外卖的互联网公司，而是具备更多的延伸空间。这才是平台企业真正的价值所在，意味着外卖可能只是个起点。因外卖而搭建起来的服务框架，在未来可能因平台效应而不断发酵，衍生出更多的产品和服务，如图5-18所示。正如张旭豪在“饿了么”内部年终颁奖礼的讲话：“我们以前的口号是‘叫外卖上饿了么’，现在要转化成‘美好生活触手可得’。我相信‘饿了么’今天不是只能提供早餐、午餐、下午茶、咖啡、蛋糕、晚餐、夜宵的服务，随着物流能力越来越强大，我们能够提供更多的上门服务。”

（3）服务场景延伸，开启新的想象空间

“饿了么”联手上海铁路局，把服务场景延伸到高铁上。2017年1月春运首日开始，专门负责上海铁路局高铁动车餐饮服务的上海华铁旅客服务有限公司同“饿了么”牵手，在25趟高铁上推出“饿了么”平台预订和即时订两种订餐服务，乘客只需动动手指头，不用离开座位

就可以吃上自己合意的餐食。那么，“饿了么”进军高铁市场，传递出哪些信号？

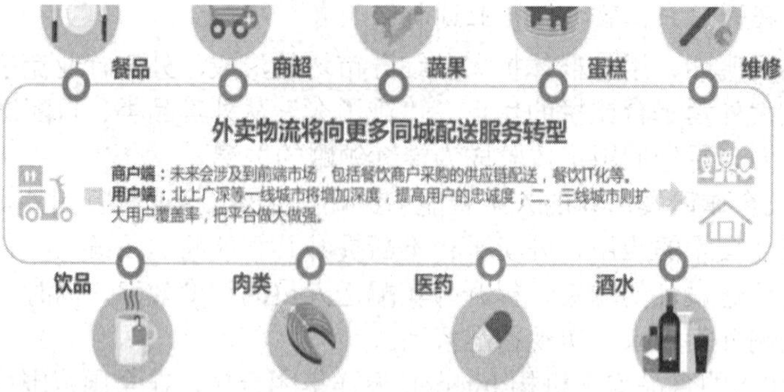

图 5-18　外卖 O2O 行业物流配送发展趋势

首先，公共服务领域正在逐渐开放化，积极拥抱移动互联网，利用技术赋能，打破原有的供需信息不对称，优化用户体验和企业的经营效率。以“用户体验为先”的经营理念，主动升级服务，预示着未来餐食供给端的竞争升级。

其次，“饿了么”的外卖消费场景进一步延伸。未来不仅可以在家、在办公室，也可以在公共服务领域预订外卖。例如，热门景点、铁路、机场、海运等消费场景，让移动互联网的连接价值进一步发挥。尤其是“饿了么”建立的蜂鸟物流配送网络，让外卖连接的门店服务半径拓展了，让餐饮选择的物理距离延伸了，引入更多的供给端竞争，必然能提升餐食的体验，让专注口味、服务的优质餐饮商家获得更多订单，脱颖而出。

最后，“饿了么”借助了高铁、航空等垂直场景，拓展了极为精准的高价值的商旅人群。结合“饿了么”平台上过去的用户消费数据，未来可以深挖他们的消费潜力。例如，提供针对商旅人士的健康餐、专属餐厅推荐、会员卡服务、同银行合作发行虚拟信用卡等衍生服务。

5. 经验要点

外卖 O2O 平台现阶段面临诸多难题，利润空间紧缩、餐户审核难把控、市场定位不清及同质化竞争严重是现阶段外卖 O2O 平台面临的主要问题。外卖 O2O 市场虽已形成巨大市场规模，但并没有形成成熟的盈利模式。在外卖竞争激烈的市场下，外卖 O2O 三大平台几乎没有任何行业壁垒，同一商品各平台间的价格几乎无差异，谁代替谁对于用户来说都没有任何损失，谁能够保证安全并且提供更高品质的服务谁就能代替对手争取到用户的信任。

对于消费者的而言，互联网的红利已经极大地方便了日常生活，希望通过手机 App 点餐能得到安全可口的食物；对于商家而言，互联网给实体经济带来了冲击和挑战；对于外卖订餐行业翘楚的“饿了么”而言，如何平衡“饿了么”、商家、消费者这三者的关系和利益是一条长远而又艰险的路，也关乎外卖 O2O 市场的前景。有超过 7 轮的风投融资（见表 5-2），“饿了么”需要的是稳固并扩大的行业领先优势和市场份额，进一步提升品质，为用户和商户提供更好、更全面的服务，最终回报投资方。

① 烧钱买用户是基础，能否黏住用户才是成败的关键。互联网流量思维的商业模式是：第 1 步花钱买用户，第 2 步黏住用户。“饿了么”超过 7 轮的风投融资，通过烧钱买用户，然后再黏住用户，其实质是用资金换时间，通过补贴稳住用户，给它时间来改造这个产业。快餐外卖行业有个 721 法则，即用户体验 70%取决于送餐速度，20%取决于口味，10%为

其他。显而易见，送餐速度决定餐饮外卖的生死，因此有人形容餐饮外卖为“生死时速”。配送是制约餐饮外卖发展的关键问题，自建配送队伍是解决餐饮外卖行业的痛点——配送效率低的最好方式，才是决定其成败的关键所在。

表5-2　“饿了么”风投融资情况

融资轮次	时　间	融资规模/美元	投资方
A	2011年3月	100万	金沙江创投
B	2013年1月	350万	经纬中国、金沙江创投
C	2013年11月	2 500万	红杉资本中国、经纬中国、金沙江创投
D	2014年5月6日	8 000万	大众点评
E	2015年1月	3.5亿	中信产业基金领投，腾讯、京东、大众点评和红杉资本跟投
F	2015年8月28日	6.3亿	华联股份、中信产业基金领投，华人文化产业基金、歌斐资产、腾讯、京东、红杉资本等跟投
G	2015年12月	12.5亿	阿里巴巴、蚂蚁金服

② 提升效率或者降低成本，是O2O平台的生存之道。用户使用“饿了么”，是因为习惯吗？习惯的力量的确很强大，但是在商业领域，不过是补充手段或者辅助手段，可以锦上添花，难以构成核心竞争力，在资本烧钱模式下给补贴才是关键因素。降低交易成本，提升交易效率，确保高品质的产品和服务才是O2O平台的生存之道。

③ 连锁门店中央厨房化是外卖餐饮O2O的最佳选择之一。连锁是传统商业的最佳模式，作为O2O平台，如果不能颠覆连锁这种商业模式，那就不如加入到连锁中来——通过互联网的优势在于连锁模式之下改造传统商业，向以中央厨房为加工、仓储、物流基地，大量的连锁门店作为交易前台的“重资产”商业模式转移。新零售兴起后，整个互联网的趋势是由“轻”到“重”，如阿里收购三江购物连锁超市、银泰百货商城以及百联股份进军上海滩商业中心似乎是最好的佐证。

④ 依托阿里系的资源，开辟线下商超外卖服务的新零售领域。从产业链方面讲，“消费者（提供需求）+线下商超（提供产品）+外卖平台（提供用户）”这种模式是成立的。外卖平台拥有大量真实的强需求、高频次用户，拥有大量的消费数据，线下超市拥有用户大量需求的产品，而且线下商超产品更容易被用户信任和接受。2016年“双11”，“饿了么”物流和圆通速递达成了合作，在北京、上海、广州等15个城市开展快递配送服务，进行传统物流的配送试水，而今又大力进军线下商超配送服务。“饿了么”成为另一个天猫超市或阿里新零售的一部分，这个是有可能实现的。

案例5-3　移动在线医疗之医患交流平台——春雨医生

随着互联网个人健康实时管理的兴起，未来传统的医疗模式可能将迎来新的变革，以医院为中心的就诊模式可能将演变为以医患实时问诊、互动为代表的新医疗社群模式。“互联网+ 医疗”的融合，最简单的做法是实现信息透明和解决资源分配不均等问题。例如，类似挂号网等服务，可以解决大家看病时挂号排队时间长、看病等待时间长、结算排队时间长的“三长一短”问题；而春雨医生、丁香园等轻问诊型应用的使用，则解决了部分用户的就诊难的问题。

互联网深度介入医疗服务行业是大势所趋。从医院角度看，传统医疗机构效率低下，资源分布极不合理，三甲医院超负荷运转，同时其他医疗机构却无法高效利用，医疗资源浪费严重，而互联网的介入可以大幅提升医疗资源运用效率；从病患角度看，排队、付费、取单等流程复杂，需要耗费大量时间、精力，体验较差，而互联网的介入能够大幅提升患者的就医体验。我国医疗服务行业市场规模巨大，预计 2020 年将达到 8 万亿元，而互联网对于传统医疗服务产业的渗透才刚刚开始，未来增长空间巨大——大多数医疗服务环节可被互联网深度改造。医疗服务产业链庞杂，分类方式较多，我们简单地将医疗服务产业分为医院内、医院外两大部分。我们认为，互联网对于医疗服务院内、院外两部分均有深度改造空间。

① 院内部分。医院传统的 HIS、CIS 和 GMIS 分别对应管理财务流程、诊断流程和共享流程，而这些系统目前运作效率并不高，患者真实的就诊体验极差，医生对患者疾病管理的细致程度也较差。互联网对于这些系统的改造能够大幅提升运作效率。

② 院外部分。互联网主要对健康数据监测管理（智能穿戴设备等）及患者自我诊断（医患互动 App 等）有所渗透——智能穿戴设备，主要体现为运动手环、移动互联网血压、血氧、血糖、心率、体温、体重监测等设备。

患者自我诊断的移动医疗服务 App 主要有以下模式。

① 疾病管理、医患沟通平台，如“好大夫在线”。

② 在线咨询，如“春雨掌上医生”，广告收入是其主要来源。

③ 药物管理，如“丁香园”的用药助手，医生可用来查询药品说明书、查看用药指南摘要和全文，以及使用常用医学计算工具。

④ 通过医学文献向医生介绍新产品，如杏树林的产品“医学文献”，通过医生的使用来为药企产品提供个性化的推荐，最终向药企收费。

互联网医疗仍然处于摸索和发展的萌芽阶段，成熟的盈利模式并没有诞生。不管互联网以什么样的形态渗透医疗领域，其最终价值都体现为对患者数据的获取能力。以目前初步产生盈利模式的医疗服务 App 和智能健康穿戴设备来看，前者针对用户个性化数据精准推荐个性化药品，通过药企收费等方式实现盈利，这个盈利模式的基础就是用在 App 查询、互动的数据；后者主要采用“硬件做入口、App 做连接、云端健康大数据应用”的商业模式，通过连续监测用户健康体征数据，为医院诊疗监测、为保险公司及时干预减少保费支出，从而产生价值并从中分成，其盈利模式的核心也是用户数据。

互联网医疗市场在细分领域将会进一步裂变与发展。

① 医疗大数据的价值将进一步放大，医疗体系进入智慧时代。医疗的核心在于数据，随着在线问诊、互联网医院、区域医疗信息化等平台逐步搭建完成，企业将积累大量医疗基础数据。通过数据挖掘和数据分析进而构建独特的商业模式，将对互联网医疗企业的发展有极大的促进作用。

② 预约挂号和医药服务仍将是移动医疗行业主要的用户增长点。目前我国优质医疗资源仍然集中在线下，用户移动端医疗需求仍集中在挂号和日常用药服务方面，未来行业中短期内的用户增长仍将集中在该领域。

③ 针对特定人群的移动医疗细分市场将迎来新一轮爆发式发展。随着人们对自身健康

的重视程度和医疗健康支出不断提高，以及各类慢性病、重疾发病率攀升及年轻化趋势，针对特定人群的移动医疗细分市场会迎来新一轮爆发式发展。

④ 互联网医疗企业进一步加速布局跨境医疗。中国跨境医疗市场蓬勃发展，预计 2020 年市场规模将达到 531 亿元，面临着巨大的市场机遇和发展潜力，将成为下一个投资风口，互联网医疗企业会进一步加速布局跨境医疗。

⑤ 医药电子商务呈现 B2C 与 O2O 模式融合趋势。随着 B2C 模式和 O2O 模式发展的成熟，用户对于服务完善性的需求将不断提升，传统药企将扩张线上渠道，网上药店则将同传统药企合作，医药电子商务将呈现 B2C 同 O2O 模式融合的趋势。

⑥ 慢性病管理领域将率先形成服务闭环。对于互联网慢性病管理企业来说，深耕慢性病人群是未来发展的重要机遇与趋势，预计服务闭环将在高血压、肝病、心血管疾病、糖尿病及肾功能衰竭五大慢性病管理领域形成。

1. 基本概况

春雨医生（原名春雨掌上医生）是一个提供真实医患沟通的平台，创立于 2011 年 7 月，11 月份上线，如图 5-19 所示。春雨医生致力于利用移动互联网的科技手段帮助人们把握健康、延缓衰老、治疗病痛，努力给整个医疗体制建立一个更自由的生态，让个人获得健康，也让老百姓“看病难、药价高、保险亏”等问题得到有效解决。

图 5-19　春雨医生 App

春雨医生免费为用户提供了图文、语音、电话等多种方式进行健康咨询，并由二甲、三甲公立医院主治医师以上资格的医生在 3 分钟内为用户进行专业解答。用户可以在平台上进行提问，在 30 分钟内可以得到二甲以上医院医生本人的回复，有问必答。

春雨医生采用了流数据健康管理技术，对多来源数据进行采集并以可视化的表现形式，将用户的运动、饮食、体重、血压、血糖等多种人体数据进行全方位汇总，让用户随时随地了解自身的健康状况。

春雨医生实用、全面、精准的自我诊断功能可以让用户在没有医生协助的情况下掌握医学知识，学习医学常识。它支持多种查询方式，用户可自行查询疾病、药品和不适症状。而在自我诊断的背后，囊括了最全面的药品库和化验检查库、美国 CDC 40 万个样本库、医院药店地理数据库和春雨多年以来积累的超千万件资料的交互数据库。为了保证自我诊断的精准度，春雨医生采用智能革新算法，支持多症状查询和查询疾病发生概率。

除此之外，医生还可以在春雨平台上开设自己的个人网络诊所，对所提供的服务项目和服务价格进行自定义。

对于医生而言，春雨医生不仅可以帮助医生将碎片时间利用起来，让医生以便捷的互联网沟通方式增加收入，树立个人品牌，积累患者，为个人执业做准备，而且可以在医患互动之外加大数据系统辅助，降低误诊率，也可以打破医院界限，进行学术互动，提高整体诊疗水平。

对于患者而言，患者不仅可以随时随地进行快捷问诊，降低时间、空间及金钱成本，而且可以预防过度医疗，让小病不大治，大病不耽误，并且远程会诊和多方意见能使患者对病情知情权得到大幅度提升。

截至 2015 年 7 月份，春雨医生已拥有 6 500 万个用户、20 万名注册医生和 7 000 万条健康数据，每天有 11 万个健康问题在春雨医生上得到解答，是世界上最大的移动医患交流平台。春雨医生已经从一款健康咨询的工具性软件，逐渐进化成了健康管理的平台，提供包括免费问诊、付费问诊、线下诊疗、保险报销、私人医生、国际医疗等全系列的服务。从产品进化到服务，春雨医生从一家纯互联网技术公司转变成一家技术驱动下的医疗服务企业。

2. 发展历程

2011 年 11 月，春雨医生 1.0 版本上线，首创"轻问诊"服务。

2013 年 1 月，春雨医生 3.0 版本上线，实现医生自由定价功能。

2013 年 10 月，推出春雨医生 4.0 版本，上线疾病智能搜索引擎。

2014 年 4 月，推出春雨医生 5.0 版本，上线"空中医院"。

2014 年 10 月，推出春雨医生 6.0 版本，上线 EHR、医疗咨询开放平台。

2015 年 2 月，春雨医生启动服务型电子商务。

2015 年 5 月，春雨私人医生发布会召开。

2015 年 5 月，全国科技周中国务院副总理刘延东亲切接见春雨医生员工。

2015 年 5 月，春雨医生和中国科学院大学共同宣布健康大数据联合实验室正式成立。联合实验室由中科院"百人计划"入选者石勇教授和春雨医生创始人张锐联合担任实验室主任。

2016 年 10 月，创始人 CEO 张锐因急性心梗去世。

2016 年 12 月，春雨国际同 CHA（Cambridge Health Alliance）合作，引入创新基础医疗模式打造以患者为中心的新型社区诊所（家庭医生业务）。

2016 年底，春雨医生同护士上门移动健康服务平台"医护到家"达成双向合作，在春雨医生移动端上线护士上门打针、输液、孕妇护理等相关 16 项健康服务。

3. 产品与服务

（1）春雨计步器

春雨计步器是一款记录每天运动量的免费应用程序，支持记录每日行走步数；根据自身状态，自动测量卡路里消耗，步行高低峰时段实时显示；同好友 PK 步数，并将一天的行走状况通过运动曲线表示出来。它的特点是：耗电量极少，远低于市面上所有计步应用；分时段数据统计，更直观掌握每天的运动状况；独创微信好友 PK，每天随时掌控小伙伴的行踪；自动计算卡路里消耗。

（2）春雨空中医院

2014 年，春雨医生在 5.0 版本中推出了空中医院，这是春雨医生 2.0 阶段。它根据地理位置、科室、医生评价数据去找用户想要的医生，而医生可以在医院发表话题并且开通图文、电话、视频还有私人医生咨询的服务，用户可以进行付费的咨询，这同时满足了用户和医生的需求。这种模式类似于让医生在春雨“开淘宝店”，医生在春雨售卖产品、服务，只要患者愿意买就可以了。这样，患者可以准确地找到自己想找的医生，而不是每次网上咨询都是陌生的、不同的医生，解决了患者问哪个医生的问题。

（3）春雨私人医生（线下诊所）

春雨私人医生服务是春雨医生 3.0 阶段，提供“线上+线下”的全流程就医服务。通过“线上咨询+线下就医”的方式，为会员提供持续的健康管理，包括专属家庭医生，三甲专家预约、完善电子健康档案等。

春雨线下诊所采用“轻资产”模式，即合作医院提供闲置资源，包括场所、硬件设备等，春雨通过网络调配提供医生及服务。线下诊所医生不是全职，但有多点执业资格，医院为流动的医生提供了合法的多点执业场所。春雨医生这种通过“O+O”模式完成“线上健康档案—线上咨询分诊—线下就医”的流程，实现“医院—医生—病人”的精确匹配，能够真正实现医疗资源的合理调配。

线下诊所的坐诊医生均为三甲医院副主任、主任级别的医生，如图 5-20 所示。用户同其线上私人医生沟通，线上医生建议用户线下就诊时，用户通过线上预约的方式同诊所医生约定时间前往诊所就诊。2015 年 6 月，春雨私人医生已经在北京、上海、广州、杭州、武汉 5 个城市开设了 25 家线下诊所。到 2015 年底，春雨将陆续在全国 50 个大中型城市开设 300 家诊所。

图 5-20　春雨线下诊所页面

（4）春雨客厅医疗（居佳医生）

2016 年 4 月，居佳医生举办了品牌发布会。居佳医生原名春雨客厅医疗，2015 年 12 月，春雨客厅医疗从春雨医生中独立出来，由春雨医生控股的子公司北京春雨万弘科技有限公司独立运营。该公司成立于 2015 年 5 月，创始人兼 CEO 为谢呈。

发布会上，居佳医生公布了此前同歌华有线签署的战略合作协议，通过歌华有线的平台走进 560 万户北京家庭，采用线上微信端、电视端同线下社区活动互动，推广“居佳医生”客户端，提供图文咨询、电话问诊、智能自诊、健康助手、健康问卷等形式的健康服务。

开拓慢性病管理这个蓝海，居佳医生从一开始布局就提供垂直类的服务，切入点更强调服务的重要性。居家健康主要是采用文章、视频和讲座的形式，通过微信号和电视端来对用户进行健康教育。居佳医生的三大优势是：团队大部分人有医疗背景，专业性强；团队出身于春雨，互联网意识和能力较好；春雨集团作为公司的母公司，其背后的医生资源、用户资源、品牌资源，能为居佳医生提供很好的帮助。

居佳医生在 2015 年 12 月完成了天使轮的融资，融资金额达到千万元级别，针对糖尿病、高血脂等更多慢病的服务将会陆续上线。居佳医生在慢性病管理领域和春雨医生形成互补，实现共赢，而不是依赖于春雨的单方面支持。

4. 创新与特色

（1）从在线问诊到远程诊疗，提升用户体验及在线问诊的精确度

“春雨掌上医生”设计了两种就医方法：一种是自诊，就是患者单击人体图和输入具体症状，手机会自动作出相应反馈；另一种就是核心的在线问诊业务，在线上患者能够同医生进行实时互动，答疑解惑。

春雨医生是业内第 1 个做在线问诊的团队，春雨医生探索并制定了业务标准：速度快，医生的响应速度一定要有保证；服务态度要好，制定的激励机制要保障患者能够享受到优质的服务；医生专业度要高，有专业的仲裁团队来为平台的医生作评估，供患者参考。

春雨医生对不同的就医场景进行了深度挖掘，以提升产品的用户体验。它主要解决的是在线寻医问药的精确性和匹配度问题，从“搜索获取海量真假难辨的信息”，升级到“真实医生实时问答”，释放医生的生产力；通过更合理地分配医生时间，增加医疗资源供给，提升医疗系统的效率。

春雨医生上线 5 年后，在线问诊依旧是春雨医生的核心业务，从“看病”升级到“治病”，实现从在线问诊到远程诊疗的跨越。春雨医生在现有简单的医患实时互动基础上，逐步引入可穿戴/可植入的医用智能健康硬件监测、医学人工智能辅助和 POCT（及时检验）等循证医学证据，以提升在线问诊的精确度和用户满意度。

（2）打造“‘云医院’+免费开放导流”的全新移动医疗商业模式

2016 年下半年，春雨医生联合贵州省普安县政府、普安县人民医院共同建立“普安春雨云医院”。普安春雨云医院主要提供在线问诊和会诊功能，未来将进一步完善远程实时诊断、电子处方流转、电子病历等功能；春雨医生的线下诊所是想线上导到线下，而云医院是让优质医疗资源下沉到线下去。春雨基于已有的大量医生资源，把这些资源整合，推出互联网“云医院”来实现首诊咨询服务。

春雨医生同步进行了重要战略调整，开始正式向外免费开放其服务，即所有有在线问诊需求的服务商，包括硬件厂商、App、网站、微信公号等，都可以免费接入春雨医生的在线问诊服务。春雨医生的免费开放策略，给有在线问诊需求的服务商提供了增值服务

——通过这些硬件厂商、App、网站、微信公号争取到优质的广告位，成为自己低成本甚至免费的导流平台。百度医生、阿里健康、华为、三星、中英人寿、中意人寿、阳光保险等多类企业、平台相继接入了春雨医生的在线问诊服务。

春雨医生打造的是一个全新的移动医疗商业模式，开线下医院实现业务落地，免费开放则直接把平台用户导流到自己的医院转化为客户，形成咨询—分诊—诊疗的完整闭环。

（3）携手商业保险，探索同用户、保险，医疗机构合作共赢的商业模式

春雨医生于2015年7月正式推出了“私人医生健康管理”服务，借助平台上40余万医生资源，希望逐渐将用户的健康习惯由“治病”转向“治未病”，即通过日常动态的健康监测、健康体检和健康咨询，实现对用户的健康管理，防患于未然，降低疾病风险和患病支出。

春雨医生联合人保寿险，推出了专属私人医生高端健康管理增值服务。春雨医生旗下的私人医生服务团队，借助移动医疗技术，为人保寿险客户提供持续、全面、个性化的高端健康管理服务，通过线上专属私人医生服务，解决客户日常健康咨询、专科疾病就诊、诊后复查等问题，并为客户建立全面的EHR健康档案，帮助客户掌握自身的健康状况，缩短就医就诊时间，减少医疗费用。

春雨私人医生产品在慢性病管理、亚健康人群健康管理、女性健康保健、育儿健康等领域有着广泛的人群覆盖，加上春雨医生线下诊所的运营，覆盖诊前、诊中和诊后的健康服务闭环正在形成，借由健康管理，实现用户、保险、医疗机构的多赢模式也正在逐步实现。

5. 经验要点

（1）互联网医疗现阶段面临医疗政策、专业资源等多方面的困难

首先，国家关于互联网医疗的政策尚未明确，如互联网医院电子处方的认可和医疗数据的监管等，还有待于试点后的政策推动才可真正解决——以目前互联网医疗企业线下开办医院为例，目前审批手续非常繁琐严格，推进缓慢。

其次，由于医疗资源分配不均衡，目前互联网医院仍然很难吸引优秀医生，服务质量不易提高，同线下医院相比在医疗质量上没有优势。虽然国家开放了医生多点执业的政策，但实际上大医院的好医生还是没有足够的时间和动力来兼职。

再次，互联网医疗硬件设备尚处于起步阶段，很多疾病必须到线下医院检查就诊，使得互联网医疗目前可以开展的诊治范围比较有限。

最后，互联网医疗是个新鲜事物，整个医疗体制内的思维是偏好医疗技术，但瞧不起非医学的互联网技术，移动医疗的相关流程标准仍在制订之中，其医疗安全问题尚未得到完全检验，加上之前网络医疗广告事件的不良影响，民众接受起来需要较长的过程。

（2）移动医疗的盈利模式和商业模式还需进一步探索

移动医疗在盈利上存在“先天不足”，国内医疗在门诊费用上同国外相比要低很多，利润微薄，但许多App恰恰是把盈利重心放在诊疗环节。另外，有些移动医疗企业试图在药品上寻找突破，但药企和医院两方都很难接受。政策支持不够，三甲医院同基层医院存在着利益分配的矛盾，是移动医疗难以实现盈利的主要问题所在。

（3）春雨医生后张锐时代的挑战

春雨医生几乎成为移动医疗的代言人，也替行业做了无数的免费模式验证。张锐是春

雨的灵魂，他的离世对春雨的打击无疑非常沉重——无论在品牌代言，战略方向还是融资效果，都有不可估量的损失，同时对整个移动医疗行业而言也是个巨大的损失。好在春雨的品牌声誉和线上业务已经站稳脚跟，庞大的C端用户不会因此离去，业务收入也持续增长，所以生存不是问题，真正的挑战在于线上生态的拓展、同线下医疗的融合及探索更好的盈利模式。

以移动医疗为代表的新医疗行业，仍处在市场培育期，用户就医习惯、支付习惯、配套的保险等支付环境还在缓慢改变，预计真正达到市场爆发点，还需要几年的时间。这个过程，也需要各个参与主体的信心和耐心。移动颠覆传统医疗，其实颠覆的是传统医疗中落后的技术、流程、思维和封闭的利益集团。传统医疗的互联网化在加速，互联网医疗企业也在更多地介入到传统医疗的创新中。两者正在加速融合，新医疗最终会得以构建——医疗整体的信息化、去中心化、移动化是趋势，而不是“春雨”或“秋雨”革了传统医疗的命。

案例 5-4　家装O2O行业的领导者——土巴兔

1. 基本概况

土巴兔——互联网装修领导者，创立于2008年。土巴兔致力于为用户提供省钱、省心、省时间的一站式家装服务，用户可享受在线报价、免费验房、免费设计、免费监理、建材特卖、优质施工、家居电子商务等服务，如图5-21所示。

图5-21　土巴兔App

截至2016年底，土巴兔在全国开通了250个分站，设立了北京、上海、深圳、广州、南京、杭州、苏州等27家分公司，拥有员工数量超过3 000人，汇聚了7万多家正规装修公司、95万名室内设计师、1万多个建材商家，累计服务1 400万个业主家庭。其日均UV（独立访客）已达400万人，占据了互联网搜索家装相关关键词流量的2/3以上，日均订单量已达36 000单。

2. 发展历程

2008年，土巴兔装修网成立。

2009年，土巴兔旗下产品“设计本”上线，注册设计师超过10万人。

2010年，土巴兔推出装修招标，线上月交易额超200万元。

2011年，土巴兔装修招标额全年超12亿元，注册设计师突破40万人，合作装修公司超过5万家，同年获得经纬创投A轮数百万美元融资。

2012年，推出“装修保”服务，同年在深圳、广州、北京、南京成功试行，服务业主超10万户。同年多款移动端应用全面上线。

2013年，土巴兔日均UV突破30万人，土巴兔移动端应用累计下载量突破200万次，累计开通全国城市分站114个。

2014年，土巴兔获得红杉资本和经纬创投共同投资的B轮上亿元人民币融资。

2015年，获得58同城、红杉资本、经纬创投等机构C轮联合投资2亿美元，是迄今为止泛家居领域规模最大的一笔融资。

2015年，土巴兔在北京、深圳等城市试行“云工长”模式，进一步将信息透明化，更好地管控线下施工流程，保障服务质量，在行业内属于新型服务。

2015年，土巴兔和招联消费金融有限公司共同合作推出“装修贷”。这是一款专门为用户解决装修资金周转难的装修贷款分期产品。

2016年6月，土巴兔“云工长”服务正式上线，标志着土巴兔正式进入家装3.0生态时代。

2016年，土巴兔日均UV突破400万人，累计服务业主1 400万个。

3. 产品与服务

（1）装修保

“装修保”相当于装修界的支付宝，是土巴兔装修网为保障业主和装修公司双方共同利益而推出的一项“装修款项托管”和“第三方工程监理”的完全免费保障性服务，为业主装修款和工程质量进行双重保障，同时解决装修公司尾款难收的问题。

“装修保”规范了鱼龙混杂的装修市场，保障了装修公司和业主双方的利益，促进了行业更积极、更健康的发展，赢得了业界的一致好评。随后，土巴兔开始投入大量的精力，着手改变装修过程中施工环节的生产方式，为装修公司和施工队制定了统一的行业标准，提供了统一的生产材料，以重度垂直模式最大限度地确保装修场所的质量，为业主提供标准化的家装服务。

（2）设计本

“设计本”是土巴兔旗下较早成立的一个平台，用户主要是一些个性化业主及设计师、设计公司。“设计本”主要打造的是一个业主、设计师、设计公司和商家的交易平台，汇聚了95万设计师，是目前中国较优秀的设计师交易平台。

（3）图满意

“图满意”致力于让业主找到靠谱的装修公司，在装修过程中为业主保驾护航。在“图满意”上找装修公司可以享受申请免费上门量房、专业设计师免费设计和免费预算报价的专业化服务，图满意可以为业主提供资金保障，装修完成满意后付款。

（4）云工长

土巴兔创新推出“云工长”服务，以创新模式减去了装修当中各种中间环节的费用，实现了业主同工长的直接对话，进一步将信息透明化，同时能够更好地管控线下施工流程，保障服务质量。

4. 创新与特色

（1）打造一站式互联网家装生态平台

土巴兔通过产业链上 1 400 万用户服务数据的积累，成为中国最大的家装需求入口，从 2012 年开始发力家装产业链的改造：上游，汇聚了装修公司、工长工人等多层次的优质家装服务者；下游，对内整合各环节，实现供应链闭环的深度改造。以用户为核心，通过内容、产品、服务、供应链等版块，打通一站式优质家装服务入口，实现业主、设计师、装修公司、工长、建材家居商家的真实互动、共享多赢的家装生态链。土巴兔从互联网家装精准流量平台率先升级为国内最大的站式家装全产业链平台，如图 5-22 所示。

① 丰富的内容入口。土巴兔目前已经掌控了包括家装 UGC、设计 IP、找我家 LBS、评价体系及云口碑的家装大数据。对于家装用户来说，可以依靠这些内容帮助决策，而对于企业而言，可以随时了解用户满意度，搜集用户需求信息。

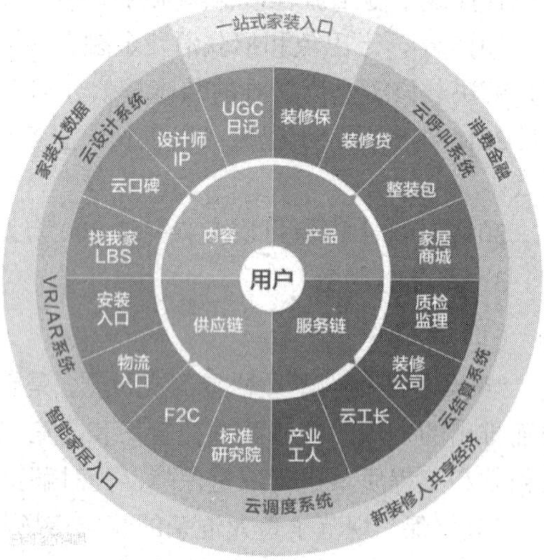

图 5-22 土巴兔互联网家装生态平台

② 创新的产品体系。土巴兔创立以来，相继推出了“装修保”“装修贷”和“整装包”等创新产品，扩展了自身的服务领域，增强了竞争力。这些产品一方面解决了用户装修资金短缺的问题，另一方面通过“装修款项全额托管”和“第三方独立监理”等服务，增强了对工长和工地的管理与把控，保障了装修的工程质量。同时，土巴兔的家居商城还为业主提供高品质的家居建材一站选购、配送、安装等服务，让业主不再为建材烦心。

③ 升级的服务链。土巴兔生态通过不断创新技术实现了施工项目管理的自动化和精细化。具体来说，就是依靠搭建云设计平台、完善质检监理系统和精选装修公司与工长。引进互联网技术，对服务链上的每一个环节都进行优化与升级，提高施工的标准化和专业化程度，为用户提供高品质的装修服务，未来土巴兔会成长为汇聚服务者的平台生态。

④ 完善的供应链。土巴兔一方面从施工和设计管控体系选拔大量的干部，另一方面，跨界引入大量的供应链专家，完善供应链系统设计，打通安装入口、物流入口，建立标准研究院，从而实现 F2C 的直接供给，提高了供应链的资源配置效率，降低了行业成本。

（2）模式创新——云工长，共享经济——提升效率

“云工长”通过大数据、评价、监管等一系列机制，使工长同业主直接对接，优化产业链供给，免除了传统家装对各个环节的加价，为用户提供更透明的服务体验，满足了用户

多样化的需求，如图5-23所示。土巴兔将进一步打通全产业链，重新定义行业标准，建立严格的行业标准和制度。

① 工长的筛选。来自全国各地的一线资深工长；互联网操作、职业道德、职业规范培训，培训通过考核才能正式上岗。

② 工长的管理。定期考核服务态度、装修技艺、工程质量、管理能力、用户口碑等方面；属性划分和评级，形成有效的激励机制。

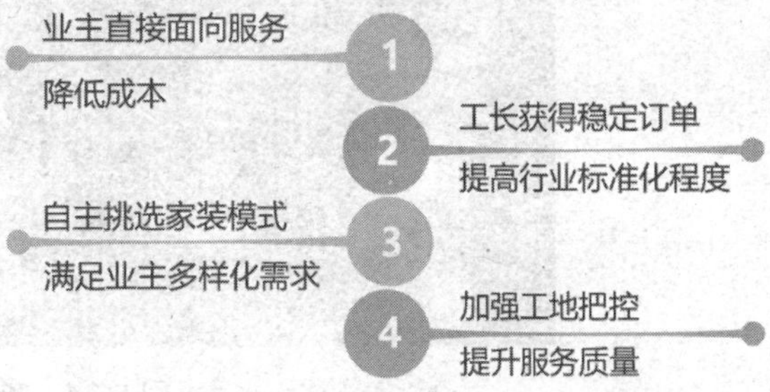

图5-23　云工长模式的优势

（3）从家装入口迈入消费金融领域

互联网家装消费信贷服务能带来单价提升、获客能力提升、资金回流快三重利好，土巴兔联合中国建设银行、招联金融等打通金融和家装领域，利用互联网金融的大数据能力，建立循环、开放、共享的市场生态；推出装修消费贷款，让业主享受先装修后还款的优质服务，全程资金托管和全程质检服务，对装修资金安全和工程质量进行双重保障。

5. 经验要点

纵观土巴兔的创业史，第1步，创业前3年走好流量入口；第2步，利用“装修保”和质检监理模式改造服务链；第3步，加强供应链，打造行业生态。

土巴兔“云工长”模式，在“装修保”和质检员管理下，形成了一个集装修公司、工长和工人的服务生态，为业主提供更垂直的家装服务。“云工长”不仅让工长和工人拥有了一份稳定的收入，也在很大程度上杜绝了业内多年来增项、漏项的积弊。同时，通过这种更为直接和垂直的业务模式，工人从过去的传统家装压榨式的合作中解放了出来，不但获得了更多的回报，也为业主节约了大量的成本，是一种两全其美的新商业模式。

家装行业的链条复杂性衍生出更多的服务项目，土巴兔一方面从施工和设计管控体系选拔大量的干部，另一方面跨界引入大量的供应链专家，完善供应链系统设计，打通物流和安装的入口，建立标准研究院，从而实现F2C的直接供给，提高了供应链的资源配置效率。土巴兔自主研发的智能家居控制和接入系统，实现了智能家居在中国家庭的全面落地，为中国家庭提供了更具人性化和智能化的家。通过土巴兔智能家居平台，用户可以享受到智能电器调控、安防报警、健康监测、家庭娱乐等服务。土巴兔绝不仅仅是做一家全国最大的网络家装平台，更应该做成一个未来智慧家庭的入口和最大的智能家居运营机构。

案例5-5　移动在线教育——智慧树

1. 基本概况

智慧树网是目前全球最大的学分课程共享平台（见图5-24），在国内拥有超过1 900家高等院校会员，覆盖超过1 000万名大学生。智慧树网帮助会员高校间，实现跨校课程共享和学分互认，完成跨校选课修读。

图 5-24　智慧树 App

智慧树网致力于成为全球最大的教育运营服务商，独特的“平台+内容+服务”三位一体的业务模式，帮助高等院校完成优质课程的引进和服务配套落地；通过观摩和分享名校名师的优质课程设计，帮助教师完成教学发展培训，协助教师建设新课程，实现教法改革，促使本校教学产生内生动力。在几年的服务过程中，智慧树网积累了丰富的服务经验，通过完善服务的基础设施，建立了全国服务专业团队，来应对大范围、大规模教学服务交付的挑战。

2. 发展历程

2009 年 4 月，智慧树大平台研发启动沉浸式直播教室。

2012 年 12 月，智慧树大平台上线运营，沉浸式直播教室成功试运行；上海高校联盟成立。

2013 年 4 月，东西部高校联盟成立。

2014 年 3 月，高校会员 105 所。其中，985 大学 27 所，211 大学 68 所，覆盖 300 万名在校大学生，已开发共享课程 45 门，已完成教学近 10 000 人次，课程修读合格毕业 8 000 余人，在读学生超过 2 亿人。

2016 年 10 月 25 日，智慧树所属公司上海卓越睿新数码科技有限公司宣布完成 B 轮融资。本轮融资涉及金额超过 3.5 亿元人民币，新浪成为新股东。

3. 产品与服务

（1）创建在线大学，实现在线教育运营

① 本校课程的推广及招生。

② 外校课程的选择和学分认证。

③ 各类课程教学管理服务。

（2）创建联盟在线服务平台

① 帮助联盟实现课程交换认证机制。

② 帮助联盟成员进行课程推广和招生。

③ 为联盟成员提供公共服务。

（3）线上线下教学、管理、收入等服务支持

① 开设课程，完成课程教学工作。

② 课程的推广、招生、结算。

③ 社交网络服务、移动平台服务。

（4）学习更多的课程，获得更好的效果

① 移动平台服务。帮助机构或教师进行课程的教学设计和培训、课程开发过程组织、课程资源制作、在线教程制作服务等。课程的教学模式多种多样，包含在线式或混合式，形式包含本校课程的推广及招生、外校课程的选择与学分认证、各类课程教学管理服务。

② 课程。杏林探宝——带你走进中药；惩罚犯罪与保障人权的标尺；20 世纪西方音乐；视觉信息设计；航空航天概论；演讲与口才；中国诗书画印之四维解码；中医药与中华传统文化；数学大观；人类与核科技发展；20 世纪的世界；时装文化与流行鉴赏；上海社会与文化；古典音乐欣赏；大学化学；翻译有“道”；唐诗宋词人文解读；教你成为歌唱达人；演讲学；关爱生命——急救与自救技能；跨文化沟通心理学；思想道德修养与法律基础；中国功夫与经络；珠宝鉴赏；开启疑案之门的金钥匙——司法鉴定；生命科学导论；公共关系学概论；大学计算机基础；Visual Basic .NET 程序设计；信息素养系列讲座；走近经络；大学物理；大学生创业基础；咖啡文化与制作艺术等。

4. 特色与创新（见图 5-25）

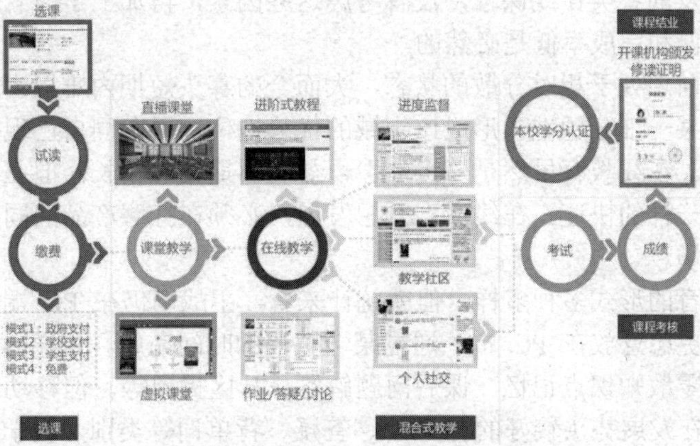

图 5-25　以学生为例的服务流程

① 一体化。从课程开发、课程管理、选课缴费、课堂教学，到在线学习、修读证明的教学全过程服务。

② 社区化。以学生兴趣为导向的各类教学社区、社团，提高学习的积极性、互动性。

③ 人性化。满足学生个性化教学需求，提供个人社交网络，提供便捷的移动应用服务。

④ 碎片化。采用翻转课堂的教学模式，以短小精悍的课堂视频、知识卡，支持学生碎片化的高效学习。

⑤ 高互动的教学方法。线上结合线下的多种教学过程互动，让学生在积极参与中沟通、协作、批判、表达，培养学生素质、提升学生能力。

⑥ 校内校外联合教学。让优质资源共享同个性化教学相结合，促进培养质量。

⑦ 校内校外联合证明。学生获得开课学校的修读证明，在本校获得学分。

5. 经验要点

① 智慧树网以“平台+内容+服务”三位一体的业务模式，帮助高等院校完成优质课程的引进和服务配套落地，通过观摩和分享名校名师的优质课程设计，帮助教师完成教学发

展培训，协助教师建设新课程，实现教法改革，促动本校教学产生内生动力。在几年的服务过程中，智慧树网也积累了丰富的服务经验，通过完善服务的基础设施，建立全国服务专业团队，来应对大范围、大规模教学服务交付的挑战。

② 智慧树学生端App，可以学习大学课程——仅对在智慧树选课的在校大学生开放，还可以申请海外求学，如里昂商学院BBA和英国BPP。学习大学课程首先要身份认证，观看视频后会有作业及考试，考试合格即可通过该课程。除了大学课程，智慧树还有直播教学，直播内容和时间会提前预告。

③ 为了产生良好的学习体验，必须在课程内容传播和授递上，通过优秀的学习元素（如图片、声音、文字、音频、视频、富媒体、VR、AR等）营造优良的学习氛围。智慧树现有的网络课程在产生心流（即让学生全身心投入心理活动）上的设计太少，如画面枯燥、无味，教师的讲解没有激情等。

④ 让学习产生乐趣，需要有优秀的教学设计，通过精心设计的图文内容等，尽量营造感同身受的学习氛围，从而引发学生的内心共鸣，产生对学习结果产生最大影响的“心流”体验。这意味着课程的开发者不仅需要精通学科知识，也要精通如何让学习变得有趣的心理学。智慧树开发的各类在线课程，没有考虑这些因素，再加上学习者自身的坚持性差，因而学习付费率低和完成率低是必然的。

在线教育目前还处于相对分散的状态，大而全的寡头短期内难以出现。优秀的在线教育企业应多深挖某一细分领域，形成该领域的优势地位，再向同自己现有用户匹配度较高的领域进行扩张。在线教育虽然是“慢牛”，盈利周期相对较长，但在占领市场一定是同互联网其他行业一样的快速。在线教育要想发展，必须在打磨产品的同时，集合足够的资源，迅速占领市场。

目前在线教育的形式多种多样，但就统计来看，主战场仍在PC端。尤其是系统性课程的学习，用户更愿意放在PC端，通过某一整段的时间完成。这样的课程，移动端起到的作用是约课、零散知识点记忆、课后问题解答、社区提问等。但移动端是互联网发展的趋势，移动端现在发展势头较好的有O2O、答疑、背单词等类别，教学研究和新的课程内容重设，将会改变目前终端学习的现状。移动端会成为接下来的主要战场。

未来在线教育的必然趋势有如下4个方面。

① 移动化。移动化是在线教育的必然选择。

② 大数据化/智能化。用数据来实现教育的个性化、智能化。

③ 游戏化/趣味化。在线教育突破的必由之路。

④ 部分替代传统教育。在线教育的可达目标。

知识付费从来没有像今天这样繁荣——伴随着智慧树、知乎Live的火爆，越来越多的平台都开始试验知识付费。2014年，中国在线教育规模为998亿元，同比增长18.9%，2015年突破千亿元规模，达1 191.7亿元。之后预计会有近20%的速度增长，到2018年突破2 000亿元，达2 046.1亿元。艾瑞数据分析认为，随着在线教育创新形式的不断增长，产业格局也在逐渐优化升级，市场规模短期内将平稳快速增长。

第六章

社群电商与共享经济

本章知识要点

1. 社群电商的定义与运营。
2. 网红现象解读。
3. 共享经济模式。
4. 社群电商与共享经济的典型模式与案例

第一节　社群的兴起

一、什么是社群

“物以类聚，人以群分”，这个自古流传的成语，在很大程度上印证了社群的客观存在及其价值。一般社会学家与地理学家所指的社群（community），广义上是指在某些地区或领域内发生作用的一切社会关系。它可以指在实际的地理区域内发生的社会关系，或指存在于较抽象的、思想上的关系。另外，Worsley（1987）曾提出社群的广泛含义：可被解释为地区性的社区；可用来表示一个有相互关系的网络；可以是一种特殊的社会关系，包含社群精神（community spirit）或社群情感（community feeling）。

一群人要形成社群，需要具备两个条件：共同兴趣和沟通方式。具体而言就是要有稳定的群体结构和较一致的群体意识；成员有一致的行为规范、持续的互动关系；成员间分工协作，有一致行动的能力。

随着互联网的发展，消费理念也在变化，由过去的注重产品功能性发展到用户渴望参与到产品中来，也就是有参与度才能提高用户兴趣。社群营销就是基于相同或相似的兴趣爱好，通过某种载体聚集人气，通过产品或服务满足群体需求而产生的商业形态。社群营销的载体不局限于微信等各种线上平台，还包括线下的平台和社区。艾瑞克·奎尔曼在《社群新经济时代》中提到：Facebook、YouTube、Twitter、Plurk 等社群媒体平台在近年迅速走红，它们不只是聊天、玩乐、打发时间的工具，事实上，社群媒体已经彻底颠覆了商业与消费者行为。

社群是任何时代、所有商业都在追求的终极目标，但只有到了移动互联网时代，有了微信这样的工具以后，社群价值才得以体现。当一个社群的相同属性越强烈，目标越精准时，这个社群产生的裂变价值就越大。一个有价值的社群必须具备 3 个要素：①社群的用户群体一定有相同的属性标签；②社群的用户必须有相同的目标；③社群必须有它自己的运营制度。

二、网络社群的发展

国内网络社群历经了十几年的发展，从最初的网络社区逐渐发展成以移动端为核心的，连接人、信息和一切的社群生态。网络社群在内部发展中形成了一套较为固定的模式，即社群从成员聚集、活跃互动，到合理运营再到商业化变现。在这一发展过程中，网络社群也完成了从简单群组到品牌化、专业化群组的过程。下面就是网络社群从 1.0 到 3.0 的演变过程，如图 6-1 所示。

① 中心化的网络社群 1.0 时代。2002 年，QQ 推出群聊功能，使社群形态出现在线上，以人群聚集、信息互通与传递为主要目的。这一社群形态的实质是熟人社群。

② 去中心化的网络社群 2.0 时代。天涯论坛、猫扑、豆瓣兴趣小组等网络社区的出现，使具有相同兴趣的网民聚集，形成了网络社群 2.0 初始形态；人人网、开心网等社交网络的出现，使社群基于兴趣、细分需求的个性化标签更加突出；微博提供了社群内部成员间更多的互动可能性和公共表达空间；微信作为即时通信平台，提高了网络社群的沟通效率，最终使社群电商经济逐步形成。

③ 生态化、品牌化的网络社群 3.0 时代。移动互联网时代，通过社群内的情感交流和新科技的应用，社群以连接一切为目标，不仅仅是人的聚合，更是连接信息、服务、内容和商品的载体。社群呈现生态化、品牌化。

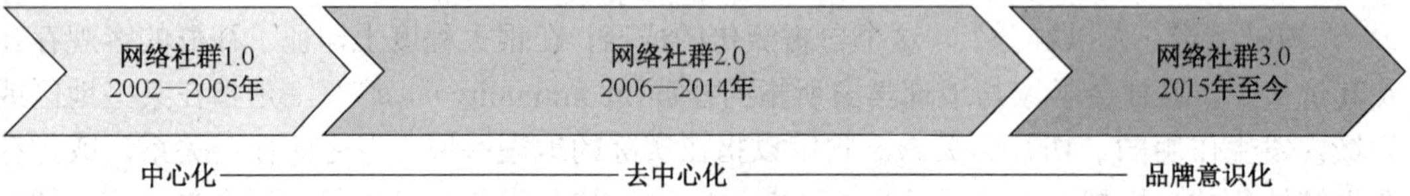

图 6-1 社群发展历程

社群电商主要基于社群的商业生态，将社群和交易相结合，满足消费者不同层次的价值需求，是社会化发展的必然趋势。在商业化方面，网络社群依托于较为完善的支付体系、云服务，围绕自身内容、品牌及圈子进行了多样化的尝试。从发展角度来看，社群电商呈现以下趋势。

① 整体品牌化，并向专业化发展。网络社群在内部与外部都将更加系统化。从内部而言，网络社群需要从社群成员的需求与兴趣出发，不断加强社群内部的联系与社群文化的建设，在管理与运营层面上向更加专业化、体系化方向发展；此外，从外部而言，更加重视社群品牌的定位和品牌形象的建立。社群品牌化是其进行更进一步商业化发展的重要环节，与用户产生品牌共鸣，进而培养社群成员及外部用户的品牌忠诚度，这才是网络社群拓展商业模式的核心与关键。

② 产业链向多维度延伸，社群经济更加多元化。随着网络社群的快速发展，其自身的形态更加多元化，涉及的产业也更加丰富，产业间的合作与融合进一步加深。社群经济以

网络社群自身产业链为核心，在内容、硬件、数据挖掘、支付与金融方面具有较大的发展空间；此外，由于产业环节的增加，社群经济产生了更多的新兴模式。例如，项目孵化、众筹、众包、信息对接与深度合作等都将成为新的商机。

③ 社群服务平台更加全面化、场景化。社群服务平台在网络社群发展各阶段都将制定更加有针对性、个性化的服务方案，从社群入口到交流平台应用，再到营销变现，将社群作为品牌进行整体包装运营，提供全案策划；同时，社群服务平台将结合自身其他业务特色，提供更多拓展性服务，以及更加贴近生活场景与产品使用场景的营销方案与商业变现模式，为社群经济进一步探索提供更多支持。

从网络社群服务产品与技术的角度来看，网络社群服务的整体水平也将在展示平台、运营工具及基础服务技术3个方面有更大的发展和提升空间。网络社群的展示平台从以App为主向微站和应用号发展，甚至不再局限于智能设备，具有更加灵活的形态；在运营工具方面，不同行业的热门功能都将与社群服务平台产生对接与合作，除了当前火热的直播、打赏之外，问答、共享，甚至金融理财服务等更加垂直且互动性高的工具也将成为运营的新形式；云平台在网络社群各业务中的功能性扩展，使网络社群运营更加高效。

第二节　社群的运营

做社群的运营，最核心的是 3 个问题：拉新、活跃、变现。社群的本质是连接，它连接人与信息、人与人、人与商品，通过建立成员之间的信任来降低广告成本、搜索成本和交换成本。例如，黑马会社群的定位是“创业者帮助创业者，创业者学习创业者，创业者成就创业者”，这是连接人与人。再如，产品型社群酣客公社汇聚了众多中年企业家群体中的白酒爱好者，这是连接人与商品。

做公司要有公司的定位，做产品也要有产品的定位，社群也不例外。如果社群定位不明确，那么后续的规划和运营也一定是不明确的，甚至是无序的。社群可划分为如下 6 类。

① 产品类的社群。类似小米、锤子的粉丝群，社群里的粉丝基本上都是产品粉丝和忠实用户，大家关注的是这个产品和品牌。

② 兴趣爱好类社群。其代表者为十点读书等，社群用户追求的是一种身份认同，一种优越感。

③ 知识类社群。代表者为秋叶 PPT，社群用户关注的是自身的成长，因此看重的是社群能否有持续干货输出。

④ 资源类社群。像正和岛、长青会这类，聚集了行业精英的群体，用户主要是拓展自己的人脉资源，希望能达成合作。

⑤ 项目协作类社群。其代表者是人人都是运营等，它是基于直接的物质利益和人脉关系去建立的。

⑥ 混合类社群。其包含上述各类社群，以职业、行业等划分的社群均属于此类，它以BD（business development，业务扩展）为导向，这也是大家关注的重点。

一、社群拉新

了解所创建的社群的分类，也就找到了社群的目标群体，如表 6-1 所示。

表 6-1　社群分类

名　称	社群定位	目标群体
正和岛	高端人脉与价值分享平台	知名企业创始人、高管
天马帮	企业家“互联网+”学习型群	传统中小企业老板、管理者
桔子会	社群电商学习平台	致力于社群电商的从业者
罗友会	罗辑思维自媒体粉丝群	罗辑思维粉丝群体
黑马会	创业者分享、交流、互助、资源对接平台	创业者
酣客公社	白酒粉丝社群	白酒爱好者或白酒极客
孵爱代	致力于新型家庭关系的亲子教育机构	青少年及其父母群体
胖岛剧团	用戏剧的力量为深圳文化发声	戏剧爱好者及胖岛剧团的粉丝群体

有了具体目标后，在社群拉新时，就可以根据社群形成价值所需具备的三要素进行操作，具体步骤如下。

1）根据目标群体来确定实施的具体渠道，重点思考渠道与用户、社群定位的关联性，渠道内的潜在用户存量，以及渠道内潜在用户的活跃度等。

2）分析每个渠道的特性，从而设置不同的推广手段。例如，贴吧论坛是否通过软文来吸引？其他用户社群是否通过大量小号来转化？QQ 群是群发邮件还是群发信息？如何设置邀请机制，等等。

3）确定渠道如何实施。软文写什么？怎么写？社群怎么包装能更吸引高质量用户？社群广告写什么？社群服务（价值）怎么包装？这些问题都是需要认真思考的。

二、社群活跃

（一）要有严格的社群门槛和明确的社群规则

社群成员质量的筛选很重要，是保证社群价值的基础。严格的社群成员筛选，可以让社群健康成长，使社群成员价值高，没有广告党、灌水党。

如果一个社群为了扩大规模，随意地增加新成员，那么这些成员会拉低整个社群的价值，同时那些高质量的成员有可能因为社群价值的降低而流失。提高社群的门槛，目的就是降低社群的开放度。可以通过限制主题、规定内容，甚至收费来达到这个目的。具体概括如下：加人要有节奏；加人要有门槛；加入要守群规；老人要带新人，将社群文化进行传承。例如，黑马会，需填写入会申请表，由相关人员进行审核，申请人需是公司的 CEO 或高管，此外入群需支付一定的年费；秋叶 PPT，不对外开放，群主邀请制，入群有一个条件——才华是门槛；大熊会，很少进行直接招募，想要进入社群必须经过介绍，并需要支付一定费用。

（二）高质量的社群有持续的干货输出

没有内容的社群略显空洞。不同类型的社群都可以通过不同的方式提供内容。内容的提供有以下两种形式。

① 领域达人分享。聘请同行业的大咖、达人进行知识、经验的分享，社群成员从中获得知识、技能上的提升。

② 社群成员 UGC（User Generated Content，用户生成内容）。鼓励社群成员提供优质内容进行分享。

社群成员自发提供内容的优点：一方面社群内的其他成员能够从中获益；另一方面也能满足提供内容成员的虚荣心及荣誉感，增加社群的黏性。

（三）线上内容分享和线下沙龙活动相结合

① 线上内容分享：线上内容分享具有低成本、易传播的特点，是为社群提供价值、活跃社群成员的主要方式。线上内容分享主要有领域达人分享和成员话题讨论两种方式。

② 线下沙龙活动：线上聊得再深，不如线下见一面更能增加社群成员之间的感情和聚合。在社群运营的过程中要不定期地开展线下活动，如同城聚会、大型的社群聚会等。通过各种线下活动使社群成员之间产生连接，形成强关系，增加对社群的黏聚性，能够非常有效地提高社群的活跃度。

（四）培养社群成员的身份认同感

社群不同于企业组织，可以单纯地依靠利益来驱动，社群还有情怀、使命、追求、愿景等人文的东西。为了强化成员的参与感，社群运营除了常规的利益奖惩之外，还需要一套全新的运营机制，如利用 PK 等原则激发成员的好胜心，从而活跃整个社群。

（五）社群内部利益共享

社群成员与社群之间，成员为社群付出，社群让成员受益；社群成员之间将各自闲散的资源进行互换共享，共同获利。这样就会形成一个高凝聚力、高活跃度的社群。

通过提高社群价值、线上线下活动、红包和物质奖励、社群文化建设等方面，将会从物质、精神两个层面激发社群成员的激情，形成社群成员的归属感，增加社群成员之间的黏聚性，从而打造活跃度极高的社群。

三、社群变现

运营社群而不追求回报是不可能的，无盈利的社群也无法长久持续下去。

首先，社群运营必须坚持自然而来、自然生长、循序渐进的原则。社群运营要遵循从社群本身特色出发，从拥有社群、发现社群中用户的共同需求出发，进行初级的社群需求个性化满足。形成闭环之后，再决定做进一步的社群运营模式的升级，包括借助技术平台实现规模化效率。

其次，要始终坚持 MVP（Minimum Viable Product，最小化可行产品）原则。在未直接开展独立统一技术平台打造前，需要借助互联网通用的工具平台，实现最小化商业闭环实现的实验，才能够确定社群商业运营需求的刚性和可行性。

最后，要始终坚持社群运营从简单工具开始。简单工具辅助社群内部需求满足后，再实现工具向平台的升级，扩大服务对象范围，增加服务提供商的数量等，进而实现社群经济商业价值最大化。

社群价值的变现是多元化的，这里总结如下 5 种变现方式。

① 产品式。就是直接以产品为导向，社群通过对产品的不断更新来变现。例如，秋叶 PPT 就是通过不断开发新的课程来产生直接的回报，课程就是它的产品。

② 会员式。通过直接收取会员费来达到变现的目的，如罗辑思维。

③ 电子商务式。通过销售商品的方式来变现，也是以罗辑思维为代表。

④ 项目式。通过各种项目协作，然后推出定制化的产品和服务。

⑤ 众筹式。利用社群的精准粉丝特性发起众筹。

例如，吴晓波频道社群运营变现流程如图 6-2 所示。

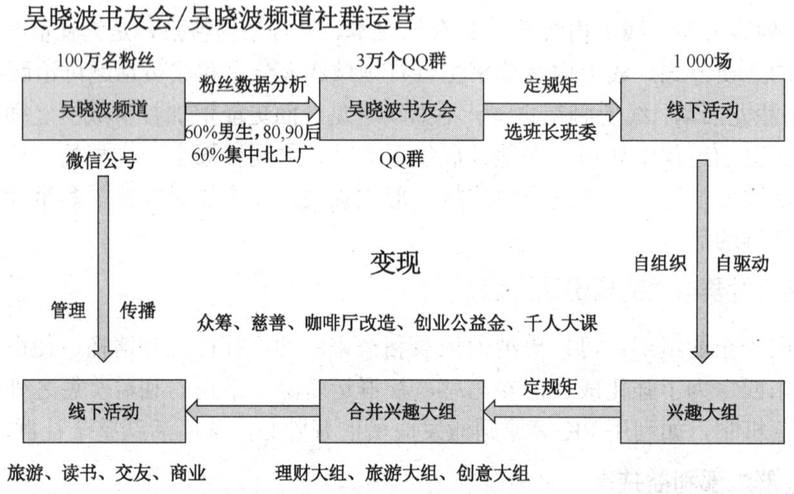

图 6-2　吴晓波频道社群运营变现流程

第三节　网红经济现象解读

2015 年 6 月中旬，新浪微博举办的“网红节”，邀请互联网大大小小的网络红人集体亮相，引起了网民的热议。张大奕、papi 酱、同道大叔、王尼玛等网络红人让我们应接不暇。大量的粉丝、强大的话题性、资本认可的商业变现能力等，让“网红经济”成为移动互联网时代的一个重要社会现象。一时间，围绕“网红经济”的口水战此起彼伏，什么是“网红”？“网红经济”究竟靠什么持续走红？

一、什么是网红经济

网红经济是以一位年轻貌美的时尚达人为形象代表，以红人的品位和眼光为主导，进行选款和视觉推广，在社交媒体上聚集人气，依托庞大的粉丝群体进行定向营销，从而将粉丝转化为购买力的经济现象。从“网红”到“网红经济”，一波互联网浪潮从 2015 年开始在国内呈现出井喷之势。网红经济模式里有如下 3 个组成部分。

① IP（Intellectual Property，知识财产）工场，也称网红孵化器，或称 IP 推手、提供商，包括影视投放、红人培训、动漫设计、营销策划、公关推手等。其商业孵化能力与资源配套是核心竞争力，经纪、版权及周边产品收入是其主要收入来源。

② IP 手艺人，多称网红，或称关键意见领袖（Key Opinion Leader，KOL）。其主要的商业模式是代言、打赏供养和产品销售等。其核心竞争力就是具备持续产生圈层内容的能力。

③ IP 支持商，也称平台，或称卖水者，包括展示平台、电子商务、流量分发、周边产品支持等。

二、网红产生的原因

网红的产生不是自发的，而是网络媒介环境下，网络红人、网络推手、传统媒体及受众心理需求等利益共同体综合作用的结果。首先从内在因素分析，主要有以下几点。

① 个体表达的需要。随着在社会生活中，注意力向网络转移，人们越来越具有展示自己个性、发挥个人才能、实现自我价值等需求。对于许多网红而言，其最基本的动机就是表达。

② 个体参与的需要。物质基础决定上层建筑，当人们最基本的生存需要得到满足的时候，对于具有更重要社会价值和精神价值的公共事务的重视程度就会增强。

③ 个体成就的需要。人们内在具有希望成就一番事业、获得荣誉的需要。当个体在现代化进程中发展时，其对成就的需要就尤为明显。

其次，从互联网发展的外在影响及商品消费环境分析，包括以下几点。

① 从消费性价比到消费认同。以淘宝为代表的电子商务平台本质上是一种比价消费，性价比最高的销售量大，性价比低的被淹没在 10 亿级的库存销售商品里。网红的主要变现渠道是电子商务，通过展示消费者所认同的生活方式、生活场景，引起粉丝的认同，从而获得订单。

② 网红经济本质上就是一种社交导购、内容导购，通过内容的展示获得喜欢这些内容和喜欢这个人的受众的购买。用户迁移背后是产品需求被普遍满足后的更高层次消费追求的进化。在基本的使用需求得到满足后，消费者的需求进化成追求，进化成探求，更喜欢的是能够和自己的个性，和自己的审美，和自己的向往，和自己的所处场景，和自己的追求相匹配的产品。

③ 网红本身的天赋及努力。papi 酱犀利幽默，具有专业的表演功底，其几十秒精彩短视频背后付出的视频拍摄剪辑，绞尽脑汁的台词修改、剧本策划，毫无疑问是喜欢她的粉丝们所看不到也不知道的艰辛。

④ 社交网络平台迭代提供了生存土壤。在过去论坛时代、博客时代，网红基本上没有太大的爆发和商业变现可能。微博崛起之后，开始有了网红的雏形，如论坛时代天涯上的版主、豆瓣上的达人开始在微博上红火起来。微信公众号等更是催生网红的沃土。

⑤ 娱乐上的多元化与视频直播技术的发展。娱乐的多元化，审美的多元化，在 2017 年春晚上大家可以感受到。视频直播技术的发展，以及这种视频直播技术被广泛应用在各个领域，是直播间或视频网红能够立足的基础。当下被网红们使用较多的秒拍等短视频应用，也是技术迭代升级的结果，它让用户可以随时随地进行视频展示。

⑥ 网络支付的普及。支付宝有 4 亿多用户，微信有 2 亿多绑卡用户，移动支付的普及也是网红能够进行变现的商业基础。

互联网正处在娱乐互联网向商务互联网转型的大风口。在这样的大背景之下，网民们已经培养起比较良好的付费习惯，愿意为自己的审美、为自己内心的追求付费，愿意为心仪的偶像买单，也愿意为那些能够很好地表达出自己的内心与情绪的代言人打赏。

三、网红经济的变现模式

① 广告是网红变现的最直接方式。作为内容生产者的网红，对内容有极强的驾驭能力，粉丝对其极易产生共鸣。通过原创视频火起来的网红，在视频中插入广告是很容易让粉丝记住的。其广告的展现方式主要有两种：一种是静态的物体在视频中展现；一种是在视频后期制作中加入广告的元素。如果是微信公众号，则在编辑微信时可加入文字或图片广告。

② 微商推送模式。这种模式通过对粉丝的引导来实现变现。活跃在微博、微信上的网红每天推送一些美妆或知识性的内容，并同时附上一个链接，往往这个链接就是在推送他们卖的产品。只要稍微懂微信、微博电商的操作，变现不是很难。

③ 卖会员资格、VIP，以及粉丝打赏，也是一种比较直接的变现方式。通常网红会制造许多热点话题，粉丝纷纷参与其中，当一个话题有足够多粉丝关注时，就会有许多粉丝去买会员资格、VIP，几十分钟进账几万元是很容易的。网络直播、微信、微博开通的打赏功能也是重要的变现方式。网红创作的内容，很容易突破10万次的浏览量，至少有800人打赏，因此，网红收到上万元赏钱也不是难事。

④ 网店卖货，即直接通过电子商务销售产品进行变现。网红通过直播等方式推广产品，并抽成。这种模式通过“有影响力的个人+人格化的店铺魅力+社交工具传播”来获取客户的喜爱和信任，达到自传播，为网上店铺导流的目的。这种模式不依赖平台搜索规则和活动，不依赖付费流量，实现一套产销闭环。

四、网红经济的持续发展

网红是自媒体时代活跃在网络世界里的明星。他们的出现改变了这个时代的“造星机制”，成名的门槛降低了很多。网红经济只是互联网经济的一种形式，对于年轻人而言，“高颜值”就可以轻松扬名。赚快钱的范本过多，不加以引导，会影响到年轻人的价值观。对于拥有技能或知识的人，可以在时间财富网之类的服务众包平台做任务，在分答进行付费知识问答。

网红经济要想持续走红，差异化十分重要。

① 大众网红。大众网红以粉丝规模和流量体现主要价值，即靠颜值或个性吃饭。其体现了互联网娱乐化，即注意力。例如，真格基金联手罗辑思维以1 200万元投资papi酱。大众网红的生命周期往往取决于内容的持续性和粉丝的活跃度。大众网红面临的问题：程式化带来的大众审美疲劳；过火的功利化“掉粉”；政府监管的影响；商业化过程短暂。大众网红必须有制度约束，必须遵纪守法。在巨大利益的驱动下，部分网红为了吸引更多粉丝、获得更多利益，不惜迎合低俗趣味、挑战社会公德。

② 垂直网红。垂直网红以粉丝黏性和精准营销为主要手段，本质是卖知识与技能。其体现了网红本身专业权威或职业沉淀，即影响力。例如，头狼资本以600万元投资知名车评人颜宇鹏（粉丝称为YYP）。各行业内的大咖、专家、自媒体人，凭借本人的品牌、粉丝积累、移动互联网+的连接优势，拥有很强的号召力、变现能力、抗风险能力。垂直网红

关键在于创立自己的品牌，增加粉丝对项目的参与感，把粉丝由情感支持者转化为利益关系人，还可以把粉丝发展成为产品测试的种子用户和市场推广的“死忠粉”。有了自己的产品，才会有持续的生命周期。对于垂直网红而言，人人都可以是自媒体，但是不可以信口开河、胡编乱造。

第四节 共享经济模式

共享经济的模式已在深深地影响着人们的观念和生活。在住宿、交通、教育服务、生活服务及旅游领域，优秀的共享经济公司不断涌现——从宠物寄养共享、车位共享到专家共享、社区服务共享及导游共享，甚至移动互联强需求的 Wi-Fi 共享。新模式层出不穷，在供给端整合线下资源，在需求端不断为用户提供更优质体验。除了大家所熟知的共享房屋的 Airbnb，共享出行的 Uber、滴滴和当前火爆的摩拜外，在不同的领域有不同的试验模式，如果壳的“在行”、专注 Wi-Fi 的“必虎”、中国三明治的“问达”、专注于高考咨询的“榜样”、留学市场的“自得”，以及分享购物经验的“品扑”等。

一、什么是共享经济?

共享经济，是指以获得一定报酬为主要目的，基于陌生人且存在物品使用权暂时转移的一种新的经济模式。其本质是整合线下的闲散物品或服务者，让他们以较低的价格提供产品或服务。对于供给方来说，通过在特定时间内让渡物品的使用权或提供服务，来获得一定的金钱回报；对需求方而言，不直接拥有物品的所有权，而是通过租、借等共享的方式使用物品。这种共享更多的是通过互联网作为媒介来实现的。

“共享经济”最早由美国得克萨斯州立大学社会学教授马科斯·费尔逊（Marcus Felson）和伊利诺伊大学社会学教授琼·斯潘思（Joe L. Spaeth）于 1978 年发表的论文 Community Structure and Collaborative Consumption: A Routine Activity Approach 中提出。共享经济现象却是在最近几年才流行起来。共享经济模式里有三大主体，即商品或服务的需求方、供给方和共享经济平台。由第三方创建的、以信息技术为基础的市场平台作为连接供需双方的纽带，通过 LBS（Location Based Service，基于位置的服务）应用、动态算法与定价、双方互评体系等一系列机制的建立，使得供给与需求方通过共享经济平台进行交易。

二、共享经济的基本特征

1. 借助网络作为信息平台

通过公共网络平台，人们对企业数据采取的是一种个人终端访问的形式。员工不仅能访问企业内部数据，还可将计算机、电话、网络平台全部连通，让办公更便捷。智能终端便携易用，功能越来越强大，让用户使用这些设备来处理工作的意愿越来越明显。例如，房屋出租网架起了旅游人士和家有空房出租的房主合作的桥梁，用户可通过网络或手机应用程序发布、搜索度假房屋租赁信息，并完成在线预订程序。

2. 以闲置资源使用权的暂时性转移为本质

共享经济将个体所拥有的作为一种沉没成本的闲置资源进行社会化利用。更通俗的说法是，共享经济倡导“租”而不是“买”。物品或服务的需求者通过共享平台暂时性地从供给者那里获得使用权，以相对于购置而言较低的成本完成使用目标后再转移给其所有者。

3. 以物品的重复交易和高效利用为表现形式

共享经济的核心是通过将所有者闲置资源的频繁易手，重复性地转让给其他社会成员使用，这种“网络串联”形成的分享模式把被浪费的资产利用起来，能够提升现有物品的使用效率，高效地利用资源，实现个体的福利提升和社会整体的可持续发展。

三、共享经济的存在形式

共享在网络生活中非常普遍，从文字、图片到视频、软件，共享行为无处不在。随着社交网络的日益成熟，当前共享内容已不再局限于虚拟资源，而是扩展到房子、车子等消费实体，形成了新一代的商业模式“共享经济”。哈佛大学经济系的教授威茨曼把共享经济分成三大类别。

1. 基于共享和租赁的产品服务

这实际上是在同一所有者掌控下的特定物品在不同需求者间实现使用权转移，如拼车网、房屋交换网。从本质上说，金融企业就是基于分享经济理念的经济形态。

2. 基于二手转让的产品再流通

这种方式实质上是同一物品在不同需求者间依次实现所有权转移。例如，美国的克雷格列表（Craigslist）是一个大型免费分类广告网站，作为全球第一分类广告媒体，目前在50多个国家的近500个城市提供求职招聘、房屋租赁买卖、二手产品交易、家政、娱乐及敏感的寻找异性朋友等服务。

3. 基于资产和技能共享的协同生活方式

这种方式实质上是时间、知识和技能等无形资产的分享。例如，Liquid Space（流动空间）复制 Airbnb 模式，为在外出差者在当地寻找和共享最佳办公空间，并通过 LBS 应用将信息呈现给用户，这些地点包括办公区、商业中心等许多有 Wi-Fi 但使用率不高的地方，从而低成本地共享工作间和机器设备。此外，这种形式还包括一方利用闲暇时间为另一方提供服务等形式。

四、发展共享经济的意义

随着共享经济的兴起，个别的、细微的消费行为变化经过集聚整合最终将会带来巨大的商业变革和社会变革。

1. 共享经济扩大了交易主体的可选择空间和福利提升空间

在传统商业模式下，人们主要是被动地接受商家提供的商品信息，个别人对商品的体验评价局限于熟人圈子，而基于网络平台的共享经济模式却使供求双方都能够通过互联网发布自己能够供给的分享物品或需求物品，增加了特定供给者或需求者可选择的交易对象，并具备了掌握交易对象更多信息的可能，这就避免了欺诈性不公平交易和交易成本，从根本上提高了交易质量，有利于促进双方福利的增加。

2. 共享经济改变了人们的产权观念，培育了合作意识

共享经济将更多的私人物品在不改变所有权属的基础上让更多的人以较低的价格分

享，从而压缩了个人用品中私人专用物品的相对空间，扩充了公共物品概念的内涵。这内蕴着集体经济的发展，也要求政府在国家层面更广泛地渗透和干预居民私人生活，推动着社会共有形式的跃迁。借助网络平台，出租或借用东西给自己不认识的人，从根本上扩大了人们分享的人际圈，教会人们如何分享，互相丰富生活，使得分享成为社会交往中的不可或缺的重要因素。

3. 共享经济改变了传统产业的运行环境，形成了一种新的供给模式和交易关系

传统生产方式是企业家组织生产要素提供产品，在生产环节的组织化程度很高，消费者主要是散客。而网络平台提高了消费者的组织化程度，将每一个顾客的消费需求变得更加精确，“柔性生产”和“准时供给”成为普遍的生产方式，预示着精细生活时代的到来。从整个社会供给来看，共享经济减少了社会供给总量，推动了绿色革命，有可能开启下一轮产业革命，将成为过度消费的终结者。

4. 共享经济改变了劳资关系

共享经济改变了企业的雇用模式和劳动力的全职就业模式，给那些富有创造力的个人提供了一种全新的在家谋生方式——人们可以自由选择自己感兴趣和擅长的任务，以及工作时间和工资。事实上，大多数参与分享业务的人，都拥有自己的本职工作，只是将这些分享服务看成是额外的收入。从公司的角度看，这种模式能够保证公司自身灵活地调整规模，免去了裁员和招聘的痛苦，也不用考虑职工奖金、保险、退休金及工会之类的烦琐事务。这种工作模式对于个人和公司都是非常有利的，从而使社会成员成为自由职业者和兼职人员的混合体，使社会成为一个全合约型社会。

5. 共享经济有助于解决政府城市管理难题

交通拥堵、生态资源紧张、劳资矛盾、收入分配不公、邻里冷漠是制约多数城市发展的普遍难题。在共享经济理念下，地方政府间可以开展广泛的合作，通过城市间信息共享、政策协调、人力资源共用，有助于缩小城乡差距和区域不平衡问题。共享自行车和汽车改变了城市旨在改善交通的政策，共享汽车还能减少尾气排放，共享私人住宅还能平衡城市住房供需关系，共享经济甚至还可以通过稳定社会网络来解决城市犯罪问题。共享模式切入政治程序，成为民主化进程的重要促进因素。例如，很多国家流行的参与式预算管理，就是一个城市或社区的所有居民共同参与城市预算管理，讨论并决定公共开支项目。

五、共享经济在中国的发展现状

2017 年初，麦肯锡咨询公司发布了《中国共享经济消费者调研》，是对中国共享经济消费者所作的一项规模最大、覆盖面最广的调研。该调研在中国 40 个城市近 2 900 名消费者中开展，聚焦与人们生活密切相关且有一定市场影响力的三大行业——共享出行、共享空间和共享技能，旨在考察共享经济在中国的发展现状。

1. 共享出行：方便大众，创造就业，推动交通行业升级与创新

共享出行主要涵盖网约车、汽车分时租赁和共享单车等模式。共享出行日活跃用户已超过 1 000 万人。共享出行的出现对公共交通起到了补充作用，满足了消费者的出行需求，同时提供了多元出行选择并创造了新型就业岗位，带来了消费者及服务者剩余。

网约车是最为普及的一种形式，且已成为城市交通的重要组成部分。调研结果显示，三分之二的受访者使用网约车后对比使用前，平均每次出行节约了 17 分钟，消费者表现出

了对出行方式性价比的敏感度和对安全性的高度关注。对比麦肯锡在纽约的同类调研，中国一线城市的网约车比公共交通更具交通时间短的优势，这体现出中国一线城市的公共交通规划及便利性仍有改善空间。同时，中国消费者对网约车安全性的信任度低于美国消费者，未来推动网约车消费继续提升的原因主要是高性价比、便利性和强化安全保障。此外，跟美国相比，中国的网约车司机多数为兼职，占到四分之三左右。

共享出行在环保和缓解道路拥堵等方面也将深刻影响社会发展。调研表明近 80%的受访者偏好环保型车辆，且多数消费者表示在相同条件下愿优先选择环保型车辆，显示出车辆环保化的大环境已日渐成熟。而降低网约车出行中公交地铁转换比例并提高拼车效率则有助于降低路面总行驶里程。

未来，共享出行将结合公共交通的升级、自动驾驶技术的发展及电动车的推广等科技和社会因素推动城市出行模式的创新。总体来看，共享出行的发展将推动自动驾驶和电动汽车的普及，以及相关基础设施的建设。因此带来的便利出行将进一步满足消费者多样化的出行需求，从而提振经济活力，并惠及就业。

2. 共享空间涵盖在线短租、长租合租及共享办公等领域

共享空间可以盘活存量房产，有效调节供给，通过促进供需匹配为消费者及房东双方带来效益。当前在线短租模式每年盘活的闲置个人房产资源约 120 万平方米，增速达 15%～20%。在线短租服务最常见的场景为消费者周末短途及国内长途旅游。问卷调查发现，在使用短租服务后，约 15%的受访者过去一年的出行天数有所增加，受访消费者的整体住宿开支上升约 4%。同时，在线短租为各地创造了新的家政及周边行业的就业机会。

3. 共享技能主要包括劳动力共享和高技能共享两类

劳动力共享，如众包物流，利用大数据匹配技术提高了服务效率，降低了服务成本，满足了更广泛的消费者需求，同时为低技能人群提供了更多的自由就业机会。高技能共享涵盖医疗服务、行业顾问、技术及商业支持等领域，有利于解决稀缺技能分配不均衡的问题，普惠大众及中小企业。然而共享技能目前仍处在发展初期。过去一年曾经使用共享技能服务的受访者比例，在一、二线城市约 2%，而三、四线城市不足 1%。生活服务、医疗健康及物流人力是现阶段普及程度较高的共享技能类别。预计未来几年随着共享技能的普及，消费者在此类平台的消费将进一步增加。约 80%受访者表示未来一年将增加在此类平台的支出，人均增幅达 27%。共享经济模式走入了普通大众的生活，并在更多行业中得到普及，势必带动一批行业的升级与创新。在此过程中，共享经济平台企业、传统企业、政府间的关系将随之发生深刻的转变，形成互助互联的生态圈。

从历史的角度来看，共享经济这一商业模式才刚刚开了个头。未来将如何演进，会对我们产生什么样的影响，有待我们去探寻和思考。

Uber 和 Airbnb 带来的共享经济理念，给生活方式带来了革命性的改变，也让我们看到了其背后巨大的市场。作为一种新的基于互联网技术的商业模式，共享经济在过去 10 年被不断摸索和创新，成就了许多独角兽企业。这一商业模式也有其独有的特点，成功的共享经济创业企业，在共享资源的发现、技术的创新、运营的极致方面都有其独特的领悟和实践，也值得更多新进入者学习。纽约大学商学院教授 Arun Sundararajan 认为共享经济还处于试验阶段，未来将依靠技术变革和创新扩展到其他领域。共享经济将引领人类经济发展的伟大变革。

READ 阅读推荐

全球最吸金的 9 个共享经济模式

创业家堪比段子手的想象力。华盛顿特区经济趋势基金会主席杰里米·里夫金认为，协同共享是一种新的经济模式，数十亿人既是生产者也是消费者，在互联网上共享能源、信息和实物，所有权被使用权代替，“交换价值”被“共享价值”代替，人类进入“共享经济”新纪元。

1．怎么玩共享交通出行模式？

交通出行共享经济目前是在全球范围影响最大、争议最多的一个领域，主要有共享租车、共享驾乘、共享自行车、共享停车位 4 种类型。交通出行的共享基于巨大存量市场，把社会上大量闲置的车资源、司机资源、停车位资源等给盘活了，在改变人们出行方式的同时，指数级提升了交通闲置资源的利用率。

共享交通出行类部分公司统计情况如表 6-2 所示。

表 6-2　共享交通出行类部分公司统计情况

公司名称	类　型	国　家	融资/百万美元
Uber	汽车共享	美国	7 000
滴滴打车	汽车共享	中国	3 400
BlaBlaCar	汽车共享	法国	110
Boatbound	游艇共享	美国	4.5
Spinlister	自行车共享	美国	2
Park Tag	停车位	德国	0.7

2．怎么玩共享空间模式？

空间是无处不在的资源，但它有着明确属性特征，主要包括共享住宿空间、共享宠物空间及共享办公场所空间 3 种产品形态。

传统空间拥有者想要高频次出售或短租给需求者，或者需求者想要了解房屋真实情况，交易的时间成本就非常高，但空间的共享经济则将传统的壁垒打破了，供需双方可以快速地建立联系并沟通，信息完全对称。

共享空间类部分公司统计情况如表 6-3 所示。

表 6-3　共享空间类部分公司统计情况

公司名称	类　型	国　家	融资/百万美元
Airbnb	住宿空间共享	美国	2 300
WeWork	办公室共享	美国	1 000
HomeAway	住宿空间共享	美国	505
途家网	住宿空间共享	中国	455
小猪短租	住宿空间共享	中国	86.6
DogVacay	宠物空间共享	美国	47
StoreFront	零售空间共享	美国	9

3．怎么玩共享金融模式？

金融与互联网模式相互渗透，促使金融的共享经济需求诞生。共享金融主要有 P2P 网贷模式与众筹模式。

金融共享经济通过互联网平台快速高效搜寻和撮合资金的供需方，加快资金的周转速度，最大限度地发挥了资金的使用价值。

共享金融类部分公司统计情况如表 6-4 所示。

表 6-4　共享金融类部分公司统计情况

公司名称	类　型	国　家	融资/百万美元
陆金所	P2P 网贷模式	中国	485
Lending Club	P2P 网贷模式	美国	392.2
人人贷	P2P 网贷模式	中国	130
网贷之家	P2P 网贷模式	中国	约 20
众筹网	众筹	中国	不详

4．怎么玩共享美食模式？

国内从 2014 年开始，爱大厨、好厨师、烧饭饭等应用软件已纷纷上线。这种分享模式不在于帮人们解决吃饭或做饭问题，而是营造一种文化交流的平台。

通过这些第三方平台，好手艺的大厨们可以充分发挥自己的特长，在闲暇之余为他人提供高品质的美食，同时，也可以获得收入。

共享美食类部分公司统计表情况如表 6-5 所示。

表 6-5　共享美食类部分公司统计情况

公司名称	国　家	融资/百万美元
OpenTable	美国	48
觅食	中国	15
Kitchit	美国	8.1
烧饭饭	中国	不详

5．怎么玩共享医疗健康模式？

在 Pager 平台上，患者只要有需求就可以通过移动应用来预约医生，公司会从签约医生中挑选一位与患者达成一对一连接，并在 2 小时内提供上门服务。另一家共享医疗公司 Medicast 平台上的医生所提供的诊疗服务大致围绕感冒、发烧、轻微的外伤等可简单处理的病症。

另一种共享模式是对健身场馆及健身教练分享使用，如 ClassPass，采用“整进散出”的模式，通过资源整合，将纽约市的健身会馆联结在一起。

这些对于没有时间在医生办公室排队的患者来说意义重大，可以节省时间和精力；对于医生而言，也可以额外地获得一些收入，一些年轻、知名度不高、经验不足的医生也可以通过这种途径有针对性地筛选病患，有效地提升自身专业水平。健身场馆可以通过这种方式增加用户黏性。

共享医疗健康类部分公司统计情况如表 6-6 所示。

表 6-6　共享医疗健康类部分公司统计情况

公司名称	类　型	国　家	融资/百万美元
Pager	健身共享	美国	54
ClassPass	医疗共享	美国	24.4
全城热炼	健身共享	中国	不详

6. 怎么玩共享公共资源模式？

Open Garden 的目标是建立一个大家可以共享 Wi-Fi 的网络，手机、平板等设备安装后每台设备都变成一个 Wi-Fi 热点，同时相互连接就形成一个庞大的 Wi-Fi 网络。随后，它又推出了不需要网络也可以发送消息的应用软件 FireChat。

另一种供分享的资源是太阳能资源，SolarCity 公司主要业务是购买闲置太阳能光伏系统，然后租赁给用户并提供安装等周边服务，通过周边服务的附加值将产品提价并从用户手中赚取差价。

公共资源的共享让众多分散的用户与数据瞬间成了可利用的资源，同时又不会造成资源的过剩，让资源的分配更均匀。

共享公共资源类部分公司统计情况如表 6-7 所示。

表 6-7　共享公共资源类部分公司统计情况

公司名称	类　型	国　家	融资/百万美元
SolarCity	太阳能共享	美国	1 000
Fon	Wi-Fi 共享	西班牙	71.7
平安 Wi-Fi	Wi-Fi 共享	中国	不详

7. 怎么玩共享知识教育模式？

中国一家公司果壳推出了一种知识分享产品——在行，将知识分享从线上引到线下。每个人都可能是一个领域的专家，让这些专家将自己的经验和知识与他人不仅在线上而且在线下进行一对一的分享，可达到更好的效果。

在分享的过程中，让存在于每个人头脑中的知识发挥更大的价值，而且通过互联网的方式，打破了空间的限制，这种知识的共享可以触及地球每一个角落的人们，帮助他们提高教育水平和文明程度。这种方式本身除了对个体有价值之外，对于整个世界的发展都有着非常深远的意义。

共享知识教育类部分公司统计情况如表 6-8 所示。

表 6-8　共享知识教育类部分公司统计情况

公司名称	国　家	融资/百万美元
知乎	中国	30
小红书	中国	约 20
在行	中国	不详
TED	美国	不详

8. 怎么玩共享任务服务模式？

帮助别人完成任务或提供各种服务。人们在网站上发布工作内容，然后别人可以领取任务，完成任务后获得相应的报酬，美国的 TaskRabbit 就是一家这样的企业。

从发布任务者的角度来说，成本低、解决速度快，而接受任务的人则可以赚些外快。在这种模式下，公司也将会更“轻”更扁平。

共享任务服务类部分公司统计情况如表 6-9 所示。

表 6-9　共享任务服务类部分公司统计情况

公司名称	类　型	国　家	融资/百万美元
猪八戒网	技能服务共享	中国	约 380
Instacart	物流配送共享	美国	274.8
Thumbtack	技能服务共享	美国	148.2
达达	物流配送共享	中国	约 100
人人快递	物流配送共享	中国	15

9．怎么玩共享物品模式？

物品共享领域其实是最早就出现的共享形态，随着移动互联网的发展，共享物品的商业模式呈现除了物品共享、书籍共享、服装共享等更加多元化的形态。

在共享物品这种模式下，降低了供给和需求两方的成本，大大提升了资源对接和配置的效率。这不仅体现在金钱成本上，还体现在时间成本上。

共享物品类部分公司统计情况如表 6-10 所示。

表 6-10　共享物品类部分公司统计情况

公司名称	类　型	国　家	融资/百万美元
Chegg	书籍共享	美国	252.3
Nextdoor	社区物品+服务分享	美国	201.2
Quirky	科技共创	美国	185.3
Rent the Runway	服装共享	美国	114.4
Etsy	手工艺品众创	美国	97
Gazelle	消费电子产品共享	美国	55.9
Vinted	时尚品共享	立陶宛	32.6
Bag Borrow or Steal	奢侈品共享	美国	20
Swap.com	母婴用品共享	美国	12
SwapTree	游戏音乐光碟共享	美国	11.4
Getable	建筑工程设备共享	美国	10.8
Yerdle	各类物品共享	美国	5.5
享借	休闲物品共享	中国	1
Dim Dom	儿童用品共享	法国	不详

Ending

分享与思考

1. 《网络预约出租汽车经营服务管理暂行办法》是为更好地满足社会公众多样化出行

需求，促进出租汽车行业和互联网融合发展，规范网络预约出租汽车经营服务行为，保障运营安全和乘客合法权益，根据国家有关法律、行政法规制定，由交通运输部、工信部等七部委联合于2016年7月27日发布，自2016年11月1日起施行。

试结合网约车新政的核心内容对网约车现象进行综合评述。

2. 2016年9月20日，今日头条宣布入局短视频分发，并投资10亿元补贴短视频内容创作者。今日头条CEO张一鸣专门就短视频创业发表了看法：短视频将是内容创业的下一个风口。

谈谈今日头条在短视频方面的布局，与腾讯、阿里等巨头在短视频行业的布局作对比分析。

3. 从“芙蓉姐姐”“凤姐”到“papi酱”，随着网络事件营销不断演变，移动互联时代网络直播的迅速崛起，5月30日被确定为“网红节”。对于网红满街走的现象该怎么看？

案例 6-1 自媒体的新宠儿——今日头条

1. 基本概况

今日头条（见图6-3）是一款基于数据挖掘的推荐引擎产品，旨在为用户提供个性化的新闻资讯，实现内容与用户的精准连接。它由国内互联网创业者张一鸣于2012年3月创建，于2012年8月发布第一个版本，是国内移动互联网领域成长最快的产品服务。

今日头条核心功能以技术为壁垒，以海量数据为依托，通过机器学习感知、理解、判断用户的行为特征，如通过用户在新闻客户端的滑动、搜索、查询、单击、收藏、评论、分享等动作，综合用户具体的环境特征与社交属性判断用户的兴趣爱好，为用户推荐个性化的新闻资讯，塑造千人千面的阅读场景。

图6-3 今日头条LOGO

今日头条针对媒体、国家机构、企业及自媒体推出的专业信息发布平台，致力于帮助内容生产者在移动互联网上高效率地获得更多的曝光率和关注度。截至2016年10月底，今日头条激活用户数已经超过6亿人，月活跃用户数超过1.4亿人，日活跃用户数超过6 600万人，单用户日均使用时长超过76分钟，日均启动次数约9次，已有超过39万个个人、组织开设头条号，其中约有30万个自媒体头条号，以及政府、媒体、公司等其他类型的头条号约9万个。

2. 发展历程

2011 年，王琼代表投资人海纳亚洲给了今日头条创始人张一鸣 8 万美元的天使投资，连同另外两家天使投资，张一鸣一共拿到折合人民币 200 万元。很快，海纳亚洲对今日头条（北京字节跳动科技有限公司）A 轮投资 200 万美元。

2012 年 3 月，张一鸣创立今日头条，并于 8 月发布第一个版本。

2012 年底，海纳亚洲又对今日头条进行了 100 万美元的 A+轮投资。

2013 年年中，张一鸣完成了 B 轮 1 000 万美元融资，来自海纳亚洲和 DST（俄罗斯数码天空科技，曾投资 Facebook、小米、京东）创始人尤里。

2014 年 6 月，今日头条获得 1 亿美元 C 轮融资，C 轮融资的领投方是红杉资本，与今日头条合作密切的微博则进行了跟投，今日头条的估值高达 5 亿美元。

2014 年 6 月，搜狐宣布将对今日头条侵犯著作权和不正当竞争提起诉讼。

2015 年 3 月，今日头条获 2015 艾瑞最佳影响力奖。

2015 年 4 月，今日头条被评为 2014 中关村十大新锐品牌。

2016 年 9 月，今日头条宣布投资 10 亿元用以补贴短视频创作，正式加入短视频领域竞争。

2016 年 9 月，京东和今日头条宣布，双方达成全面战略合作，双方共同推出“京条计划”。今日头条上将开设购物入口“京东特卖”。同时，双方将在营销和内容变现等领域展开合作。

2016 年 10 月 28 日，针对近日凤凰新闻对今日头条“流量劫持”的声明，今日头条以“诽谤”为由提起诉讼，认为凤凰新闻客户端侵犯了今日头条名誉，要求致歉并赔偿经济损失 500 万元。

2017 年 2 月 2 日，今日头条宣布全资收购美国短视频应用 Flipagram。

2017 年 3 月，今日头条正式宣布拿下中超联赛短视频版权，成为 2017—2020 赛季中超联赛短视频合作方。

3. 产品与服务

（1）个性化资讯

“你所关心的，才是头条”。传统意义上的头条意指与社会群体密切相关的信息，而今日头条的这句产品口号打破了传统，实现了以用户自身为中心，突显了今日头条旨在为用户提供个性资讯的产品定位。

今日头条的 App 服务如图 6-4 所示。

① 热点及时搜：首页搜索功能，一键找到所有相关内容，不用再担心错过任何热点新闻。聚合超多家内容站点，热点资讯一手掌握，让优质的内容带你飞。

② 明星上头条：超多明星入驻今日头条开通发布账号，更新消息动态。可以直接关注、评论、点赞，不错过 TA 发布的每条资讯，与你心中的明星大 V 拉近距离，互动升级。

③ 个性化推荐：5 秒算出你的兴趣，定制你的专属资讯，只推荐你感兴趣的内容。你的每一次顶踩、收藏、转发都形成个性化用户数据，被今日头条记录学习。每日 1 000 多位工程师精心优化算法，只为每一次推荐都更加精准。

图 6-4　今日头条 App 服务

④ 海量内容源：千万高清视频播放无广告，新鲜内容极速呈现，随时随地超级省流量。更有超过 44 万家头条号每日为你创作新鲜精彩内容，不远游，知天下。24 小时刷不停，填充你的所有碎片时间。

⑤ 精彩问答区：不想只做旁观者？新增“问答”频道——热门话题一起聊，你的答案也能上头条。发起话题或分享见解，参与网友讨论，热辣点评更精彩。

（2）开放的内容创作与分发平台——头条号

今日头条的头条号是针对媒体、国家机构、企业及自媒体推出的专业信息发布平台，致力于帮助内容生产者在移动互联网上高效率地获得更多的曝光率和关注度。截至 2016 年 9 月底，头条号平台的账号数量已超过 30 万个。自媒体内容创作者的扶持计划如表 6-11 所示。

表 6-11　今日头条内容创作者扶持计划

流量平台	扶持计划	推出时间	激励政策
今日头条	头条号“千人万元”“百群万元计划”	2015.9	● 在未来一年内确保头条号平台至少有 1 000 个头条创作者单月至少获得 1 万元保底收入 ● 鼓励并扶持“群媒体”，未来一年希望重点扶持至少 100 个群媒体，单月至少获得 2 万元保底收入 ● 优质自媒体更多曝光率
	头条号创作空间，提供给早期内容创业者的孵化空间	2016.3	● 投资早期内容创业团队（2 亿元规模基金） ● 融资对接 ● 创业培训

（3）今日头条：算数

2015 年 1 月 20 日，新生代移动互联网企业今日头条在北京国家会议中心举办了“算数 • 年度数据发布会”。

数据发布会的主题名为“算数”，实际上指的是“算法”与“数据”。今日头条能够从门户垄断的格局中脱颖而出，所依托的是其独到的推荐引擎技术，其倡导的“个性化阅读”理念已经成为行业的发展趋势，并且被众多老牌互联网公司模仿。

（4）头条寻人

头条寻人是由今日头条在 2016 年 2 月发起的面向全国的一个公益寻人项目。它借助互联网+的精准地域弹窗技术，对寻人或寻亲信息进行精准的定向地域推送，可以帮助家属寻找走失人员，帮助被救助管理机构救助的疑似走失人员寻找家人。截至 2016 年 12 月 14 日，头条寻人已帮助找到 636 名走失者，其中，年纪最大的走失者为 101 岁，走失时间最长 57 年，最多一天找到 12 位走失者，最快 5 分钟找到走失者。

（5）“广告+电子商务营销”的商业盈利模式

互联网产品变现的方式总体上有 3 种，即广告、电子商务及游戏。今日头条选择了广告变现和电子商务变现。由于掌握了大量的用户数据，今日头条能够根据用户的具体画像来实现广告的精准投放。但是平台无法给用户提供相应的消费场景，电子商务只能作为今日头条次要的变现方式而存在，包括与京东合作的商品导购和互联网理财产品、与格瓦拉合作的今日电影，以及为手机游戏导流。

（6）“头条问答+评论+微头条+短视频+推荐+粉丝必见+大数据匹配+原创保护”的社交布局

今日头条社交模式如图 6-5 所示。

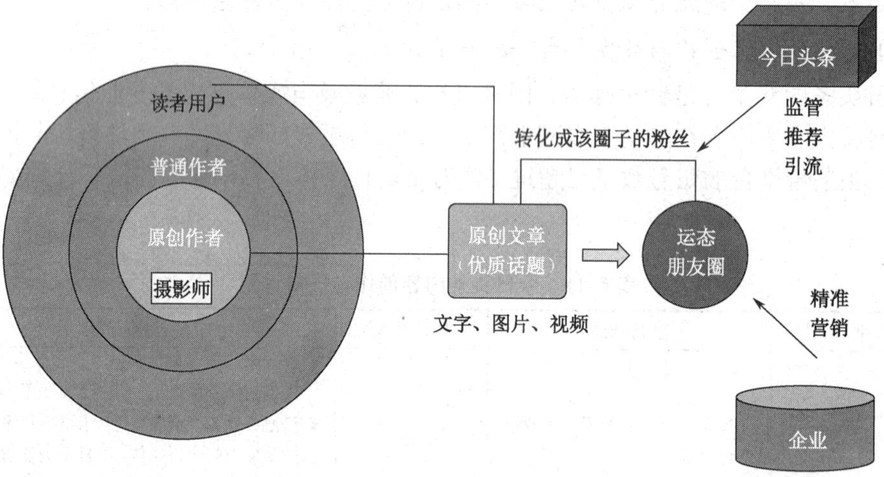

图 6-5　今日头条社交模式

4. 创新与特色

（1）个性化的资讯自动推荐运营机制，引领自媒体行业

今日头条是目前运用得最成功的自媒体平台。它的最大的特点是从发稿到推送都有一套机器自动推荐运营机制，避免了人工编辑的好恶，避免了幕后的规则和人情稿。

① 个性化的内容推荐机制。根据用户的喜好为其推荐个性化的媒体信息，让用户在信息过剩的互联网时代迅速获取自己所关心的内容，而不是千人一面。

② 庞大的内容创业者群体。早期的今日头条将自身定位为内容平台，不做新闻生产者，只做新闻的搬运工，通过爬虫抓取第三方媒体网站信息，这样的做法让今日头条获取了海量的媒体信息，但也引来了版权之争。而后，今日头条为了减少版权纠纷与加强平台的内容把控能力，创办了头条号，吸引了大量传统媒体与自媒体内容创作者的加入。

③ 基于机器学习的推荐引擎风靡全行业。今日头条根据人的特征、环境特征、文章特征三者的匹配程度进行实时推荐，0.1 秒内计算推荐结果，3 秒完成文章提取、挖掘、消重、分类，5 秒计算出新用户兴趣分配，10 秒内更新用户模型。今日头条据此成名后，新浪、搜狐等各类新闻客户端，UC 等手机浏览器，各类电子商务平台的搜索引擎，甚至 BAT，相似产品陆续上线。

（2）去中心化的广告分发模式，成就移动广告领域霸主

国外的互联网巨头 Google、Facebook 获得盈利主要靠广告。去中心化的今日头条除了信息分发之外，在广告这方面不断探索新的商业模式，核心就是做精准的需求广告。

今日头条精准的需求广告依靠的是个性化推荐算法。每个人的今日头条主页都不一样，它可以做到千人千面。例如，家庭主妇会收到家常食谱的信息，体育爱好者会看到足球比赛推送。今日头条根据用户特征、环境特征、文章特征等数据，进行组合推荐。通过机器智能分发实现去中心化模式的广告分发模式。

① 今日头条的信息流广告。生产出来的广告可以像信息一样分发，信息流广告可以不断刷新，没有展示位数量的限制，更不会像以前那种广告打扰用户。广告都很明确地标注了“广告”字样，但是因为推荐系统精准推荐且是有用的资讯，所以转化率都很不错，很多用户都不会介意它是广告。以信息流广告为主体的还有 Facebook、Twitter、Instagram 等。

② 广告走向个性化。不同的人看到不同的广告，广告分发更灵活，像普通内容一样，个性化地展现在每个用户面前。你的目标用户才能看到你的广告。今日头条现在可以根据大数据给同一个广告做几十版素材，真正做到不同的人给不同的广告。例如，今日头条与亚马逊在“世界读书日”开展的一场“好书遇见你”的合作就是其中之一。

③ 广告消费趋向视频化。随着 4G 和 Wi-Fi 技术的普及，以及制作门槛低、用户需求旺，短视频消费终于迎来了加速爆发期，视频广告的形式也会顺势成为新主流。今日头条的视频数据，每天有 10 亿次播放，每天播放时长达到 2 800 万小时。在今日头条平台上，用户观看短视频量呈现非常快速的增长，视频流量在不到 1 年的时间内就赶超了图文流量，信息走向视频化。

在信息视频化趋势下，短视频广告消费无疑将成为移动营销下一站的风口。因为视频有着天然的优势，就是它比文字和图片具有更好的感官体验，能更高效地传播，而且短视频制作成本和门槛相对较低。例如，视频的头条号 “坤哥玩花卉”，坤哥是《中国花卉报》的一名记者，精通花卉养殖，他在头条号上上传的家庭养殖教学视频，长度在 2～4 分钟。45 万人学习了如何种菠萝，43 万人学习了如何扦插虎尾兰，16 万人想学在家种杧果，22 万人对种金钱树感兴趣，24 万人想要种辣椒，最受欢迎的则是猪笼草，累计有 765 万人观看了教学视频。

（3）开放的生态体系，打造中国版的 Facebook

今日头条打造的是一条从技术驱动的资讯聚合到培养自身内容的生态体系之路。

首先是个性化内容推荐算法，接着从头条号开始，通过补贴和广告分层的形式，然后是先培养文字内容，再推广短视频，整体很注重内在生态系统的建立。通过订阅机制，今日头条就完成了社交布局。当订阅具备一定的规模，对推荐的依赖将会减少，今日头条将会以内容分享的形式，切入社交。也就是说，头条号发布的内容将会以信息流的形式，展现在头条号的“圈子”里面。

通过内容的订阅和分享，今日头条更像是 YouTube 及 Facebook，而分享的内容是文章、

短视频等，甚至和微博形成竞争对手。所不同的是，今日头条拥有自身的内容体系——平台上拥有大量的内容生产者和订阅用户。头条号将会有更多的功能，以现有媒体、个人、公司为代表的内容生产者，他们的盈利模式将是广告分成、自营广告。

随着平台更加壮大，头条号将引入电子商务，如推出企业号，类似微信公众号，将能够对企业进行宣传，并直接接入电子商务。而订阅的头条号内容将以信息流的形式出现在圈子里面，这种现象类似于把微信的公众号文章传播到朋友圈里，并有评论——这就是中国版的 Facebook。人人都能发布状态的开放式社交，就像是微博和微信的中间形态。

5. 经验要点

（1）头条的内容版权合法性引起广泛质疑

今日头条并不生产内容，只做新闻的搬运工。它做的就是内容分发，没有一个员工做内容的生产和推荐，只有少数几个人负责内容的违规审核。“尽量减少人为干预内容”、全部交给算法来解决，是今日头条的目标。今日头条的技术设计是通过搜索链接，转至原媒体网站上去以规避版权的风险，但事实上更多的内容还是来自于一些门户网站和纸媒的官网，似乎故意弱化了内容的制作方、来源等信息。最关键的是，也弱化了内容来源方的广告展示。难免会有人质疑今日头条窃取了传统媒体生产的内容，侵犯了内容来源方的知识产权。

（2）新闻媒体移动客户端与搜索推荐引擎类产品之争

内容为王的时代，当腾讯、ZAKER、鲜果、网易等都在付费签约传统媒体的独家内容时，今日头条重点在于推出头条号。腾讯、新浪、搜狐、网易等移动阅读，都在尝试同样的推荐引擎，并且推荐的准确率与今日头条相比，有过之而无不及。同时，这些新闻客户端还配有编辑推荐，从而提升了内容的质量与用户的阅读体验。今日头条激发内容创作者，通过补贴和广告分层的形式，先是培养文字内容，进而是短视频。

移动新闻客户端与技术搜索个性化推荐的平台的大比拼，从新闻资讯的及时性、真实性、深度等要素的角度看，今日头条很难乐观。今日头条做的是以娱乐为目的的内容，而非为获取即时有效新闻的媒体聚合。信息泛滥的移动互联网时代，如何让用户得到更多精准、丰富、有营养的讯息，是新闻资讯类应用所应该做的。内容的订阅和分享，多方的参与，娱乐和分享的需求，才是今日头条的未来。

今日头条个性化的资讯推荐功能精确地满足了用户碎片化利用时间的需求。拥有先发优势的今日头条掌握了大量的用户与行为数据，如何做到商业变现与用户体验的平衡及寻求多样化的变现形式成为了其发展关键。今日头条应加大对内容的监控力度，创造出一套完整的自媒体用户管理体制，提高内容的质量，增强平台的权威性。当然，今日头条是否能够真正独立于 BAT 体系之外？我们拭目以待。

案例 6-2　社群营销之大咖罗辑思维

以罗辑思维、知乎、分答等为代表的知识电商模式，引领了 2016 年知识经济爆发的风口。进入 2017 年，以今日头条、百家等为代表的内容平台的火爆，激发了以草根为基础的自媒体群体的快速崛起，“忽如一夜春风来，千树万树梨花开”，专家们的知识输出和草根们的内容变现一时成为新潮流，知识和内容成为经济学意义上的商品，借助互联网快速地传播和交易，内容创作者们在享受知识内容变现的喜悦的同时，这一现象也在冲击传统的知识观念。罗辑思维能给我们什么启示？

1. 基本概况

罗辑思维——互联网知识社群，成立于 2012 年底，是罗振宇与独立新媒创始人申音合作打造的知识型视频脱口秀节目。半年内，由一款互联网自媒体视频产品，逐渐延伸成长为全新的互联网社群品牌，包括微信公众订阅号、知识类脱口秀视频及音频、会员体系、微商城、百度贴吧、微信群等具体互动形态。

罗辑思维的口号是“有种、有趣、有料”，倡导独立、理性的思考，推崇自由主义与互联网思维，凝聚爱知求真、积极上进、自由阳光、人格健全的年轻人，是国内微信公众号营销的典范。

2. 发展历程

罗振宇（见图 6-6），人称罗胖，1973 年 1 月出生，安徽芜湖人，历任 CCTV《商务电视》《经济与法》《对话》制片人。自媒体视频脱口秀《罗辑思维》主讲人，互联网知识型社群试水者，资深媒体人和传播专家。

图 6-6 罗振宇肖像

罗辑思维的发展主要有 3 个阶段，如图 6-7 所示。

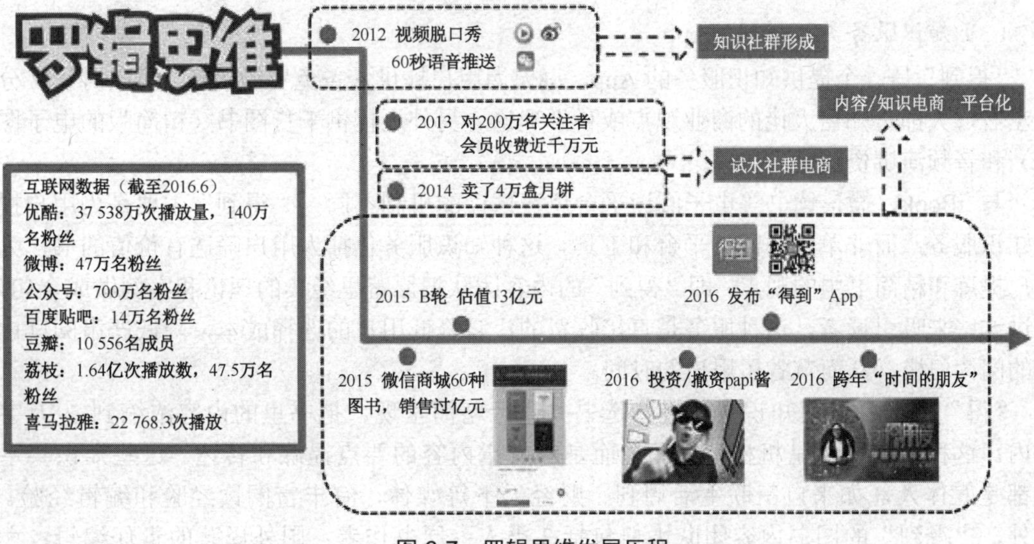

图 6-7 罗辑思维发展历程

① 知识社群的形成期。通过优酷视频、微信等平台，分享知识类内容，吸引大批粉丝，2012年底，确定社群商业化发展路线。

② 试水社群电商。25 000名粉丝为罗辑思维核心付费会员，推出中秋月饼卖出4万份，超过星巴克同期销售额，从知识分享到做电子商务，粉丝们能接受吗？知识需要付费吗？引发网友争议。

③ 知识电商平台化。基于知识社群强大的影响力，2015年估值13亿元，打造以微信书店为主的知识电商模式，2016年推出“得到”，构建知识电商平台。

3. 产品与服务

（1）《罗辑思维》自媒体视频脱口秀直播

“有种、有料、有趣！”《罗辑思维》自媒体视频脱口秀节目是一场互联网社群试验，罗振宇把自己视为“手艺人”，为大家读书，做大家的书僮，集结一群勇于创新的小伙伴，一起用全新的思维方式重新发现世界。

播出时间：微信公众订阅号“罗辑思维”语音，每天早上6:30左右发出，365天全年无休；视频节目每期50分钟，每周五在优酷网播出，全年48期。《罗辑思维》脱口秀音频节目在喜马拉雅网上线，截至2016年8月，专辑播放量逾3.9亿次。

2017年3月8日，罗辑思维关停自媒体直播，节目转向“得到”App。节目展现形式由视频、音频全平台分发呈现转变为专注本土音频；播放时间由周播改为周一到周五的日播；内容体量由原来近1小时回归到20分钟；节目标语由“有种、有料、有趣”改为“和你一起终生学习”。

（2）图书《罗辑思维》系列

罗振宇根据互联网视频知识脱口秀节目《罗辑思维》创作了系列图书。作者对正在到来的互联网时代有深刻的洞察，为我们提供了一种全新的思维。

2015年，罗辑思维微信小书店全年的图书销售额超过1亿元人民币。从不定期上新书，到每周五固定上新书；从开始的三五本书，到如今独家在售将近60种图书，还守住了图书销售不打折的底线。

（3）知识服务类“得到”App

“得到”是一个提供知识服务的App，每天为用户提供6条免费的语音，每条时长2分钟左右，大都是知名大佬的商业观点或科学理论。另外还提供干货图书（精简版的电子图书）和音频演讲资料。

与iBook、微信读书等电子阅读平台免费试读的机制不同，“得到”主要是为用户提供知识服务，而非单纯的阅读平台和工具。这种知识服务包括为用户筛选有价值的书，为用户提炼和精简书中的观点，即“得到”的内容团队把原著里经典的理论和案例做成金句，通过这些来吸引读者。这种服务是直接收费的，它降低用户的选择成本，降低严肃阅读内容的阅读门槛，从而节省了用户的时间。

“得”到平台雇用知识买手进行选书并进行精简呈现，把书里的内容浓缩到1万字以内。这种浓缩并不是机械地缩写，而是对文章内容的要点提炼和转述。这些知识买手大都是媒体人，如来自三联生活周刊、财经天下等媒体，有丰富阅读经验和编辑经验。此外，“得到”的图书内容团队大概包括3类人：原书作者；国外译著的责任编辑；大学学科教授。

（4）微商城

罗辑思维是基于微信第三方应用的有赞微商城首推的典型客户，2014 年轰动互联网界的“罗辑思维卖月饼”事件更是移动互联网、自媒体对传统行业深度融合的案例，从此拉开了自媒体卖货之路。

随着罗辑思维发展迅速，其经营思路也快速变化。基于个性化需求，罗辑思维电子商务业务变阵，放弃了原有的标准化有赞微商城，通过有赞的“大客户定制”服务模式，成立独立电商平台“生活作风”，包括 PC 端和微信端。

综上所述，罗辑思维社群运营模式如图 6-8 所示。

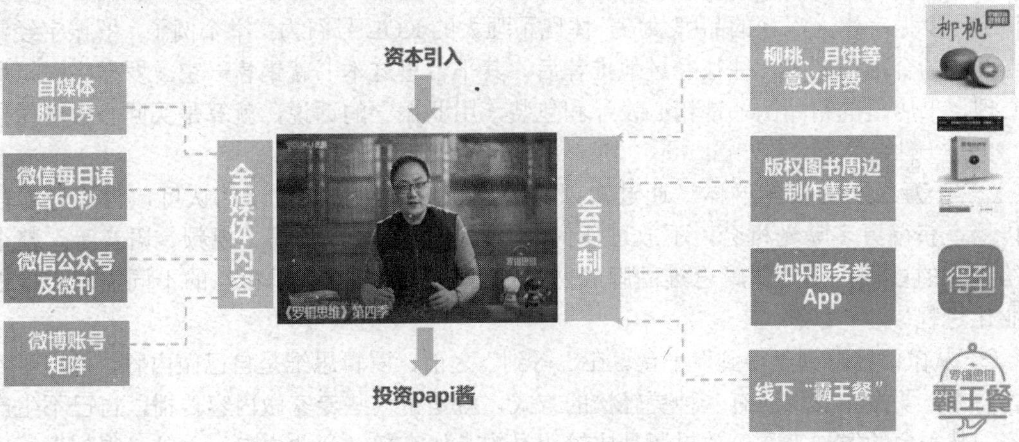

图 6-8　罗辑思维社群运营模式

4. 创新与特色

（1）用死磕自己唤醒尊重，用情感共鸣黏住用户

“罗辑思维”死磕精神的最典型体现是每天早上 6:30 的 60 秒语音。很多人无法理解为何非要 60 秒，但罗振宇看来，60 秒代表一种仪式感，代表对用户的尊重，通过死磕和自虐获得用户发自内心的尊重与信任。罗振宇要完全采用纯脱口秀的方式来进行讲述，节目充满强烈的对话感，出现小错误就立即重录，每期不到 1 小时的节目都要花 8～10 小时才能录制完成。

在日常的运营中，罗辑思维的创始人团队长期坚持亲自在微博、微信及客服系统中面向用户回复意见，解决用户问题，与用户直接进行互动。

第一次做线下活动时，“罗辑思维”设置了两个特殊环节：第一个是爱的抱抱，鼓励人们表达自己的真实情感，结果演讲结束后一群年轻人冲上台去拥抱罗振宇；第二个设计是两个箱子，一个叫打赏箱，一个叫吐槽箱，如果对活动满意可以进行不限金额的打赏，如果不满意可以写下意见以助改进。

（2）用人格思维凝结社群，用社群力量拓展边界

工业社会用物来连接大家，互联网社会要用人来连接大家。创新就必须要从物化的、外在的东西，重新变回到人的层面进行思维。因此，罗辑思维一直强调 U 盘化生存，“自

带信息，不带系统，随时插拔，自由协作”。未来大家可以用自己的人格、自己的禀赋，为自己创造价值，市场进入万物有灵的时代。

罗辑思维与其他自媒体、互联网产品最大的差异在于，除了数百万用户，罗辑思维还建立了一个由数万人组成的付费会员群体。这个群体成为罗辑思维不断扩展事业边界的核心力量。而且每年只开放一次招募会员，明确宣布罗辑思维会员群体最终上限为10万人，绝不扩大。在每次会员招募时，罗辑思维都不承诺任何的会员物质回报权益，会员更多的是秉持“供养社群”与“价值认同”的理念来支付会员费。罗辑思维会员群体是一个以价值观为基础的创业和知识社群。

（3）从社群到平台的核心价值体现

① 罗振宇本人具备 IP 效应。从初期的视频和语音，到跨年演讲，整个罗辑思维的发展打上了罗振宇本人深深的品牌效应，体现了强大的 KOL 号召力。举个例子，罗振宇经常在不同的场合推荐图书，往往经过他推荐后，其平台里这本书就销售一空。罗振宇深谙用户心理，书店里的精品图书都精心设计和包装，用罗振宁的话说，就算是买回去放着做装饰，也是一件艺术品。

② 千万级别的粉丝群体。通过知识的提炼和传播，获得粉丝的认可，再通过粉丝的传播，获得更多曝光机会，不放过任何一个传播的途径，微信、视频、语音等。整个粉丝量化的过程，就是罗辑思维品牌成熟的过程。罗辑思维基于粉丝的不同需求，推进商业化进程。

③ 从微信社群到“得到”平台。在“得到”之前，罗辑思维是自己做内容，做电子商务。后来，罗振宁发现还有一种更轻松的方式，就是帮一些专家做内容传播，自己不生产内容。从平台的发展来看，效果还是比较明显的，如李翔《商业内参》入驻“得到”后，两周收获 5 万个订户，收入 1 000 多万元。

5. 经验要点

在当下，罗振宇是个颇具争议的人物。他身上贴上了太多的标签：知识贩卖者、网络红人、商人、意见领袖、投资人等，从微信每天早上一段语音到卖月饼、开书店，再到投资又撤资 papi 酱，引发社会热议的风头一时无出其右。然而，不可否认的是，罗振宇确实把知识电商玩转了，而且玩得很好。并非每个人都能像罗振宇这样成为网络热点，且不管有多少争议和拥众，在研究知识电商的发展中，罗辑思维是一个重要的符号，而这个符号的精要之处在于如何让知识变现，这也许是众多知识拥有者想了解的真相或需要的启示。

① 知识经济和内容电商不存在风口，只是现在变现的条件开始成熟起来，只要是优质的内容，就可以通过各种平台实现变现。

② 不是一定需要像罗振宇这样的超级 IP 才能快速商业化，重在垂直，深耕下去，注重用户体验和阅读感也能获得粉丝。

③ 在一个领域里面，方向正确，条件成熟的话，坚持下去就能越做越好，罗辑思维经历了 5 年的发展才取得一定的成就。知识电商领域不会有暴发户，只有深耕者。

罗辑思维的社群模式，本质上是让用户尝试着去思考。社群定位白领用户，给用户的满足是参与感的打造。在学习知识方面，除了长期提供给用户“高大上”与“然并卵”的罗辑思维，有时也会有一些接地气的生活知识传递；在思维共鸣方面，通过 60 秒的讲故事来占领用户的琐碎时间，在故事的逻辑层面上简单易懂，最后听完了语音还可以回复关键字看文章，进一步来加强深度的共鸣。

罗辑思维主要面临的问题是什么？我们从社群运营的角度作以下探讨。

① 罗辑思维的社群模式更像是一种渠道，一头连接的是强势供应，一头连接的是人群不同的需求切面。特点是强连接，弱需求，用户的消费需求大部分都是被“人工创造”的。这种需求的变现就像罗振宇说的“U 盘化生存”模式，一种商品卖完就走，下次也很难再有同类产品迭代，为了不断刺激购买，产品线就要越铺越长，最后整体的管理成本迅速攀升，对整体的运营构成了巨大压力。

② 罗辑思维通过“贩卖知识”“为你读书”的方式吸引粉丝，将人群聚合在一起。就像罗振宇所说，罗辑思维是一个过滤和筛选的渠道，筛选出“爱知求真”的中产阶级，完成了对用户的圈层处理。但实际上罗辑思维整个社群用户之间的联系和共性很少，罗辑思维聚焦在自己的供给侧，然后推出相应的产品，难以形成稳定的体系。

③ 用户追捧罗辑思维，除了自认为可以提高“逼格”之外，最大的诉求就是节省时间，用最短的时间攫取知识，并养成独立思考问题的习惯。在罗辑思维的新鲜感消失的时候，用户突然发现通过罗辑思维并不能让自己真正拥有自己想要的那种独立思考能力，也就会慢慢开始怀疑罗辑思维的效果，罗辑社群的运营必然会出现崩盘的危险，这才是真正的危机。

罗辑思维的内容电商本质上依旧是披着聚粉利器的外衣搞着媒体擅长的流量生意。内容电商开始总是纯粹的美好，但时间一长，核心用户需求和电子商务能力缺失等问题就会暴露出来。到了一定阶段，电子商务带来的直接收益容易让平台丧失理智，盲目扩张品类，甚至利用所谓粉丝的信任，贩卖假货，与用户核心需求产生背离。这就是罗振宇演讲中所说的“内容电商有坑”。

案例 6-3　共享单车盛宴谁主沉浮

1. 共享单车现状

共享单车是指企业与政府合作，在校园、地铁站点、公交站点、居民区、商业区、公共服务区等提供自行车单车共享服务，是共享经济的一种新形态。

2016 年底以来，国内共享单车突然就火爆了起来，最近一张手机截屏蹿红网络。如图 6-9 所示，24 个共享单车应用的图标霸满了整个手机屏幕，真的是“一图说明共享单车的激烈竞争”。而在街头，仿佛一夜之间，共享单车已经到了“泛滥”的地步，各大城市路边排满了各种颜色的共享单车。

图 6-9　共享单车手机截屏

除了较早入局的摩拜单车、ofo 外，2016 年至少有 25 个新的共享单车品牌汹涌入局，其中甚至还包括电动自行车共享品牌。这 25 个品牌包括永安行、小鸣单车、小蓝单车、智享单车、北京公共自行车、骑点、奇奇出行、CCbike、7号电单车、黑鸟单车、hellobike、酷骑单车、1步单车、由你单车、踏踏、Funbike单车、悠悠单车、骑呗、熊猫单车、云单车、优拜单车、电电Go单车、小鹿单车、小白单车、快兔出行。

共享单车已经越来越多地引起人们的注意，由于其符合低碳出行理念，政府对这一新鲜事物也处于善意的观察期。

第三方数据研究机构比达咨询日前发布的《2016中国共享单车市场研究报告》显示，截至2016年底，中国共享单车市场整体用户数量已达到1 886万个。预计2017年，共享单车市场用户规模将继续保持大幅增长，年底将达5 000万个用户的规模。

报告指出，中国共享单车市场已经历了3个发展阶段。2007—2010年为第一阶段，由国外兴起的公共单车模式开始引进国内，由政府主导分城市管理，多为有桩单车。2010—2014年为第二阶段，专门经营单车市场的企业开始出现，但公共单车仍以有桩单车为主。2014年至今为第三阶段，随着移动互联网的快速发展，以ofo为首的互联网共享单车应运而生，更加便捷的无桩单车开始取代有桩单车。

报告显示，目前，中国共享单车市场中ofo和摩拜两家企业的优势比较明显，其中，ofo单车投放量最多，达到80万辆，市场占有率51.2%；摩拜单车60万辆，市场占有率40.1%。

报告还显示，共享单车更受年轻男性欢迎。中国共享单车用户中男性占比54.2%，女性占比45.8%。用户年龄分布中，25～35岁人群使用最多，其次是25岁以下人群。使用频率中，每周使用三四次的用户最多。

易观互联网交通出行研究中心分析师王晨曦接受《每日经济新闻》记者采访时表示，去年大量品牌入局共享单车，背后其实是资本市场的主推，共享单车确实是好产品。王晨曦表示，近年的"资本寒冬论"一直存在，但资本市场本身不是寒冬，只是"资本需要一个出口，恰恰共享单车就出现了"。

2016年，摩拜完成了4次融资，ofo完成了5次融资，小鸣单车短短24天内完成了3轮融资。2017年1月4日，当摩拜宣布2.15亿美元D轮融资时，ofo单车一言道尽行业情况："这个行业不缺资本关注。"据易观的粗略统计，截至2017年1月4日，共享单车市场已经有将近7亿美元的融资额度。共享单车是继网约车后的一个新的风口。

在各品牌水平参差不齐的情况下，业内大多数人都认为，共享单车的第一轮洗牌将在2017年内进行。正如小蓝单车CEO李刚说的："这个行业不是钱的问题，更多靠的是产品、供应链及运营。预计2017年中或年末，部分品牌共享单车将会落败。"一批运营经验比较少、实力相对差的企业会被淘汰掉，剩下几家再参与下一轮竞争。共享单车将有一场大战，2017年底之前会有一轮洗牌，未来一个城市大概只有三四家企业能存活。

首先，只做区域性的共享单车品牌不合理，如熊猫单车。因为单车的使用习惯并非具有明显的区域特征，运营模式等都是可以复制迁移的，而且单车的门槛相对较低，只做区域性的品牌的话，无论是用户量，还是盈利方面都很难持续。另外，共享电动自行车的发展前景有待观察，如7号电单车。因为电动车的普及首先需要充电桩普及，这会明显地影响到用户体验。电动车的成本较高，维护更加困难，相应的支付费用也较高，再加上城市交通管制方面的问题也较大。

2. 单车“彩虹家族”谁能脱颖而出？

摩拜、ofo、hellobike、小鸣、优拜、骑呗、小蓝 7 家公司的单车因颜色各异，以及各自的运营特色被合称为单车的“彩虹家族”。摩拜与 ofo PK 海报如图 6-10 所示。

图 6-10 摩拜与 ofo PK 海报

（1）创始人背景

如表 6-12 所示，从创始人背景来看，7 家公司均与出行行业及互联网有着或深或浅的渊源。摩拜创始人胡玮炜原本是一位财经记者，同时还是汽车科技新媒体极客汽车的创始人；CEO 王晓峰是 Uber 前上海总经理，熟悉车辆出行的城市运营。ofo 创始人团队是清一色北大出身，大多结识于北大自行车协会，懂校园，懂用户（学生），热爱骑行，涉足共享单车之前，曾在单车骑游领域创业数月。hellobike 创始人杨磊深耕出行领域多年，操盘知名代驾平台爱代驾，参与代驾市场之争，业内知名。小蓝创始人李刚，野兽骑行 CEO，对于骑行用户需求有深刻理解。小鸣、优拜、骑呗，创始人履历各有亮点，但并非与出行直接相关。小鸣的金超慧曾任宅米（校园生活服务平台）联合创始人，以 COO 身份伴随公司一路走到 B+轮，团队规模 1 500 人，服务 2 000 万名大学生。优拜的余熠则参与过团购、外卖、电影等“战役”。骑呗的创始人周海有曾任投资公司董事长，对融资有丰富经验。

表 6-12 彩虹家族 7 家单车创始人一览

单车公司	创 始 人
摩拜	胡玮炜，资深汽车产业记者、极客汽车创始人 王晓峰，Uber 前上海总经理
ofo	戴威，北大光华管理学院金融系本科（2009 级）
hellobike（哈罗）	杨磊，爱代驾创始人兼 CEO
小鸣	金超慧，上海交通大学本硕、宅米前联合创始人兼 COO
优拜	余熠，曾任猫眼上海中心负责人、大众点评工程师
骑呗	周海有，杭州天泰投资管理有限公司董事长
小蓝	李刚，野兽骑行 CEO

（2）资本加持逐渐代替先发优势

从共享单车玩家的角度看，这场 PK 归根到底是市场占有率、用户数据、扩张速度、技术实力和资本实力的综合较量。通过对单车城市的调研发现，目前规模化投放市场以摩拜、ofo 最多，hellobike 次之，小鸣和小蓝都不足 3 000 辆，优拜和骑呗数量则更少。

在城市投放上，目前摩拜已开通北上广深蓉等 8 座城市；ofo 开通了 200 所高校，正在全力拓展城市市场；hellobike 目前以准一线或二线为主，投放在苏州、宁波、厦门；骑呗投放在杭州；小鸣在上海、广州试点；小蓝投放在深圳、广州；优拜只看到了车型，暂不知道投放城市。通过城市模拟发现，共享单车都在一线倾尽全力，展开你死我活的“巷战”，二线城市只有 hellobike 主攻，摩拜乘虚而入。

总体而言，资本的加持会让技术差距和市场边界越来越模糊。速度决定一切，人才最为关键。共享单车企业接下来是先掀起人才储备大战，接着到一座城市，快速打响品牌效应，与政府进行沟通，推广宣传等，然后是融资继续开疆拓土。

（3）共享单车的技术之争——专利锁

现有的共享单车技术无非两种：GPS 智能锁和机械锁。

① GPS 智能锁。六家采用（摩拜、hellobike、小鸣、优拜、骑呗、小蓝）；充电方式：采用发电花鼓，成本比较高；定位方式为 GSM/GPRS 和 GPS 定位模块（分离）；弊端：充电与骑行体验需要找到平衡点。

② 机械锁。目前只有 ofo 一家采用（见图 6-11）。ofo 没有安装 GPS 定位终端，用户无法通过手机 App 来搜索附近的车辆，客户找车辆时需要碰运气；每辆车的密码是固定的，如果有人记住密码可以免费享用；操作体验流程 App 与车分开，使用的时候有一种技术倒退的感觉。

图 6-11　ofo 单车的机械锁

共享单车的 GPS 智能锁必定是趋势，校园起家的 ofo 必须尽快采用智能锁，否则以后替换 GPS 智能锁的难度将越来越大。

（4）自行车供应链关乎品牌的生死存亡

摩拜一代车的成本为 2 300 元，ofo 新车型成本 360 元，其他品牌单车普遍在千元以内。随着时间的变化，各品牌车型也在逐渐趋同，同质化现象严重。截至目前，实现量产的仅有摩拜、ofo、hellobike，为什么其他品牌推出车型却无法量产？其实问题就在供应链。

① 正常生产周期在 45～60 天，代工厂大多集中在深圳、厦门、昆山、天津等地，在生产的质量上有一定的保证，至于品控则取决于他们在生产上的执行力度。成车的生产周期与它们的备料、生产计划有关。

② 生产效率取决于工人熟练程度，自行车是一个劳动密集型的行业，只有轮组、钢圈、喷漆能够自行化完成，其余部分都是靠工人手工完成，而车辆组装的效率取决于工人的熟练程度。

③ 非标准零件需要重开模具。摩拜单车为了解决耐用及抗损坏问题，采用了特种零件，这在一定程度上影响了生产周期。自行车的生产没有捷径可走，除了工人的熟练度之外，

自行车行业也有很多标准，如螺丝的扭力参数、刹车系统是否安全、变速系统的顺畅度等，都需要按照标准严格执行。显然，市面上大量投放的单车，并不都符合标准，其安全性需要平台出示合格证明。

④ 供应商的产能有限，对于 GPS 锁等核心部件，如果是供应链采购，共享单车新品牌很难在短期内从原有的产能体系中分到可观的配件数量。

共享单车品牌必须面对的与供应链上下游的博弈。供应链的一个环节出现问题，则影响共享单车品牌的生死存亡。解决完供应链后，共享单车还要面对物流等层出不穷的新问题。

（5）盈利模式在哪儿？

共享单车市场发展至今，如何实现盈利？主要分成两个流派。一是以摩拜为代表，自己研发车，自己工厂来生产。另一派代表是 ofo，自己开发单车，同时也盘活社会上的存量单车，鼓励大家把自己的单车贡献给 ofo，进而可以免费骑 ofo。摩拜和 ofo 都完成了好几轮融资，拿走了目前共享单车领域大部分风险投资。目前，摩拜跑得比较靠前，在政府关系的引导上做得更好一点。ofo 的团队更年轻，模式也更轻，产品定位在现阶段更合理，能更快地铺向市场。

但共享单车都面临着一个难题——想赚钱很难。

共享单车行业最流行的盈亏计算公式是：一辆单车平均每天被使用 3 次，一年有 300 天可能被使用，年收入就是 900 元。900 元也是行业平均单车成本线。但上述计算公式没有考虑运营成本。目前行业平均运营成本是 20%左右，一年一辆车如果只有 900 元收入，肯定没法实现盈利。

在国外，很多共享单车的收费标准是半小时 5 美元，所以很多国外共享单车公司靠收骑行费就能轻松实现盈利。但国内共享单车的价格基本都是半小时 0.5 元或 1 元，这个定价跟公交车差不多。公交公司主要是靠政府补贴维持生存。对于共享单车来说，如果不能拿到融资，基本很快就会被市场清洗出局。

另一个焦点在押金管理上，共享单车的押金是否成为了金融资产，从而实现互联网金融盈利模式？

摩拜押金为每人 299 元，2016 年 12 月，摩拜的每月活跃用户押金总额就超过了 9 亿元人民币。ofo 的押金为 99 元，小鸣的押金为 199 元，优拜的押金为 298 元。多数共享单车都需缴纳数额不等的押金，也有部分单车在用户达到一定信用积分时可以免押金。注册成某品牌的单车用户，需先向该平台缴纳一笔固定的用车押金，再向平台内预存车费。日后骑车的费用，不会从押金中扣除，而是从充值的车费里扣。摩拜押金是 2～7 天到账，骑行费余额可以通过客服电话退款，但通过 App 自动退款的功能还未实现。ofo 用户的押金可以秒退，余额退款需要客服协助，需要 1～7 个工作日。小鸣单车和优拜单车用户想退余额，退费时间是客服收到退费请求后的 1～7 个工作日。

深圳公布了《关于鼓励规范互联网自行车的若干意见（征求意见稿）》，其中拟要求当地共享单车企业：收取押金的，须设立押金专用账户，接受第三方监管，保证专款专用。共享单车之争随着互联网巨头的加入，免押金大战已经开始，互联网金融模式似乎又遇困境。

3. 绕不开的公益模式，撇不掉的人性之争

小区业主的“抖机灵”挑战着共享单车运营团队的“侦查能力”；黑摩司机在地铁口

与共享单车展开“生死对决”；公事公办的城管大叔消耗着共享单车扩张的“速度与激情”；刮风、雾霾、下雨、大雪，天气说变就变，一如用户的新鲜劲儿，说没就没；价格、专利、技术、数据 PK 得如火如荼，“1 块钱的生意”并不好做……

我们生活的城市，需要的是绿色共享而不是产生垃圾。

从城市环境角度分析，①空间范围广阔：需要让用户随时可以找到车辆，后台系统也需要定位车辆的位置，便于挖掘数据；②环境复杂：路况、天气等因素，车辆必须结实不易损坏；③使用场景：潮汐现象明显的地区、封闭的地区和其他区域的需求情况；④停车规范问题：车辆停放不能占道、违规，为政府及城管制造问题，带来政府监管的风险。

从人性的角度分析，①车辆防盗（包括用户私藏等行为）；②规范停车的引导问题；③上私锁；④恶意损坏。

一个城市到底需要多少辆共享单车？共享单车通过信用规范停车的同时，仍然有很多不文明行为产生，共享单车如何共享文明？共享单车是一场文化与信仰的输出，必须要解决社交化问题。在城市的抢滩登陆上，谁能抢先占据用户的心智，谁或许就是这场移动互联网时代的赢家。

4. 监管或从下半场开始介入

自共享单车出现以来，单车占道、乱停放现象极其严重，但政府方面目前还没有出台相应的措施有效地解决问题。在投放布局上，圈地者们理应详细规划好每一个投放点，如投放更多单车到大学城、公园等公共交通不便利的郊区地带，避免市区投入车辆过多，分布不均匀的现象发生。在停放点上，应作详细规划、引导、宣传和教育，让城市少一点硝烟，多一分和谐，如此才能实现共赢。

从城管积极配合来看，政府对共享单车还是持支持态度的。但究竟如何对单车进行规范化管理，政府和共享单车的团队还需要更进一步的沟通合作。

正如交通部部长在回答记者相关提问时所说：共享单车是城市慢行系统的模式创新，也是互联网+交通运输的交通方式，对解决人民群众“最后一公里”的交通特别见效。共享单车一出现就受到人民群众的欢迎，应该积极鼓励和支持。发展总体是好的，也出现了一些问题，如违规停车和蓄意破坏及服务维修不到位的问题。有关城市的人民政府采取了一系列措施来改进和完善。首先，政府要主动作为超前谋划，加强监管，推动新事物发展；第二，运营企业要尊重市场规定，做好管理规范，守诚信，提高服务水平；第三，使用者要增强文明意识，来维护共享单车的运行秩序。

野蛮生长阶段野蛮生长是行业发展的必然规律，在上半场，政府是用自由竞争、市场规律来观察，市场欢迎的形式是什么，后半场应该会以此为基础，来进行调整和规范。

物竞天择，适者生存。网约车对我国社会生活及行业经济发展等各方面的影响至今还余波未平，抛开利益，从个人角度而言，共享单车改变了不少人的出行方式，它的环保、方便、便宜给很多人带来了很大的便捷，存在即合理。

“一个时代的开始必然会导致另一个时代的落幕”。从网约车到单车，我们相信一旦出现在“群狼环伺”的中国市场，必然引发无数后来者前赴后继，未来出行还有无限的可能性。

第七章 微商

本章知识要点

1. 微商的概念。
2. 微商的运营及发展趋势。
3. 微商模式及其典型案例

新的电子产品不断涌现，加速了 3C 电子产品和移动社交软件的更新换代。网络、移动社交软件的普及为微商的发展提供了技术支持。在全球化发展背景下，网络商店的兴起正把我国电子商务带入迅猛发展的新阶段。微商正是这一社会环境下的产物。很多人把“微商”看成是微信电子商务，认为通过微信开个小店就成了微商。实际上远不止这些，微商是在移动终端平台上借助移动互联网技术进行的一种商业活动。微商越来越被市场认可，越来越受到资本青睐，它是对电子商务发展模式的补充。电子商务带动的网络购物的普及也为人们接受微商这一营销模式奠定了社会基础。

第一节　认识微商

一、微商的概念

微商，即广大草根网友通过社会化媒体（微信、微博、Facebook、Twitter、App）等现代化网络工具进行微小投入微利回报的微型化商业经营的一种商业生态。微商是“大众创业”的一个组成部分，它以微小投入做成小微企业在社交等平台上从事微型商业活动为特征；社交营销是它的核心，传销不是微商。

微商是一种全新的商业生态，它并非肇始于传销，而是由一批海外代购的专业人士从淘宝电子商务平台转战到微信平台之后慢慢产生的；换句话说，微商是第一批在淘宝平台上的海外代购们发现了微信这个商业新大陆，然后全面进军微平台，并逐渐以一对一购买转换到一对多、多对多、层层叠加、代代相传的准传销模式，如图 7-1 所示。

图 7-1　社交营销中的微商

要定义微商，首先要了解“微”和“商”。

微：字典上的解释是“少”和“小”的意思，《广雅·释诂》说“微，小也”。巧合的是，微商云集的平台也叫微——微信。

商：《广雅》的释义是“度也”；《易经》的解释是“商量裁判之谓也”。但在名词解释中，它是商业、商人的意思。《史记·货殖列传序》说“商不出则三宝绝”，可见商人和商业的重要性。

由此，“微”和“商”连在一起，其解释就有了新意——微笑的个体创业者通过微小的资金投入，在微信、微博等社会化媒体平台上从事小微创业的一种经商生态。它不同于传统商业需要和人在地面上进行面对面的商业交易，也不同于电子商务平台上的虚拟店铺创业模式。微商是通过社会化媒体，在有限的社交圈子中进行实用商品推介并力争成交的一种商业行为。

二、微商的起源

微商，似乎是随微信朋友圈的火爆而一夜间爆发出来的，但它真的就是凭空产生的吗？下面探究微商出现的原因。

新工具的出现：

2003 年淘宝成立，同年 10 月支付宝上线。

……

2012 年 4 月 19 日，微信增加了朋友圈功能。

2013 年 8 月 5 日，微信发布了“微信支付”。

新载体的出现：

2011 年智能手机大量地出现，诺基亚、三星、HTC、摩托罗拉、苹果、联想、LG 等。

……

2016 年销量最好的智能手机有华为、OPPO、苹果等，手机用户总数已超 13 亿人。

回顾微商出现前的电子商务营销，从淘宝到 QQ 群、QQ 空间，再到微博，随处可见，只是背后经营的人在不断变化，从最开始的公司集团，到后面的微博达人，营销的方式也逐渐地轻量化，信任消费在慢慢地提升。微信朋友圈的出现更是助力了这种基于熟人间的信任消费，越来越多的个人在朋友圈经营上了自己的小生意。随着微信支付的出现，这些在朋友圈、新浪微博等经营自己小生意的群体迅速爆红，随后广泛为人们所知。这个群体被称为微商，这种经营方式也被称为微商。微商营销的演进如图 7-2 所示。

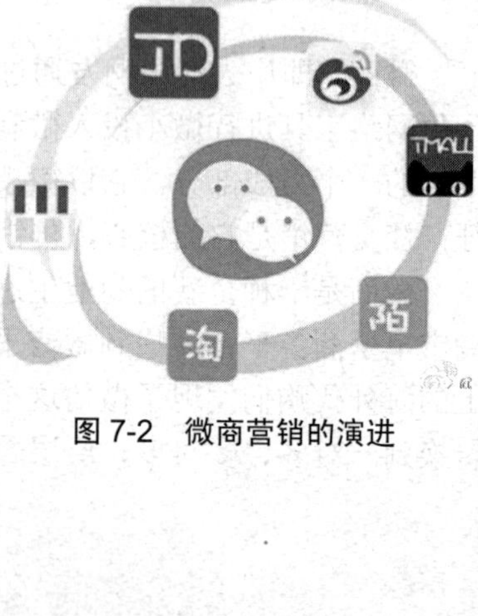

图 7-2　微商营销的演进

三、微商发展的阶段及其代表

启蒙阶段：QQ 群、QQ 空间、微博时代，标志是微博达人的代销。

雏形阶段：2013 年，微信朋友圈出现后，标志是朋友圈出现文字+图片的代购广告。

代理阶段：2014 年，大平台、大品牌纷纷玩起了微商，标志是思埠、韩束的面膜微商的崛起。

平台化阶段：2015 年，代理模式让微商产生分化，一些转向了传销。于是出现了比较规范的平台。标志是微店、口袋购物、拍拍微店、京东微店、美甲帮等的运作。

正规化阶段：微商 2015 年经过了一段时间的洗牌，2016 年又开始回暖，走上正规化的道路，标志是微商运营师认证考试的开始。

四、微商的现状

微商市场规模持续快速扩张。

《2016 中国微商行业发展研究报告》指出，2016 年微商行业总体市场规模将达到 3 607.3 亿元，全国微商从业人员规模将达 1 535 万人。

中国微商形成了成熟的产业链。商品供应商→微商（品牌、个人）→媒介平台（社交媒体、微商平台）→支付→物流→用户。

微商活跃渠道多元，战场分布细化。微商渠道有朋友圈、微信群、微信公众号、第三方平台、微博、QQ；个人微商多活跃于微信，品牌型微商则更多依托第三方平台或微信公众号、微店运营。

五、微商的特点

微商集社交属性、移动属性、自媒体属性于一体。

微商区别于传统电子商务，主要依托于社交平台的分享与传播，主攻“熟人经济”，依靠粉丝驱动，口碑推荐，购买沟通更直接，具有很强的社交属性。

移动互联网络技术的飞速发展，使用户购物的时间、场景越发碎片化，移动购物更加自由，这对微商产品购买起到了推动作用。

自媒体大众化时代，微商宣传有更多新方式，自我体验宣传影响不容小觑。社交渠道的分享扩散，拓展了微商宣传面，利于实现微商对用户的精准扩张。

六、微商的未来

传统企业进驻微商平台确实会有很大的优势。因为大的品牌企业都是有线下实体的，具有线下优势和品牌优势，这是小品牌企业所不具备的。但是从原来的代理制转向现在的平台化，大的品牌企业往往很难迅速转型；相对来说，很多小品牌企业是依靠微商的渠道发展起来的，会更加聚焦一个点。另外，大品牌企业开展一个活动，必须经过市场部、销售部等各个部门，需要综合衡量，决策时间长。而小品牌企业的红包活动和点赞活动是随用随到的，这样目标群体的参与度、关注度会越来越高，可以迅速提高品牌。原先是“大鱼吃小鱼”，现在是“快鱼吃慢鱼”。因此，小品牌企业未必就会被大品牌企业吞并。

平台型、服务型、导购型微商，未来这 3 种形式不会是三足鼎立，也不会出现某一种类型作为主导。因为中国的基数太大了，因此可能还会出现第四种、第五种微商形式。未来微商的发展一定是“做减法”，做小而美。一个品牌，把客户做到一千万名就足够支撑它的发展。再往下，就是往资本市场运作。中国是中小企业居多，这么多的中小企业，这么大的内需，又有这么多的生产力，必须要做精准化消费。尤其是对 80 后、90 后、00 后的消费群体来说，带有独特风格和差异化的产品会更加受欢迎。

未来将近一年的时间应该是微商发展的红利期。因为目前为止，还有很多像联合利华、宝洁等大品牌企业对微商持观望态度。我们希望有更多的大品牌企业进入微商，把微商的渠道打开，这样这个产业的竞争力就会越大，关注度也会越高。在未来一年红利期，微商才会有大的突破。

在对微商的发展进行规划时不应该以年为单位，而是一个月就会有新的变化。因为在微商的背后有一千多万从业人员，每天晚上都在刷屏，都在做销售工作。一千多万人用同一种工具、同一种方式去影响十几亿人，一年之后，当该进来的都进来了，就需要进行常态化、正规化。在未来的发展期，可能电子商务是发展了 10 年成就了今天的辉煌，微商在三五年就可以达到这种程度。总之，微商未来的发展非常乐观。

第二节　微商的运营

一、我国微商运营现状

微商在经历了一个时期的发展后，目前处于一个机遇与挑战并存的瓶颈期。其机遇在于销售模式的大众化、多元化、及时性。“大众化”指微信、QQ 等移动社交软件的普及已让“微商”这一概念被广泛接受；“多元化”指微商可通过文字、图片、视频等方式进行多元化营销；“及时性”是指移动互联网络可以打破时间的限制，快速、高效地向顾客传递产品信息。

同时，微商发展也面临着一定程度上的阻碍。首先，朋友圈是一个社交场所而非商业市场，长时间的商品推广使人产生厌恶之感；其次，微商推送信息泛滥，用户或选择屏蔽信息，或无法获取真正需要的信息，导致信息的有效性很低；最后，微商经营尚无有效监管，假货横行，侵害消费者利益，损害微商信誉。在信息时代这一大背景下，微商的发展毋庸置疑存在巨大的商机，但是要推动微商更进一步的发展，当务之急就是要针对其发展中存在的问题加以修正和完善。谁最先认识并克服了微商发展中存在的问题，谁就掌握了先机。

二、微商运营的程序

在准备做微商之前，首先必须做好基础准备：一个智能手机；申请微信号。正式从事微商只需做好 3 件事即可：选择货品；导入精准客户；塑造信任。只要把以上步骤都做对做好，就一定能够玩转微商。微商的运营思维如图 7-3 所示。

（一）选择货品

货品选择有两方面，第一是货品种类的选择，第二是货源的选择。货品种类可以选择满足以下任何一个条件的。

① 客单利润低，但是复购率非常高。这样的产品一般属于快速消耗品，如吃的。

② 客单利润高，复购率比较高。这样的产品一般属于慢消耗品，如面膜。

③ 客单利润超高，复购率低。这样的产品属于非消耗品，如珠宝玉石。

目前可选的产品有奢侈品 A 货、化妆品（面膜）、减肥药、文玩佛牌、珠宝玉石、土特产等。

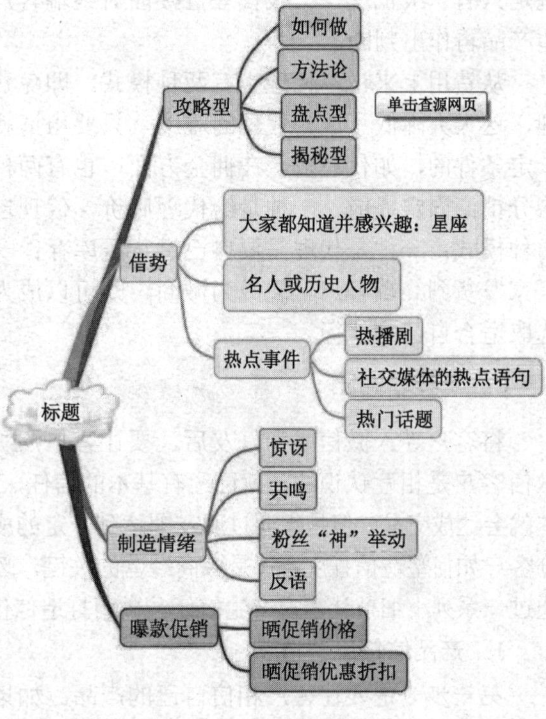

图 7-3 微商运营思维

当选择好产品种类之后就需要确定货源。最好能够拿到一手货源，当然拿到一手货源有时需要较高的条件，所以根据自身情况选择最适合自己的就好。例如，有人经销某护肤品牌，是因为个人皮肤出了问题，自己试用该产品后觉得安全有效，然后成为该品牌的第一批代理，因而价格上相当有优势。

（二）导入精准客户

当确定好货品和货源后，接下来就需要导入精准客户到微信成为好友。导入好友到微信要谨记的就是一定要导入精准的客户，不要导入毫无意义的好友。导入客户可以分为线下和线上。

线下导入客户简单得多，看谁是你的客户就导入谁，亲朋好友、同事同学、表亲表舅或已有客户。线下导入客户的优点是精准度高，信任度也高，缺点是覆盖面小，无法形成一定的量。线上导入客户就需要技巧，并有一定的难度。从线上导入客户分为两步，第一步是找到精准客户，第二步是引导到微信。事实上在网上一般具有某种共同喜好或特征的人都会聚集起来，只要找到这些聚集地就能找到大量精准客户。有人把这样的聚集地称为用户“鱼塘”。当找到这些鱼塘后剩下的就是需要把里面的“鱼”导入微信。

客户可以分为两种，一种是终端客户，就是直接使用产品的客户；一种是代理商，就是网络分销商，说白了就是帮你卖货。微商可以选择导入终端客户或代理商，也可以同时加入两者。代理商和终端客户所在“鱼塘”肯定是不一样的，所以要确定好客户的类型，才能更有针对性地找到客户。

这里需要特别说一下代理。从模式来说，代理有两种模式——金字塔模式和扁平化模式。金字塔模式就是分为一级代理、二级代理、三级代理等，存在多级代理；扁平化模式就是只有一级代理，一级代理直接面对终端客户销售产品。具体使用哪种方式需要分析具体产品再作出判断。

从费用上来说，代理也有两种模式，即免费和付费两种模式。有些厂家会免费招收代理，这大大降低了成为代理的难度，只要申请就能成为代理商；有些厂家招收代理是需要一定条件的，如代理费。在佣金方面，也有两种操作方式：一种是货源厂家统一零售价，给分销商固定提成；一种是给代理底价，代理自行加价出售。在货品流转方面，代理也有两种模式：一种是代理需要自己进货压库存；一种是货不经过代理，代理不压货，直接从厂家发货到终端客户。想成为微商，既可以成为厂家，也可以成为代理商，根据本身情况选取适合自己的就行。

（三）塑造信任

将客户导入微信成为好友后，要让客户购买自己的产品就需要让客户信任自己。如果微信客户是相互认识的，就已经有基本的信任，只要产品是顾客所需要的，价格又合适，基本就会达成交易。但是想通过朋友圈达到一定的成交量，就必须导入不认识的客户，针对这部分客户如何塑造信任度，才是微商经营的关键。必须知道微商打造信任度是一个系统工程，是通过一系列小细节让客户产生信任。微商打造信任度可以从以下 3 个方面着手。

1．产品信任度塑造

第一步一定要让客户相信自己的产品。如果卖面膜，就一定要让客户相信面膜是有效的；如果卖土特产，就一定要让客户相信产品是正宗的、天然的。

可以通过出具证书、原产地实拍等一系列操作让客户相信产品，具体要看所选产品的性质和卖点。

2．交易信任度塑造

当客户对产品有一定的信任，却还有所怀疑时，就需要塑造交易可信度来达成交易。

塑造交易可信度，要做好两方面工作。

第一，用淘宝做担保交易，确保双方的权益。

第二，做好售后承诺，如无条件退货等。

只有塑造好交易可信度，陌生的客户才会下单购买产品。

3．卖家信任度塑造

如果塑造好产品信任度和交易信任度是成功了一半，那么做好卖家信任度的塑造，才能达到完美。只有买家信任卖家，卖家才能真正获得买家的无条件信任及忠诚度，即形成品牌。

卖家一般有两种，个人卖家或公司，塑造卖家信任度的时候两种卖家的做法也略有差别。总体来说，塑造卖家信任度就是把卖家最真实的一面展现给买家。

例如，卖家 A 微信卖货就是用个人的名义，为了塑造买家对卖家 A 的信任度，用卖家 A 本人的照片做头像，而且也不经常换头像。平时就发一些生活方面的照片。这些都能让买家感受到卖家 A 是一个活生生的人。长时间坚持下去，买家就会慢慢信任卖家 A。

如果是公司，就可以通过向买家展示公司资质文件、各项奖状、工厂环境、公司职员、老板等获得买家信任。

总的来说，获取客户的信任需要通过一系列细节慢慢培养、塑造，当获得客户的信任后，就会获得订单，拥有收入，微商也就基本做好了。

三、微商运营的误区

人们对朋友圈的认知存在如下误区。

误区一：朋友圈都是熟人生意

有些人认为朋友圈就是做熟人的生意，这是极端错误的。虽然客户中确实会有自己熟识的朋友，但是那只是极小的部分，大部分客户都是陌生人，所以需要塑造信任，才能把货物卖出。如果只想依靠熟人做好微商，是不切实际的。

误区二：朋友圈越广越好

导入客户一定要精准，不能让那些无意义的客户占用过多时间。网上有很多微商 App，如自动加好友、打招呼、定位加附近的人之类的软件大部分情况下都是没有什么用的。例如，一个男生经常看自己朋友圈发低价名牌包、韩国代购衣服等内容，而且一发就是刷屏，如果他没有女朋友，肯定会拉黑这个店主。如果是女生，即使店主天天发一些专业的护肤知识，一天刷五十条她也不会拉黑你。

做微商看起来挺容易的，但只有做的人才知道，做微商是一个烦琐的积累过程，信任塑造不是一两天就可以做好的。做微商，重在 4 个字：坚持，用心。

第三节　微商的发展趋势

微商，作为移动电子商务模式的后起之秀，已成为消费者实现个人需求的首要选择。消费环境和个人消费行为的转变，推动了我国移动电子商务市场的快速发展，拉动了市场经济的增长和发展。移动电子商务市场要想得到更稳定的发展，就需要对微商的未来发展趋势进行深入的研究。

一、微商的发展方向

微商的发展方向如图 7-4 所示。下面主要从政府支持、销售市场、消费者需求、技术规范化、巩固农村用户等方面对我国微商的发展方向进行分析。

1. 政府支持

李克强总理在 2015 年的两会中提出：政府将制定“互联网+”行动，推动移动互联网、云计算、大数据、物联网等与现代制造业结合，促进电子商务、工业互联网和互联网金融健康发展，引导互联网企业拓展国际市场。因此，我国政府对“移动互联网 + 电子商务”模式的大力支持，有利于微商在我国未来移动电子商务领域的平稳化、规

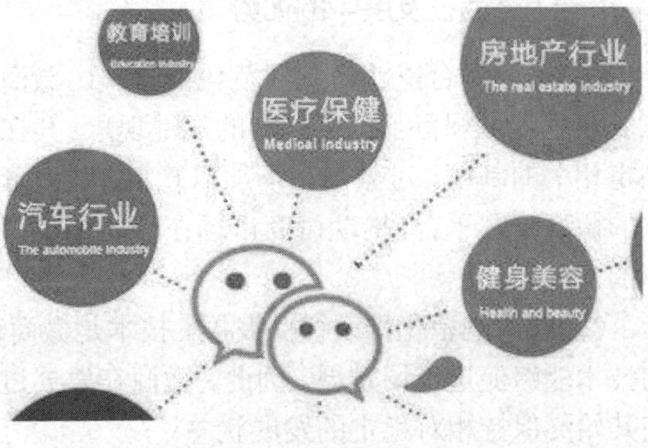

图 7-4　微商的发展方向

范化发展。

2. 销售市场

微商的发展离不开系统、规范化的管理，也离不开市场化需求。创业者利用微商进行个体创业，得到了企业的技术支持，以及政府的规范化管理。同时，微商监管机制也将更加完善，进而促进商户之间的合理竞争。

3. 消费者需求

随着微商市场的不断发展，消费者对商品的需求不断提高，从单一需求逐渐转化成为多元化需求，对商品种类和功能的需求也有所提升。因此，微商的发展要建立在满足消费者商品需求的基础上，准确推送消费者所需的商品信息，提高消费者的购买欲望，从而提升商品的成交量，促进微商市场的不断壮大。真正做到在不影响消费者体验的同时，使商家的经济收益最大化。

4. 技术规范化

分销是微商发展的关键，需要通过技术手段来将分销商散乱、渠道管理失控、市场混乱、内部价格战、分销商窜货等问题予以系统化解决。微商要得到稳固的发展，就需要借助规范化的技术手段对微商平台的销售乱象加以管制，有效地帮助商家和分销商规范和调整交易流程，避免出现假冒伪劣现象。

5. 巩固农村用户

移动互联网在农村的普及程度相对广泛，微商的发展离不开农村用户的大力支持。2016年，钱宝微商旗下的电子商务平台（麦德）助力农村发展，利用大数据分析等手段，对产品的销售渠道进行了疏通，促进了农村商品的流通速度，促使农村经济得到了快速的发展。除此之外，微商在发展中应当不断巩固农村用户。微商联盟官方表态：得农村者，得微商未来天下。因此，微商发展要注重不断巩固农村用户，最终实现移动电子商务市场的城村一体化。

二、微商发展的优势及缺陷

通过分析微商的发展方向，推测出微商发展的优势（见图 7-5）和劣势，从而得出以下结论。

（一）微商在发展中的优势

① 微商平台能够得到规范化的管理。微商的出现在一定程度上规范了微信代购的混乱现象。其在发展中制定相关的制度，对微商市场加以管制，从而形成规范化的微商管理平台，推动微商市场在移动电子商务环境中的发展。

图 7-5 微商发展的优势

② 技术规范化推动微商发展。技术是微商市场得以发展的主要组成部分，规范和先进的技术能够促进市场发展。因此，微商在发展过程中要不断提升和规范相关的技术和系统，使其始终保持相对稳定的发展状态。

③ 营销模式多样化。微商在发展中不断转变营销模式，由最初的 B2C、C2C 模式发

展到现有的 O2O 模式。个人和企业商家在发展中迎合市场需求，灵活转变和创造适合微商发展的营销模式，从而最大限度地推动微商在移动电子商务市场中的发展。

④ 营销具有一定的及时性。与其他营销模式相比，微商可以随时随地将自己商品的最新消息传递给客户，而及时的营销信息会极大程度地影响其销售市场。另外，微商营销的投入成本相对较低，使其拥有更多优势完善后续的营销市场。

（二）微商在发展中的缺陷

① 相关法律法规不健全。虽然政府提出并制定了有关微商发展的相关法律，但并不健全。微商市场中仍然出现晒虚假销售量、晒 PS 后的银行账单等现象，导致消费者在消费中对个人权益的保障产生担忧，从而降低了消费者的忠诚度，阻碍了微商市场的发展。

② 管理技术无创新。微商平台的管理系统在技术方面并没有过多的创新，仅依靠现有的、单一的管理系统无法满足消费者的个性化需求，也无法对微商市场进行完善的规范化管理，从而导致微商市场发展受阻，无法达到预期效果。

③ 农村物流建设不完善。尽管移动电子商务在农村得到了广泛的普及，但是物流配送并不太完善。农村消费者在消费时过多考虑物流配送的问题，使产品的销售量受消费者购买欲望的影响，最终导致农村微商市场发展滞后的问题。

④ 商品无法满足消费者柔性化需求。虽然微商市场中商品种类繁多，但商家无法满足所有消费者的柔性化需求，更多的是销售自身所拥有的商品，无法实现所有消费者的个性化定制销售。

⑤ 渠道过长。除个体经营者外，绝大多数商家采用代理分销的手段对商品进行销售。不同于传统实体市场需要长渠道覆盖广阔的销售地区，在微商销售中，地域特点非常不明显，一件商品往往经过反复代理，才最终到消费者手中。过长的销售渠道不仅带来上游压货现象，同时也会带来市场内部价格战和窜货等现象。

三、未来微商的完善

① 制定相关法律法规。政府需制定专门监管微商市场的法律法规，对市场中出现的违法乱纪现象进行严惩和管制；加大对网络销售假冒伪劣产品事件的处置力度，从根本上杜绝商品质量问题的出现。

② 完善监督管理机制。未来的微商监督管理机制需要加以完善，从而使微商市场拥有较为完整的秩序。入驻微商市场时，应采用商家信息实名注册、微信公众号实名认证、商品信息通过检验等措施监管，对商家进行严格化管理，避免恶性商家的出现，促进商家之间的合理竞争。

③ 创建城乡物流一体化。在发展农村移动电子商务的同时，加大农村物流建设力度，使城镇与农村物流得以协调发展。农村电商要想得到改善和发展，就需要打通“最后一公里”，把农民纳入到配送的范围，连接到支付的终端、接入到宽带的设施体系中，让农村电商真正站在“互联网+”的风口。

④ 打造满足消费者个性化需求的定制商品。消费者无须浪费时间寻找商品，可以根据个人需求在线上定制满足其要求的个性化商品，商家在线下完成商品的制作并加以配送。打造“一对一”的定制化服务，促进微商行业的发展。

⑤ 提高产品信誉。商品在生产时要对质量进行严密监控，注重发掘新技术和新工艺，确保商品信誉的稳步提升。同时，借助各种渠道对商品进行宣传和推广，提高商品的知名度，扩大商品在社会中的影响力，从而促进消费者的购买力。

⑥ 完善第三方支付平台，保障支付安全。微商在发展中需要不断完善第三方支付平台，提升相应的支付技术，进而提高消费者对其支付安全的信任度。随着微商市场的壮大，微信支付的安全必须得到保证，以确保消费者的个人信息不被泄露。

READ 阅读推荐

草根微商寻找客源的八大招

很多朋友加入微商行业后，总是被怎么加好友（见图 7-6）这个问题困扰，这里给大家分享八大招加粉技巧。不一定每一种都要学会，找一种适合自己做的，坚持下去。

一、巧妙利用附近的人

图 7-6　微商寻客之惑

一个真实的例子：有一个卖水果的女孩，她仅仅通过附近的人一个月就赚了 1 万元。她是怎么做的呢？在她家附近有好几个比较大型的小区，于是，她打印了很多二维码广告，贴在小区门口或塞在小区业主门缝里，二维码下面有一句话“微信扫一扫，加好友，买水果送货上门，再送苹果一个”。看到的人很好奇，又心想，反正就是关注一下而已，还能送一个苹果，于是有些人就掏出手机扫描二维码，并加她为好友，这其中大部分的人都会购买水果。水果是天然的重复消费品，基本每家都有需求，吃完又要买，在哪都是买，在她微信上买，不仅可以送货上门，还可以送一个苹果，何乐而不为呢？就这样，她加到的客户都很精准，并且，她离客户很近，同时提供送货，如果客户对产品不满意，随时可以不要，信任度很容易建立起来。她很快积累了一批老客户，如果她有一定的营销基础，完全可以很长时间锁定一部分人消费。

卖保险的，房产中介，做保健的这类做销售的人最容易加入成功。只要会聊，就可以把他们变成自己的销售渠道。千万别小瞧这类人群的交际圈和口才，他们有其他人不具备的销售能力。如果有他们的加入，我们的销售可以事半功倍。

二、分类门户吸粉术

58 同城里有很多真正转让二手闲置品的主妇，可以选择母婴玩具或婴儿床/车/玩具这样的分类，因为出售这些物品的一般都是一些年轻妈妈，而且这些年轻妈妈的手机号基本都开通了微信，可以去搜集上万个号码慢慢地去加，而且这些资源都是免费的。

小贴士：加人的时候千万不要“我是×××”就完事了，可以先翻翻她的朋友圈，如果发现她经常在朋友圈晒宝宝照片，可以发个“宝贝好可爱”之类的信息，以建立良好的关系。

除了 58 同城，还有百姓网、赶集网，这些数据搜集起来绝对够用了。方法和思路对了，一切都变得很简单，很容易操作，也能很快见到效果。

三、分享吸粉术

一位卖化妆品的年轻人说："我们小区5家美发店全部是我的经销商，美发店原本一个月赚1万多元，但它们卖我的化妆品，每个月能赚三四万元。其中，有家美发店老板不会用微信，也被我利用起来了。"他是怎么做到的呢？

"因为他不会用微信，我就教他一招。每个来理发的顾客，基本都会边做头发边和老板聊天。这个老板就问顾客：

"'唉，你了解微信营销吗？就在我们小区，有个做微信营销的小兄弟，一个月通过微信卖化妆品能赚几百万元。他还发展了很多代理，每个代理每个月都能赚几万元。'

"这时，那个顾客就会缠着他问我的微信号。

"他说，'我不能直接把他的微信号给你，我得问问人家是否同意。'

"然后，那个顾客就求着他一定要加我微信。后面的事相信你也知道了，顾客加了我的微信后，我会给那个老板一盒化妆品提成15元。一个月能帮那个老板多赚好几千元，他就每天推荐人加我微信。"

四、招聘网站吸粉术

如果知道自己的客户群大致的月薪，就可以在招聘网站上发布针对这一人群的招聘信息。例如，月薪3 000~5 000元或8 000元以上，要求如果有意向，可以加微信联系咨询，再花几百元在招聘网站置顶。这样加你的都是有一定消费能力的顾客。如果是卖女性产品，还可以设置筛选条件，如要求应聘者是女性，这样可让来联系的人90%是精准客户。

同类招聘网站看到你花钱在别的招聘网站置顶后，会主动联系你，问你是否需要招聘。它们大多会提供一个月的免费广告或者前几个月优惠多少的服务，于是你可以每天坐等百分百精准客户进入自己的客户数据库。

五、短信吸粉术

这招是针对有淘宝店、京东店的微商朋友。他们有自己的店，并且已经有一定数量的老客户，就完全可以把这群客户导入微信里。

（1）发货短信推荐

发货短信在保留快递公司、快递单号等重要信息以外，其他的规定字数都可以用来做微信号推荐。例如，您在××家购买的宝贝已发货，申通快递，单号×××××××××××，加微信××××有惊喜。

（2）营销短信推荐

现在有不少商家将店内秒杀活动通过微信公布，并通过短信通知老客户秒杀活动只通过微信公布，从而吸引老客户加微信。

（3）群发短信

以短网址的形式引导客户关注微信。群发短信由于字数限制，内容不够丰富，可以在短信中放置短链接，引导粉丝跳转到一个WAP地址，在该页面中以图文并茂的形式引导客户关注微信。

六、包装吸粉术

发货包裹也是一个非常好的推广渠道，但必须设计好加微信能得到什么好处。

① 二维码不干胶可粘贴的包裹位置有：快递袋外部；飞机盒外部；商品外包装。

② 印制商品吊牌、商品说明书时，可为微信二维码留出推广位。

③ 设计一张放置微信二维码的小卡片，随包裹发放，引导客户关注微信。

④ 如果有通过包裹向客户附赠品牌期刊的，可利用封面、封二等黄金位置引导客户关注微信。

⑤ 推荐以公开信的形式进行品牌宣传，文尾可以推荐微信二维码。

七、淘宝吸粉术

① 店铺动态。不定时引导客户加微信。

② 店铺推广。在店铺首页侧边栏详情页底部等位置加上微信文字推广位。

③ 客户回访阶段。通过旺旺回访客户时，除了做品牌服务调查以外，还可以邀请客户关注微信。

④ 上新剧透。预告预览活动改到微信上进行，在爆款页面放置微信文字推广信息，做加粉有礼的活动。

⑤ 利用活动。例如，“双 11”预热过程中，在完成各渠道的优惠券发放后，对于未能领到优惠券的客户，引导客户关注微信，通过微信自助领券。

⑥ 帮派推广。如果前期帮派粉丝有一定积累，可在帮派以置顶公告的形式推荐粉丝关注微信。

⑦ 客服推荐。在客户完成付款后或者是老客户回购时，可以让客服以快捷短语的形式推荐客户关注微信。

⑧ 老客户信息登记表。在引导客户做信息登记的时候，在登记公告处也可以加上微信推荐。

⑨ 常规上新券可转到微信上发布。客户在微信回复“券”，即可获得最新的优惠券领取链接。

八、视频吸粉术

你的潜在客户会关心什么类型的视频？

1）搜索视频。去百度视频里搜索相关的关键词，找到这类播放量比较大的视频。

2）下载视频。

3）编辑视频。利用视频编辑软件，把自己的微信号、QQ 号植入到视频屏幕下方，并告诉看视频的人，加你为好友，能得到××。

4）梳理关键词。梳理出字数在 100 以内的长尾关键词。

5）上传视频。将梳理出的长尾关键词，嵌入到上传视频时需要设置的标题标签描述里。然后，去各大视频网站上传这些带有你微信号的视频。一个关键词就是一个视频标题，如果有 1 000 个关键词，就要上传 1 000 个视频。

这样，当用户搜索你设置的某个关键词的时候你的视频排名就会靠前，用户就会看到你留在视频上的文字，然后加你微信。

Ending

分享与思考

（1）微商的从业人员主要是 80 后、90 后，如没有稳定工作的低收入群体、大学生、家庭主妇等。他们极具热情、充满斗志，只要看好商机，在商家的成功学灌输和激励之下就会疯狂地投入到这个可以快速实现自我价值的“事业”中。但这个群体没有经过社会的磨炼和打造，甚至没有完整的价值观和道德标准，他们的行为是被商家鼓动和金钱刺激下的表现，所以直接导致日常推广工作出现许多过错。

问题：你是否认同上文所述观点？在当前的市场环境下，做好微商最需要的是什么？

（2）不少文章指出微商朋友圈的成交和截图的来源不可靠。当然不能代表全部，甚至很多微商发的自己都不知真伪，因为那是商家和顶层微商的行为。他们为了实现自己的商业目的就制作了那些虚假宣传图片，下层微商不明就里直接转发，最终导致社会大众对于行业的诚信产生严重质疑。

问题：如何破解此危局？

案例 7-1 朋友圈关注式

天天刷朋友圈（见图 7-7），看着各种新闻评论、养生鸡汤、广告推销，我们每天都被过剩信息包围。但这么多内容，能让你想主动参与其中的又有多少？事实证明，很多让你当时热血沸腾或心痒难耐、不由自主参与其中的事件，其实都是经过精心策划的营销事件。这种让你“中毒于无形”，心甘情愿当传播源的营销事件，究竟是如何策划和实施的呢？下面来看一看近期引爆朋友圈的三大营销案例。

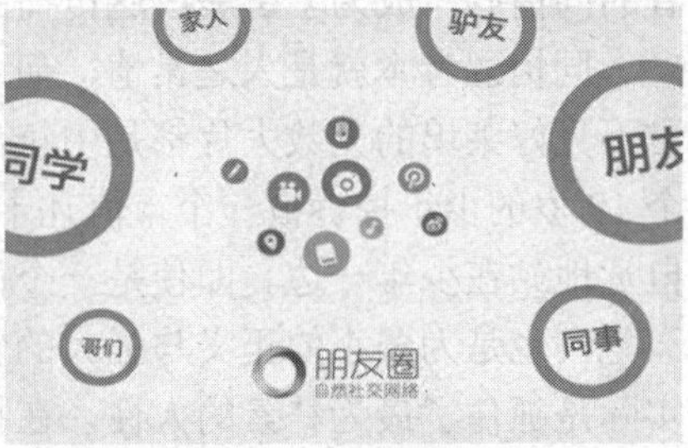

图 7-7 多样的朋友圈

一、源于生活引发共鸣——“对不起，我只过 1%的生活”

12 月初，微博大 V“伟大的安妮”发布的“对不起，我只过 1%的生活”组图，在微博上已累计转发了几十万次，在微信朋友圈也呈刷屏状态。这次成功的营销，最重要的一点在于其源于生活，引发共鸣，也即营销要具有生活气息。

以生活为出发点打造营销事件，更容易成功的关键在于“参与感”。看“伟大的安妮”所打造的这次营销事件，在“对不起，我只过 1%的生活”图集中，安妮从草根到不是草根的演变过程，非常有条理。安妮描述了一个怀有梦想的人，拥有巨大的正能量，面临艰苦的抉择，经历了骇人的苦痛，感召了善良的伙伴，战胜了强大的敌人，继续实现梦想的故事。

每个人都有自己的成长经历，都有自己的故事，而通过安妮在讲述自己的成长故事，引发共鸣的因素出现时，有同感的人就会不自觉地被触动，因此，也容易认同他人。发布者的反问非常具有代表性，从妈妈查出心脏病，获得了大众的朴素情感的基础认可，随着故事后续的延伸，一些非常悲惨的事情都发生在该故事的女主角身上，无疑加强了社会公众对此事件的关注。转发不再只是一个单纯传播事件，因为其内容、故事情节、高低层次、节奏把控鲜明，女主角的成功非常具有代表性——在这个行业能成功的人很少，基本上都是从无到有，女主角从草根开始，到成功后拒绝投资人，无疑满足了大众的一种心理需求。

安妮学画画，创办工作室，制作 App，找他人融资等经历有一个共同点，那就是 1%的机会，最终经过坚持和努力转化为 100%的成功。这份执着以及背后所经受的辛酸，“发酵”了大众的同情和怜爱，而最终的成功让大众祝福满满，深感幸福。

在如今火爆的移动互联网时代，人们在社交网络分享的信息和现实中没有什么不同，都是生活中的所见所闻。“对不起，我只过 1%的生活”之所以会造成轰动效果，是其充分地利用了朴素的情感因素并加以提取。共鸣，崇拜，同情，欣慰，崇拜加强，未来想象，是这种故事的要素。

二、放低姿态寻求同情——“少年不可欺”

11 月 29 日，一个叫 NIKO 的年轻人发布了一篇名为《少年不可欺》的文章，在短短 3 天时间便引发了微博及微信朋友圈转发狂潮：微信阅读量很快达到 10 万次+，点赞达 4 万次之多。而之所以得到如此多的点赞和分享，“少年”和“欺”两个词引发的社会对于弱者的同情心，成为了引爆广泛传播的最重要因素。

同情弱者本就是人之常情，而弱者如何能够引发关注，关键是怎么样才能傍上强者。君不见好莱坞的无数大片都是中年离婚男屌丝独自对抗邪恶势力改变地球的故事嘛？当一个 19 岁的少年控诉被一个市值几十亿美元的知名视频网站欺负的时候，几乎所有人都会不自觉地站在少年一边。即使是一个简单的点赞或转发，也让人感觉是在弱势绝境中拉少年一把，也是为弱小的正义与强大的邪恶的斗争中贡献自己的一分力量。文章的转发狂潮，实际是抓住了最为朴素的人性，在拯救少年的同时，潜意识中也是在拯救自己，鼓足勇气去对抗强势的老师、上级或有钱人。虽然直到目前为止我们也不清楚事情的真相，但无疑在大多数人看来，正义感往往比事实更为重要。少年一声羸弱的呐喊更是让无数正义人士坚信：一个人的战斗肯定是被迫的，真理总是掌握在少数人手中。转发再加上一句正义的呐喊，构成了席卷朋友圈的传播热潮。

实际上，越来越多的证据表明，“少年”事件疑似某公司一次精心策划的事件营销，但之所以说“疑似”，也正是证明了这次事件营销高明到让人无法辨别究竟是不是营销。很多案例在传播结束后大家都能够感受到其营销的目的所在，而“少年”事件的真实目的是什么，可能只能通过时间去检验，但无论如何，凭借一篇微信文章就能够让如此多的用户关注和转发，也足以说明，放低姿态获取同情的营销方式（见图 7-8）之威力有多么巨大。

图 7-8　精心策划的微信营销

三、视频短片引发病毒式传播——“新科鲁兹挑战系列”

如果票选2014年最牛的营销案例，那么非8月的冰桶挑战莫属。而到了年末，又一个新的挑战同样风靡了微信朋友圈，堪称年度给力营销，这就是“雪佛兰新科鲁兹挑战系列”。

2009年，科鲁兹进入中国，至2014年销量已过百万辆。而作为一款知名车型的后续产品，如何能够在最短的时间内让用户对其最大的特点或卖点产生深刻印象，科鲁兹并没有选择常规的在网络媒体上投放品牌广告，而是选择了微信朋友圈这一活跃度最高的社交网络，通过精心制作的视频广告来进行品牌的传播。

YouTube高管凯文·阿洛卡在其TED演讲《一段视频为何走红》中，指出了导致一段视频走红的3个必备条件：有影响力，有意外性，值得用户讨论并参与。结合新科鲁兹的“挑战”系列视频，就会发现“挑战”系列将这些条件全部囊括：先通过3段酷炫的视频广告和有趣的H5小游戏来加深这款车的产品力认知，如动力性能、操控性能等，接着通过提供视频中的漂移技巧，以及相关汽车知识和驾驶经验等一些让消费者直接受益的信息，结合新科鲁兹新的产品点，如1.4T直喷涡轮增压发动机、DCG变速箱、瓦特多连杆等配置的信息，让用户主动参与进行分享。而到了最后，“挑战”不但是科鲁兹官方的事件，更引爆了用户的参与热情。很多用户自己驾驶新科鲁兹拍摄短片，并发送到微信朋友圈，“挑战”官方视频，从而引发又一轮营销热浪，真正实现了病毒式的用户在社交网络上的自发传播。

而让“挑战”系列风靡朋友圈的另一个原因，是营销方能够全方位、多角度地提供不同层面的内容。相对于很多商家虽然使用社交媒体作为营销方式，但在内容方面却制作粗糙、形式单一相比，“挑战”系列短片内容既包含直接价值（让用户能了解汽车漂移的一些基本知识），又有酷炫的用户体验价值（挑战墙洞的狂拽酷、挑战烟花的奇炫美），同时高清流畅的画面质量、电影级的拍摄制作技术也为短片本身加分不少。

对消费者来说，好的内容体现在有价值的、为消费者带来“利益”的内容。通过“挑战”系列的成功，我们也能够了解到，专心制作的内容对于病毒营销的重要性。营销的本质在于对消费者心理的把握。只有获得了消费者心理的认同，营销才能创造真正的价值。

案例 7-2 平台分销式

传统企业为什么都纷纷选择打造微信分销平台？微信分销到底有什么样的魅力，吸引着传统企业选择微信分销作为线上营销的一个手段？微信分销系统做得好的案例有哪些？接下来选取几个企业微信分销系统案例和大家分享。

一、平台分销的成功案例

（一）大型平台型微店分销平台

这种微店分销平台，依靠大型电子商务平台，打造全新基于微店分销市场的新型微店分销平台。比较典型的就是京东旗下的拍拍微店，现在改名为拍拍小店。

京东微店很难复制分销模式，但是京东从腾讯收购的拍拍微店分销平台却解决了这个问题。灵活敏捷的拍拍微店虽然起步很晚，但是不会影响其接下来的发展速度。微分销模式也将成为拍拍的重点，相比其他微店，拍拍微店申请微信支付是没有扣点的，还可以帮助没有营业执照的商家申请服务号。

新版“拍拍小店”App 拥有“分销京东商品”“小店位置”“卖家圈子”和“店长笔记”四大特色功能，其中最核心的就是接入京东商城自营商品库。

除了接入京东自营商品库，新版“拍拍小店”App 新增了多个功能为卖家和买家之间搭建交流圈，打造 O2O 周边服务场景。在 App 的“发现”频道，新增“小店位置”功能，买家可以轻松找到周边核心地标或商圈的优质小店。

（二）小型平台型微店分销平台

这种微店分销平台，是依靠微分销平台系统打造，以打造平台型微店为目标，并没有依靠传统的电子商务平台，而是完全基于微信的分销平台。比较典型的就是口袋购物。

口袋购物起步比较早，先是拿到雷军的投资，再到腾讯领头的共 3.5 亿美元融资，是商家量和交易额最高的微店分销平台，无论从哪个角度看都笼罩着光环。

口袋购物微店分销平台最大的优势是帮助品牌商（厂商）—分销商—顾客，搭建了相对健康和活跃的生态链，品牌商积极寻找分销商，分销商也选择优秀的品牌商。对品牌商或厂商而言，主要的方向是搭建自己在移动端的分销渠道，让想开店的年轻妈妈、学生、年轻白领，或在某些方面有影响力的人很方便地代理产品，在自己的小圈子开店。圈子受众有限但是社交黏性非常强，尤其是对复购频率高、有社交属性的产品而言非常适合分享型经济，人人都是自媒体，如果有朋友很认可某品牌或产品，分享同时也能获取一定的佣金。另有微店直通车、微店红包等功能都能帮助卖家更好地打开自己的销售通路。

（三）品牌型微店分销平台

这种微店分销平台，大多是品牌商进行微店分销战略部署，依靠微信分销系统打造，以推广分销自身品牌产品为主要目的。目前这样的平台很多，已经成为企业进行微信分销的首选。目前最新的要数海尔微店平台。

海尔微店分销平台表示，7 月将把产品的线上售卖渠道权开放给全球的创业者。为此，海尔将招募 3 万名创客，到海尔的微店平台创业，成为这家全球最大白色家电企业的渠道合作伙伴。海尔会提供比线下更有竞争力的产品价格，每笔销售可按至少 2%的比例提取引流费。

只需在智能手机上下载一个海尔微店分销平台的 App，每个海尔员工用自己的工号登录，就可以开一个海尔微店分销平台。

微店分销平台是国内最火的网络分销模式，构建一个这样的微店分销平台其实只需要使用 Hishop 微分销系统就可以轻松搭建。

二、微商营销多级分销的异化

（一）“商城式”营销

除了传统意义上的聚众传销外，在互联网时代，一些被包装成正常商家营销手段的电子商务商城仍具有传销色彩。

在移动互联网时代，这类商城摇身一变来到手机端，变成 App 商城和微信上的微商，却利用同样的手段经营网络传销。商城发招聘广告拉人“入伙”——“买同等商品送同等价位的贵宾券，免费买东西还能赚钱，通过你邀请加入商城的人，他们每次购物你都可以拿到现金提成，轻轻松松赚百万元的年薪”。

一位名叫李娜（化名）的 80 后白领收到朋友发来的“致富宝典”，同时附有一个微信页面链接，大标题是“百万元年薪招各类人才”，而小标题是“我公司百万元年薪急聘各类人才”。李娜告诉记者，原以为是一个招聘工作的页面，打开后发现，要求接入一个名为广州惠众天下电子商务有限公司的第三方授权。单击登录后，显示界面是一个“贵宾网的个人中心”，最下方有商城入口，单击进去有各类商品，而刚刚的授权登录已直接获取了其微信昵称和头像。据李娜介绍，个人中心页面内有两条醒目的文字链接，在单击“邀请好友马上赚钱及现金贵宾券”后出现一个二维码，上面清晰提示“将链接分享到朋友圈，邀请更多的人加入，赚取通过我邀请的人每次购物金额 5%的现金奖励”。

李娜认为，发链接邀请人加入就能赚钱，这种模式类似传销。该平台的说明显示，被邀请人在商城消费的金额越多，发起邀请的级别就越高，获得的现金奖励提成也就越高。据李娜介绍，其一位朋友目前已邀请了 95 人，获得了近 600 元的现金贵宾券，但是被邀请人没有消费，所以没有提成。该商城的货品大都是不知名产品，无法确定商品真假，更无法对比价格，连商户信息都找不到，成交量很难估算。

李娜表示，这个所谓的微商城，具有单个用户交易金额小、加入人数总体数量巨大等特点。通常通过会员优惠折扣、分享到朋友圈返现等方式吸纳会员。同时，这家商城有实物商品，但多为化妆品、服装和玉石首饰这类商品，价格弹性高，普通用户往往很难判断其实际价值。

对于上述商城式微商的营销行为，腾讯方面表示，对于第三方开发和代运营的微店，由第三方提供服务器存储和安全服务，第三方平台负有管理责任。很多微商就是多级分销式营销，从一级一级的代理中获取利益。这就是所谓的“商城式”营销。

其实，李娜的遭遇只是众多案例的一个……

（二）微分销平台监管“商城式”营销

在 2016 年 7 月，“微信关闭 3 000 家微商城支付功能”“微信将一刀切关闭分销平台”的消息刷爆微商界，许多不明就里的人以为微信要“关闭”全部微商。真相到底是什么呢？

其实此次微信要整顿的是微信三级分销，截至目前微信已关闭 3 000 家微商城的支付功能，十大三级分销平台。

自媒体人龚文祥发微博爆料称，微信会关掉所有微信分销商城，以后微信不准做分销。以后微商的唯一模式就是自营微商及直营微商，如图 7-9 所示。

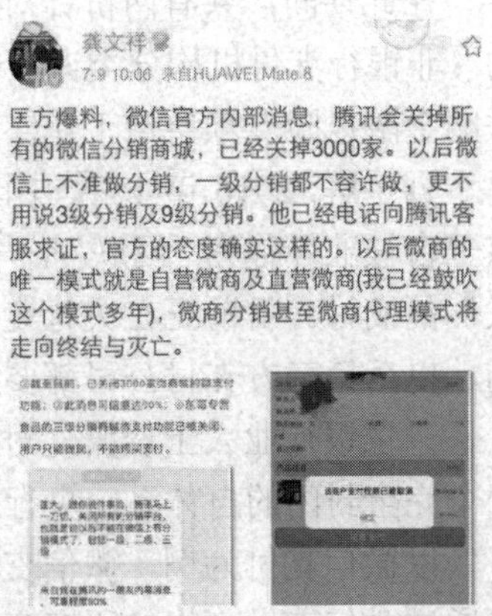

图 7-9　自媒体人龚文祥的微博爆料

据报道，登录云在指尖微商城，发现云在指尖的支付功能确实已被关闭，用户下单支付时无法选择支付通道。携优品商城首页爆出 404 错误，无法登录。

另有多名人士向亿邦动力网透露，“整治分销的说法基本属实，微信此次确实要动大杀器”。

所有的店面最后的源头都是一样的，很直观轻松地就能管理成千上万的微店。基于一个微信总店，一个后台管理，从而可以很快速精准地管控下面各级微信分店的招募、运营、分销管理、订单处理、销售等情况。

一位知名品牌微商城负责人分析，导致微信大动干戈的直接诱因是过度诱导性的高额返利返现。

事实上，7 月 5 日，微信公众平台就发布公告严肃处理返利返现欺诈，称这种行为一定程度上具有金字塔欺诈、庞氏骗局等行为特征，本质上是以高额返现返利吸引用户参与、以新人用户资金来支付原有用户的返现返利，形成压层式资金链条。

无独有偶的是 7 月 7 日，微盟也在公众号发布了 SDP（微盟社会化分销平台）升级公告，称将于 7 月 10 日零点进行系统更新，限制微客推广佣金比例最大为 50%，杜绝高额返利的产生。对于借助微盟旺铺及 SDP 系统进行高额返现返利等欺诈行为的商户，微盟将积极协助微信及公安机关依法处理。

一位微商平台负责人分析，高额返利返现好听点叫庞氏骗局，其实跟传销一样，已经触及了央行金融监管的红线。但无论微信还是微盟，平台对这种行为的监管难度很大，即便限定了 50%的最高佣金额度，也无法从根本上杜绝形成压层式资金链条。

“主要还是那些欺诈行为，卷钱跑路造成的影响，微信上 P2P 性质的理财产品、销售无价值产品的欺诈行为造成了用户的投诉和维权。”上述人士称。

目前，微信对此类监管的主要措施是停止其微信支付功能。

但也有金融从业者分析，该事件看似一个独立事件，但在央行严格整顿互联网金融，迟迟不肯下放支付牌照展期的态度下，微信一刀切的做法也是自保。而且随着央行对支付监管的收紧，或将波及更大范围。

（三）央行对第三方支付的监管

事实上，原本 5 月 2 日到期的首批 27 家第三方支付牌照一直未拿到央行下放的展期牌照，在央行的网站上，这些支付牌照的经营日期都是截止到 2016 年 5 月 4 日。迄今为止，这些支付牌照等于都在“无证经营”。

在此期间，共有两份针对第三方支付的重要监管文件，一份是 4 月中国人民银行下发的《非银行支付机构分类评级管理办法》（下称《办法》），一份是 5 月国务院发文的《互联网金融风险专项整治工作实施方案》（下称《方案》）。

据了解，2016 年 4 月，中国支付清算协会就拟成立非银行支付机构网络支付清算平台，该平台被业界称为“网联”，与银联功能相似，支付宝等多家第三方支付公司都参与了“网联”的商讨。目前正在央行走内部程序。“网联”主要针对持有互联网支付牌照的支付机构，以后第三方支付公司都要通过“网联”进行清算。

一位银行业人士透露，对第三方支付的监管如此严苛的主要原因是第三方支付体系是一个完全封闭的自体系，央行一直以来无法监管该体系内的资金安全。

以微信支付为例，微信支付通过与银行直连，在各个银行开设了微信支付的账户，用户通过微信支付产生的所有交易，微信支付自动在充当清算功能，银行根本无法知道资金是在哪两个具体的银行账户之间交易，只能看到微信支付和各银行账户之间的交易记录。

“互联网金融机构都说自己有反洗钱、反欺诈，问题是央行怎么能把一个社会的金融安全依赖在机构的自查上。”该人士称。

事实上，2016 年 6 月，央行行长周小川在华盛顿出席国际货币基金组织（IMF）举办的中央银行政策研讨活动时表示，互联网公司在支付、银行业服务和众筹等领域不断渗透，并创造了新的金融工具。从感情上支持高科技发展，人们也不希望这些互联网公司受到太多限制，但这些公司确实在从事一些影子银行活动。央行将研究这些问题，并创造公平的竞争环境。

这一公开表态也被多方解读为要对互联网金融各个业务模式要采取和传统金融监管一视同仁的政策。

谁将受到重大影响？

事实上，微盟的系统更新也暗示此次调整与支付整顿相关。

微盟公告中称，增加对商户自有支付通道的支持，同时鼓励商家使用自有微信支付通道；分销结算改由商家自行结算，微盟提供交易结算数据。

对于正在使用微盟代收的 SDP 商户，微盟将于 2016 年 7 月 10 日零点起不再提供线上自动结算功能，订单收入直接进入供货商账户，对于之前已产生（含未到账）的分销商及微客账号资金，仍可进行提现申请。

“微盟作为一个平台，没有支付牌照，严格意义上不能提供任何支付通道的收单、结算、清算工作，从该最新公告中可以看到微盟正在快速抽身。”一位第三方支付从业者称。

据多位开展微商的品牌商负责人透露，有赞和微盟事实上都变相在充当支付通道的角色。商户在该平台开设账户，用户购买后的资金先打到平台账户，平台实施清算后再打到商户账上，资金在平台体系形成一定的沉淀周期。

“很多商户通过平台对接微信支付，这些平台形成了事实上的二清机构。”一位银行从业者分析称。央行正在严打二清乱象，加上正想方设法把第三方支付的封闭系统纳入监管。7 月 1 日刚刚施行分类账户余额限制新规，也是对持有牌照支付机构的沉淀资金在严加限制。在这样的监管大趋势下，无证从事支付通道业务的微商平台就不能心存侥幸。

有报道称，据微信官方披露，目前已有超过 5 000 家支付服务商入驻微信，但中国人民银行发放现存的支付牌照机构只有 267 家。

案例 7-3 大咖直播推广式

一、背景情况

2016 年可谓是中国网络直播的元年，从奥运赛事直播，“洪荒少女”傅园慧、“冷漠男神”张继科等奥运会运动员入驻直播平台，到普通人拿起手机直播，明星、企业家、产品发布会、粉丝见面会直播，全民网络直播时代已然来临。直播是什么？直播是一种实时的互动，是一种社交方式，是一种娱乐方式。直播在现场随着事件的发生、发展进程同步制作和发布信息，是具有双向流通过程的信息网络发布方式。据不完全统计，几乎平均 3 小时就有一款新的直播 App 出现。从陌陌的哈你直播，新浪的一直播，人人网的人人直播，腾讯的斗鱼直播，王思聪的熊猫 TV 直播，到花椒直播等，各种形式的 App 层出不穷。

2016年直播行业呈现出井喷式的发展状态。2016年3月，陌陌推出独立App哈你直播。据陌陌最近的财报显示，直播业务为陌陌贡献了5 790万美元的营收，且开展直播业务以来，陌陌的月活用户数正在稳步增加，连续两个季度增长超过230万人；新浪微博在二季度开始发力直播业务后微博股价和市值快速增长，根据今年第二季度财报，微博月活人数连续9个季度保持30%以上的增长，达到2.82亿人；人人网第二季度财报显示，由于我秀业务的收入增长和第二季度新业务人人直播的收入，互联网增值服务较2015年同期增长34.7%。人人公司的CEO陈一舟甚至在财报出来之后也在自家的人人客户端上开始了直播生生地把一次严肃的财报沟通直播做成了自己的演唱会，成了全球第一个在直播平台谈财报内容的上市公司CEO。

除了各大公司通过直播业务获利之外，众多明星也纷纷加入了直播大军（见图7-10）——柳岩在淘宝直播吃枣带来了6万单的转化，Angelababy在天猫直播2小时卖出了10 000支口红，吴尊在淘宝直播卖奶粉1小时卖出120万罐。

直播行业在资本市场上也越来越受投资者的青睐，根据清科集团旗下私募通数据显示，从2011年到2016年7月，直播行业融资事件数量基本处于逐年上涨的趋势，尤其是2014—2015年，直播行业受欢迎程度较前两年大为提升。直播行业已毫无疑问成为当下最热的“风口”，如图7-11所示。近期直播行业较大的一笔融资事件为：2016年8月15日消息，斗鱼直播获15亿元人民币C轮融资，由凤凰资本、腾讯领投，红杉资本中国、南山资本跟投。

图7-10 大咖直播广告

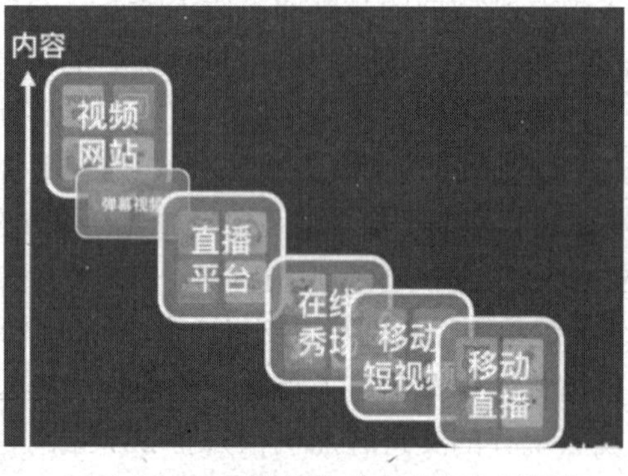

图7-11 不同直播方式的内容充盈程度

为什么直播行业会发展得如此迅速呢？有以下几个原因。

① 直播互动性高，受众参与效果明显，对客户的吸引力更强，营销效果更显著。在这个碎片化的时代里，生活节奏加快，人们在日常生活中的交集越来越少，直播能够实现与用户的实时互动，品牌传播效果甚佳。

② 技术门槛低，受众广泛。随着智能手机的大面积覆盖，以及4G网络和Wi-Fi的普及，无论是PC端还是移动端，人们可以方便快捷地获取直播。人人都能当主播，人人都能当明星。

③ 变现能力强。大部分直播平台的商业模式都是通过用户购买礼物送主播，平台抽成，变现周期短，操作简易。

④ 内容丰富，平台文化自由。网络直播所带来的社交环境相较于广播、电视来说相对宽泛，能产生各种细分种类的直播内容，更好地满足了用户的娱乐需求。

综上所述，直播行业是一块令人垂涎的巨大蛋糕，“无直播不传播”已成为当下品牌建设者的口号，伴随着这股直播大潮而来的传播效应也许就是当下大咖们痴迷直播的原因吧。

二、巧借名人大咖实现产品的冷启动

冷启动就是一款产品从无到有，从0到1的一个用户增长过程。而这个增长过程也是运营存在的价值体现。冷启动一直都是运营人最关心的，但也是最头疼的。在如今的环境下，得到一个用户的成本已经远远高于以前，因为用户习惯已经形成了，新产品品牌推广难度极大增加了，因此很多运营人避谈冷启动。但是，冷启动是一个运营人从初级运营到高级运营的必经项目，没有参与或负责过项目从0到1的过程，不是一个好运营人。冷启动的方法有很多，有钱的砸钱，没钱的就慢慢来，用户数量总会有个质变的过程。下面介绍如何巧妙地借助行业大咖让自己的产品展示在用户面前，并形成精准的定位。

（一）工具型产品的大咖推广

A是一款专注于自媒体知识付费与社群运营的免费内容管理工具。它的作用主要是进行用户行为分析，如今天有多少人听了音频，用户在什么时候退出，以及每天订阅的用户数等。这是针对内容创业者的一款线上管理工具，可以让内容创作者清楚地看到用户的行为数据和付费转化率。

通过上面的分析，这是一款好产品。因为这款产品属于工具型，且没有品牌效应，所以面临冷启动的难题，而如果用传统的砸钱做硬广，效果肯定没有那么好，此外作为一款新产品，又没有BAT巨头的背景，砸钱推广的资金也是一个问题。那么，有什么巧妙的方法可以让精准用户知道这款工具呢？

找名人代言，但不是网红明星。因为这是自媒体知识付费的管理工具，所以应该找内容领域的大咖，如罗振宇、吴晓波、李叫兽等。这款产品的运营团队最后选择了吴晓波。

我们来分析一下找吴晓波的原因，罗振宇自从做了“得到”，音频等内容都搬到了自己的App上，因此不缺数据分析工具，况且他的推荐费会很高，因此不必考虑。而李叫兽就是做公众号的，加上才刚刚被百度收购，估计不缺钱，而且正忙于做数字营销，因此也不合适。只剩下吴晓波了，吴晓波是做社群、做音频做得比较不错的人，而且正需要有一个提高效率的工具可以解决用户行为分析问题。

如果这款产品真的很好，通过吴晓波这个大咖的推荐，使用的人肯定不会少，这样用户有了，口碑也有了，产品的冷启动实现了。

（二）线下活动式的大咖推广

兑吧是帮助App开发者提升运营效率的第三方服务平台，成立于2014年，在积分商城管理工具和内容运营上有很深的积累。

运营直升机（面向运营人员的社区平台）是兑吧市场团队根据公司内部的运营经验及运营市场需要而孵化的内部创业项目，是一款新产品。它是如何渐渐地被运营人所知道的呢？

主要是通过举办峰会。兑吧通过举办大大小小的运营行业的交流峰会，并在全国巡演，每场邀请运营大咖过来做分享，渐渐得到运营人的认可。特别是在2016年12月17日开始的全国运营峰会（在北京、杭州、深圳三城同时召开）上，来自阿里巴巴、腾讯、滴滴出行、乐视、微信、墨迹天气、暴走漫画、唱吧、二更等企业的运营大咖齐聚，围绕First Bump的主题，畅谈互联网下半场运营的各种挑战及他们对运营行业的思索。

在这场峰会上，邀请的都是运营领域的名人大咖，这些名人本身就具备传播效应，对本次运营峰会的传播也起了一个推波助澜的作用。最重要的是这次峰会是运营人的首次专属大会，在此之前，市场对运营人社区平台的认知是一片空白的，但是经过这次大会，运营直升机就是聚拢运营人的社区平台的认知会植根于运营人心中。

归纳总结：通过大咖推广产品的方法很多，上面的两个案例属于找对产品定位，找到跟产品定位有着一样需求的名人大咖做宣传植入，不但可以拉来用户，还可以在用户心智上产生精准的定位。

案例 7-4　一家卫生巾公司的微信运营实操

轻生活是一家卖女性卫生巾的公司，月销售额过百万包，粉丝十万有余。轻生活的微信公众号正式运营开始于2014年7月1日，到研究截止日为2016年10月31日，期间共发布消息次数为95次，平均9天发布一次文章信息。

两年来轻生活公司微信公众号阅读增长量与点赞量如图7-12所示。

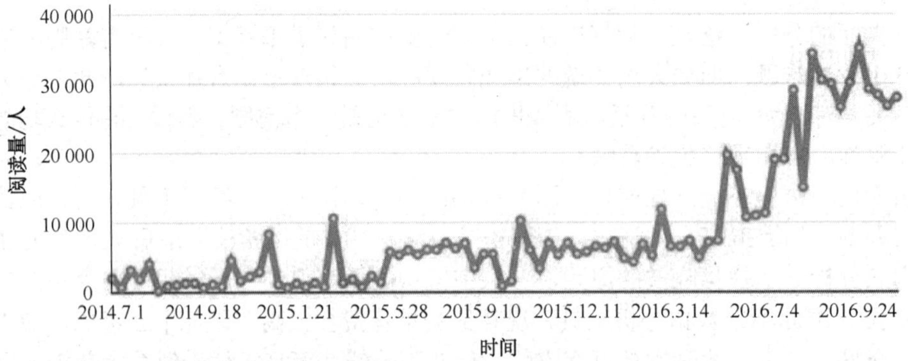

图7-12　轻生活公司微信公众号两年来阅读增长量与点赞量

对比所有头条文章（这里排除所有纯文字、纯图片信息）阅读量，具体增长为：该公众号，最低阅读量为237人，最高阅读量为35 118人。

以下从运营目的、运营方式、特别运营3个维度来具体分析轻生活微信公众号两年时间的发展。

一、运营目的

对于任何一个新公众号来讲，开始最重要的是圈粉，即提升自己公众号的关注人数。可以把这一阶段的目的称为拉新。

那么轻生活是如何拉新？拉新的情况又如何？

第一阶段：蹭热点

通过早期文章的内容（见表7-1）对比，可以将前期它的拉新思路归纳为蹭热点、寻话题，甚至很多内容与产品没有任何关联。其次，具体发布信息时间也并不固定，少则相隔1天发布，多则20天。

表7-1 轻生活微信公众号早期文章

文章题目	日 期
我也想和这个世界谈谈	2014.8.4
卖姨妈巾的男人想给云南捐点钱靠谱吗	2014.8.5
祝愿云南鲁甸早日重拾幸福生活	2014.8.11
全球风靡ALS冰桶挑战一起冻起来	2014.8.19
拍个短片而已，用不用这样！强烈推荐女生看看	2014.8.21
装逼是门学问，低调地装逼则是一门艺术	2014.8.28
全球范围内征集50名处女做体验师	2014.9.3
拥抱你内心的少女	2014.10.13
什么时候我们能学会不要总去评价别人的生活	2014.10.31

截至2015年5月29日，即运营微信公众号接近1年以来，通过蹭热点、找话题、转载热门素材，以及输出可能吸引女性粉丝的文章等各种方式，其阅读量平均800～1 200人。其中尽管不乏有4 000人阅读量的大文章，但对于后续粉丝增长的作用微乎其微。

轻生活第一篇过万人阅读量的文章写于2015年3月27日，文章题目为《一个创业者的独白》，主要讲述创业者从过去到现在的总结，抒发了做产品的情怀。根据后续仍有1 000人左右的阅读徘徊量来看，可以推测本篇文章进行了付费推广，但消费者认同度并不高，并未转为有效的用户。因此，在此总结轻生活微信公众号运营的第一阶段——不断试验，寻求粉丝，为拉新而拉新。创始人自己并没有一个合适的方式去做运营。

第二阶段：线上线下融合

从2015年5月28日开始，用户阅读量有了一个非常大的提升。后期平均阅读量在3 000人以上。这一天发布的头条文章，阅读量为5 803人；第二篇文章有2 997人的阅读量。这两篇文章的内容均与大姨妈小常识有关。但具体增长原因并不是微信文章。通过了解轻生活微博与那个时间段轻生活的活动，可以推断增长原因有两个：一个是线上电视台的采访，报告市面上卫生巾的安全情况，以及轻生活创始人的解答；一个是线下的大白活动。

到2015年6月10日，创始人自己针对运营情况，在文章里做了一个小小的概述。具体为："坦白讲，我问过自己，一个品牌的公众号有什么好关注的？无非打个小广告，发发产品信息，节假日做个活动，偶尔发一些'我们登上了什么媒体，什么名人又亲密无间了'的'装逼'新闻。所以今天我告诉团队坚持一点就好——让别人觉得有趣。"同时那个时期微信公众号上线了新的功能，如图7-13所示。

新的功能就像创始人所说，以娱乐为主，提供让用户感到有趣的东西。可以说这是轻生活运营的新尝试。如果抛开品牌本身来看，用户看到这些东西，并不会将其与轻生活联系在一起，也就是此时轻生活的品牌建设还未开始，仍然处于不断尝试和摸索的阶段。而当天的第二篇文章也说明目前轻生活拥有5万名用户（公众号关注人数）及几十万名粉丝。之后的轻生活微信公众号运营，以有趣（见表7-2）为主线，加入各种活动，一路平稳前进。

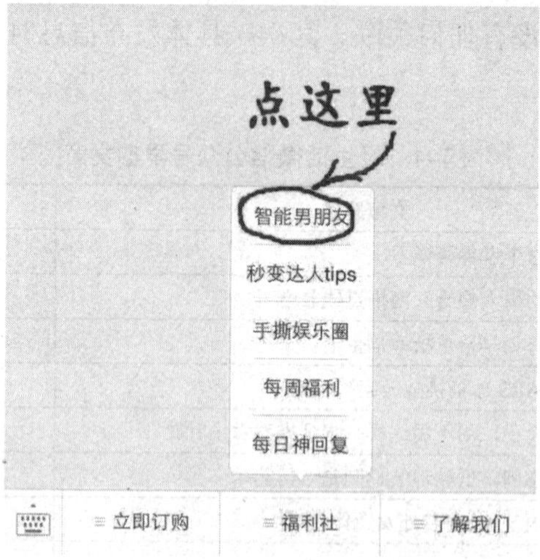

图 7-13　轻生活微信公众号上线的新功能

表 7-2　轻生活微信公众号让人觉得有趣的文章

文章题目	日　期
史上第一支卫生巾广告：拍砸了	2015.7.30
十二星座都是怎么选姨妈巾的	2015.8.6
可能是这个情人节最好的礼物	2015.8.17
创业哪里有什么高潮，挺住就是一切	2015.9.10
青春期里，妈妈和老师没教你的那些知识	2015.9.16

这一阶段，拉新与维系并重，一点点试水如何提高用户活跃度，与用户互动。

第三阶段：加强互动

2015 年 10 月 31 日，第二篇阅读过万人的文章产生，题目为《做好一片卫生巾，我们究竟经历了什么》，主要讲述了轻生活一路走来的故事，以及即将更新的产品。从这篇文章开始，轻生活开启了留言功能，从此大力加强与粉丝间的互动。

可以说从这篇文章开始，轻生活发生了从拉新到维系的巨大转变，开始培养用户，把每个用户都作为新的连接点。

这篇文章真正做了有效推广，相关数据显示，用户阅读量增加了 1 000～2 000 人。

后来的主题与有趣关系不大，核心只有一点——与用户互动起来。

通过与用户互动，一点点建立产品在用户心中的认知度，再通过用户，将其他新用户连接起来。

表 7-3 列出的公众号文章，在讲述一件事情之后，都是与用户的互动，真正将互联网时代最重要的东西展现了出来。

接下来，在 2016 年 5 月 27 日《这是一封来自轻生活的道歉信》中，宣称因为在社交平台上做了一次口碑推广，所示订单激增，造成产品供不应求。轻生活向用户讲述了产品延期原因，并道歉，还采取了补救措施。

表 7-3 开启了留言功能的文章

文章题目	日　期
创意准备了一些小玩意给真爱粉	2015.11.18
感恩节藏在声音里的礼物	2015.11.26
除了好朋友，每个月一次的还有	2015.12.4
你不说我没发现 2015 原来这么幸运	2015.12.30
我的那些女朋友，你们现在还好吗	2016.1.8
99 元送什么礼物给闺蜜，既有新意又有心意	2016.1.14
情人节试验当女朋友来大姨妈时，她们在想什么	2016.2.12
白色情人节主动向男生表白是什么感觉	2016.3.14
五一去哪玩，带上我好吗？	2016.4.24
7.3，邀请你来参加我们的 2 岁生日会	2016.6.23
没有胸，你会怎么样	2016.9.24

这是一次非常成功的危机公关。补救的措施非常有吸引力，使本次文章传播度非常高，而直接的结果是这篇文章以后，轻生活阅读量正式跨过 10 000 人的门槛，真正晋升为一个企业大 V 公众号。

那么到底是什么活动导致订单激增呢？在下面的“特别运营”部分阐述。

归纳总结：本部分从运营目的的维度讲述运营从 0 到 1，从 1 到 n 的增长方式。所有产品的出发点都是如何进行拉新，轻生活以蹭热点、选话题拿下自己的第一批用户。前期从创业者角度来看是不断去试验，自己心中也没有一个非常巧妙合适的方式，而随着手段越来越多，用户数开始扩大，才真正开始对用户建立自己的产品心智。随后再以自己的用户为每一个连接点，连接新的用户，完成整个运营的建设。因此，每个产品都有自己的特点，要适当选择适合自己的方式，小步试错，快速迭代，才能真正找到适合自己的方法。

二、运营方式

下面从运营方式维度分析两年时间轻生活是如何通过微信公众号一步步发展起来。

主要选取轻生活两年来所举办的活动类型，以此研究一个互联网公司在运营发展阶段所遇到的问题，以及遇到问题时的解决思路。我们一开始做一款产品，很容易陷入只做产品宣传文章的误区，即不断地向用户植入公司的认知，“教育”用户爱上自己的产品。这是典型的微商推广方式。对待这种方式的营销，用户的态度会简单粗暴——直接屏蔽该公司的朋友圈。

那么轻生活是如何做的呢？

第一阶段：无限试错中寻找答案

轻生活前期推出的文章主要分为纯文字、漫画和图片 3 种形式，以有趣、好玩、热点作为核心脉络，女性群体作为目标导向。

开始时，很多文章都是与产品不沾边的，形式也五花八门、多种多样。

例如，活动“全球范围内征集 50 名处女（16 万豪礼拿到你手软）”也是为了最大限度地搏眼球，活动赠送的牛肉干、红酒、蜂蜜、桃胶等各种礼品让人大跌眼镜。

又如，《一段神配音，道出孙楠退赛真相》的内容只是一个孙楠采访视频，这样的视频与产品本身毫无关系，但是文章有热点，目标群体会感兴趣。这对于轻生活来说，就足够了。

接下来，轻生活相继策划了一类与用户互动的栏目。

2015 年 1 月 28 日的《好吧，是时候给你一个交代了》提到会做一个专栏“身边人的故事”。后来在它的文章中一直也没有展现所说的专栏故事。

2015 年 4 月 10 日，在第二篇文章中，轻生活宣布“轻声”开播，向用户进行故事征集。

本节目在喜马拉雅 App 上开播，节目名称叫“夜夜声音”，共 9 期。2015 年 4 月有 4 期，平均收听数 300 人。而 2016 年有 5 期。但是只有 2015 年 4 期是轻生活栏目，也就是这个节目开播不久就死了。

后来轻生活在微信公众号里上线了新功能“智能男朋友”“秒变达人”“手撕娱乐圈”“每周福利”“每日神回复”，到今天为止，也不见了踪迹。

轻生活所做的部分活动如表 7-4 所示。

表 7-4　轻生活的部分活动

举办活动列表	存活时间
栏目“身边人的故事”	未上线
“轻声”开播，故事征集	1 个月
十万元，征集不同文案创意	不足 3 天
“智能男朋友”等新功能上线	3 个月
6 月份的姨妈巾费用我们免费帮你包	不足 10 天

成功的企业敢于试错，轻生活一步步走来，跌宕起伏。做企业最重要的是坚持，有信念，给自己足够的容错空间。

第二阶段：走向正轨

轻生活在经过了各种各样的试验之后，一步步摸索到了属于自己的栏目。

这些栏目都是经过了一番生存斗争后存活下来的，而那些没有经受住考验的，都消失了。

即使后来那些出色的栏目，也有一部分被外行看不懂。

例如，轻生活推出了一个“本周福利”栏目。这个栏目主要介绍一些精致的产品，这些产品都非轻生活所生产，并且在文章的末端，会贴出产品的购买链接，甚至该产品的微信公众号。对于很多想做品牌的公司来讲，这种互推行为是不能接受的，然而，对于轻生活所处的阶段，对于轻生活的用户来讲，这种方式也许恰到好处。

除了流量互换的目的以外，也可以通过这些互推的产品检测自己的用户，以方便判断以后自己的公司是否可以扩大品类进行销售。

轻生活运营成功的部分栏目如表 7-5 所示。

这些栏目一直坚持做到了现在。这些栏目的目的各不相同，有维系粉丝，增加互动；有推广产品，推出用户福利。

表 7-5　轻生活目前为止部分成功栏目

成长起来的栏目	第一次推出时间	栏目介绍
本周福利	2015 年 7 月 30 日	流量互换，互推产品
每日签到	2015 年 12 月 11 日	微信公众号每天单击，增加积分
微信积分商城	2016 年 2 月 26 日	积分商城，兑换礼品
口碑杂志	2016 年 6 月 17 日	推出杂志，搜集用户故事
闪购	2016 年 8 月 17 日	每月精选一款好产品，和轻生活的 3 日 1 夜套装组合

2016 年 7 月 30 日，轻生活发布文章《不如一见 周末无聊么 来乐活市集找我们玩》，开启了第一次线下活动。从此轻生活与粉丝面对面的活动也开始增多。

归纳总结：运营是目标驱动，先确定好自己的目标，为完成目标，不断地去更改，去试验，直到找到达成目标的用户喜爱的最好方式。要了解自己的目标群体，敢于试错，变换手段。运营很难做到一蹴而就，要在不变的目的下变化自己的形式，才能真正将一款产品运营好。

三、特别运营

特别运营，简而言之，是让微信公众号突然增大阅读量，其反应在折线图里，是每一个峰值，如图 7-14 所示。

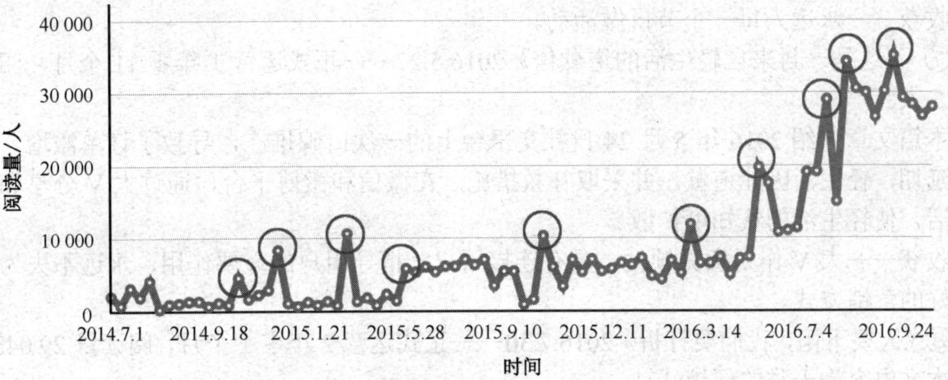

图 7-14　轻生活微信公众号两年来阅读量突然增大

以下按顺序罗列上面峰值时的运营事项。

①《你为什么要努力》2014.10.17——正式运营 4 个月，阅读量 4 564 人。

本篇文章通过漫画讲了一个“逗逼”的故事，其中蕴含人生观。故事类型及画风类似于伟大的安妮《对不起，我只过 1%的生活》。

收获——善于发掘非文本的传播方式。

②《为了一片卫生巾，两个男人竟展开一场撕逼大战》2014.12.15——正式运营 6 个月，阅读量 8 349 人。

本篇文章讲述了两个创始人的故事，并引出一个大活动，提供各种下单福利，第一次提出关注微博。该文章采用了付费推广，但并没有转化为有效用户。

收获——无效峰值，但值得尝试。

③《一个创业者的独白》2015.3.27——正式运营 9 个月，阅读量 10 645 人。

本篇文章讲述创始人对接近一年运营的总结，讲述了自己做产品的情怀。与上一篇文章一样，后续乏力，推测为付费推广。

收获——无效峰值。但要不断尝试，敢于追求一炮走红。

④《来大姨妈后的 28 天，不得不知的 28 句秘语》2015.5.28——正式运营 11 个月，阅读量 5 803 人。

本篇文章讲述了 28 个生活健康常识，并在文尾附上电视台采访视频，讲述了目前市面上卫生巾的卫生情况。此外，前一次文章关于 520 微博活动中，参与人数非常多，评论数 1 393 条，转发 1 967 次。活动内容非常简单，@官微，转发话题，抽出 10 名用户，赠送 520 元现金。

收获——多渠道并行，积极拓展新渠道；现金大奖最有说服力。

⑤《做好一片卫生巾，我们究竟经历了什么》2015.10.31——正式运营 1 年零 4 个月，阅读量 10 290 人。

本篇文章讲述了轻生活一路走来的故事，并宣告即将发布产品 3.0。本篇文章吸粉效果不明显，后续平均值恢复到原来水平，但至少加强了老用户的认知。

收获——多考虑适当的时候讲讲产品一路走来的故事，加强老用户认知。

⑥《女生节 眼球联考开始了 我们却交了白卷》2016.3.7——正式运营 1 年零 8 个月，阅读量 11 892 人。

本次活动为女生节福利优惠活动。

收获——永远为每一个节日做活动。

⑦《这是一封来自轻生活的道歉信》2016.5.27——正式运营 1 年零 11 个月，阅读量 19 725 人。

本篇文章介绍 2016 年 5 月 24 日社交平台上的一次口碑推广，导致了订单激增，引发产品延期，轻生活因此道歉，并采取补救措施。在微信和微博平台，通过大 V 分享和讲述轻生活，使轻生活的认知度扩散。

收获——大 V 作为意见领袖，具有连接用户、指导用户的重要作用，永远不失为一种非常好的营销方式。

⑧《天要下雨，我们要打折》2016.7.30——正式运营 2 年零 1 个月，阅读量 29 048 人。

本文内容为天猫的促销活动。

收获——优惠，优惠，强力优惠！

⑨《闪购 你们喜欢的搭售又来了，这次是它》2016.8.17——正式运营 2 年零 2 个月，阅读量 34 311 人。

每月精选一款好产品，和轻生活的 3 日 1 夜套装进行组合，介绍合作产品信息。

收获——优惠，优惠，强力优惠！

⑩《没有胸，你会怎么样》2016.9.24——正式运营 2 年零 3 个月，阅读量 35 118 人。

著名的关爱乳腺癌、女性粉丝带活动。这样的活动展现了正能量的女性价值观，引起了女性的共鸣。相比于轻生活刚起步时做过的冰桶挑战活动，目标群体更加清晰，更能传递女性感情。

收获——寻找目标人群的热点活动，输出强有力的价值观。

归纳总结：一个产品的运营可以归纳为两种方式：常规运营+突破运营。每一次常规运营都是下一次突破运营的基础，而每一次突破运营都是增长的原动力。二者永远在做，永远也不能停歇，坚持才能造就出一个产品的不断传播和被认知。

四、总结

微信公众号运营并不是简单的模仿和学习就能成功的，最重要的是，确定好产品运营的目标，不断去尝试新方式、新方法，没有任何一种运营手段百试百灵，要学会看到运营手段背后所蕴含的本质，才能做到随机应变、成功运营。

在常规运营之下，要时刻抱有量子跃迁般的突破式运营的想法。你不想火，就不会火。不要怕犯错，大胆思考，这个时代给了我们无限的可能性。

第八章

“互联网+”及互联网思维

本章知识要点

1. “互联网+”行动计划的含义。
2. “互联网+”的应用领域。
3. 互联网思维解读。
4. 互联网思维在行业中的典型应用。

第一节　认识“互联网+”

2015 年 3 月的两会上，李克强总理首次在政府工作报告中提出了制订“互联网+”行动计划，推动移动互联网、云计算、大数据、物联网等同现代制造业结合，促进电子商务、工业互联网和互联网金融健康发展，引导互联网企业拓展国际市场。

“互联网+”是把互联网的创新成果同经济社会各领域深度融合，推动技术进步、效率提升和组织变革，提升实体经济创新力和生产力，形成更广泛的以互联网为基础设施和创新要素的经济社会发展新形态，如图 8-1 所示。

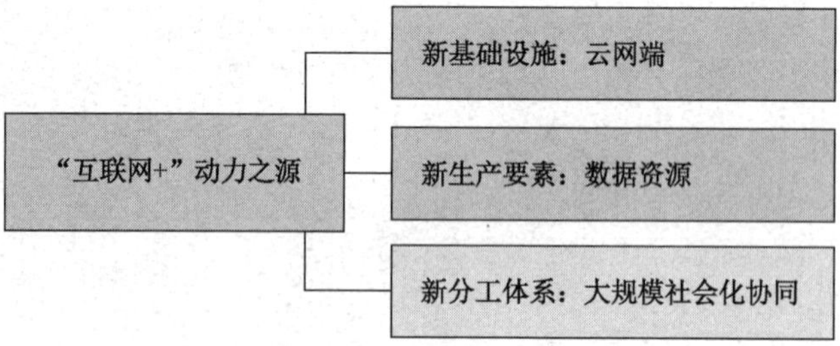

图 8-1　“互联网+”体系

一、“互联网+”行动计划的意义和实施原则

在全球新一轮科技革命和产业变革中，互联网同各领域的融合发展具有广阔前景和无限潜力，已成为不可阻挡的时代潮流，正对各国经济社会发展产生着战略性和全局性的影响。积极发挥我国互联网已经形成的比较优势，把握机遇，增强信心，加快推进“互联网+”发展，有利于重塑创新体系、激发创新活力、培育新兴业态和创新公共服务模式，对打造

大众创业、万众创新和增加公共产品、公共服务“双引擎”，主动适应和引领经济发展新常态，形成经济发展新动能，实现中国经济提质、增效、升级具有重要意义。

“互联网+”行动计划着力于深化体制机制改革，释放发展潜力和活力；着力做优存量，推动经济提质、增效和转型升级；着力做大增量，培育新兴业态，打造新的增长点；着力创新政府服务模式，夯实网络发展基础，营造安全网络环境，提升公共服务水平。

① 坚持开放共享。营造开放包容的发展环境，将互联网作为生产生活要素共享的重要平台，最大限度优化资源配置，加快形成以开放、共享为特征的经济社会运行新模式。

② 坚持融合创新。鼓励传统产业树立互联网思维，积极同“互联网+”相结合。推动互联网向经济社会各领域加速渗透，以融合促创新，最大程度汇聚各类市场要素的创新力量，推动融合性新兴产业成为经济发展新动力和新支柱。

③ 坚持变革转型。充分发挥互联网在促进产业升级及信息化和工业化深度融合中的平台作用，引导要素资源向实体经济集聚，推动生产方式和发展模式变革；创新网络化公共服务模式，大幅提升公共服务能力。

④ 坚持引领跨越。巩固提升我国互联网发展优势，加强重点领域前瞻性布局，以互联网融合创新为突破口，培育壮大新兴产业，引领新一轮科技革命和产业变革，实现跨越式发展。

⑤ 坚持安全有序。完善互联网融合标准规范和法律法规，增强安全意识，强化安全管理和防护，保障网络安全。建立科学有效的市场监管方式，促进市场有序发展，保护公平竞争，防止形成行业垄断和市场壁垒。

二、“互联网+”行动计划的重点领域内容

（一）“互联网+工业”——让生产制造更智能

德国提出的“工业 4.0”战略是以智能制造为主导的第四次工业革命，或者说是革命性的生产方法。应用物联网、智能化等新技术提高制造业水平，将制造业向智能化转型，通过决定生产制造过程等的网络技术，实现实时管理，形成“自下而上”的生产模式革命，不但节约了创新技术、成本和时间，还拥有培育新市场的潜力和机会。“中国制造 2025”规划以促进制造业创新发展为主题，以提质、增效为中心，以加快新一代信息技术同制造业深度融合为主线，以推进智能制造为主攻方向，以满足经济社会发展和国防建设对重大技术装备的需求为目标。

“互联网+工业”将颠覆传统制造方式，重建行业规则。例如，小米、乐视等互联网公司就在工业和互联网融合的变革中，不断抢占传统制造企业的市场，通过价值链重构、轻资产、扁平化、快速响应市场来创造新的消费模式。而在“互联网+”的驱动下，产品个性化、定制批量化、流程虚拟化、工厂智能化、物流智慧化等都将成为新的热点和趋势。“互联网+工业”的关键在重点领域推进智能制造、大规模个性化定制、网络化协同制造和服务型制造，形成制造业网络化产业生态体系。

（二）“互联网+农业”——催化中国农业品牌化道路

利用互联网提升农业生产、经营、管理和服务水平，培育一批网络化、智能化、精细化的现代“种养加”生态农业新模式，形成示范带动效应，加快完善新型农业生产经营体系，培育多样化农业互联网管理服务模式，逐步建立农副产品、农资质量安全追溯体系，

促进农业现代化水平明显提升。

首先，数字技术可以提升农业生产效率。例如，利用信息技术对地块的土壤、肥力、气候等进行大数据分析，并提供种植、施肥相关的解决方案，能够提升农业生产效率。其次，农业信息的互联网化将有助于需求市场的对接，互联网时代的新农民不仅可以利用互联网获取先进的技术信息，还可以通过大数据掌握最新的农产品价格走势，从而决定农业生产重点以把握趋势。再次，农业互联网化，可以吸引越来越多的年轻人积极投身农业品牌打造中，具有互联网思维的“新农人”群体日趋壮大，将可以创造出更为多样模式的“新农业”。

同时，农村电商将成为农业现代化的重要推手，可有效减少中间环节，使得农民获得更多利益。面对万亿元以上的农资市场及近 7 亿人的农村用户人口，农村电商的市场空间广阔，大爆发时代已经到来。在此基础上，农民更需要建立农产品的品牌意识，将“品类”细分为具有更高识别度的“品牌”。例如，曾经的烟草大王褚时健栽种“褚橙”；联想集团董事长柳传志培育“柳桃”；网易丁磊饲养“网易味央”黑猪等；也有专注于农产品领域的新兴电商品牌获得巨大成功，如“三只小松鼠”“新农哥”等，都是在农产品大品类中细化出个人品牌，从而提升其价值的。

（三）“互联网+金融”——全民理财和微小企业发展

我国促进互联网金融健康发展，全面提升互联网金融服务能力和普惠水平，鼓励互联网同银行、证券、保险、基金的融合创新，探索推进互联网金融云服务平台建设；鼓励金融机构利用互联网拓宽服务覆盖面，积极拓展互联网金融服务创新的深度和广度。

从余额宝、微信红包再到网络银行，互联网金融已悄然来到每个人身边。传统金融向互联网转型，金融服务普惠民生，成为大势所趋。互联网金融——第三方支付、P2P 小额信贷、众筹融资、新型电子货币及其他网络金融服务平台，将迎来全新发展机遇，社会征信系统也会由此建立。

（四）“互联网+交通和旅游业”——一切资源共享起来

加快互联网同交通运输领域、旅游行业的深度融合，通过基础设施、运输工具、运行信息等互联网化，推进基于互联网平台的便捷化交通运输服务发展。

“互联网+交通”不仅可以缓解道路交通拥堵，还可以为人们出行提供便利，为交通领域的从业者创造财富。例如，实时公交应用，可以方便出行用户对于公交汽车的到站情况进行实时查询，减少延误和久等；嘀嘀等网约车、摩拜等共享单车则发挥了汽车、自行车资源的共享，掀起了新时代互联网交通出行领域的新浪潮。而在旅游服务行业，旅游服务在线化、去中介化会越来越明显，自助游会成为主流，基于互联网体验的旅游服务、旅游产品将有较大的发展空间。

（五）“互联网+社会服务”——创新政府服务模式同市场融合

大力发展以互联网为载体、线上线下互动的新型消费，加快发展基于互联网的医疗、健康、养老、教育、旅游、社会保障等新型服务，创新政府服务模式，提升政府科学决策能力和管理水平。

“互联网+服务业”将会带动社会服务行业线上线下融合的大市场。互联网化的融合就是去中介化，让供给直接面对接消费者需求，并用移动互联网进行实时链接。它包括：发展便民服务新业态，发展体验经济，支持实体零售商综合利用网上商店、移动支付、智能试衣等新技术，打造体验式购物模式；推广在线医疗卫生新模式，发展基于互联网的医疗卫生服务，支持第三方机构构建医学影像、健康档案、检验报告、电子病历等医疗信息共享服务平台，逐步建立跨医院的医疗数据共享交换标准体系；促进智慧健康养老产业发展，支持智能健康产品创新和应用，推广全面量化的健康生活新方式；探索新型教育服务供给方式，鼓励互联网企业和社会教育机构根据市场需求开发数字教育资源，提供网络化教育服务。例如，社区便利服务、移动医疗行业、智慧健康养老产业、移动在线教育等，都是直接面对消费者。

（六）“互联网+文化媒体”——新业态的出现

互联网同文化产业高度融合，可推动产业自身的整体转型和升级换代。互联网对于媒体的影响，不只是改变了传播渠道，在传播界面和形式上也有了极大的改变。融入互联网后的媒体形态以双向、多渠道、跨屏等形式，进行内容的传播和扩散，用户参与到内容传播当中，并且成为内容传播介质。

交互化、实时化、社交化、社群化、人格化、亲民化、个性化、精选化、融合化将是未来媒体的几个重要的方向。例如，央视春晚微信抢红包就是交互化、实时化和社交化。社群化和人格化，使一批有观点有性格的自媒体将迎来发展机遇，用人格形成品牌，用内容构建社群将是这类媒体的方向；个性化和精选化的表现则是一些用大数据筛选和聚合信息精准到个人的媒体崛起，如“今日头条”等新的新闻资讯客户端就是代表。

互联网带来的多终端、多屏幕，将产生大量内容服务的市场，而在内容版权的衍生产品，互联网可以将内容和衍生品同电子商务平台一体化对接；一些区域型的特色文化产品，将可以使用互联网，通过创意方式走向全国，而明星粉丝经济和基于兴趣为细分的社群经济，将拥有巨大的想象空间。

（七）“互联网+零售”——零售体验、跨境电商和移动电子商务的未来

当前，应巩固和增强我国电子商务发展领先优势，大力发展农村电商、行业电子商务和跨境电商，进一步扩大电子商务发展空间，利用移动社交、新媒体等新渠道，发展社群电商、“粉丝”经济等网络营销新模式。电子商务同其他产业的融合不断深化，网络化生产、流通、消费更加普及，标准规范、公共服务等支撑环境基本完善。

马云提出的新零售是创新方向，线上线下未来是融合和协同而不是冲突。跨境电商成为零售业的新机会，在对外贸易中也将占据更加重要的地位，有助于将我国商品借助跨境平台推出国门。移动电子商务正在改变整个市场营销的生态——智能手机和平板电脑的普及，大量移动电子商务平台的创建，为消费者提供了更多便利的购物选择。例如，微店微商城就是在构建新的移动电子商务的生态系统。移动电子商务将会成为很多新品牌借助社交网络走向市场的重要平台。

（八）“互联网+人工智能”——可穿戴设备、VR、AR

这是指依托互联网平台提供人工智能公共创新服务，加快人工智能核心技术突破，

促进人工智能在智能家居、智能终端、智能汽车、机器人等领域的推广应用，培育若干引领全球人工智能发展的骨干企业和创新团队，形成创新活跃、开放合作、协同发展的产业生态。

“互联网+”推动了视觉、智能语音处理、生物特征识别、自然语言理解、智能决策控制及新型人机交互等关键技术的研发和产业化，推动了人工智能在智能产品、工业制造等领域规模商用，为产业智能化升级夯实基础。例如，科大讯飞的智能语音及语言技术研究、软件及芯片产品开发，家电巨头美的以40亿欧元并购全球领先的机器人及智能自动化德国上市公司KUKA。

三、“互联网+”行动计划的市场考验

“互联网+”是一个人人皆可获得商机的概念，但“互联网+”不是要颠覆，而是要思考跨界和融合，思考互联网时代产业如何同互联网结合创造新的商业价值——企业不能因此陷入“互联网+”的焦虑和误区，“互联网+”更重要的是“+”，而不是“-”，也不是毁灭。“互联网+”被上升到国家战略层面，就如同成了万能的驱动之源，似乎互联网同其他行业只要发生关系就能够带来巨大的市场前景和经济效益。但无论是“互联网+”、互联网思维概念，还是跨界融合、异业重构等概念，都有风险和失败的可能性，依然很难摆脱以线下资源交易执行效果为最终判断标准的命运。时至今日，“互联网+”行动计划经历了一段时间的市场考验，面临怎样的多方面的考验呢？

1. 防止“互联网+”概念泡沫化

国家政策导向作用一直是概念炒作热衷的焦点，“互联网+”自概念诞生之日起，就没有离开炒作。“互联网+”概念炒作的关键在于制造出如何同互联网结合产生新的商业价值。概念的泡沫化在于资金市场追逐利益的推动，从互联网同其他行业相融合的落地实践上，不应过度关注泡沫化的概念，更应该清醒地明白“互联网+”行动计划所面临的真实现状。

2. “互联网+”重在应用而非技术创新

“互联网+”概念上升到国家层面的时候，互联网技术的发展在技术突破上面临困难。移动终端、智能家居终端设备、物联网等的接入给互联网发展增加了新的创新需求，技术创新也一直都是互联网得到发展的关键基础。从互联网本身的技术创新上制造新的经济增长显然不是政府的主要战略方向，更重要的着力点是在互联网的广泛应用上。李克强总理提出“互联网+”的概念确立了其国家战略地位的层面，旨在制造新的经济发展引擎。这是为了使互联网同其他行业有机融合，通过以互联网作为基础设施的广泛应用，促进跨界融合、生产流通模式改变，产生新的经济形态，达到经济增长的目的。

3. “互联网+”就是知识的再创新

“互联网+”不是简单机械地联合其他行业，而应该被看做是知识的再创新。互联网企业在政府政策导向的作用下，被赋予了新型经济发展中的基础设施的角色，尤其对处于低迷中的中国制造业而言，互联网同制造业的结合成为了无数陷入困境中的制造企业寻求新出路的良药。但是，互联网不能简单地同传统制造业相加，互联网和中国传统制造业之间的鸿沟是经过了一个长期的发展过程形成的，两者在运营方式、经营模式、战略思维等方

面都有着明显的不同。“互联网+制造业”不仅在于互联网的工具作用，更在于“+”后衍生出的新的业务形式、经营模式、管理方法等，如果仍然以传统制造业的经营理念去管理企业，这个工具就用不好，甚至会衍生出很多业务经营陋习，加大制造业的窘迫环境。

4. 产业生态链是“互联网+”的重要战略内涵

产业生态链，是“互联网+”中最具内涵的名词之一。小米的成功、360的扩张，都对外表现出了生态战略。“互联网+制造业”如何打造生态战略呢？事实上，无论是制造业，还是其他传统行业，同互联网融合的目的有两种：一种是通过深度融合，催化出新的经营模式；另一种是进一步同信息化相融合，增强公司的技术创新、产品的竞争力。对于制造业而言，产业生态链就是要打破封闭式的生产模式，生产什么不再由生产商自己决定，而是把客户、消费者拉进来，让客户、消费者等参与产品的设计、生产、交付等环节。例如，小米称自己是个平台化的创业公司，实际上就是在打造自己的产业生态链，BAT三大互联网巨头也都在打造产业的生态链。

5. 跨界与融合是“互联网+”时代的趋势

“互联网+”时代，跨界与融合将成为趋势，但怎么融合是一个大问题。“互联网+”不是颠覆传统行业，而是在改造传统行业——其实也是互联网公司的自我救赎。

“互联网+”并不适用于所有的行业，互联网企业需要考虑到自身的资源优势，拓展自己的业务范围或革新自己的业务模式。例如，阿里巴巴以大数据为主要战略方向，其大数据的价值可以在解决信息不对称方面产生积极影响；腾讯微信业务以“连接一切”为战略方向；京东以自有物流体系的健全进一步扎根农村物流配送。这些独具特点的企业在融合的道路上实际早已前行。

有融合，就有竞争。互联网同传统行业的融合之路一是来自于传统行业观念的阻拦，二是来自于新形态业务模式、圈层尚未形成的不确定性，三是来自于互联网企业之间的竞争。作为传统行业，越来越多地同社会需要不适应，经济效益、社会效益、环境效益等日趋落后。在互联网企业获得成功的影响下，传统行业慢慢由原有的抵触、垄断，开始接受资源共享、信息公开。例如，餐饮、旅游、酒店、出租车等行业已经在同互联网融合的道路上快速前行。大型工业装备、机械制造、金属加工等行业同互联网的融合度还比较低，“中国制造2025”战略构想让中国制造业面临着不得不作出选择的情境。

第二节 互联网九大思维解读

什么是互联网思维？要弄清这个概论，首先来看下面这个例子。

有一个毫无餐饮行业经验的人，开了一家餐馆，花了500万元买断香港食神戴龙牛腩配方；每双筷子都是定制、全新的，吃完饭，筷子和牙签放入一个精致的纸套，还可以带回家；专用牛腩面碗，还有发明专利，上方很厚重，端着手感好，对着嘴喝汤的地方则很薄、很光滑，嘴感好；每个月都会更换菜单，如果粉丝认为某道菜不好吃，这道菜就会在菜单上很快消失；老板每天花大量时间盯着大众点评、微博、微信，针对菜品和服务不满的声音，立即回馈；开业前“烧掉”1 000万元搞了半年封测，其间邀请各路明星、达人、微博大号们免费试吃；制造话题——韩寒携老婆到店吃饭，因为没预约而被服务员婉拒；不让 12 岁以下儿童进入；邀请苍井空到店，被微博大号“偶遇”并发微博；在北京只有两家分店；VC 投资 6 000 万美元，估值 4 亿元人民币。

这就是互联网思维界“四大天王”之一的雕爷牛腩。其他还有 3 个：一个卖煎饼的，一个卖充气娃娃的，还有一个卖玫瑰花的。

互联网思维的定义：在（移动）互联网、大数据、云计算等科技不断发展的背景下，对市场、对用户、对产品、对企业价值链乃至对整个商业生态进行重新审视的思考方式，如图 8-2 所示。

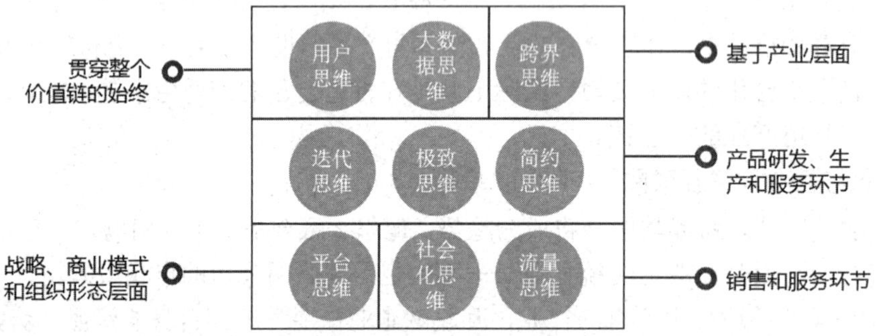

图 8-2　互联网九大思维

一、贯穿整个价值链始终的用户思维和大数据思维

（一）用户思维

互联网思维最重要的就是用户思维。用户思维，是指在价值链各个环节中“以用户为中心”去考虑问题，如图 8-3 所示。从产品设计到服务体验，都要紧紧围绕“以用户为中心”的原则进行。互联网技术使得信息透明化，打破了企业和消费者之间信息不对称的格局——用户掌握的品牌、价格等产品信息远超过去。用户思维要求企业改变之前单向听取用户反馈意见的做法，让用户参与到企业运作的每一个环节中。企业搜集市场需求、提供产品设计创意、测试产品性能、推广营销等工作，都应让用户参与其中，这样才能实现企业和用户的双赢格局。

用户思维体系涵盖了最经典的品牌营销的 Who-What-How 模型：Who，目标消费者——“屌丝”；What，消费者需求——参与感；How，怎样实现——全程用户体验至上。

成功的互联网产品都是抓住了“屌丝群体”“草根一族”的需求，其实就是非产品功能需求。屌丝以自我调侃来消解正统，以降格来反对崇高，网络文化本身就具有强烈的去“中心化”的特点。现实社会中的控制、层级和中心化的结构形式，在互联网世界往往沦为被嘲笑的对象。抓住用户的需求，让用户成为产品的一部分，形成粉丝圈，如淘宝的 800 万个草根卖家、QQ 空间和微信超过 5 亿个的活跃账户等都是成功的最重要因素。

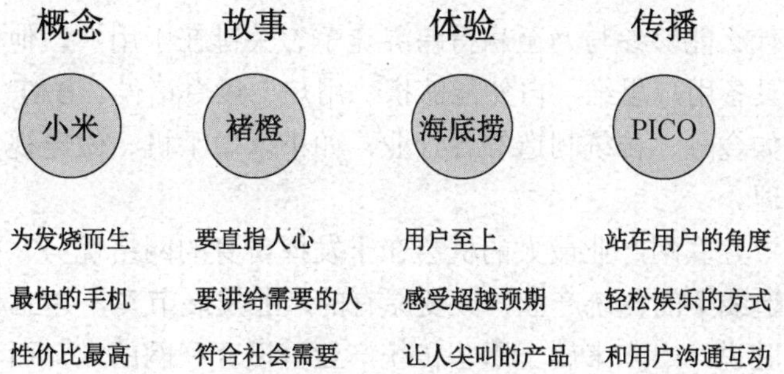

图 8-3 用户思维的层次

用户体验至上，好的用户体验应该从细节开始，并贯穿于每一个细节，让用户有所感知，并且这种感知要超出用户预期，给用户带来惊喜，贯穿品牌同消费者沟通的整个链条。

让用户参与品牌传播，成就了粉丝经济：一种情况是按需定制，厂商提供满足用户个性化需求的产品，如海尔的定制化冰箱；另一种情况是在用户的参与中去优化产品，让粉丝投票，粉丝决定最终的潮流趋势，如小米的产品从设计、生产到销售都是如此。电影《小时代》豆瓣评分不到 5 分，但这个电影观影人群的平均年龄只有 22 岁，正因为这些大量的粉丝，《小时代 1》《小时代 2》才创造出累计超过 7 亿元的票房神话。

① 概念层面。小米打了一个“为发烧而生”的广告词，指提供了最具性价比的手机。

② 故事层面。“褚橙”是在卖励志的故事，公众为自己非功能需求进行买单。

③ 体验层面。海底捞以用户为核心，让用户感受到无微不至、用户至上、超预期的服务体验。

④ 传播层面。PPAP 非常魔性的 5 个单词小视频用娱乐化的方式，在同用户轻松地沟通和互动当中形成了快速、大量的传播效力。

（二）大数据思维

大数据思维是指对大数据的认识，对企业资产、关键竞争要素的理解。用户在网络上一般会产生信息、行为、关系 3 个层面的数据，这些数据的沉淀，有助于企业进行预测和决策。一切皆可被数据化，企业必须构建自己的大数据平台。

过去企业做市场调查多采用街头问卷等形式，调查样本规模有限，而且费时费力。互联网技术催生了大数据，让企业能够一次性搜集到海量的市场数据，企业可以针对个性化用户作精准营销。例如，无印良品的“MUJI passport”App 实现线下商品的导购，整合线上线下销售渠道积分，连接会员 Facebook、Twitter 的 ID，发放优惠券，个性化商品的精准推送等。

二、基于产业层面的跨界思维

随着互联网和新科技的发展，很多产业的边界变得模糊，互联网企业的触角已无孔不入，如零售、图书、金融、电信、娱乐、交通、媒体等。过去的商业模式是羊毛出在羊身上，在羊身上当然能找到答案，这叫做传统的平面思维；现在的商业模式是羊毛出在牛身上猪来买单，这是一个空间思维，也叫做跨界思维。

互联网企业为什么能够参与乃至赢得跨界竞争？关键在于用户，他们一方面掌握自身数据，另一方面又具备用户思维，自然能够携“用户”以令诸侯。BAT 巨头形成互联网业的生态链，渗透诸如金融、传统制造等各行业，如小米做手机、做电视、做米家生态链品牌，都是这样的道理。

李彦宏指出：“互联网产业最大的机会在于发挥自身的网络优势、技术优势、管理优势等，去提升、改造线下的传统产业，改变原有的产业发展节奏，建立起新的游戏规则。

美图秀秀蔡文胜说：“未来属于那些传统产业里懂互联网的人，而不是那些懂互联网但不懂传统产业的人。”

金山网络傅盛说：“产业机会属于敢于用互联网向传统行业发起进攻的互联网人。”

一个伟大的企业家一定是跨界的，能够同时在科技和人文的交汇点上找到自己的坐标。一个真正伟大的企业，一定是手握用户和数据资源，敢于跨界创新。今天看一个产业有没有潜力，就看它离互联网有多远。能够真正用互联网思维重构的企业，也即既能深刻理解传统商业的本质，也具有互联网思维，才可能真正赢得未来。

三、专注于产品开发和用户服务的简约、迭代与极致思维

互联网时代，品牌定位要专注，打造出让用户尖叫的产品。“专注”即控制产品数量，集中关注产品质量；“极致”即将产品或服务做到能力极限。例如，iPhone 每年只推出一款新手机，而前些年国产手机每年会推出几百款不同功能、不同型号、不同价位的手机，但两者效益对比，差距一目了然——很多业务线其实都可以砍掉，把最具核心竞争力的产品做到极致，就会发现单品利润反而可能比原来几十条产品线的利润还要高。传统行业是靠体系带单品，而互联网行业却要靠单品带体系。例如，360 做好了 360 安全卫士，才带出了 360 杀毒、安全浏览器等一系列产品。互联网单品极致实际上就是要化繁为简、化简为精。

大道至简，越简单的东西越容易传播。“简约”即是美，在产品设计方面，要做减法——外观要简洁，内在的操作流程要简化。例如，Google 首页永远都是清爽的界面；苹果的外观、特斯拉汽车的外观，都是基本不变的经典设计。

互联网产品开发的典型方法是一种以人为核心，迭代、循序渐进的开发方法——允许有所不足，不断试错，在持续迭代中完善产品。要及时乃至实时关注消费者的需求，把握消费者需求的变化，并作出响应。无论是实体还是互联网产品都需要用户参与，让用户持续不断地参与产品的迭代和改良，是人气产品诞生的必由之路。

四、平台思维

互联网平台的思维就是开放、共享、共赢，平台模式最有可能成就产业巨头。全球最大的 100 家企业里，有 60 家企业的主要收入来自平台商业模式，包括苹果、谷歌等。

首先，平台模式的精髓在于打造一个多主体共赢互利的生态圈。平台之争，一定是生态圈之间的竞争。百度、阿里、腾讯三大互联网巨头围绕搜索、电子商务、社交各自构筑了强大的产业生态。其次，当企业不具备构建生态型平台实力的时候，那就要思考怎样利

用现有的平台。最后，互联网巨头的组织变革，都是围绕着如何打造内部“平台型组织”。例如，阿里巴巴25个事业部的分拆、腾讯六大事业群的调整，都旨在发挥内部组织的平台化作用；海尔将8万多人分为2 000个自主经营体，让员工成为真正的“创业者”，让每个人成为自己的CEO。内部平台化就是要变成自组织，激发每个员工发挥出最大能量。

五、流量思维和社会化思维

互联网时代，流量即入口，流量的价值毋庸置疑。

第一，免费是为更好的收费。互联网产品大多用免费策略争取用户、锁定用户。例如，网店运营中常见用免费送产品策略，以实现初期流量的积淀；QQ 是免费的，微信是免费的，最终成就了腾讯；360 安全卫士，用免费杀毒进入杀毒软件市场，形成了 360 一系列的互联网产品，进而打造成一个生态链。需要注意的是，不是所有的企业都能选择免费策略，而是因产品、资源、时机而定。

第二，免费是第 1 步，要坚持到质变的“临界点”。任何一个互联网产品，只要用户活跃数量达到一定程度，就会开始产生质变，从而带来商机或价值。如果 QQ 没有当年的坚持，也不可能有今天的企业帝国。在“注意力经济”时代，只有先把流量做上去，才有机会思考后面的问题，否则连生存的机会都没有。

社会化商业的核心是网，公司面对的客户以网的形式存在。这将改变企业生产、销售、营销等整个形态。应利用好社会化媒体，立足于社群圈作口碑营销。另外，就是项目的“众包协作”和产品的“众筹”。众包是以“蜂群思维”和层级架构为核心的互联网协作模式，维基百科就是典型的众包产品。传统企业要思考如何利用外脑，不用招募。例如，魅族的 Flyme 系统在研发中让“魅友”深度参与，实际上就是一种众包模式，而京东和淘宝的众筹产品都是社会化思维的体现。

READ 阅读推荐

移动互联网思维（5F）+Love SIMPLE 十大落地法则

什么是移动互联网时代的思维？简单地说，移动互联网时代的思维可概括为5F思维，即 Fragment——碎片化思维，Fans——粉丝思维，Focus——焦点思维，Fast——快一步思维，First——第一思维，如图 8-4 所示。而要将移动互联网时代的 5F 思维落地，还需要十大法则作为行动指南。

（1）Fragment——碎片化思维

移动互联网时代，用户的消费场景发生了巨大变化，接触消费者的地点越来越不固定，接触消费者的时间越来越短暂。移动互联网加剧了消费者的 3 个碎片化趋势——购物地点的碎片化、购物时间的碎片化、购物需求的碎片化。碎片时间成为赢得消费者的黄金窗口。那么，如何建立起碎片化思维，从看似碎片的世界中汇聚商业的力量呢？

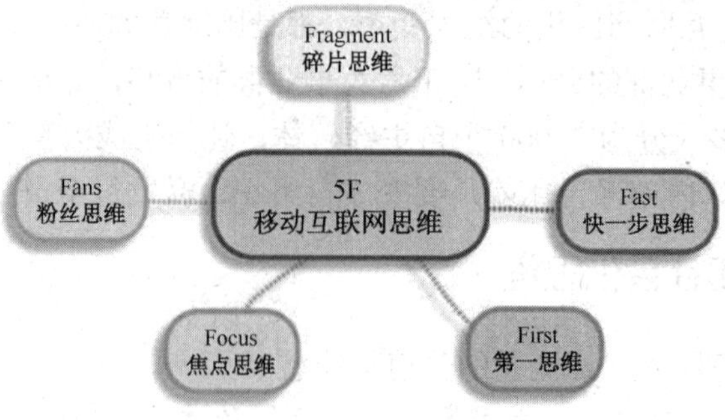

图 8-4 移动互联网 5F 思维

（2）Fans（粉丝）思维

今天，移动互联网时代的法则是“得粉丝者得天下”。粉丝就是生产力，粉丝经济学将大行其道。

我们的品牌需要的是粉丝，他们是最优质的目标消费者，一旦注入感情因素，有缺陷的产品也会被接受。他们对品牌、对企业拥有高度的忠诚和热情，还会向自己的社交圈传播品牌的口碑，帮助业务获得非线性的增长甚至是爆炸性增长。《小时代 1》《小时代 2》创造出累计超过 7 亿元的票房神话，就是因为有超过 1 亿的像郭敬明和杨幂这样的粉丝的喜欢和捧场。如何建立起粉丝思维？可从看似彼此竞争激烈的市场中汇聚粉丝的力量。

（3）Focus（焦点）思维

在移动互联网时代，“不做什么”比“做什么”更重要。艺龙旅行网创立于 1999 年，2004 年在纳斯达克上市，但在创立后的近 10 年间，始终没能摆脱亏损的经营窘境。2008 年，全年持续运营业务净亏损 7 660 万元。这一年，也是在线旅游行业有史以来竞争最严酷的一年。

在这样的内外环境下，艺龙不同携程抢机票预订业务，只关注在线酒店预订。6 年中，艺龙从传统的呼叫中心酒店预订到在线酒店预订战略，再到移动酒店预订战略，艺龙的酒店间夜量（每间房销售一夜为一间夜）预订业务从只占携程的 20%，到 2016 年第三季度已经接近携程的 70%。作为酒店市场的老二，艺龙正在同老大逐步缩小份额差距。持续顺势而为的战略转型使艺龙在酒店预订业务领域获得同携程叫板甚至超越携程的机会。

（4）Fast（快一步）思维

“快”字诀是小米手机一直引以为傲的。2016 年在硅谷长城会全球移动互联网大会上，小米董事长雷军说，在金山，一年才更新一次版本，MIIUI 一个星期就得升级一次，这两个速度是完全不在一个级别的。小米手机 2011 年 10 月上市，2016 年小米手机销售 729 万台，销售额达 50 多亿元人民币；2017 年的销售将冲破 1 900 万台，预计销售额接近 300 亿元人民币。小米成立 3 年，公司价值已经达到 100 亿美元。其产品线从手机、操作系统到应用商店，甚至到了盒子和电视，从硬件到软件，从产品扩张到平台，从入口升级到生态。

为什么这么快？小米的内部组织结构尽可能扁平，基本分为 3 层：7 个核心创始人是一层，部门管理者是一层，然后就是员工。小米始终不会让团队太大，稍微大一点就拆分成小团队，实行小分队小步快跑。

在移动互联网时代，得到优势的时间和失去优势的时间可能是同样的短。在 PC 互联网时代，还可以慢慢做一件事情，有了好产品再发布出去。但是如今的产品如果两三个月不被人所接受，可能就死掉了——就是出错也要尽快，这样出错成本就会低一些。

（5）First（第一）思维

移动互联网时代，只有第一，没有第二。第一，并不一定是销售额第一。如果想要成为第一，就必须打破消费者的思维定式，成为消费者心智里的第一。

如何建立第一思维，在自己定位的焦点市场赢得消费者心中的第一？

要将移动互联网时代的5F思维落地，我们可以将以下这十大法则作为行动指南。

一、道：Love法则（营造亲人般的爱）

法则一：Listen to me（倾听我）

对于品牌营销来说，消费者不再是单纯的受众，而是已经完全参与到品牌的塑造和传播中，成为品牌的推广者。同时，品牌同消费者实现直接的对话和沟通，企业可以通过聆听消费者的声音获得第一手信息。这种变化要求企业必须调整自己的位置和心态，改变同消费者沟通的态度。

法则二：Omini channel（全渠道一致体验）

过去“以产品为中心，以实体店为中心”的传统零售分销模式，已经被新一代的“以顾客为中心，以电子商务为中心”的全渠道体验模式所取代，要跟随消费者的脚步，在全渠道、全媒体为顾客提供一致性的体验。

法则三：Value（价值观）

移动互联网颠覆了价值创造的规律，企业必须回归商业的本质，真正找到用户的痛点，找到用户的普遍需求，为客户创造价值。为什么同样生产数码产品，苹果的出品能带来与众不同的惊喜？营销顾问西蒙斯·涅克提出了一个“黄金圈”理论：3个同心圆，最里面的一个是Why，中间一层是How，最外面一层是What。一般人的思维习惯是从里面的圆逐渐推到外面，而创造了伟大作品，引领了伟大运动的人们，思维习惯恰恰相反。其他很多电脑公司在以这样的思维顺序劝说人们进行购买：“我们生产电脑。它们性能卓越，使用便利。快来买一台吧！”而苹果传递信息的顺序恰恰相反：“我们永远追求打破现状和思维定式，永远寻找全新的角度。我们会设计出性能卓越，使用便利的产品。电脑是我们产品中的一种。想要买一台吗？”逆向思维的真相在于：要想最大程度影响他人，最关键的不在于传递“是什么”的信息，而在于给出“为什么”的理由；人们最在乎的也并不是实现供需之间的匹配，而是达成信念的契合。

法则四：Engagement（参与感）

互联网把传统渠道不必要的环节、损耗效率的环节都去掉了，让服务商和消费者、让生产制造商和消费者更加直接地对接在一起，消费者的喜好、关注能快速地通过网络反馈。

2016年夏天，“宅男”“文艺青年”“天然呆”“氧气美女”“邻家女孩”“高富帅”“型男”“纯爷们”“粉丝”“闺蜜”“技术男”“积极分子”“表情帝”“小清新”等60多个热门昵称进入到消费者的视野。从6月初到7月底，昵称瓶可口可乐在华销量较去年同期增长20%，声势浩大的“快乐昵称瓶”夏季营销战取得了实实在在的效益。

二、术：SIMPLE原则（简约到极致）

法则五：Scream（让我尖叫）

真正的需求创造者，把所有的时间和精力都投入到对“人”的了解上。他们一直在努力了解我们心中的渴望——我们需要什么，讨厌什么，什么样的东西能引起我们的情感波动，什么样的东西又能激发出我们源自内心深处的好感。360 的创始人周鸿祎说："假设说，华夏银行请我吃饭。我打开一瓶矿泉水，喝完之后，它确实是矿泉水。这叫体验吗？这不叫体验。只有把一个东西做到极致，超出预期才叫体验。我开个玩笑：比如有人递过一个矿泉水瓶子，我一喝里面全是 50 度的茅台——这个就超出我的体验嘛。假设它是一个体验，我（作为用户）就会到处讲'我到哪儿吃饭，我以为是矿泉水，结果里面是茅台'。"

法则六：Iterative（快速迭代）

这里的迭代思维，对传统企业而言，更侧重在迭代的意识，意味着我们必须要及时乃至实时关注消费者需求，把握消费者需求的变化。只有快速地对消费者需求作出反应，产品才更容易贴近消费者。Zynga 游戏公司每周对游戏进行数次更新，小米 MIUI 系统坚持每周迭代，就连雕爷牛腩的菜单也是每月更新；微信在推出后一年内迭代开发 44 次，小米手机每周都有四五十个 Bug（漏洞）要修改——边开枪，边瞄准，精益求精。要能做到快速失败（fail fast），廉价的失败（fail cheap），同时整个组织要有一种包容失败的文化（inclusive culture）.，及时搜集错误，及时改进。

法则七：My favorite（给我想要的）

用户在网络上一般会产生交易信息、浏览信息、购买行为、购买场景和社交关系等多个方面的大数据。这些数据的沉淀，有助于企业进行预测和决策。当年，沃尔玛的工程师通过追踪分析许多年轻父亲每次的购物小票，发现每到周五晚上，啤酒和尿布的销售量都非常高。原来，年轻的父亲们周末下班后帮太太买尿布时，顺手带上啤酒，准备看球赛的时候喝。沃尔玛洞察到这个需求，啤酒和尿布干脆就摆在一个货架上卖，销售量马上提升三成。

法则八：Personalized（个性化）

消费者越来越追求个性化，如"请在我的袖口上锈上我女朋友的红唇""请在我的笔记本上铭刻我喜欢的名句""请在我的 T 恤衫上印上泰戈尔的诗篇"等。红领建立了全球第 1 家全面信息化的个性化生产线，整个工厂完全用信息流来统帅工业流水线和驱动后台的供应链。流水线上每一件衣服都有一个电子标签，连接的是一个活生生的顾客，记录着这位顾客在每个工序个性化定制的全部生产数据（包括布料、体型、纽扣和款式等上百个数据）。接下来，他们希望借助互联网、社交网络，顾客可以在前端任何渠道里——不仅是地面店，也包括网店、移动商店、社交商店和每个人自己的私人商店，能够完成定制和订单。

法则九：Less is more（少就是多）

1997 年苹果接近破产，乔布斯回归，砍掉了 70%产品线，重点开发 4 款产品，使得苹果扭亏为盈，起死回生。即使到了 5S，iPhone 也只有 5 款。如何让顾客在一分钟爱上你？答案是：给他最少最优的推荐。例如，C&A 在一些地面店展示出来的模特商品就是每天在 Facebook 上赞得最多的衣服；腾讯旗下的易迅，推出了"精选商品"模式，还有一种闪购模式是以限时特卖的形式，定期定时推出少量知名品牌的商品，一般以原价 1 至 5 折的价格供专属会员限时抢购，限时限量，售完即止。

法则十：Efficent（高效）

我们的流程设计要简化，在每个顾客同他想要的商品或服务之间要建立最短的路径、最快的时间，使顾客无论从哪个渠道进去，在找到他的商品前，整个操作流程不超过3步，越短越好。

Ending

分享与思考

1. BAT是百度（Baidu）、阿里巴巴（Alibaba）和腾讯（Tencent）三大互联网公司的首字母缩写。3家巨头投资了30多家上市公司和几百家未上市公司，中国互联网未上市创业公司估值前30名的公司的80%背后都有BAT的身影。互联网行业已基本饱和，除非有很好的创意，况且有了好创意也出来一个被BAT收购一个。

两年前网易开始试水电子商务，并没有走寻常路，从网易邮箱、网易云音乐、网易考拉海购、网易严选、网易味央黑猪肉，到试水微商、在考拉平台上整合淘宝客户模式等。而百度因投放虚假广告等因素受到了一定程度的重创，因此，以后的BAT有可能会变成WAT。

如何解读上述言论？

2. 羊毛出在牛身上，让猪来买单。试用互联网思维解读这句流行语。

3. 如果互联网只是使富人变得更富，而穷人只是在淘宝上买一些便宜的东西，请问互联网有什么意义？如果互联网只是使大城市变得更便捷，人人向往，房价变得更高，而小城市只是在互联网上打打电子游戏，请问互联网有什么意义？如果互联网只是使城市生活变得更美好，却让我们的农村依然是日出而作日落而息，还要靠天吃饭，请问互联网有什么意义？

如何理解白岩松的这三问？

案例8-1 “互联网+公共服务”的典范——吉林省“互联网＋公安”综合服务平台

1. 基本概况

吉林省“互联网+公安”综合服务平台是吉林省公安厅着眼于全省公安工作全局，顺应“互联网+”时代要求而作出的重大战略部署，如图8-5所示。平台采取省、市、县和派出所四级联动，各级公安服务窗口单位全警触网、在线服务的模式，以“数据多跑腿，让群众少跑路”为宗旨，是深化公安改革、创新社会管理、实施民生警务、打造亲民公安的重要载体。

吉林省公安厅组建“互联网+公安”服务平台领导小组办公室，积极协调金融、电信、邮政快递及互联网公司等相关部门，全方位地拓展平台的各项功能，使平台在登录、申请、缴费、查询、通知和邮件送达等所有环节实现了互通。

图 8-5　吉林"互联网+公安"综合服务平台首页

吉林省"互联网+公安"综合服务平台有效运用门户网站、手机客户端、微信公众号 3 种使用方式，涵盖六大核心板块，涉及 16 个警种（部门），共 426 项办事服务业务。平台上线 9 个多月时间，全省点击率突破 7 000 万人次，日均访问量 26 万次；注册用户 913 万人，占全省网民总数的 68.59%；实名认证用户 687 万人，占全省人口总数的 25.84%；网上办理各类事项 433 万件，答复群众咨询 19 万件，提供各类查询服务 1 725 万次，推送各类短信 2 201 万条；网上即时办结率达到 99.98%，群众满意率 99.97%，取得历史性的重大突破，受到社会各界和广大人民群众的一致好评。平台基本形成了服务平台全警应用、服务渠道全部畅通、服务业务全部覆盖、服务受理全面提速、支付/快递服务全程保障、服务进度全程告知、服务流程全程透明、服务效果全面监督、治安防控全民参与、警民关系全面互动等十大特色。

2. 发展历程

2015 年 8 月，副省长、公安厅厅长胡家福明确要求各级公安机关"要注重以创新思维来谋划工作，以互联网思维来开展工作，以法治思维来推进工作"，并就如何开展"互联网+公安"调研论证工作提出了具体意见。

2015 年 9 月起，厅党委副书记、常务副厅长刘培柱，厅党委委员、副厅长刘福军组织科技通信处、治安、交警、户政、法制、出入境等业务部门负责同志，先后到江苏、上海、山东等地考察学习，研究制定《吉林"互联网+公安"综合服务平台建设方案》。

2016 年 1 月 15 日，省公安厅正式批准了吉林省"互联网+公安"综合服务平台建设方案。

2016 年 1 月 16 日，为完成确保平台 4 月初正式上线运行的任务，省厅科技通信处、交警总队、户政总队、治安总队、法制总队、出入境管理局等各业务部门主要领导亲自挂帅，业务骨干全程参与，昼夜兼程，攻坚克难。

2016 年 3 月 14 日，吉林省公安厅成立“互联网+公安”领导小组办公室，正式组建平台管理专职队伍。同时，省、市、县三级均成立了平台专职管理机构，组建专业管理队伍。

2016 年 4 月 6 日，吉林省“互联网+公安”综合服务平台完成全部功能设计和调试连接，正式上线运行，如图 8-6 所示。整个平台集网上公示、网上咨询、网上办事、网上管理、网上互动、网上监督、网上支付等功能于一体，服务项目为 369 项。

图 8-6 吉林“互联网+公安”综合服务平台建设进程

2016 年 6 月，在平台上线运行 2 个月后，针对前期平台运行过程中出现的问题，对平台进行了第 1 次升级优化、完善，创新开发新的功能项，使平台服务项目增加到 392 项。

2016 年 6 月 24 日，在吉林省四平市召开全省“互联网+公安”综合服务平台管理工作四平现场会。

2016 年 10 月 27 日，下发考评项目计算方法和全流程办事项目一览表的通知，调整考评办法。

2016 年 12 月 6 日，吉林省公安厅于 9 月份启动的平台升级版建设工程完成，历时 90 天时间，完成了 162 项服务功能的开发工作并上线运行，标志着吉林省“互联网+公安”综合服务平台全面升级，平台总服务事项达到 426 项。

2016 年 12 月 15 日，在北京举行的 2016 年度政法新媒体峰会上，吉林省“互联网+公安”综合服务平台入选“2016 年度‘互联网+法治建设’十大典型案例”。

2016 年 12 月 27 日，由中国互联网协会、新华网、蚂蚁金服集团主办的 2016“新型智慧城市”峰会上，吉林省公安厅荣获 2016 年度中国“互联网+”社会服务最佳创新政务机构奖。

截至 2017 年 3 月，吉林省“互联网+公安”综合服务平台已成为全国公安机关上线项目最全、整合业务警种最多、辐射公安机关最广、支付手段最便利、服务渠道最畅通的平台。

3. 产品与服务

吉林省“互联网+公安”平台充分体现了一体上线服务、集成规模服务、实时高效服务的特色，如图 8-7 所示。

图 8-7 “互联网+公安”综合服务平台功能

（1）大平台全网贯通，打破部门间的“信息孤岛”现象

将原来分布在户政、出入境、交警等警种的独立服务平台整合到吉林省“互联网+公安”一个大平台上，把全省 2 000 多个公安办事服务窗口整合为一个“网上服务大厅”，相关数据在全网贯通共享。

（2）三级联动全警应用，强化协同效应

省、市、县三级公安机关包括公安派出所全警上线应用，实现一个平台上线、一个窗口操作。

（3）五大载体全面支撑，优化信息共享机制

平台支持门户网站、手机 App 客户端、微博、微信、短信 5 种使用方式，更好地保障群众随时随地在线咨询、办理事项，让群众更多地感受到“指尖”上服务的便利。

（4）6 个中心全时运行，消除“重开发，轻利用”现象

平台设置办事中心、查询中心、咨询中心、投诉中心、个人中心、帮助中心六大功能版块，全天候 24 小时在线运行。

① 办事中心含有户政业务、治安业务、交管业务、出入境业务、监管业务、消防业务、经文保业务、网安业务、禁毒业务、边防等业务的行政审批和办事项目，群众可以根据不同的申报项目选择查看办事指南、咨询问题和预约、申报办件。

② 查询中心设有出入境业务办理进度查询、户政业务办理进度查询、执法公开查询、机动车违法查询、驾驶证积分查询、重名查询、EMS 查询、其他事项办理进度查询、开锁业公示查询、印章业公示查询等项查询业务。

③ 投诉中心设有 12389 投诉中心、网上信访、线索举报内容。群众可以通过该平台，对公安机关及民警违法违纪问题进行检举、控告，也可以对其职务行为反应情况，提出建议和意见。

④ 咨询中心可进行政策咨询、办事流程咨询、平台使用方法咨询、安康医院心理咨询等。只要对公安机关管辖事项有疑问，需要帮助，都可以在此提问，民警在线解答。

⑤ 个人中心设有我的办件、我的预约、我的咨询、我的投诉、我的评价、短信通知、个人信息、修改手机、修改密码、实名认证等内容。用户注册个人信息后，网上办理事项的过程和结果反馈都可以在此进行查询。

（5）426 个事项打包上网

将全省公安机关所有同百姓生活密切相关、能够形成互动、可以网上公开的 16 类 426 项公安业务整体打包上网，基本实现公安行政审批服务全覆盖。

4. 创新与特色

（1）开通微信 110 功能，报警方式更便捷

群众可以通过微信公众号“微信 110”模块，以文字形式提交非紧急警情，并且能够自动定位，方便语言、听力障碍人士或其他不方便电话报警的人向警方求助。同时，也使公安机关能够掌握过去许多群众怕麻烦、不报案的流失警情。

（2）电信诈骗快速报警，止付破案更迅速

针对电信诈骗高发的态势，开通微信端电信诈骗报警渠道，能够快速接收报案人提交的银行转账凭证等重要信息，启动紧急止付程序，帮助受害人挽回财产损失。同时，通过

微信端及下载 App 还能够实现电信诈骗识别、拦截、举报等系列功能。

（3）轻微交通事故快处快赔，事故处理更简易

针对轻微交通事故，省公安厅研发了交通事故“快处快赔”的手机应用程序，并嵌入到吉林省公安微信公众号，事故任何一方当事人可按照程序提示，拍摄相关照片并上传，由事故双方自行定责或交警远程协助定责，实现快速撤除事故现场和恢复交通。同时，经省厅同保险保险公司协调，可实现线上定损、即时赔付。

（4）派出所证明全流程办理，开具证明更容易

在前期清理派出所开具证明的基础上，将目前保留的 9 项公安派出所开具证明事项全部上网并移植到移动端，实现预约、申报、EMS 邮寄全流程办理，从根本上免去群众开具证明的奔波之苦。

（5）发布交通违法高发区域，行车安全更注意

在移动端“交通违法高发地图”标注了全省范围内交通违章高发路段，对驾驶员起到一定的警示提醒作用，防止因路况不熟悉、疏忽大意等原因引发违章行为。

（6）出租房屋自主登记，租赁登记更便利

房屋出租人通过移动端就可完成出租房屋登记网上办理，只需提交房屋、出租人、承租人等基本信息，公安机关就可进行网上受理和线下走访，进一步核实承租人身份信息，使房屋出租登记更便捷，房屋出租更安全，同时又有效破解了出租房屋管控难题。

（7）行政复议网上申请，执法公开更到位

公民、法人或者其他组织认为具体行政行为侵犯其合法权益的，可以自知道该具体行政行为之日起 60 日内通过平台在线提交行政复议系统，公安机关在接到申请后，在线告知申请人相关案件受理情况。

（8）证件到期自动提醒，主动服务更智能

不少群众遇到过身份证到期忘记换领、出入境类证件到期忘记换证等问题，给工作、生活带来不少的麻烦。此次升级增加了“证件到期提醒”功能，运用大数据比对，根据注册用户信息自动检索名下的身份证、出入境证件到期期限，临期前主动提供到期提醒服务。

（9）失散家人网上寻，合家团聚更暖心

将群众在公安机关报备的走失人口信息发布在移动端“寻人寻亲”栏目，包括失踪人口的姓名、年龄、照片、失踪日期、地点及联系方式等内容，形成电子“寻人启事”，借助平台的传播力和影响力，帮助亲属早日找到失踪家人。

（10）社区民警掌上询，警民沟通零距离

将全省所有社区民警信息导入后台数据库，群众通过移动端“我的社区民警”模块，选择辖区派出所，就可以看到所属辖区社区民警的基本信息和联系方式；也可通过输入姓名、单位、职务等方式，进行检索和收藏，充当警民电子联系卡，搭建警民互动的连心桥。

5. 经验要点

（1）互联网思维在电子政务体系中的实践

用户思维在互联网思维中是最重要的。吉林省公安系统时刻贯彻“执政为民”的理念，强调“一切以用户为中心”的用户体验，深化平台业务应用，优化服务办事流程，不断研究人性化设计，持续拓宽在线服务领域，提高服务质量，提升用户体验，精准对接群众需

求，以高品质的服务赢得广大人民群众的口碑。服务平台通过服务的网络化、数字化推动窗口前置、服务前移，有利于构建公安服务新体系，让群众少跑腿、好办事、不添堵；通过警民联系手段的多样化、沟通的实时化，有利于拓展警民联系新渠道，更加有效地拉近警民距离，促进警民关系和谐；通过平台办事项目的全公开、全留痕，有利于打造阳光警务新生态，方便人民群众全方位、全要素、全流程参与执法监督，推动公安执法更加严格、规范、公正、文明；通过体验馆、演示窗、智能体验等方式，吸引群众体验平台办事的方便和快捷，把每个窗口都打造成为一个宣传站，每个窗口单位民警都是宣传员、引导员。

在云计算、大数据的时代，公安机关提供的信息涉及人口、交通、金融、医疗卫生、就业保险、社会管理等方方面面，是最为重要的基础信息。用户在网络上一般会产生信息、行为、关系 3 个层面的数据，这些数据的沉淀有助于企业进行预测和决策。服务平台充分结合警种业务功能实际和应用群体的特点规律，紧密联系工作实际，全面分析未注册人群的年龄结构、活动规律、居住特点，针对不同群体、不同年龄、不同文化程度、不同职业特点进行“量身定做”和“私人定制”；建立数据分析报告制度，通过对群众较为关注、反映较多的问题进行分析，为下步工作开展明确方向；通过对数据关联性进行分析，为领导决策提供依据；通过对平台业务显著变化量进行分析，为创新功能提供支撑。这是大数据思维的具体实践。

吉林省“互联网+公安”综合服务平台通过网上网下联动，人民群众成为公安机关的“千里眼”“顺风耳”，有利于完善治安防控新格局，为社会治安防控注入强大的生机活力；通过互联网创新成果同公安工作深度融合，有利于汇聚警务创新动力，推动警力资源全面解放、警务成本全面降低、警务效能全面提升。积极寻求第三方合作，借助第三方平台，借力科研院所，通过同腾讯、阿里巴巴、百度等知名互联网公司合作，借助微信、支付宝、百度搜索引擎等平台开展宣传，借助知名互联网公司等第三方平台的城市服务板块有序推送全省“互联网+公安”平台成熟稳定的服务项目，扩大受众群体，延伸服务触角。加大科研力量投入，加快同高等院校、科研院所、重点企业合作，确保平台管理始终做到技术领先，理念领先，机制领先，真正用互联网社会化思维和平台思维谋划推进公安改革和电子政务的发展。

强化监督考核，通过电子监察系统，进行实时监督、动态监管、点对点纠正，实行横向到边、纵向到底的扁平化管理；强化技术支撑保障，建立信用管理制度，对提交虚假材料、恶意差评等行为的用户进行账号冻结、封号管理，规范平台应用，并做到技术措施跟进，利用监控软件进行实时监测，试行红、橙、黄三色预警等方式，对平台受理办件及运行情况进行考核和监控；精准对接群众需求，通过下基层现场召开座谈会，问计基层民警、群众；在短短的半年左右时间，两次对平台进行升级优化和创新，服务项目从 369 项升级到 426 项。这些，是互联网迭代、简约、极致理念的具体表现。

（2）以“互联网+”为支点，推进电子政务的创新发展

“互联网+”是把互联网的创新成果同经济社会各领域深度融合，推动技术进步、效率提升和组织变革，提升实体经济创新力和生产力，形成更广泛的以互联网为基础设施和创新要素的经济社会发展新形态。

吉林省公安系统已经在推动公共数据资源开放，公共服务创新供给和服务资源整合，构建面向公众的一体化在线公共服务体系方面，走在了全国电子政务系统的前列。但吉林省“互联网+公安”综合服务平台上线运行时间短，很多工作需要及时跟进，工作中仍存在

一些问题和不足：受限于体制机制障碍，一些行政审批业务放得不够开，不够彻底，还有一些应该放开的因为没有政策支持，还没有放开；部分基层民警的服务意识不强，习惯于坐堂式办公，不习惯群众通过网上办件来对他们的办事质量进行评价和监督；线上线下对接不畅，线上走得很顺畅，一到线下办理的时候群众还是可能会遭遇民警生、冷、硬、横等。这需要吉林省公安系统进一步探索，如探索建立平台用户积分制；探索借助第三方评价机构的力量开展民意调查和评估，真正把评价权交给群众；发挥媒体监督、专家评议的作用，畅通群众投诉举报渠道，通过模拟办事、随机抽查等方式，深入了解基层服务情况，达到汇聚众智，改进服务的目的，不断提升人民群众体验感和满意度。

“互联网+”重在应用而非技术创新，“互联网+”更重要的着力点是在互联网的广泛应用层面。“互联网+公安”综合服务平台除了信息共享平台本身，更在于“+”后衍生出的新的业务形式与管理方法，这就更需要积极探索公众参与的网络化社会管理服务新模式。吉林省“互联网+公安”综合服务平台必将在政府同公众的沟通交流，政府公共管理、公共服务和公共政策制定的响应速度，政府科学决策能力和社会治理水平，政府职能转变和简政放权等多方面取得巨大成绩；吉林省“互联网+公安”综合服务平台也将成为全国有影响力的电子政务知名品牌和全国“互联网+公共服务”的典范。

案例 8-2　粉丝的力量——小米

1. 基本概况

小米公司正式成立于 2010 年 4 月，是一家专注于高端智能手机、互联网电视及智能家居生态链建设的创新型科技企业，如图 8-8 所示。小米的 Logo 是一个 MI 形，是 Mobile Internet 的缩写，代表小米是一家移动互联网公司；Logo 倒过来是一个心字，少一个点，意味着小米要让我们的用户省一点儿心。

“让每个人都能享受科技的乐趣”是小米公司的愿景，“为发烧而生”是小米的产品概念。小米公司用极客精神做产品，用互联网模式去掉中间环节，致力让全球每个人都能享用来自中国的优质科技产品。

图 8-8　小米官网首页

小米公司自创办以来，保持了令世界惊讶的增长速度——小米公司在2012年全年售出手机719万台，2013年售出手机1 870万台，2014年售出手机6 112万台，2015年售出手机超过7 000万台。小米公司在互联网电视机顶盒、互联网智能电视，以及家用智能路由器和智能家居产品等领域也颠覆了传统市场。截至2016年年底，小米公司旗下生态链企业已达60余家。其中，紫米科技的小米移动电源、华米科技的小米手环、智米科技的小米空气净化器、加一联创的小米活塞耳机、纳恩博 Ninebot 的九号平衡车等均在短时间内迅速成为影响整个中国消费电子市场的明星产品。

小米生态链建设将秉承开放、不排他、非独家的合作策略，同业界合作伙伴一起推动智能生态链建设。

2. 发展历程

2010年4月6日，北京小米科技有限责任公司正式成立，并入驻银谷大厦。

2010年12月10日，米聊 Android 内测版正式发布。

2011年7月12日，小米创始团队正式亮相，宣布进军手机市场，揭秘旗下3款产品：MIUI、米聊、小米手机。

2011年8月1日，小米社区正式对外上线，29日，小米手机1 000台工程纪念版开始发售。

2012年8月16日，小米第2代手机在北京798艺术中心正式发布。

2013年4月，小米科技CEO雷军在北京国际会议中心连续发布4款新品。雷军首先发布最新的MIUIV5手机系统，小米手机2增强版2S、小米手机2青春版2A、小米盒子核心细节陆续曝光。

2013年7月1日，小米年度微电影招募百万人监制活动正式启动，2013小米年度微电影《1699毕业季》预告片发布，7月5日小米正式发布了微电影《1699公里》。

2013年8月，小米已完成新一轮融资，估值达100亿美元。

2014年3月27日，小米科技和金山软件联合宣布，将在北京市海淀区投资建设科技产业园，共同构建移动互联网生态体系。

2014年5月，小米公司正式发布小米平板，配备了Tegra K1 192核PC架构GPU，7.9英寸同iPad mini2同级别的视网膜屏，并采用了深度优化的MIUI系统。

2014年7月，小米开始进军印度市场。

2014年8月，小米进军印度尼西亚市场，将在该国网站Lazada上独家销售红米手机。

2014年11月19日，小米和顺为资本联合宣布，小米和顺为资本以18亿元人民币（3亿美元）入股爱奇艺，百度也同时追加了对爱奇艺的投资。

2014年12月14日，美的集团发出公告称，已同小米科技签署战略合作协议，小米以12.7亿元入股美的集团。

2015年7月15日，李宁联合小米生态链子公司华米科技正式推出了两家合作的两款智能跑鞋——“烈骏”和“赤兔”。

2015年8月28日，小米进军互联网券商，领投老虎证券。

2015年10月19日，小米发布了60英寸小米电视3，推出了九号平衡车。

2015年11月4日，小米发布了99元圈铁耳机，采用了“动圈+动铁”双发声单元。

24 日，小米发布了红米 Note3、小米平板 2 及小米空气净化器 2。

2016 年 1 月 15 日，雷军在小米年会上宣布，小米 2016 年将筹建小米探索实验室，初期重点投入虚拟现实（VR）和智能机器人等新方向。

2016 年 3 月 29 日，小米在北京发布全新的生态链品牌 mijia，中文名为“米家”，米家品牌首款产品——米家压力 IH 电饭煲发布。新品牌日后专门承载小米供应链产品，而之前的小米品牌用于专门承载小米自有产品。

2016 年 7 月 27 日，小米笔记本 Air 正式亮相。

2016 年 9 月 27 日，小米 2016 秋季新品发布会上，小米 5S 和小米 5S Plus 及小米电视 3S 55 英寸和 65 英寸发布。

3. 产品与服务（运营模式）

（1）小米的供应链管理

小米从设计到采购、生产安排，到订货、运输、出货、后续的升值服务和免费服务，形成了独特的模式，如图 8-9 所示。小米生产运营只局限于产品设计与仓储，开模、量产、原材料（配置硬件）等制造过程全部外包给专业的企业负责。小米在一个硬件上选择了多家供应商，一是可以形成竞争以获得更有利的价格，二是可以应对供应商缺货而造成的供货延迟。

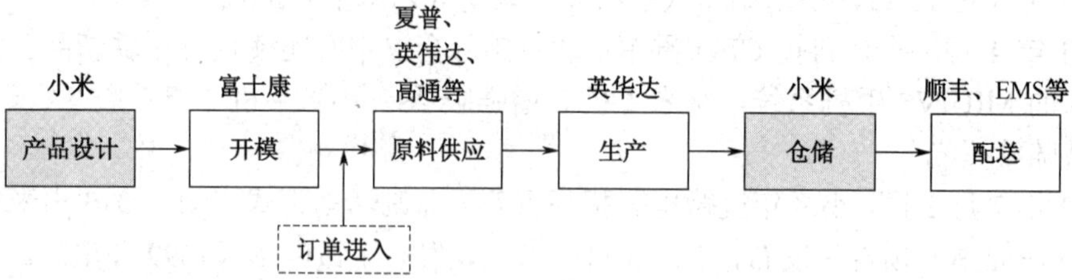

图 8-9　小米供应链

（2）“为发烧而生”的市场定位

小米手机的目标市场是喜欢玩智能手机、喜欢新鲜事物又追求便宜实用的年轻人群体。这部分年轻人大部分是 80 后、90 后，爱玩手机、爱个性、不追求街机的潮流。小米手机自发布以来，其口号一直是“为发烧而生”，其深度定制的 MIUI 系统也提供了足够的开放性，顶配的硬件也满足了玩机一族的配置要求。小米手机的市场定位是：追求廉价高配、可玩性强的年轻人。

（3）饥饿营销同社交网络营销相结合

小米选择社交网路营销的手段。2010 年是微博大爆发的时段，小米迅速抓住了这个机会，并变成品牌的主战略。利用独特的社交网络销售方式进行持续炒作，如网络预订销售、同粉丝互动、发布纪念产品、微博推荐以及海量的评测等，小米的营销很成功但却没有庞大的营销团队。小米所有的工程师都在线上，通过微博、通过小米论坛、通过贴吧等社交媒体同用户进行交互，通过这种交互进一步加强了小米的品牌影响力。

所谓“饥饿营销”，是指商品提供者有意调低产量，以期达到调控供求关系，制造供不应求假象，维持商品较高售价和利润率，达到维护品牌形象，提高产品附加值的目的。

小米手机之所以采用饥饿营销，是为了通过低价缺货扩大小米的影响力，使得小米品牌被更多人记住。同时，饥饿营销能够完全消除需求不确定性带来的损失，因为小米手机每次的产能都远远小于真实的市场需求。

（4）小米之家

小米全民客服的理念，就是鼓励大家真正近距离地接触用户。从雷军开始，大家每天会花一个小时的时间回复微博上的评论，包括所有的工程师，是否按时回复论坛上的帖子是工作考核的重要指标。客户甚至可以参与到产品研发中，直接同产品研发工程师交流。这完全颠覆了传统的研发模式和工作流程。小米为用户提供了全新的交互式服务模式。

小米之家是小米手机公司成立的直营客户服务中心，为广大米粉提供小米手机及其配件自提、小米手机的售后维修及技术支持等服务，是小米粉丝的交流场所。小米之家定期举办活动，小米公司希望更多的米粉能够参与到小米之家的活动中，由此提升米粉的品牌忠诚度，使得小米同米粉、米粉同米粉之间发生更多的互动。

4. 创新与特色

（1）消费意见社区化，让消费者参与创造，制造营销话题进入公共传播议题

传统企业了解消费者需求，往往具有“滞后效应”。小米产品上市后，通过社区快速去了解消费者是否满意。小米社区每天有大量的粉丝集结，并在上面发表各种吐槽，这些吐槽成为小米发现痛点的关键。

小米的营销主要靠互联网，靠社会化媒体和自媒体。小米在应用这些媒体的时候，非常善于制造故事和噱头——无论是雷军被刻画成雷布斯，还是小米的各种新闻。小米将这些故事成功的通过自媒体扩散进入公共媒体，成为人们谈论的对象和话题，让品牌本身带来时尚感和流行度。

（2）抓住族群，制造粉丝效应，扩展粉丝经济

小米利用“发烧友手机”概念，定义出一个新的消费族群——米粉。米粉们对产品品牌的吐槽，将成为企业不断完善自己的动力；让用户尽情吐槽，然后根据反馈意见改进自己的产品与服务，使产品赢得用户的好评；采用将消费者标签化和族群化的方式，通过粉丝的反响在各网络平台进行口碑营销。

（3）专注精品战略，单品制胜

传统科技企业，每年制造若干产品，而产品多样式化并不代表有亮点。小米学习苹果公司，每年只做一款产品，并将用户体验做到极致。这种“聚焦精品”的策略，实际上是单品带来的聚光灯效应，小米将这点发挥到了最大化。

（4）基于体验和服务的生态链模式

互联网经济是体验经济，是服务经济，单纯靠功能打动消费者的时代已经过去，基于产品构建周边的服务链条、信息链条、内容链条才是核心的商业模式，才是互联网时代的商业生态。对于小米而言，手机和MIUI是核心业务，如同腾讯产品中QQ和微信的地位；小米的插线板、净化器、净水器等可被看做如腾讯游戏、腾讯视频一样的外围增值服务；对于服务，讲究用户体验，讲究解决用户痛点。小米推出的产品围绕这些去做，不同服务相互联结，消费者有新需求，下一代产品就往上做（快速迭代），最终形成了小米特有的

生态链，即“个人手机+电视+路由器+空气净化器+家居 A+家居 B+……”。

5. 经验要点

在小米的商业模式之下，我们看到的是抢购、网络直销、微博营销、饥饿营销几个当下火热的词语，也看到了名人宣传对品牌知名度所产生的巨大提升作用，更看到了正确智慧的定位对企业的重要意义。一家在 2010 年才成立的互联网公司只推出几部智能手机就能够超越众多传统手机厂商，实在不容小觑。剖析小米的商业模式，小米取胜的原因是什么？是迎合大众的定价，非传统的销售渠道，广泛鲜明的宣传和独树一帜的销售手段。但低产能、有待提升的质量、单一的销售渠道、覆盖范围较小的售后服务、低端的品牌形象等几个问题确实也是小米的弱势所在。

随着市场的风云变幻，网络直销和饥饿营销不再新鲜，小米必定会遇到更多的问题和更大的挑战，但挑战又是机遇。在 2016 年 1 月的小米公司年会上，雷军表示，小米要升级商业模式，把纯线上模式升级为线上线下融合的“新零售”。小米之前发布了多款智能硬件产品，如小米插线板、小米净水器等，在 2016 年更是成立了生态链品牌“米家”，用来推广各种供应链产品。其实，小米是要做互联网版的“无印良品”。手机市场竞争越来越激烈，小米需要找到新的增长点，对小米来说，转型虽是一种无奈，但也蕴藏着机会。小米的百货梦比智能手机市场更具想象力，对于小米而言，是时候追求高质量的东西了，近期小米 MIX 概念机的推出，也许意味着小米手机转型的开始呢。

案例 8-3 人格产生价值的“褚橙”

1. 基本概况

2012 年底，“励志橙”刷爆互联网，很多商界大咖，如王石、冯仑、潘石屹、任志强等都不约而同地在自己的微博上主动晒起了橙子。一时间，“褚橙”这个品牌，引爆了整个生鲜市场，成了名副其实的“网红”，如图 8-10 所示。

图 8-10 “褚橙”官网首页

褚橙，是冰糖橙、甜橙的一种，云南著名特产，以味甜皮薄著称。甜中微微泛着酸，像极了人参的味道。"褚橙"之名，源自其创始人的姓氏，就是赫赫有名的昔日烟王红塔集团原董事长褚时健老人。结合褚时健不同寻常的人生经历，因此也叫励志橙，商业品牌为云冠橙。

2. 个人简介

1928 年 1 月 23 日，出生于一个农民家庭。

1949 年，参加云南武装边纵游击队，任边纵游击队 2 支队 14 团 9 连指导员。

1958—1978 年，被打成右派，下放红光农场改造，后任新平县畜牧场、堵岭农场副场长，曼蚌糖厂、戛洒糖厂厂长。

1979 年 10 月，玉溪卷烟厂厂长。1987 年，玉溪卷烟厂成为中国同行业第一。

1988 年，"红塔山"成为玉溪卷烟厂第一品牌。

1990 年，被授予全国优秀企业家。

1994 年，被评为全国十大改革风云人物。

1995 年 2 月，褚时健被匿名检举贪污受贿。

1995 年 9 月，任云南红塔集团和玉溪红塔烟草集团有限责任公司董事长。

1996 年 12 月—1998 年，被隔离审查。

1999 年 1 月 9 日，云南省高级人民法院宣判褚时健因巨额贪污和巨额财产来源不明罪被判处无期徒刑，剥夺政治权利终身。

2001 年，减刑为有期徒刑 17 年。

2001 年 5 月，因为严重的糖尿病获批保外就医，回到家中居住养病。

2002 年，保外就医的褚时健承包了一片 2 400 亩的荒山，种起了橙子，而这一年他已经 70 多岁。

2008 年，减刑至有期徒刑 12 年。

2011 年，刑满释放。

2012 年，当选云南省民族商会名誉理事长。

2012 年 11 月 5 日，褚时健种橙的第 10 个年头，"褚橙"首次大规模进入北京市场。

2014 年，"褚橙"庄园修建完成。

2014 年 11 月，传记《褚时健：影响企业家的企业家》正式出版发行。

2014 年 12 月，荣获由人民网主办的第九届人民企业社会责任奖特别致敬人物奖。

3. 成功要素（特色与创新）

（1）一切好的品牌源于品质

一款产品的品质肯定同其品牌团队花的心思是成正比的，在褚橙高品质的背后是褚时健近 10 年的潜心研究。褚橙成功的根基是：一是认真做事一心钻研的态度；二是果园的流程科学化管理；三是跟果农的共同创富。

种不出好果子，再励志也没用，保证"褚橙"品质才是褚橙成功的第一要素。褚时健在 75 岁时二度创业选择了一个长线投资——种橙子。为了种出好橙子，选地、水源、肥料等都是褚时健精心研究的。在种橙子的这 10 年间，水成了褚时健遇到的最难的问题。哀牢山每年 3、4 月少水，而到了秋季，水量则变得越发多起来，为了寻找合适的水源，他走遍了附近的山山水水，用 7 年时间在 2 400 亩橙园中修建了大小 20 个水坝。其中，成规模的蓄水池就有 8 个，总容量超过 20 万立方米，前前后后总共花了近 1 400 万元，终于保证整个橙园都能用上从国家森林公园石缝中流出来的水。不仅如此，在褚时健的橙园里，每棵橙子树的挂果量都会被严格控制，因为这样，不仅是为了让每个橙子都能得到充足的阳光，更是为了保证每一个橙子的质量都值得信赖。

（2）产品的人格化

品牌的承载物是产品和服务（产品品质），支撑点为精神附着力（产品的个性与精神），外化形式为符号。

品牌农业的核心首先是生态化，日本的木村苹果、云南的褚橙、新西兰的佳沛奇异果等都是自然农法的代表；其次是农产品的标准化，世界著名的都乐香蕉之所以成为新鲜的代名词，很大一部分原因在于标准化，所有的流程体系都在体现标准；最后是个性化，农产品也有个性，事实证明个性表现出来的差异化直接影响品牌的定位和销售。

农产品是有精神的产品，不仅因为它有温度、情感、文化、趣味，更是因为它具有可贵的精神品质、积极的情感。农产品的精神品质，是在生长过程中孕育的，也可能是它背后的某个人将精神注入了产品体内。随着人们生活水平越来越高，普通的产品尤其是水果产品已经很难满足我们消费者的高层次的需求——对情感寄托的需求。人们除了对农产品的品质和安全有严格要求外，更会寻找与自己精神层面同步的产品，包括品位、身份的界定。75 岁的褚时健承包荒山种橙子，让人们品味到了拼搏与奋斗的勇气。通过购买“褚橙”，除品尝到高品质的橙子外，还包含价值观的认同和情感表达，认可“褚橙”励志、永不放弃、不服输的价值观和人生观，如图 8-11 所示。

图 8-11 励志“褚橙”宣传画

（3）营销的故事化

从 2002 年开始种橙，经过 10 年的摸索和积累，2012 年，褚时健种植的橙子，第 1 次进京便火遍京城。本来只是一个好吃的橙子，因为被冠以“褚橙”的名字，又贴上“励志橙”的标签，迅速引爆流行。生鲜电子商务平台“本来生活”，因为“褚橙”的爆红也开始进入人们的视线。

褚橙的流行，很大程度上依赖于王石、冯仑、潘石屹、任志强等企业家在微博等社交媒体平台的主动传播。“励志橙”的名字，也正是由于这一批企业家的推广火起来的。

2013 年，先是韩寒发了一条微博“我觉得，送礼的时候不需要那么精准的……”，附图是一个大纸箱，上面仅摆着一个橙子，箱子上印着一句话：“在复杂的世界里，一个就够了。”（这句话其实是韩寒创办的“一个”App 的口号）此次事件营销引来 300 多万人次阅读，4 000 多个转发评论。“个性化包装”进一步升级，一方面通过本来生活网的创新发散，另一方面通过官方微博等渠道同网友互动征集。“虽然你很努力，但你的成功主要靠天赋”“即便你很有钱，我还是觉得你很帅”“2014，再不努力就胖了”“微橙给小主请安”，这些个性化包装一经推出，便受到了网友们的追捧。

为了让更多网友了解褚橙的个性化包装，褚橙借助了一些意见领袖的推力。2013 年的推广精选出韩寒、蒋方舟这样在年轻人中具有特定影响力的名人，还有阿芙精油和雕爷牛腩的创始人雕爷、《后宫甄嬛传》的作者等在不同领域有着较高影响力的人，并将定制化包装的褚橙寄送给这些人，让这些收到礼物的意见领袖们纷纷主动在网络晒单，进一步扩大传播面。

利用大数据精准锁定目标人群，进行定向推广，制定了三组适合社会化传播的内容方向，包括褚橙产品安全方向、褚时健故事励志方向、微博粉丝独享优惠方向，搭建了同目标消费者联系的桥梁。“讲故事+文化包装+食品安全+社会化媒体营销+产销电商一条龙”，造就了褚橙大卖。

4. 经验要点

褚橙火遍中国，不仅靠互联网营销和褚时健的名气，更重要的是褚时健匠心做褚橙。关键有 3 点：其一，橙子要好，要甜，这构成褚橙用户体验的第 1 步；其二，褚橙被赋予了正面的、向上的、切合年轻人精神需求的故事和内涵，甚至被赋予了一种励志精神，这是褚橙的增值部分，除了口感之外，吃褚橙增加了一层精神上的体验；其三，被王石、潘石屹、韩寒等大力赞扬追捧，引爆传播，育成时尚，点石成金，京沪橙贵。

褚时健曾说：“产品的质量不是检验出来的，而是生产出来的。所以在我决定种植橙子，同时要满足消费者对橙子的渴求。我们控制了种植的过程，把控品质。现在我们的橙子销售很好，正是多年来坚持品质，以质量取胜的结果。”认真和用心打造褚橙爆款产品，其实就是互联网的用户思维。

2015 年褚橙发布会上，褚时健说：“橙子种了 13 年。在刚开始种橙时，我们老果园是每亩种植 140 多株。密植的结果是树与树之间相互遮挡，阳光无法充分照射到每一株果树的每一个枝条，因日照不充分产生掉果减产现象，而且果子糖、酸、固型物都不能达到最好的要求。现在我们果园每亩种植 86 棵树左右，同时全年控梢，密植的果园我们间伐。这样密植变疏植能够使阳光照射到果树内堂，光热作用足够，虽然增加了一些成本，但果子品质有了明显提高且产量稳定。只有好品质的产品才能有好的销售价格，现在我们已拥有 1.5 万亩，未来产量达到 6 万吨，价格稳定才能保持市场稳定。

这就是互联网的极致思维。褚橙是一款让市场和消费者惊叫的产品，口感、甜度让消费者惊叹，包装美观、人性化超出了用户体验。

2015 年 10 月 21 日重阳节，“2015 匠心褚橙”上市发布会在云南哀牢山褚橙庄园举行，有 100 多位来自全国的企业家、新农人、媒体人现场品尝了即将上市的褚橙，并向褚时健和褚橙表达了敬意。褚时健种橙子的事件被《经济观察报》微博发出去，王石第一时间就转发了这条微博，他还引用了巴顿将军的一句话：一个人的高度不在于他走得多高，而是在于他低到谷底以后能反弹到多高。于是，王石周围的一些商界朋友都迅速做了一个转发，褚橙的搜索量获得了迅速的提升。之后，大街小巷都在谈论“褚橙”“励志橙”。这就是互联网的社会化思维。

商业的本质本来就该是以人为核心。商业回归到人这个最原始的需求，就是一种需求返祖。品牌返祖现象是指当下的品牌现象和古代社会的品牌现象出现了惊人的一致。“没有广告就是最好的广告”，当人格开始产生价值，产品自身的成本与其售价便开始脱钩。“褚橙”颠覆了一种认知，从消费者长期以来对中国农业领域的产品品质高度不信任的认知，到国产农产品品牌从未体现过价值溢价的认知。

参考文献

[1] 阿里研究院．中国淘宝村研究报告，2016．

[2] 阿里研究中心涉农项目组．遂昌模式研究：服务驱动型县域电子商务发展模式，2013．

[3] 艾瑞资讯. 2017 年中国移动电子商务行业研究报告，2017．

[4] 艾瑞资讯. 2016 年中国跨境进口零售电子商务行业研究报告简版，2017．

[5] 白二娃．怎样在微信上开店[J]．电脑迷，2015（12）：92-93．

[6] 北京博导前程技术有限公司．移动电子商务，2015．

[7] 陈月波．移动电子商务实务[M]．北京：中国人民大学出版社，2016．

[8] 程艳红．电子商务案例分析[M]．北京：人民邮电出版社，2015．

[9] 工信部．工业和信息化部关于贯彻落实《国务院关于积极推进“互联网+”行动的指导意见》的行动计划（2015－2018 年），2015．

[10] 郭新利，王家红．电子商务案例分析[M]．北京：冶金工业出版社，2010．

[11] 国务院办公厅．国务院关于积极推进“互联网+”行动的指导意见，2015．

[12] 胡小玲．微商的现状调查及其发展趋势[J]．经济论坛，2016（01）：133-137．

[13] 梁漩智．深度解读：一家卖卫生巾的互联网公司是如何通过微信营销做起来的[EB/OL]. http://www.creader.com/news/20011219/200112190019.html. http:// www.woshipm.com/operate/459891.html，2016/11/28．

[14] 莫问剑．上山下乡又一年——县域电子商务就该这么干[M]．北京：电子工业出版社，2016．

[15] 司林胜．电子商务案例分析教程[M]．北京：电子工业出版社，2010．

[16] 项建标，蔡华，柳荣军．互联网思维到底是什么——移动浪潮下的新商业逻辑[M]．北京：电子工业出版社，2014．

[17] 杨泳波．电子商务基础与实务[M]．北京：北京理工大学出版社，2016．

[18] 赵大伟．互联网思维独孤九剑——移动互联时代的思维革命[M]．北京：机械工业出版社，2014．

[19] 中国电子商务研究中心．2015 年度中国电子商务市场数据监测报告[EB/OL]．http://www.100ec.cn/zt//2015ndbg，2016．

反侵权盗版声明

举报电话：（010）88254396；（010）88258888

传　　真：（010）88254397

E-mail：　dbqq@phei.com.cn

通信地址：北京市万寿路 173 信箱

　　　　　电子工业出版社总编办公室

邮　　编：100036

尊敬的老师：

您好。

请您认真、完整地填写以下表格的内容(务必填写每一项)，索取相关图书的教学资源。

教学资源索取表

<table>
<tr><td>书　名</td><td colspan="4"></td><td>作者名</td><td></td></tr>
<tr><td>姓　名</td><td colspan="2"></td><td>所在学校</td><td colspan="3"></td></tr>
<tr><td>职　称</td><td colspan="2"></td><td>职　务</td><td></td><td>职　称</td><td></td></tr>
<tr><td rowspan="2">联系方式</td><td>电　话</td><td colspan="2"></td><td>E-mail</td><td colspan="2"></td></tr>
<tr><td>QQ号</td><td colspan="2"></td><td>微信号</td><td colspan="2"></td></tr>
<tr><td colspan="2">地址（含邮编）</td><td colspan="5"></td></tr>
<tr><td colspan="3">贵校已购本教材的数量(本)</td><td colspan="4"></td></tr>
<tr><td colspan="2">所需教学资源</td><td colspan="5"></td></tr>
<tr><td colspan="2">系/院主任姓名</td><td colspan="5"></td></tr>
</table>

系 / 院主任：______________(签字)

(系 / 院办公室公章)

20____年____月____日

注意：

① 本配套教学资源仅向购买了相关教材的学校老师免费提供。

② 请任课老师认真填写以上信息，并请系 / 院加盖公章，然后传真到 (010) 80115555 转 718438 索取配套教学资源。也可将加盖公章的文件扫描后，发送到 fservice@126.com 索取教学资源。欢迎各位老师扫码关注我们的微信号和公众号，随时与我们进行沟通和互动。

③ 个人购买的读者，请提供含有书名的购书凭证，如发票、网络交易信息，以及购书地点和本人工作单位来索取。

微信号　　公众号

中国工信出版集团

電子工業出版社
PUBLISHING HOUSE OF ELECTRONICS INDUSTRY